国家出版基金项目

抗日战争专题研究

张宪文 主编
朱庆葆

第三辑
敌后
根据地

华北根据地乡村女性研究

王 微 著

江苏人民出版社

图书在版编目(CIP)数据

华北根据地乡村女性研究 / 王微著. — 南京：江苏人民出版社，2023.7

(抗日战争专题研究)

ISBN 978-7-214-28048-0

Ⅰ.①华… Ⅱ.①王… Ⅲ.①农村-女性-现状-华北地区-1937-1949 Ⅳ.①D669.68

中国国家版本馆 CIP 数据核字(2023)第 067379 号

书　　名	华北根据地乡村女性研究
著　　者	王　微
责任编辑	王保顶　李晓爽
装帧设计	刘葶葶
责任监制	王　娟
出版发行	江苏人民出版社
地　　址	南京市湖南路 1 号 A 楼,邮编:210009
照　　排	江苏凤凰制版有限公司
印　　刷	苏州市越洋印刷有限公司
开　　本	652 毫米×960 毫米　1/16
印　　张	29.75　插页 4
字　　数	342 千字
版　　次	2023 年 7 月第 1 版
印　　次	2023 年 7 月第 1 次印刷
标准书号	ISBN 978-7-214-28048-0
定　　价	118.00 元

(江苏人民出版社图书凡印装错误可向承印厂调换)

教育部哲学社会科学研究重大委托项目
2021年度国家出版基金资助项目
南京大学"双一流"建设卓越计划项目

———— 合作单位 ————

南京大学　北京大学　南开大学　武汉大学
复旦大学　浙江大学　山东大学
台湾中国近代史学会

———— 学术顾问 ————

金冲及　章开沅　魏宏运　张玉法　张海鹏
姜义华　杨冬权　胡德坤　吕芳上　王建朗

编纂委员会

主　　编　张宪文　朱庆葆

副 主 编　吴景平　陈红民　臧运祜　江　沛　宋志勇　王月清
　　　　　　张　生　马振犊　彭敦文　赵兴胜　陈立文　林桶法

常 务 编 委　洪小夏　张燕萍　刘　颖　吕　晶　张晓薇

审稿委员会

　　主　任　马　敏　陈谦平

　　副主任　叶美兰　张连红　戚如高　王保顶　王卫星　姜良芹

　　委　员　关　捷　郑会欣　何友良　田　玄　刘金田　朱汉国　程兆奇
　　　　　　黄正林　李继锋　马俊亚　李　玉　曹大臣　徐　畅　齐春风

总　序

张宪文　朱庆葆

日本侵华与中国抗日战争是近代中国最重大的历史事件。中国人民经过14年艰苦卓绝的英勇奋战，付出惨重的生命和财产的代价，终于取得伟大的胜利。

自1945年抗日战争结束至2015年，度过了漫长的70年。对这一影响中国和世界历史进程的重大事件，国内外历史学界已经做过大量的学术研究，出版了许多论著。2015年7月30日，在抗日战争胜利70周年前夕，中共中央政治局就中国人民抗日战争的回顾和思考进行集体学习，习近平总书记发表重要讲话，指示学术界应该广为搜集整理历史资料，大力加强对抗日战争历史的研究。半个月后，中共中央宣传部迅速制定抗日战争研究的专项规划。8月下旬，时任中共中央宣传部部长刘奇葆召开中央各有关部委、国家科研机构和部分高校代表出席的专题会议，动员全面贯彻习总书记的讲话精神，武汉大学和南京大学的代表出席该会。

在这一形势下，教育部部领导和社会科学司决定推动全国高校积极投入抗战历史研究，积极支持南京大学联合有关高校建立抗战研究协同创新中心，并于南京中央饭店召开了由数十所高校的百余位教授、学者参加的抗战历史研讨会。台湾"中国近代史学会"也派出十多位学者,在吕芳上、陈立文教授率领下出席会议,共同协商在新时代深入开展抗战历史研究的具体方案。台湾著名资深教授蒋永敬在会议上发表了热情洋溢的讲话。经过几个月的酝酿和准备,南京大学决定牵头联合我国在抗战历史研究方面有深厚学术基础的北京大学、南开大学、武汉大学、复旦大学、浙江大学、山东大学及台湾"中国近代史学会",组织两岸历史学者共同组建编纂委员会,深入开展抗日战争专题研究。中央档案馆和中国第二历史档案馆也积极支持。在南京中央饭店学术会议基础上,编纂委员会初步筛选出130个备选课题。

南京大学多次举行党政联席会议和校学术委员会会议,专门研究支持这一重大学术工程。学校两届领导班子均提出具体措施支持本项工作,还派出时任校党委副书记朱庆葆教授直接领导,校社科处也做了大量工作。南京大学将本项目纳入学校"双一流"建设卓越计划,并陆续提供大量经费支持。

江苏省委、省政府以及江苏省委宣传部,均曾批示支持抗战历史研究项目。国家教育部社科司将本项研究列为哲学社会科学研究重大委托项目,并要求项目完成和出版后,努力成为高等学校代表性、标志性的优秀成果。

本项目编纂委员会考察了抗战历史研究的学术史和已有的成果状况,坚持把学术创新放在第一位,坚持填补以往学术研究的空白,不做重复性、整体性的发展史研究,以此推动抗战历史研究在已有基础上不断向前发展。

本项目坚持学术创新,扩大研究方向和范围。从以往十分关注的"九·一八"事变向前延伸至日本国内,研究日本为什么发动侵华战争,日本在早期做了哪些战争准备,其中包括思想、政治、物质、军事、人力等方面的准备。而在战争进入中国南方之后,日本开始实施一号作战,将战争引出中国国境,即引向亚太地区,对东南亚各国及东南亚地区的西方盟国势力发动残酷战争。特别是日军偷袭美军重要海军基地珍珠港,不仅给美军造成严重的军事损失,也引发了日本法西斯逐步走向灭亡的太平洋战争。由此,美国转变为支援中国抗战的主要盟国。拓展研究范围,研究日本战争准备和研究亚太地区的抗日战争,有利于进一步揭露日本妄图占领中国、侵占亚洲、独霸世界的阴谋。

本项目以民族战争、全民抗战、敌后和正面战场相互支持相互依靠的抗战整体,来分析和认识中国抗日战争全局。课题以国共两党合作为基础,运用大量史实,明确两党在抗日战争中的地位和作用,正确认识各民族、各阶级对抗日战争的贡献。本项目内容涉及中日双方战争准备、战时军事斗争、战时政治外交、战时经济文化、战时社会变迁、中共抗战、敌后根据地建设以及日本在华统治和暴行等方面,从不同视角和不同层面,深入阐明抗日战争的曲折艰难历程,以深刻说明中国抗日战争的重大意义,进一步促进中华民族的伟大复兴。

对于学界已经研究得甚为完善的课题,本项目进一步开拓新的研究角度和深化研究内容。如对山西抗战的研究更加侧重于国共合作抗战;对武汉会战的研究将进一步厘清抗战中期中国政治、经济、社会的变迁及国共之间新的友好关系。抗战前期国民党军队丢失大片国土,而中国共产党在十分艰难的状况下,在敌后逐步收复失地,建立抗日根据地。本项目要求各根据地相关研究课题,应在以往学界成果基础上,着力考察根据地在社会改造、经济、政治、人才培养等方面,如何探索和积累经验,为1949年后的新中国建设提供有益的借鉴。抗战时期文学艺术界以其特有的文化功能,在揭露日军罪行、动员广大民众投入抗战方面,发挥了重要作用。我们尝试与艺术界合作,动员南京艺术学院的教授撰写了与抗日战争相关的电影、美术、音乐等方面的著作。

本项目编纂委员会坚持鼓励各位作者努力挖掘、搜集第一手历史资料,为建立创新性的学术观点打下坚实基础。编纂委员会要求全体作者坚决贯彻严谨的治学作风,坚持严肃的学术道德,恪守学术规范,不得出现任何抄袭行为。对此,编纂委员会对全部书稿进行了两次"查重",以争取各个研究课题达到较高的学术水平,减少学术差错。同时,还聘请了数十位资深专家,对每部书稿从不同角度进行了五轮审稿。

本项目自2015年酝酿、启动,至2021年开始编辑出版,是一项巨大的学术工程,它是教育部重点研究基地南京大学中华民国史研究中心一直坚持的重大学术方向。百余位学者、教授,六年时间里付出了艰辛的劳动,对抗战历史研究做出了重要贡献!编纂委员会向全体作者,向教育部、江苏省委省政府以及各学术合作院校,向江苏凤凰出版传媒集团暨江苏人民出版社,向全体编辑人员,表示最崇高的敬意和诚挚的感谢!

目　录

绪　言 001
 一、研究回顾 001
 二、问题意识 028
 三、概念界定 030
 四、资料概况 031
 五、理论概述 036
 六、创新点 039
 七、框架 041

第一章　出走与回归：战时中共妇女政策的调整 044
 第一节　传统妇女形象之素描 046
 第二节　初期妇女工作的展开：乡村"娜拉"的塑造 049
  一、挑战男权：权利之给予 050
  二、走出家庭：组织与动员 071
 第三节　后期妇女工作政策的调整："娜拉"的回归 080
  一、回归家庭 080
  二、妇女解放的新方向 083

小　结 ……… 089

第二章　难走出的围城:革命与战争中妇女的婚姻 ……… 091
第一节　传统父权之应对 ……… 093
一、乡土社会对婚姻政策的反馈 ……… 093
二、乡土社会对婚姻政策反对的原因分析 ……… 102
三、男性农民对离婚应对的方式 ……… 113

第二节　政治与革命对妇女婚姻的影响 ……… 120
一、男性干部以权谋私 ……… 121
二、性别革命让位于阶级革命 ……… 128

第三节　乡村妇女的多样反馈 ……… 135
一、抗争与探索 ……… 136
二、困顿与无奈 ……… 146
三、乱象与迷茫 ……… 150

小　结 ……… 159

第三章　真实与形塑:生产中的妇女 ……… 161
第一节　妇女生产状况及中共相关认知 ……… 162
一、妇女生产状况 ……… 162
二、中共对妇女参加生产的认知 ……… 174

第二节　妇女身体的治理 ……… 180
一、对脚的释放 ……… 181
二、关注妇女健康 ……… 188

第三节　妇女生产的典型:劳动英雄的形塑 ……… 197
一、考量与实践 ……… 197

二、妇女劳动英雄特性分析 ……… 203

　　三、妇女劳动英雄形塑的影响及问题 ……… 209

第四节　组织起来：生产互助组 ……… 218

　　一、组织的形式及参与人员 ……… 219

　　二、互助组中的妇女与家庭 ……… 220

　　三、互助组中的性别 ……… 226

第五节　妇女生产：妇女解放之凭借 ……… 228

　　一、妇女地位再思考 ……… 228

　　二、生产观念的变革 ……… 234

小　结 ……… 237

第四章　识文断字：社会教育中的妇女 ……… 238

第一节　考量与实践 ……… 239

　　一、女性的启蒙 ……… 239

　　二、妇女教育的尝试 ……… 244

第二节　传统与革命的互动 ……… 246

　　一、积极接受：利益之趋 ……… 247

　　二、部分妇女的抗拒与中共的应对 ……… 251

　　三、革命的激进与调整 ……… 257

第三节　妇女教育的影响 ……… 267

　　一、识字与文化启蒙 ……… 268

　　二、推动抗战与培育干部 ……… 271

小　结 ……… 275

第五章 走进硝烟的"三寸金莲":战火中的妇女 ……… 276

第一节 卷入战火的"小脚" ……… 277
一、走进战争的先驱群体 ……… 277
二、迟缓进入的群体 ……… 285

第二节 差异性表现 ……… 294
一、积极响应 ……… 295
二、消极应付 ……… 302
三、趋利群体 ……… 309

第三节 性:贞节的隐喻 ……… 314
一、被强暴的女性 ……… 314
二、作为民族贞节隐喻的性 ……… 319

小　结 ……… 323

第六章 阶级、革命与性别:土改中的妇女 ……… 325

第一节 妇女参与土地改革的复杂性 ……… 326
一、参加土改中的活动 ……… 326
二、妇女之间的矛盾 ……… 357

第二节 革命与阶级中的性别 ……… 360
一、诉苦:妇女作用凸显 ……… 361
二、地主女人的婚姻与性 ……… 365

第三节 翻身与翻心的再考察 ……… 374
一、翻身:土地权利的拥有 ……… 375
二、翻心:妇女群体的差异性 ……… 378

小　结 ……… 382

第七章 组织与性别：参政中的妇女 384

第一节 妇女干部的涌现 385

一、做妇女工作的妇女干部 385

二、妇女参选 395

第二节 自我性别的困境 398

一、传统"浇灌"出的妇女特性 398

二、妇女干部之于工作 403

三、原因分析 407

第三节 在夹缝中的艰难 414

一、传统父权的束缚 414

二、其他方面的阻碍 416

第四节 对妇女干部的期待 424

一、婚姻：革命高于爱情 424

二、生育：革命工作之一 426

小 结 430

结 语 431

参考文献（按字母排序） 434

绪　言

一、研究回顾

在传统历史学的叙述与研究中，女性虽不能说是完全的"缺席者"或"失语者"，但的确所受之关照非常有限。五四新文化运动后，陈东原、陈顾远、王书奴等老一辈历史学家始将"妇女"作为研究对象，沿袭传统的学术方法挖掘历史上有关女性的记录，但尚未形成相应的妇女史理论研究。① 直到1980年代前后，国内外学者逐渐形成妇女史研究的独立学科意识，妇女史成为史学界引人注目的一个新兴研究领域，揭开了中国妇女史研究的新一页。从研究方法来看，除了传统的实证研究、史料爬梳外，政治学、经济学、社会学、人类学、民俗学、经济学、法律学等跨学科理论不断引入该领域，方法更加多样；从研究议题而言，"涉及断代与一些领域的妇女生活状况、妇女问题与观念以及特殊群体等"，研究领域不断拓展。加之研究队伍始形成、妇女史专题学术会议陆续召开、妇女研

---

① 刘献花：《近三十年来西方学者的中国妇女史研究》，硕士学位论文，宁波大学2009年，第1页。

究机构建立①、学术交流日益频繁,中国妇女史研究获得了空前的发展。根据地女性作为中国妇女史研究的重要组成部分,近年来国内外学者亦对该研究不断开拓新视角、加强理论和方法建构、加强史料收集和整理,亦形成了大量优秀的研究成果,但不足之处也较为明显。研究情况大致如下:

(一)国内研究

国内学者对中共根据地妇女的研究主要包含两部分内容,其一是革命中的妇女,即妇女运动的情况。其二是妇女中的革命,即妇女生活变迁情形。

1. 革命中的妇女——妇女运动研究现状

对革命中妇女的研究著述,大致可分为三类。第一种是通史性论著,第二种是依据时间、区域、妇女运动的具体活动分类完成的研究,第三种是对根据地妇女运动文献资料的整理。

(1)通史性论著

自20世纪七八十年代开始,学界涌现出一批以时间为主线,以传统革命史研究方法为主要范式,长时段、白描在中国妇女运动的研究,中共根据地时期的妇女运动也被囊括其中。② 如张文灿的《解放的限界——中国共产党的妇女运动(1921—1949)》(中国政法大学出版社2013年)。该书纵向上,以时间为线索,分别介绍了建党初期、国民革命时期、苏维埃时期、抗日战争及国共内战等不同阶段的妇女运动。横向上,从政治、经济、婚姻、教育等不同层面

---

① 高世瑜:《中国妇女史研究百年回眸》,《山西师大学报(社会科学版)》2020年第4期,第10页。
② 中华全国妇女联合会:《中国妇女运动史》(新民主主义时期),春秋出版社1989年版;青长蓉、马士慧、黄筱娜、刘宗尧:《中国妇女运动史》,四川大学出版社1989年版;计荣:《中国妇女运动》,湖南出版社1992年版;顾秀莲:《20世纪中国妇女运动史》(上卷),中国妇女出版社2008年版。

论证中共妇女工作的开展给妇女生活带来的变化。

近几年,此种通史性的妇女运动论著也发生了一种新的转向,即史论结合,对中共根据地的妇女运动有了更清晰的认知与理解。如揭爱花的《国家、组织与妇女:中国妇女解放实践的运作机制研究》(学林出版社2012年版)以时间为主轴,介绍了"五四"时期、国民革命时期、抗日战争时期、国共内战时期以及建国后的中国妇女解放的运作机制。本书认为1921—1949年的革命战争年代,中共借助马克思主义的妇女解放思想,结合中国的实际情况,逐步建构起了一种独特的妇女解放模式,作者称之为"延安道路"。耿化敏的《中国共产党妇女工作史(1921—1949)》(社会科学文献出版社2015年)依照中共党史的经典分期,探究了中国共产党开展妇女工作的历史轨迹和历史经验,揭示了学界过去语焉不详的中共妇委组织体系和妇女工作领导体制的起源、沿革与变化。

(2) 依据不同时间、区域、具体活动完成的研究

近年来,除了上述通史性的妇女运动研究外,以时间、区域以及具体活动为划分标准而进行的根据地妇女运动方面的研究也风起云涌。

首先,以时间为界,可以分为苏维埃时期[1]、抗日战争时期[2]和

---

[1] 尹美英:《革命根据地的妇女运动》,《中华女子学院学报》2000年第2期;张雪英:《中央苏区妇女运动史》,中国社会科学出版社2009年版;胡军华、唐莲英:《论中央苏区妇运政治动员》,《江西社会科学》2013年第3期;胡军华:《异军与正道——以中央苏区妇女解放运动为考察》,博士学位论文,华东师范大学2014年版;刘国钰:《马克思主义妇女观与中央苏区妇女运动——兼论客家妇女地位变迁》,博士学位论文,华南理工大学2014年。

[2] 马璞、赵传海:《抗日根据地妇女运动述论》,《河南大学学报》1989年第1期;丁卫平:《中国妇女抗战史研究(1937—1945)》,吉林人民出版社1999年版;邓惠:《烽火巾帼:抗日根据地妇女运动研究》,硕士学位论文,扬州大学2008年;时晓明:《论敌后抗日根据地妇女的历史贡献》,《北京中国抗日战争史研究会建会20周年学术论文集》2011年。

国共内战时期的妇女运动。其次,以地域为界,可分为陕甘宁边区的妇女运动①和其他根据地的妇女运动②。再次,以妇女所参与的具体运动内容为界,可分为参政③、生产④、教育⑤等方面。

---

① 童小彪:《"三八"纪念与延安时期的妇女运动》,《妇女研究论丛》2008年第1期;乔彦丽:《论陕甘宁边区的妇女解放运动》,硕士学位论文,天津商业大学2010年;李思雨:《陕甘宁边区中国共产党妇女工作研究》,硕士学位论文,浙江财经大学2019年。
② 李晓晨、李鲁玲:《抗日战争时期华北地区抗日根据地的妇女运动》,《枣庄师专学报》1998年第1期;陈信琼:《抗战初期安徽妇女的抗日救亡运动》,《党史纵览》2003年第11期;《安徽抗日根据地的妇女运动》,《江淮文史》2004年第3期;张化芳:《抗日时期西北地区的妇女运动论述》硕士学位论文,西北大学2004年;梁家贵:《抗日战争时期中共领导的山东妇女工作》,《理论学刊》2005年第4期;刘莎莎:《抗战时期中国共产党在晋东南地区展开妇女动员的探析》,硕士学位论文,天津师范大学2012年;王克霞:《党群关系视野下的山东解放区妇女工作与当代启示》,中国石油大学学报2014年第1期;许莎莎:《苏中抗日根据地党的妇女工作研究》,硕士学位论文,华东师范大学2019年。
③ 刘薇:《陕甘宁边区妇女政治参与研究》,硕士学位论文,西北大学2009年;孙苹:《抗战时期根据地妇女政治参与探析》,《中华女子学院学报》2005年第4期;苗伟东、江静:《中央苏区农村妇女参政叙论》,《党史研究与教学》2011年第1期。
④ 刘萍:《对华北抗日根据地妇女纺织运动的考察》,《抗日战争研究》1998年第2期;李常生:《山西抗日根据地妇女劳动力的开发》,《沧桑》2004年Z1期;刘晓丽:《山西抗日根据地的妇女纺织运动》,《晋阳学刊》2005年第3期;杨颖:《晋察冀抗日根据地妇女生产运动探析》,硕士学位论文,河北师范大学2007年;董玉梅:《抗战时期晋北农村妇女社会教育的特点》,《太原师范学院学报》2009年第6期;刘洁:《抗战时期农村妇女在华北根据地经济中的作用》,《农业考古》2011年第6期;李常生:《晋西北根据地妇女劳动力资源开发探析——以纺织妇女为例》,《山西大同大学学报》2011年第6期;许淑贤:《抗日战争时期妇女纺织运动及其意义——以山西省武乡县为例》,《妇女研究论丛》2012年第3期;高正晓:《太岳革命根据地妇女生产劳动研究》,硕士学位论文,山西师范大学2014年。
⑤ 何黎萍:《中国共产党革命根据地妇女教育特征考察》,《安徽史学》2006年第3期;张玉龙:《中央苏区时期妇女教育略论》,《中共福建省委党校学报》2007年第12期;刘欣:《抗战时期沂蒙根据地独具特色的妇女教育》,《沧桑》2008年第6期;张媛媛:《抗战时期晋察冀根据地妇女社会教育的特点》,《山西师大学报》2013年S4期;徐爱新、窦新顺、胡会来:《抗日战争时期河北农村女性的识字运动及其启示》,《科教导刊》2013年第2期。

(3) 历史文献资料整理

改革开放后,全国妇联一直重视重要文献的保存与传播,出版了一系列妇女运动的资料汇编,如《中国妇女运动重要文献》(人民出版社 1979 年版),《中国妇女运动历史资料》(1840—1918)、(1921—1927)、(1927—1937)、(1937—1945)、(1945—1949)(中国妇女出版社 1988—1990 年版),还有中国妇女管理干部学院主编的《中国妇女运动文献资料汇编》(1918—1949)(中国妇女出版社 1989 年版)等。

地方妇联及方志编纂委员会也编纂、出版了一批妇女运动的资料。如河北省妇女联合会在 1982 到 1986 四年时间内编的《河北妇女运动史资料选辑》(第 1—4 辑),河北省地方志编纂委员会编的《河北省志．妇女运动志》(中国档案出版社 1997 年版),河南省地方史志编纂委员会编的《河南省志》(第 24 卷 青年运动志、妇女运动志)(河南人民出版社 1993 年版),中国妇女出版社 1990 年出版的记录晋察冀北岳区抗战时期妇女运动的资料集《烽火巾帼》,山东大学出版社 1993 年出版的《鲁中南妇女运动史·抗日战争解放战争时期》等。

上述关于中共根据地妇女运动的研究,多秉承"天下兴亡,匹夫有责"的逻辑以及"压迫——解放"的表述模式,着重于妇女对革命与战争贡献的叙述以及对妇女地位的探讨。此外,还有专门对妇女地位变迁进行探讨的研究成果。① 这些文章多沿袭传统革命

---

① 崔兰萍:《陕甘宁边区妇女地位变化简述》,《唐都学刊》1994 年第 1 期;汪蕊:《论抗战时期晋察冀妇女地位的提高》,硕士学位论文,河北师范大学 2004 年;叶芳:《川陕革命根据地的妇女社会地位变迁研究(1932.12—1935.4)》,硕士学位论文,西南交通大学 2005 年;张美琴:《论中央苏区时期妇女的重大作用》,《中国市场》2006 年第 19 期;郭璐:《论中央苏区妇女地位的演变》,硕士学位论文,上海师范大学 2007 年;张雪英:《土地革命时期中央苏区客家妇女的地位和作用》,《龙岩学院学报》2011 年第 3 期;郭小萍:《浅论抗战时期琼崖妇女的重大作用》,《党史文苑》2014 年第 22 期。

史的研究套路,"政策—效果"直线性的叙事模式较为明显。

2. 妇女中的革命——妇女生活研究现状

目前关于根据地妇女生活状况的研究成果也较为丰富,此类研究可分为综合与专门两类。前者即展现妇女生活的方方面面;后者即对妇女生活的某个方面进行描述。

(1) 综合类研究

对妇女生活综合性的研究,内容大致相似,即对根据地妇女婚姻、政治、经济、文化教育等方面进行全方位的考察。且多认为:革命中,乡村妇女的生活发生了前所未有的变迁。如黄正林在对抗战时期陕甘宁边区妇女的婚姻、教育、生产、放足等方面考察后,认为中共的努力实践使边区乡村妇女的生活发生了巨大改变。① 杨会清、吴晓敏认为江西苏区妇女在革命中实现了自身的解放和生活的变革。② 谢重光认为苏区客家妇女在物质、精神、家庭和社会层面,"生活都换了个样"。③ 孔林林认为山东根据地区域内的妇女解放程度较高,中共的妇女政策对妇女运动的开展及妇女生活的改善都有积极的作用。④ 王慧芳认为抗战时期晋西北妇女在中共的领导下,生活出现了新的变化。⑤ 马小瑞在对延安时期陕北妇女

---

① 黄正林:《抗战时期陕甘宁边区的乡村妇女》,《抗日战争研究》2004年第2期。
② 杨会清、吴晓敏:《土地革命时期江西苏区妇女生活变革研究》,《求实》2004年第2期。
③ 谢重光:《土地革命时期闽粤赣苏区的客家妇女生活》,《党史研究与教学》2005年第1期。
④ 孔林林:《抗战时期山东妇女运动和妇女生活研究》,硕士学位论文,山东师范大学2011年。
⑤ 王慧芳:《抗日根据地时期晋西北妇女的日常生活》,硕士学位论文,山西师范大学2013年。

社会生活状况考察时,认为陕北妇女生活发生了翻天覆地的变化。①这些研究大多对过程的复杂性描述有所欠缺,"人为"地忽视了革命进程的曲折性、历史的复杂性以及群体的多样性。

随着社会的发展,历史研究观念的变迁以及诸多新理论的传入,国内越来越多的学者对上述研究模式及结论产生了质疑并进行更客观的描述与研究。王克霞认为在战争与革命视域下,妇女解放和妇女生活变迁都是在革命的名义下进行的,在肯定进步的同时,也还需对那些因受革命战争与妇女解放之间紧张关系影响而未变的层面予以关注。② 陈华在对中央苏区妇女社会生活变迁的研究中发现,在经济环境尚未发生根本性改变的苏区社会中,传统妇女生活的变迁只是在革命战争非常态下暂时性的变化,土地改革对她们来说只是一次启蒙运动而已。③ 郭磊以山西根据地妇女为考察对象,探究了革命中乡村女性的生活状况,认为妇女生活的各维度变迁并不是均衡的,相较于社会生活,妇女婚姻家庭生活的变迁更为不易。④

(2) 专门类研究

从著书来看,《中国革命与婚姻家庭》⑤与《走出封闭——陕北妇女的婚姻与生育(1900—1949)》⑥二书较具代表性。前者分析了中国革命与婚姻家庭之间的关系,但该书意识形态的色彩较浓重。

---

① 马小瑞:《延安时期陕北妇女社会生活状况研究》,硕士学位论文,延安大学 2013 年。
② 王克霞:《革命与变迁——20 世纪三四十年代沂蒙妇女生活状况研究》,博士学位论文,山东大学 2007 年。
③ 陈华:《中央苏区妇女社会生活的变迁研究》,硕士学位论文,赣南师范学院 2008 年。
④ 郭磊:《中共山西抗日根据地的妇女状况研究》,硕士学位论文,首都师范大学 2009 年。
⑤ 马起:《中国革命与婚姻家庭》,辽宁人民出版社 1959 年版。
⑥ 秦燕、岳珑:《走出封闭——陕北妇女的婚姻与生育(1900—1949)》,陕西人民出版社 1997 年版。

后者从陕北的自然地理与社会文化着眼,分析了当地妇女婚姻与生育方面的状况,为后人从微观层面了解该地区妇女婚育情况提供了很好的镜鉴。

从相关的文章来看,多集中在对婚姻、家庭改革的探讨上。有些文章忽视了人与历史进程的复杂性,未能将历史现场的立体性与多样性展现出来。如傅建成在对华北抗日根据地婚姻改造进程考察时,仅仅将革命的单线条呈现出来,在他的文章中并未看到婚姻革命中民众的反馈及态度。① 吴小卫、杨双双认为苏区婚姻制度的改革促进了妇女解放运动的发展,但并未论及改革过程的艰难。② 田苏苏在对晋察冀边区妇女婚姻状况进行考察时也存在上述问题。③ 崔兰平在对根据地实行的反家庭暴力政策进行考察时,认为中共的政策是颇有成效的,但在她的描述中并未看到中共在政策推广与实践过程中所遇到的阻力与障碍。④

一些学者面对上述情形也开始反思,着手重新论证。郭磊认为抗战时期,根据地不合理的婚姻状况发生了些许改变,但问题重重,若根本解决落后的婚姻形式,仍是路途漫漫。⑤ 王克霞认为乡村社会中传统的婚姻观念不可能在短时间内根除,理想的婚姻与现实之间还有一段距离需要跨越。⑥ 与崔兰平对根据地反家暴政策的"乐观"相比,郑立柱的论述更客观、更切合实际。他认为囿于传统习俗的根深蒂固或革命的激进,家暴在华北根据地并未绝迹,

---

① 傅建成:《论华北抗日根据地对传统婚姻制度的改造》,《抗日战争研究》1996 年第 1 期。
② 吴小卫、杨双双:《中央苏区婚姻制度改革与妇女解放》,《南昌大学学报》1998 年第 1 期。
③ 田苏苏:《抗战时期晋察冀边区女性婚姻问题的考察》,《抗日战争研究》2012 年第 3 期。
④ 崔兰平:《根据地反家庭暴力的历史考察及启示》,《妇女研究论丛》2008 年第 1 期。
⑤ 郭磊:《中共山西抗日根据地的妇女婚姻状况研究》,《首都师范大学学报》2009 年 S1 期。
⑥ 王克霞:《理想与现实:沂蒙革命老区婚姻变革》,《济南大学学报》2011 年第 4 期。

一些地区还比较普遍。① 张志永在考察华北根据地和睦家庭建设运动时,将民众的因应、中共遇到的困难都一一展现出来,不但还原了历史,还凸显了革命进程的艰难与不易,历史的画面感与现场感较强。② 李媛对革命战争中根据地婆媳关系进行了翔实地考察,将此种社会关系改变的过程勾勒得十分清楚,不但让我们了解了战争与革命中家庭内部结构的变革脉络,还使我们对乡村社会性别制度的变迁有了一定的认知。③ 黄东海、张希坡从革命根据地离婚司法实务入手,发现"法制层面上的离婚自由固然可由法律法规的公布实施,以强制性变迁的方式实现。但是传统习俗的强大和革命斗争现实需要决定了,我们必须对法律所规定的'离婚自由'作出相应的政策性调整。离婚自由原则,从制度表达到实践层面的实现,仍然需要经历很长的历史时间"④。丁迎果对20世纪40年代中共豫北离婚政策与实践进行了考察,梳理了中共豫北地区各级政府处理婚姻问题的相关政策进行的尝试以及处理民众离婚问题的原则,认为中共豫北地区各级政府对于处理婚姻问题的逐步摸索和实践基础上形成的诸多法令、法律和法规相较之前取得了重大进步。⑤

---

① 郑立柱:《华北抗日根据地反家庭暴力问题研究》,《中华女子学院学报》2012年第2期。
② 张志永:《政治与伦理的统一:华北抗日根据地和睦家庭的建设》,《河北师范大学学报》2009年第3期。
③ 李媛:《从对立到互助——山西根据地婆媳关系的转变》,硕士学位论文,山西大学2007年。
④ 黄东海、张希坡:《法律、政策与实践:革命根据地时期的离婚——基于司法实务的考察》,《法律适用(司法案例)》2017年第16期。
⑤ 丁迎果:《20世纪40年代中共豫北地区离婚政策与实践研究》,硕士学位论文,兰州大学2019年。

3. 研究特点及不足

(1) 国共内战时期,根据地妇女研究不多

研究国共内战时期妇女的文章相对较少,且多集中在对土改中妇女生活变迁的探讨上,如王仕忠以沂水妇女为考察对象,认为在解放战争时期中共领导的土改运动中,妇女的心理和行为都发生了较大的改变,她们的政治热情与参与意识都空前高涨,对战争起了支持作用。① 白卉也持与上文相同的观点。② 王克霞以沂蒙地区的妇女为中心,探讨了土改中女性"翻身"与"翻心"的双重体验,认为土改中,妇女走出了原有的生活范围,参与到了宏大的历史运动中,并努力实践着自身的解放。③ 马亚楠通过讨论土改运动对农村妇女生活和地位的影响,阐释了动摇封建的经济基础对妇女解放及其婚姻家庭变迁的巨大推动作用。④ 研究这时期文章的数量及深刻程度与研究苏区、抗战时期妇女的文章难以比肩。

(2) 妇女多以受害者、被动的、同质的形象出现,缺少对妇女能动性及群体复杂性的描述

晚清以降,中国妇女就开始以落后和依从的形象出现在历史镜像中,此种悲惨的"五四"形象,更被国民党和共产党的政治运动所强化。⑤ 虽然改革开放后,学术界开始对此有所质疑,如国外历

---

① 王仕忠:《土改时期沂水县妇女社会心理与行为变化》,《中华女子学院山东分院学报》2007年第2期。
② 白卉:《1947—1949年华北土改运动与妇女解放》,《沧桑》2013年第3期。
③ 王克霞:《翻身与翻心:土改中女性的双重体验——以沂蒙地区为例》,《兰州学刊》2012年第4期。
④ 马亚楠:《解放区土改运动中的妇女解放与婚姻家庭地位变迁(1946—1948)》,中共中央党校硕士学位论文,2015年。
⑤ [美]高彦颐著,李志生译:《闺塾师:明末清初江南的才女文化》,江苏人民出版社2005年版。

史学者曼素恩和高彦颐在对明清各种妇女生活的研究表明,"封建中国"女性的悲惨画面完全是脱离实际的。① 然而,在国内,能够完全批判和修正中国妇女都是"祥林嫂形象"这一看法,将妇女群体的复杂性揭示出来的文章还是凤毛麟角。江沛、王微通过展现华北根据地妇女在离婚中的差异性表现,证明了妇女并非完全被动忍受夫权、父权的压制,她们中很多人会利用一些新的革命话语来进行反抗。而且在20世纪40年代妇女离婚潮中,很多妇女也并非因感情失和而要求解除婚姻关系,其背后隐藏着更多个人复杂的因素。②

(3)"政策—效果"的研究模式较为明显

在目前诸多革命史研究中都存在着"政策—效果"的研究模式,忽视了对过程曲折性的展示,对妇女运动的研究尤其如此。对此,一些学者也开始对中共妇女运动的过程进行反思,是不是所有妇女都响应中共的政策?妇女运动是否一帆风顺?刘萍认为,抗战之初从事妇女工作的一些中共知识女性干部在进入根据地后,因她们所携有的幻想、浪漫、激进的工作方式与传统相背离,使得中共妇女工作出现偏颇,根据地妇女运动在曲折中前进。③ 王思林认为在陕甘宁边区,虽然中共所推行的妇女解放方针政策取得了巨大的历史成绩,但边区的妇女解放运动并非一帆风顺,期间满是

---

① [美]曼素恩著,定宜庄、颜宜葳译:《缀珍录:十八世纪及其前后的中国妇女》;[美]高彦颐著,李志生译:《闺塾师:明末清初江南的才女文化》,江苏人民出版社2005年版。
② 江沛、王微:《传统、革命与性别:华北根据地"妻休夫"现象评析(1941—1949)》,《四川大学学报》2014年第3期。
③ 刘萍:《激进与现实的矛盾——抗战前期根据地妇女运动发展中的曲折》,《中国社会科学院近代史研究所青年学术论坛》2000年卷。

矛盾与冲突，中共对此不断进行政策上的调整。① 王微通过对华北抗日根据地乡村妇女形象变迁过程的描摹，展现了该地区妇女运动所经历的波折。② 王微在另两篇关于妇女教育和女性婚姻的文章都打破了传统的"政策—效果"研究范式，凸显了革命过程的复杂与不易。③ 岳谦厚、杜清娥从制度设计与实践操作两个层面对华北革命根据地军人婚姻纠纷问题进行剖析，再现了相对完整的历史本相及不同于先前研究的另面视像。④ 岳谦厚在另外一篇关于军婚的文章中认为，抗战时期中国共产党从最初宣传"婚姻自由"到保护军婚条例颁布，再到进一步限制抗属离婚，反映出中国共产党、妇女和军人在离婚问题上的微妙对抗与妥协。⑤ "政策—效果"研究范式还带来了其他一些问题。如过分强调妇女在战争与革命中的贡献，缺少对妇女复杂心态的描摹；将妇女置身于民族、阶级解放的视域中进行考察，性别问题因被民族国家、阶级、革命的宏大叙事所遮蔽而弱化。在这种"被解放"的场域中，妇女的日常生活场景被漠视，不同身份的妇女个体几乎都处于失语状态。⑥

---

① 王思林：《陕甘宁边区妇女解放中的矛盾冲突与中国共产党的政策调整》，《世纪桥》2009 年第 21 期。
② 王微：《华北抗日根据地乡村妇女形象的重塑》，《河北大学学报》2014 第 2 期。
③ 王微：《传统、革命与性别视域下的妇女教育——以华北乡村（1937—1949）为中心的考察》，《中国井冈山干部学院学报》2016 年第 5 期；《传统、革命与性别：20 世纪 40 年代华北乡村女性婚姻探析》，《山西师大学报（社会科学版）》2018 年第 3 期。
④ 岳谦厚、杜清娥：《华北革命根据地的军婚保护制度与实践困境》，《安徽史学》2015 年第 1 期。
⑤ 岳谦厚：《抗战时期中国共产党军婚机制——以华北抗日根据地为中心的考察》，《华中师范大学学报》2017 年第 1 期。
⑥ 张文灿：《从"解放妇女"到"让女人自己说话"——对民主革命时期中共妇女运动的研究视角及方法之梳理》，《中国政法大学学报》2013 年第 4 期，第 56 页。

(4)"革命—解放"的研究模式也十分突出,强调妇女生活的变迁以及社会地位与家庭地位的提高

目前的研究多把妇女群体看作是利益诉求无差别的共同体,从政治、经济、教育、婚姻等不同层面论证中共的妇女政策为妇女生活所带来的变化。但在历史现场中,这些"变化"真的存在吗?若妇女的生活、地位的确发生改变,改变的程度也如这些研究所言那般深刻吗?改变的过程也是一帆风顺、毫无波澜吗?郭卫民认为虽然中共在动员广大农村妇女积极生产、支前、参战方面取得了巨大的成绩,但这并不意味着根据地农村妇女社会地位发生了本质性的改变。① 王克霞认为,20世纪三四十年代沂蒙妇女生活变迁经历了"革命化"与"社会化"交互显现与抑制的过程。在这个过程中,这二者是对立与统一的。② 韩晓莉认为太行根据地妇女的解放是在民族战争的大背景下以政治动员为主要形式而展开的,虽然在这个过程中提高了妇女的社会地位、冲击了乡村社会传统的性别制度,但不可否认的是妇女形象的重塑是非常态情形下官方的行为,妇女解放未走出中国革命中存在着的表达性现实与客观性现实偏离的悖论。③

4. 新的研究动向

(1)研究对象

目前关于根据地妇女的研究已经逐步跳出了妇女生活、妇女

---

① 郭卫民:《对山西根据地妇女社会地位问题的再思考》,《山西区域社会史研讨会论文集》2003年。
② 王克霞:《"革命化"与"社会化"的交互显现与抑制——以战争年代的"沂蒙妇女"为个案分析》,《前沿》2011年第18期。
③ 韩晓莉:《女性形象的再塑造——太行根据地的妇女解放运动》,《山西大学学报》2005年第5期。

运动等传统研究范畴的束缚,研究对象更宽泛、更细致,研究议题更丰富、更多元。

首先,对妇女群体的研究方兴未艾。王向贤对根据地时期的"抗属"群体进行了细致的考察,认为根据地革命贞节话语的形成并非缘于政府的强化,而是性别、战争、知识权力等诸多因素交互作用的结果。① 刘中华②、林蓉、韩巍巍③、李茜④、白艳⑤和王罗旺⑥都将研究的着眼点置放在妇女干部这个群体上,分别探讨了妇女干部培养的指导思想、群体特性、受教育情况、培养方式以及她们与革命的关系等问题。张志永将"破鞋"作为考察中心,探寻这个特殊群体与妇女运动的关系。作者认为:只有"从妇女整体中析出具有婚外性关系的亚群体,探讨她们与中共妇女运动耦合与背离的过程,努力还原妇女运动的历史本相",才能更好地认识中共妇女运动的复杂性与艰巨性。⑦ 笔者曾对抗战时期中国共产党在华北控制区妇女劳动英雄形塑的过程、方式以及作用进行了梳理。⑧ 张玮、王莹探讨了抗日根据地时期华北及陕甘宁边区女性英模的生成逻辑或组织机理。⑨

---

① 王向贤:《"抗属"的贞节》,《思想战线》2004 年第 1 期。
② 刘中华:《论华北抗日根据地妇女干部培养的指导思想》,《老区建设》2008 年第 24 期。
③ 林蓉、韩巍巍:《浅析井冈山斗争时期红军女干部的特性》,《党史文苑》2008 年第 14 期。
④ 李茜:《晋西北抗日根据地妇女干部教育述论》,《沧桑》2011 年第 1 期。
⑤ 白艳:《中国共产党妇女干部培养教育研究》,博士学位论文,吉林大学 2012 年。
⑥ 王罗旺:《妇女领导群体与苏维埃革命:1927—1934》,硕士学位论文,赣南师范学院 2012 年。
⑦ 张志永:《华北抗日根据地妇女运动与婚外性关系》,《抗日战争研究》2009 年第 1 期;《从边缘到主流:抗战时期华北农村妇女特殊亚群体的演化》,《史林》2010 年第 1 期。
⑧ 王微:《树典立英:华北抗日根据地女劳动英雄的形塑》,《中华女子学院学报》2017 年第 5 期。
⑨ 张玮、王莹:《华北及陕甘宁抗日根据地女性英模的生活》,《安徽史学》2016 年第 5 期。

其次，对妇女组织的研究初显端倪。抗战开始后，为了动员和组织广大妇女参加抗日工作，全国各地妇女界成立了各类妇女救亡团体。在中国共产党领导的敌后根据地，陕甘宁边区各界妇女联合会与晋察冀边区妇女抗日救国联合会是最早成立的妇女抗日统一战线组织。"随着抗日根据地的相继开辟，在华北、华中、华南各根据地，统一战线性质的妇女抗日组织普遍建立起来。"① 与此同时，国统区妇女抗日热情空前高涨，妇女界抗日团体也纷纷成立。据中国台湾学者梁惠锦统计，抗战时期各种妇女团体有570个，若加上已确知的支队数目，总数可达819个。学界对国统区妇女组织的探讨开展较早、研究较深入，成果亦较丰硕。② 相较于国统区女性组织，根据地的相关研究虽然取得了一定进展③，但从研究的深度与厚度而言，还稍显逊色。近几年，一些年轻的历史学者以此种研究现状为突破口，丰富了根据地妇女组织研究的层次感。笔者从传统、战争与性别等视域出发，将妇女自身的体验与心态为研究的主要内容，对抗战时期的华北妇救会进行了考察。④ 岳谦厚、

---

① 丁卫平：《中国妇女抗战史研究1937—1945》，吉林人民出版社1999年版，第11、13页。
② 参见，史立丽：《宋美龄与中国妇女慰劳自卫抗战将士总会》，《档案史料与研究》2002年第2期；夏蓉：《妇女指导委员会与抗日战争》，人民出版社2010年版；宋青红：《新生活运动促进总会妇女指导委员会研究（1938—1946）》，博士学位论文，复旦大学2012年；张纯：《战时儿童保育会研究（1938—1946）》，博士学位论文，华中师范大学2013年；黎秀娟：《抗战时期妇女慰劳总会研究》，硕士学位论文，西南大学2015年；高阿妮：《抗战时期陕西妇慰会研究》，硕士学位论文，四川师范大学2015年；尚季芳、原世聪：《妇女与抗战：抗战时期的甘肃妇女慰劳会述论》，《档案》2015年第4期。
③ 黄晓瑜：《抗日救亡中的妇女组织》，《历史教学》1986年第9期；张慧玲：《晋冀鲁豫根据地婚姻执行机构研究》，《沧桑》2007年第4期；何斌、王可珍：《试论井冈山斗争时期党对妇女组织的领导》，《老区建设》2009年第20期；郭晓磊：《晋察冀边区妇女抗日救国会研究》，硕士学位论文，河北师范大学2012年。
④ 王微：《传统、革命与战争视域下的华北妇救会》，《中共党史研究》2015年第2期。

王斐考察了华北革命根据地妇救会在婚姻变革中的职能与角色。① 刘冲通过梳理中央苏区妇女组织发展沿革、分析组织形态与人员构成,探究妇女组织在妇女解放和战争支援层面的作用。② 宋弘考察了晋察冀抗日根据地妇女自卫队组建的历史背景、动员方式、日常管理和训练等。③

此外,在研究对象革新上,除了妇女群体与组织两个较明显的层面外,其他一些文章的选题也较为新颖。如杜春斌分析了延安时期妇女所参与的体育活动的特征及其影响。笔者认为延安时期妇女参加体育活动的形式与当时的社会环境和自然环境有着极为密切的关系,女性对体育活动的参与也充分体现了中共寻求男女平等的不懈努力。④ 李红英、汪远忠探究了根据地妇女在灾荒中的具体实践及承担的社会角色,并认为女性在应对灾荒实践中利用性别的优势发挥了较大作用,一方面提升了自己的社会地位,另一方面对巩固和发展根据地也具有重要意义。⑤ 张婧梳理了中国共产党根据革命根据在思想、法理、制度和经济基础四个方面使女性家庭财产权理念得以确立所做出的努力。⑥ 近两年对中国共产党根据地家庭政策、妇女政策的研究也引起了学界的关注。王颖认为中国共产党根据地的妇女政策变迁分为与家庭分离、与集体整

---

① 岳谦厚、王斐:《妇救会与中共婚姻变革的实践——以华北革命根据地为中心的考察》,《中北大学学报》2015年第2期。
② 刘冲:《中央苏区妇女组织研究》,硕士学位论文,福建师范大学2018年。
③ 宋弘:《晋察冀抗日根据地的妇女自卫队》,《党的文献》2019年第2期。
④ 杜春斌:《延安时期妇女体育活动的特征及社会影响》,《延安大学学报》(自然科学版)2012年第2期。
⑤ 李红英、汪远忠:《论华北抗日根据地应对灾荒法律实践中的女性角色》,《中国农史》2013年第1期。
⑥ 张婧:《革命根据地家庭财产理念建构的基础》,《经济问题》2015年第7期。

合以及家庭与集体的整合等三个阶段,"走出家庭"与"巩固家庭"是妇女解放的路径。"走出家庭与巩固家庭之间的统合和张力围绕着劳动、集体化、传统伦理和革命理想的糅合这三个主要议题展开。'延安模式'实现了马克思主义妇女解放理论的本土性提升。"①张静、曾晓丽爬梳了在整风运动背景下,中共中央对延安初期妇女政策的调整。张、曾二人认为新调整的妇女政策"在应对日本的军事进攻和国民党的经济封锁带来的经济危机,改善民生等方面发挥了重要作用,同时也形成了在马克思主义中国化视域中中国独特的妇女解放道路"②。周蕾则"围绕抗战时期中国共产党进行的家庭变革展开探讨,力图呈现家庭变革在理想和现实之间遭遇的冲突及融合所历经的复杂性和多面性"。她充分肯定了"中国共产党在家庭和公共生活之间的关系中调整处理家庭问题"③。

(2) 研究资料

文学作品作为反映当时社会环境的一面镜子,被越来越多地应用到对根据地妇女的研究中。张慧玲以民歌为主要史料考察了根据地婚姻观念的变迁。④ 岳培红通过对抗战时期歌曲的梳理考察了当时妇女的生活状况。⑤ 侯杰、王小蕾从歌谣入手,对抗战时

---

① 王颖:《走出家庭与巩固家庭:抗日战争时期陕甘宁边区的妇女解放(1937—1945)》,《开放时代》2018年第4期,第13页。
② 张静、曾晓丽:《"四三决定"与中国共产党妇女政策调整研究》,《南开学报(哲学社会科学版)》2018年第1期,第21页。
③ 周蕾:《冲突与融合——抗战时期中国共产党家庭政策的变革》,《妇女研究论丛》2017年第3期。
④ 张慧玲:《从民歌看山西根据地婚姻观念变迁》,《山西高等学校社会科学学报》2009年第5期。
⑤ 岳培红:《抗战歌曲视阈下的妇女生活变迁研究》,硕士学位论文,河南师范大学2013年。

期女性动员进行了深入分析。① 刘传霞将具体的历史文献与虚构的文学文本做互文性的比较阅读,不仅展现了文学与历史间复杂的互动关系,还深刻反思了根据地农村妇女解放的问题。作者认为抗战时期历史现场所呈现的情景与文学作品中所记录的一样,蕴含解放意义的妇女生产只是作为遮蔽乡村父权制家庭伦理及性别矛盾和冲突的一层屏障而已。② 王荣花以赵树理短篇小说《孟祥英翻身》作为个案,分析了太行山区乡村妇女的解放。③ 董丽敏同样以赵树理小说《传家宝》《孟祥英翻身》《三里湾》《锻炼锻炼》等为主要考察对象,"采用文本细读与实证性研究相结合的方式,在历史演进的过程中"梳理了"妇女"与"劳动"之间的绞合、疏离甚至分裂的多种情形,对 1940—1950 年间革命——社会主义情景中妇女参加劳动实践的经验教训给予了关照。④ 董还结合赵树理小说《传家宝》,"对抗战时期以陕甘宁边区为中心的抗日根据地的妇女纺织生产运动进行了多维度的考察,指出其具有多重面向"。首先它对传统的性别分工进行了征用与改造,其次是解决经济封锁的重要方案,第三询唤出了一批劳动自觉的"新妇女"。最为重要的是探索了未来"新社会"建构的可能路径。⑤ 虽然,将文学作品作为主

---

① 侯杰、王小蕾:《晋察冀妇女歌谣与抗战动员》,《天津师范大学学报(社会科学版)》2014 年第 4 期。
② 刘传霞:《〈灾难的明天〉与抗日根据地妇女解放道路》,《济南大学学报》2008 年第 3 期。
③ 王荣花:《〈孟祥英翻身〉与太行山抗日根据地乡村妇女的解放》,《名作欣赏》2010 年第 6 期。
④ 董丽敏:《"劳动":妇女解放及其限度——以赵树理小说为个案的考察》,《中国现代文学研究丛刊》2010 年第 3 期,第 16 页。
⑤ 董丽敏:《组织起来:"新妇女"与"新社会"的构建——以延安时期的妇女纺织生产运动为中心的考察》,《妇女研究论丛》2017 年第 6 期,第 10 页。

要史料进行研究的客观性有待商榷,但它作为一种辅助的资料,是可以再现当时部分社会环境的。

随着社会的发展,基层档案馆开放程度逐步提高、信息检索愈加便利,这带给学术研究的是第一手资料的大量掌握与使用。如岳谦厚、罗佳以晋西北(晋绥)高等法院25宗离婚案为中心,探讨了婚姻变革与客观实际的必然联系。作者认为:婚姻自由在社会制度尚未发生根本变革的情况下没有实现之可能,真正自由的获得所凭借的是多重元素的相互作用。① 周海丽的硕士学位论文通过大量河北省档案馆馆藏的档案论证了妇女角色重构与妇女政策之间的互动关系。② 杜清娥从"女性、婚姻与革命"视角切入,运用大量革命历史档案、地方史志、报刊文献和缩微胶片等资料,对华北革命根据地女性婚姻与两性关系进行了实证分析。③ 此外,越来越多的档案资料出版成册,如白潮编著的《乡村法案——1940年太行地区政府断案63例》,婚姻案件在该资料集中占据相当的比重。通过这些审讯笔录,可"聆听"到妇女所发之声。江沛、王微在对华北根据地"妻休夫"现象进行考察时就使用了该汇编集中的资料,撰写的文章给人以耳目一新的感觉。④ 耿磊在探讨20世纪40年代乡村女性如何利用革命话语维护自我利益,进而展示革命时期

---

① 岳谦厚、罗佳:《抗日根据地时期的女性离婚问题——以晋西北(晋绥)高等法院25宗离婚案为中心的考察》,《安徽史学》2010年第1期。
② 周海丽:《中国共产党的妇女政策与乡村妇女角色的重构——以晋察冀根据地为例》,硕士学位论文,河北大学2014年。
③ 杜清娥:《女性·婚姻与革命:华北革命根据地女性婚姻与两性关系——以太行山区为中心的考察(1937—1949)》,博士学位论文,山西大学2016年。
④ 江沛、王微:《传统、革命与性别:华北根据地"妻休夫"现象评析(1941—1949)》,《四川大学学报》2014年第3期。

乡村妇女解放历程中的复杂面相时也用到了上述资料。①

(3) 研究视角与切入点

一些新的概念范畴被越来越多地纳入到妇女史研究领域中。如不少研究者运用性别视角重新审视根据地时期革命中的妇女以及妇女中的革命。"社会性别"这一概念虽然早在20世纪70年代已被大量引用,但作为一个发展成熟的研究理论却是在1980年后。② 女性主义史学理论家琼·斯科特在《社会性别:一个有用的历史分析范畴》对"社会性别"进行了界定。"20世纪90年代,随着西方社会性别理论的逐步成熟和西方学者在中国进行田野调查的日益增多,社会性别史研究在中国妇女研究领域逐步成为主导。"③在此大趋势下,国内史学界逐渐将"社会性别理论"作为研究中国妇女史的一个有效方法,在根据地女性研究中也涌现出不少使用此种理论的成果。

秦燕从女性的经验和视角出发,探究了延安时期新女性所经历的妇女解放历程的艰辛。④ 张慧玲以女性主义视角对根据地婚姻变革进行了全面系统的分析,重新审视了根据地婚姻变革政策、机构、婚姻缔结与解除的过程,发掘了女性的体验,展现了女性的主体性与多样性。⑤ 周艳丽从社会性别的视角审视了延安时期的妇女解放,认为此时妇女解放仅局限于社会层面,并非性别的解

---

① 耿磊:《婚姻案件中的根据地乡村妇女——以20世纪40年代涉县为中心的考察》,《聊城大学学报》2016年第3期。
② 刘献花:《近三十年来西方学者的中国妇女史研究》,硕士学位论文,第7页。
③ 刘献花:《近三十年来西方学者的中国妇女史研究》,硕士学位论文,第8页。
④ 秦燕:《从社会性别视角对延安时期新女性的研究》,《妇女研究论丛》2006年第5期。
⑤ 张慧玲:《女性主义视角下的婚姻变革——以晋冀鲁豫根据地为例》,硕士学位论文,山西大学2006年。

放。① 徐峰从性别视角分析了川陕妇女革命动机、革命性与地缘社会等问题，进而探讨了川陕地区女性性别意识与革命之间的张力。作者认为革命激发了女性的主体意识，同时又消解了自我的性别意识。② 宋少鹏通过考察苏区妇女运动中的"性别中的阶级"和"阶级中的性别"，回答了为什么苏区的妇女运动能赢得劳动阶级青年妇女的支持。③

在中国传统妇女史研究中，宏大的历史场景、波澜壮阔的历史事件是其叙述的重点，而女性或者偶有提及或干脆省略，这导致了女性意识缺席的现象出现。但随着西方"社会性别""女性视角"的引入，女性主义妇女史研究的兴起，一方面，学者开始将注意力放在对妇女意识的发掘上。如张秀丽认为抗战时期陕甘宁边区妇女思想意识发生了重大的变化，具体表现在民族救亡、民主平等的参政意识、自强自立、科学育儿等诸多方面。④ 邵通、曲晓鹏认为华北抗日根据地各级政权对妇女进行了有效的政治动员和思想教育，使她们的政治意识和参与意识显著加强。⑤ 张小云认为虽然抗战时边区妇女自主意识有所觉醒，但由于时代和自身的限制，此种意识的觉醒还有很多不足之处。⑥ 刘苓和石玲玲都将妇女运动与妇女意识结合起来进行考察，分析妇女解放对妇女意识

---

① 周艳丽：《从社会性别视角审视延安时期的妇女解放》，《郑州大学学报》2009 年第 5 期。
② 徐峰：《性别视域下川陕妇女的解放与革命——以红四方面军妇女独立团为中心》，《党史研究与教学》2014 年第 5 期。
③ 宋少鹏：《苏区妇女运动中的阶级与性别》，《妇女研究论丛》2012 年第 1 期。
④ 张秀丽：《抗战时期陕甘宁边区妇女思想意识的变迁》，《广西社会科学》2004 年第 9 期。
⑤ 邵通、曲晓鹏：《抗战时期华北乡村妇女政治意识的嬗变》，《光明日报》2016 年 7 月 30 日。
⑥ 张小云：《抗日战争时期陕甘宁边区妇女自主意识的觉醒》，《中国石油大学学报》2012 年第 2 期。

觉醒的影响。① 另一方面,学者们又渐从该视角出发,开启了对革命战争时期两性关系的探讨。② 当女性主义史学蓬勃发展之际,李小江主编的20世纪中国妇女口述史丛书《让女人自己说话——亲历战争》认为:"研究20世纪中国妇女,需要超越于女性主义。"③ 让女人自己说话!但"'让女人自己说话'不是历史书写者带有后见之明的审视与反省,而是作为历史事件参与者或见证人的叙述"④。

随着学术界对传统革命史反思越来越透彻,除了在研究内容与视角有所改观外,切入点也更为细致、新颖。自20世纪70—80年代开始,由于受日益盛行的资本主义消费文化观念和女性主义论述的影响,"身体"逐渐成为西方社会科学与人文科学的新研究焦点。特别是当法国思想家福柯关于身体的一系列著作问世后,"身体"研究进程得到了极大的推进。受社会科学的影响,历史学中也逐渐出现了"身体史"的研究,国内根据地妇女史研究也顺势而为,出现了以"身体"为切入点的研究。如杨兴梅对中共自苏维埃时期至解放战争时期反缠足运动的不同内涵进行解析,认为中共根据不同革命时期的革命需求赋予了妇女放足不同的意义。⑤

---

① 刘苧:《陕甘宁边区妇女解放运动的研究——以妇女主体意识觉醒为视角》,硕士学位论文,陕西师范大学2013年;石玲玲:《延安时期妇女解放运动对中国女性意识的影响》,硕士学位论文,西安石油大学2013年。
② 李金龙、张娟:《关于抗战时期陕甘宁边区两性和谐建设的历史研究》,《延安大学学报》2008年第2期;杨会清:《苏区妇女解放视域下的男女关系演变》,《山东理工大学学报》2010年第6期;郑立柱:《从夫妻关系看华北抗日根据地乡村妇女家庭地位的变化》,《保定学院学报》2013年第2期。
③ 李小江:《让女人自己说话——亲历战争》,生活·读书·新知三联书店2003年版,第7页。
④ 张文灿:《从"解放妇女"到"让女人自己说话"——对民主革命时期中共妇女运动的研究视角及方法之梳理》,《中国政法大学学报》2013年第4期,第57页。
⑤ 杨兴梅:《中共根据地反缠足依据的演变(1928—1949)》,《社会科学研究》2014年第1期。

王克霞认为在革命中妇女的身体有所变动,中共在此用力甚勤,其目的主要是唤醒妇女的社会意识,实现妇女角色的重塑。① 朱晓东重新审视革命与身体的关系,进而讨论妇女解放与否、妇女解放与婚姻法令关系等问题。认为:建国后"革命(国家)对妇女、家庭、性的双重策略,革命(国家)的迷狂与转折的脉络,甚至策略与话语的细节",一再被重复。② 江沛、王微梳理了华北中共根据地对女性的政治动员与放足状况,认为"'像男人一样'的宣传在战争刚性文化洗礼中逐步形成了主流政治文化中的性别模糊现象,在此后的国共内战、冷战对峙的压力下一再得到强化"③。

此外,以其他方面为切入点进行的根据地妇女研究也让人耳目一新。如贺桂梅以阶级与性别问题为切入点,来展现中共妇女解放运动的复杂性与曲折性。作者认为,1943 年后中共的妇女政策"在消除农村社会不和谐音、强化人民团结的同时,传统农村父权制家庭结构下性别问题被遮蔽了"④。丛小平以发生在 1942 年的一件离婚案为主要线索,分析在战时陕甘宁边区特定社会文化经济环境中妇女与国家建设的关系。该文通过对陕甘宁边区妇女法律活动的细致考察,认为"妇女是地方社会与国家权力博弈中不可忽视的力量,她们的活动导致了国家女性观念的变化以及政策的调整"⑤。岳谦厚、张

---

① 王克霞:《解放身体与革命意识——20 世纪三四十年代沂蒙妇女身体变动》,《兰州学刊》2010 年第 9 期。
② 朱晓东:《通过婚姻的治理——1930—1950 年革命时期的婚姻和妇女解放法令中的策略与身体》,汪民安、金惠敏:《身体的文化政治学》,河南大学出版社 2004 年版。
③ 江沛、王微:《"三寸金莲"之变:华北中共根据地的政治动员与女性身体》,《福建论坛》2016 年第 1 期,第 51 页。
④ 贺桂梅:《"延安道路"中的性别问题——阶级与性别议题的历史思考》,《南开学报》2006 年第 6 期。
⑤ 丛小平:《左润诉王银锁:20 世纪 40 年代陕甘宁边区的妇女、婚姻与国家建构》,《开放时代》2009 年第 10 期。

婧通过婚姻关系解除的不同方式分析了根据地女性的家庭财产问题。① 刘荣臻以"话语"为切入点，对中共妇女解放话语下重塑的社会活动进行了考察。作者认为这些社会活动推动了妇女生活的转型，也开启了乡村妇女解放的新里程。② 杨豪、马良玉以社会流动为切入点，以冀中抗日根据地为中心，考察了乡村女性社会流动的运作机制，认为乡村女性社会流动机制的良性运行不但深刻影响了中共革命的进程，也重新塑造了政权与女性之间的关系。③ 吴云峰从国家政权与民间社会互动考察了华中根据地婚姻习俗的变革。④

学界对根据地女性区域上的研究范围也在不断扩大，突破了传统研究关注的陕甘宁边区和华北革命根据地，华中、东北、川陕等地区亦逐渐被学者纳入研究视野。⑤ 但华南根据地的研究仍显

---

① 岳谦厚、张婧：《抗日根据地及解放区女性婚姻关系时的财产权》，《中共党史研究》2015年第3期。
② 刘荣臻：《中共话语视阈中的乡村妇女解放——以1937—1948年晋察冀、晋冀鲁豫边区为例》，《首都师范大学学报》2011年第1期。
③ 杨豪、马良玉：《抗日根据地乡村女性的社会流动——以冀中抗日根据地为中心的考察》，《妇女研究论丛》2013年第2期。
④ 吴云峰：《冲突与调适——华中根据地婚姻习俗变革中的国家与乡村社会》，《华中农业大学学报（社会科学版）》2017年第5期。
⑤ 吴云峰：《华中根据地婚姻习俗变革研究》，南京师范大学博士学位论文2016年；吴云峰：《革命、权利与习俗：华中根据地妇女的家庭地位考察》，《福建论坛（人文社会科学版）》2016年第1期；吴云峰：《婚姻自由政策与华中根据地择偶方式的变迁》，《党史研究与教学》2016年第3期；吴云峰：《革命与军权——华中根据地军婚保护政策研究》，《西南交通大学学报（社会科学版）》2016年第1期；吴云峰：《华中革命根据地对童养媳制度的改造》，《中华女子学院学报》2016年第2期；单炜鸿：《解放战争时期东北根据地妇女运动研究》，博士学位论文，东北师范大学2017年；胡军华、杨彩：《东固革命根据地的妇女运动》，《山东女子学院学报》2018年第6期；叶青：《女性的革命史——以川陕革命根据地为例探讨中国革命史书写的新角度》，《中国集体经济》2007年第8期。

薄弱,是今后研究需要着力之处。

(二)国外研究

国外学者对根据地时期妇女研究多集中在20世纪六七十年代西方主义学术研究兴起之后。此前,记述根据地妇女的文章和著作多是出自同情中国革命的作家或新闻记者之手。① 如美国著名左派女作家、女记者安娜·路易斯·斯特朗在其著作《斯特朗文集3——中国人征服中国人》中对延安边区、华北抗妇女日根据地部分地区妇女的生活、教育、参政情况都有所描述,并认为中共革命对乡村妇女命运的改变起到了至关重要的作用。② 美国知名记者杰克·贝尔登《中国震撼世界》第十章"妇女的反抗"中以类似口述史的形式,详细记载了一位名叫"金花"的农村妇女在战争时期个人命运发生的变化。因作者并非专门从事中国妇女问题研究,他写作的出发点仍是对中国革命的关注。③ 美国作家韩丁在《翻身——中国一个村庄的革命纪实》中,除详细记录山西潞城张庄村民在轰轰烈烈的土改中翻身的情形外,对革命后发生在该地区妇女身上的翻转与变化也有细致的记载。④ 美国记者艾格妮丝·史沫特莱热情歌颂了中国妇女在革命中的历史功勋,同时对她们所经历的苦难表示深深的同情。史沫特莱笔下的中国妇女也包括了根据地的妇救会会长、妇救会委员。⑤ 柯鲁克夫妇的纪实著作《十

---

① 刘霓、黄育馥:《国外中国女性研究文献与数据分析》,中国社会科学出版社2009年版。
② [美]安娜·路易斯·斯特朗著,王厚康、吴韵纯译:《斯特朗文集3——中国人征服中国人》,新华出版社1988年版。
③ [美]杰克·贝尔登著,邱应觉译:《中国震撼世界》,北京出版社1980年版。
④ [美]韩丁著,韩倞等译,邱应觉校:《翻身——中国一个村庄的革命纪实》,北京出版社1980年版。
⑤ [美]艾格妮丝·史沫特莱著,万高潮译:《中国革命中的妇女》,解放军出版社1985年版。

里店——中国一个村庄的革命》,翔实地记录了武安县十里店土改复查、整党和民主运动的全过程,也记录了乡村妇女生产、婚姻、教育、参政等方面的信息。值得注意的是,该书并没有像上述三本书那样完全认同中共革命对乡村妇女的影响。①

如果说斯特朗、杰克·贝尔登、韩丁讲述的是中共革命给根据地妇女命运带来的正面变化,那么这种乐观的看法在20世纪70年代下半期逐渐发生了改变。一些西方的女性主义学者进入了反思阶段,开始从另一个角度观察中国妇女解放进程和中国妇女的地位问题。其中,1983年凯·安·约翰逊撰述的《中国妇女、家庭和农民革命》②应着重介绍。该书对从1921年中国共产党成立到1949年国共内战结束的这段时期中共和妇女之间的互动情况进行了研究,旨在评价社会主义革命对改变妇女生活的作用。经过一番考察分析,作者发现一些意在为妇女带来利益的法律条例并未完全得以贯彻,她也因此得出中国的家庭变革尚未完成的结论。其原因主要是:第一,传统的性别制度与权力结构根深蒂固,中共以生产为媒介的妇女解放并不会彻底将传统剔除。第二,中共为了实现革命的胜利,不得不维护男性农民及父权制家庭的利益,而选择忽视妇女的权益,将根据地妇女的解放让位于革命的需要。李木兰在对近代中国妇女参政问题考察过程中,也谈到了1937—1949中共控制区域内的妇女参政情况。作者认为"共产党控制区域的妇女运动在很大程度上淹没在更广泛的党的政策中","阶级和性别压迫之间的矛盾在共产党文化中很明显地一直持续要1940

---

① [加]伊莎白·柯鲁克、[英]大卫·柯鲁克:《十里店——中国一个村庄的革命》、《十里店——中国一个村庄的群众运动》,上海人民出版社2007年。
② [美]凯·安·约翰逊(Key Ann Johnson):*Women, Family and Peasant Revolution in China*, Chicago: University of Chicago Press, 1983.

年代,但是矫正这种党的父权制基础的企图很快被粉碎"。①

在此期间关于女性的研究虽新作频现,但一些著述仍延续之前问题意识和研究视角。如美国学者帕特里夏·斯特拉纳汉②对陕甘宁边区妇女政策进行了详细的解读,认为中共每次对妇女政策的修订都是对妇女权利的扩大。因此,在作者看来,中共的这些政策是进步的,对妇女生活的影响也是正面、积极的。此外,新时期国外对根据地妇女研究中还有对特定地区的妇女运动、妇女解放进行考察的文章。如大卫·古德曼通过对太行革命根据地武乡、黎城、辽县三个不同地方妇女运动的考察,认为不同地区的妇女对革命与战争的参与都不尽相同,环境对妇女参与公众生活有着重要的影响。③

除了上述专门性的研究外,还涌现了一批妇女运动通史类的研究。如小野和子的《世纪革命中的中国妇女,1850—1950》(*Chinese Women in a century of Revolution, 1850—1950, Stanford, Calif: Stanford University Press*,1989),本书以时间为主轴,介绍了中国近代史上妇女运动的情况,中共领导下的革命也在其中。该书认为中国的阶级与民族矛盾远远超过了性别之间的矛盾。还有些著述对女性主义进行了文化与思想方面的梳理。如汤尼·白露的《中国女性主义思想史中的妇女问题》从"女性"和"妇女"等词汇入手,解读并考证了19世纪末至20世纪末近100年时间内中国女性

---

① [澳]李木兰著,方小平译:《性别、政治与民主——近代中国的妇女参政》,江苏人民出版社2014年版。
② 《延安妇女政策的变化,1935—1947》;《延安妇女与共产党》,转引自刘霓、黄育馥:《国外中国女性研究文献与数据分析》,中国社会科学出版社2009年版,第167页。
③ [澳]大卫·古德曼:《革命中的妇女和妇女在革命中——抗日战争中的妇女和中国共产党(1937—1945)》,张国刚:《中国社会历史评论》第3卷,中华书局2001年版。

主体的思想源流,其中对延安时期丁玲思想中的"妇女"一词内涵转变的过程进行了翔实勾勒与细致分析。①

综而论之,国外学者对根据地妇女的研究虽日趋多元,但质量与数量都远低于对同时期城市妇女、知识女性以及对古代与当代妇女的研究。

二、问题意识

国内外学者们的研究,给我们提供了许多新思考的方向。

首先,在中国革命史中,乡村妇女是一个近乎失语的群体。然而,她们的身影却如此鲜明地活跃在根据地时期的历史舞台上,这是一个令人十分困惑的问题。她们是中国社会革命性变革的参与者和重要动力,她们当然也应该是这一历史过程的言说者和解释者。然而"她们却因其出生地(农村)和性别(女性)而被双重边缘化了"②。在正式的历史和革命史叙述中,她们的经历、人生体验、生命情怀、所思所想以及记忆和讲述往往几近于无声无息,她们生动丰富的故事在历史中几乎遁形,她们似乎没有历史,或者至多只有由他人代言的女性历史。在革命巨变与民族战争压力下,这个群体身上到底发生了什么?她们到底是以何种状态来应对着社会的变迁?她们中一些人又如何走出了原有的生活圈参与到宏大的革命场域中?这些问题都在笔者的脑海中徘徊。虽然,本书不能让无声者发声,但致力于改变对这群"无声之人"的不恰当、不客观的描绘,力图让她们从"他者"之位重回历史的视域。以女性的视

---

① [美]汤尼·白露著,沈齐齐译、李小江审校:《中国女性主义思想史中的妇女问题》,上海人民出版社2012年版。
② 王政、陈雁:《百年中国女权思潮研究》,复旦大学出版社2005年版,第278页。

角,考量历史的足迹,通过女性的文字,找回乡村妇女的历史,令历史的解读更加丰满。

其次,"一般来说,人们在讨论中共领导农村妇女运动时,惯于使用阶级分析方法甚至男权主义话语系统,把农村妇女视作一个受'政权、族权、神权、夫权'束缚而亟待被解放的同质化整体"①。战争状态下,妇女脸谱化的现象愈加严重,农村妇女在目前的学术研究中成了"无差别的统一整体",她们面对战争,舍小家为大家;面对屠戮,舍生取义;为了国家、民族积极献身。但农村妇女作为一个尚未开化的群体,一个仍处于传统语境的单位,一个有血有肉、有着不同性格、追求与目的的社会成员,怎能用几个杰出人物就可以全权代表了呢?而且一个女人在社会中的存在不仅仅是性别的载体,还有阶级与民族的属性。她拥有自己的生活体验和生存网络。因此,在错综复杂的社会体系中,她占据着独一无二的位置,当她们面对战争、革命、生死存亡,有着不同的因应与选择。一些政治术语在20世纪三四十年代,对于受过良好教育的知识群体而言,也都只是一些新传入的现代理念,即使在观念上逐渐接受,却难以真正成为一种思维惯性和行为模式。何况是地处偏僻、未受现代教育洗礼的"家庭妇女"和山野村妇们?对她们来说也许只是个陌生的概念而已。她们中的大多数"既没有对民族战争清晰的理性认识,也没有对革命队伍的阶级觉悟,仅仅依据生存本能的指使而行动"②。即便是在中共的影响下,捍卫国家民族的意识在妇女身上初见端倪,但这种考虑和担忧并不是处处主导着她们。

---

① 张志永:《华北根据地妇女运动与婚外性关系》,《抗日战争研究》2009年第1期,第77页。
② 刘传霞:《女性、身体、政治——从三部小说文本看建构女性自主身体叙事的艰难历程》,《贵州社会科学》2003年第6期,第77页。

因为每个个体的生命和生活还有国家、民族以外的考虑与范畴。那么,我们有必要探究农村妇女在战争状态下所形成的不同群体及其动机与顾虑。

第三,"妇女解放"作为一个舶来品,在中国大地上被广为传诵。"如果说19世纪90年代维新志士以'禁缠足''兴女学'等改良思潮吹响了近代城市女性解放的时代号角,那么20世纪三四十年代中共话语建构的'妇女解放'则是这一思潮在乡村社会的扬弃与实践。"①"革命—解放"的妇女解放模式成为那个时代的主流。由于在众多问题的表述中都存在着"客观性现实与表达性现实不符"②的现象,这就需要我们深入地探究根据地妇女发生的一系列变化的真实性和客观性。把一个对历史现象作出简单判断的"是否"问题,转化为一个对历史复杂性做出深描的"如何"问题。从这一视角出发,历史现象中所包含的丰富内容和复杂过程才能得到充分的展现。

三、概念界定

(一)华北根据地

本书是指中共在华北地区建立的晋察冀、晋冀鲁豫、晋绥、山东等抗日根据地,以及解放战争时期的华北解放区。

(二)性别

本书的性别即区别于生理性别的社会性别,此种性别角色与行为期待是对生理性别的延伸,同时也是社会化的产物。发端于

---

① 刘荣臻:《中共话语视阈中的乡村妇女解放——以1937—1948年晋察冀、晋冀鲁豫边区为例》,《首都师范大学学报》2011年第1期,第30页。
② 详见:黄宗智:《黄宗智:中国革命中的农村阶级斗争——从土改到文革时期的表达性现实与客观性现实》,《国外社会学》1998年第4—5期合刊。

20世界60年代的社会性别理论反对孤立地研究女性和女性问题，认为在考察女性时要将她们放在两性共同存在的社会制度与权利体系中。本书的性别视域即将男女两性共同纳入考察的范围，在他们不同的反馈中探析女性的历史角色与处境。

（三）父权

所谓父权是指男性因在社会占主导而拥有的权力，女性在此种社会结构中处于从属地位。传统中国基层社会中的父权，狭义而言主要是指家庭中决定各种社会事务的权力为父亲或年长男子所拥有。当战争、革命肇始，政治组织、政党理念及其运作方式下沉到乡村社会，影响到了民众生活的诸多层面。特别是对乡村妇女而言，她们的身体、婚姻等都不再简单地为传统父权所掌控，同时也被基层男性干部所影响，甚至他们代替传统父权来行事。

（四）乡村妇女

本书的乡村妇女包括两个群体，一个是长期生活在乡村的农妇；一个是在战争与革命时期在乡村活动的妇女，这个群体中有外来的妇女干部，也有本土的小知识分子。本书以第一个群体为主要研究对象，部分章节也会涉及第二个群体。

四、资料概况

本课题研究依据的历史资料主要由以下几类：

（一）档案及报刊

在资料的运用上，以往对根据地妇女生活、妇女运动的研究，主要利用公开出版的资料汇编、回忆录、地方志、报刊文献等开展研究，对原始档案资料的挖掘较为欠缺。诚如黄宗智所指出的，"今日不知有多少地方政府档案，仍埋藏在县、市或市政府机关之中。中国历史学家如果能够用上这些资料，将可兼有欧洲历史学和第三世界历史学所分别享有的有利条件——即长时期的政府机关档案和现代人类学的调查研究资料"①。为了充分占有原始资料,笔者耗时三个多月在河北、山西两省的县市省档案馆查阅了大量档案资料。赴台期间,有幸在"国史馆"和"党史馆"也找到珍贵史料。尽管在查档过程中遇到了种种困难,但面对数量众多、内容丰富的史料,笔者稍感安慰。

一些地方性的报刊也对当时妇女生活做了生动的报道,如《晋察冀日报》《冀鲁豫日报》《太岳日报》《晋绥日报》《新华日报》《解放日报》《中国妇女》等,它们对本研究都具有较高的参考价值。

(二)资料汇编及地方史志

20世纪80年代中期以后,全国妇联妇运史研究室历时五年编著了《中国妇女运动历史资料》,全书按照时间分为五册。其中大量选录了中共中央及各省的有关妇女工作的文献资料,同时也兼收其他妇女组织和妇女活动的资料。各地妇联和各类的史料编写组先后编辑了数十种不定期的妇运史资料集,如《河北妇女运动史资料选辑》(4辑)、《烽火巾帼》《晋察冀北岳区妇女抗日斗争史料》《烽火太行半边天》《武乡妇女运动史料选编》(3集)、《山东妇女运动文献》(2本)、《河南妇女运动志》等。尽管与本课题相关的资料汇编无论从数量还是从资料丰富度上都让人欣喜,但由于编者先入为主的框架局限,对史料的收集整理难免带有片面性和主观性。所以在运用这些资料时,需结合其他资料互相佐证。

华北地区一些县的县志及文史资料不仅有助于本书勾勒出当时的社会情境、历史风貌,还能帮助本书描绘出抗战前华北乡村妇女的生存空间与生活内容,特别是台湾成文出版社出版的一些河

---

① [美]黄宗智:《华北的小农经济与社会变迁》,中华书局2000年版,第50页。

北、山西地区的县志,其客观性、立体与真实性都屈指可数,是可资参考的重要资料。

(三)口述史资料

妇女史研究长期面临的困难就是史料的缺乏。因为传统史学依据的主要是官方文献,大多关注的是著名人物和重大事件,而亲历事件的普通人的声音却常常被忽视,妇女更是长期处于失语的状态。口述史是近年来国内外一些学者在史学研究方面逐渐采取的一种方法,在深入了解女性生活经验,记述妇女个人内心情感方面,口述资料具有文献资料无法比拟的独特价值。由杜芳琴主编的《大山的女儿:经验、心声和需求——山区妇女口述》(华北卷)①"是一部以口述史为主反映贫困妇女和性别差异的研究著作"②。李小江主编的20世纪中国妇女口述史丛书——《让女人自己说话》③通过女性的声音,在宏大的叙事中探寻女性的生命轨迹。2005年山西人民出版社出版的《山西抗战口述史》④在抓住抗战主线的同时,对抗战时期山西的社会状况和百姓生活实态,都有大量的细节描述和真实记录。在这部著作中女性的声音也被彰显,从她们的谈论中也可以了解到许多不为人知的历史细节。李丹柯的《女性,战争与回忆:35位重庆妇女的抗战讲述》记录了抗战时期生活在重庆的35名女性的回忆,聚焦她们的私人经历和生活体验,

---

① 杜芳琴:《大山的女儿:经验、心声和需求——山区妇女口述》(华北卷),贵州民族出版社1998年版。
② 刘洁:《"走向解放":集体化时期太行山区妇女的农业劳动》,博士学位论文,南开大学2012年,第6页。
③ 李小江:《让女人自己说话》,三联书店2003年版。
④ 张成德、孙丽萍:《山西抗战口述史》,山西人民出版社2005年版。

探究战争对女性打下何种烙印,而女性又如何抗争战争的残酷。①罗久蓉、游鉴铭耗时五年共同完成的《烽火岁月下的中国妇女》"道尽了战乱下中国妇女生活的从小到老、从家庭到社会的生活全貌"②。

随着近年来对慰安妇问题的关注,对这个妇女群体的口述调查也丰富起来。张敬民、罗庆东根据15集大型口述历史纪录片《人证》编写了《人证:日军侵华期间盂县性暴力受害者口述实录》③一书,真实地记录了盂县20位性暴力受害者的经历过往及生存状况。《炮楼里的女人——山西日军性奴隶调查实录》④是一名退休的山村小学教师用近30年时间,对盂县、阳泉、沁县和武乡四地60余位慰安妇口述历史的记录,揭露了70年前发生在山西乡村的人间惨剧。从这本书中,我们看到的不单单是一个个被日军蹂躏的身体,更多的是无法忘记却又不想忆起的生命体验,为我们立体地展现了妇女战争中一个别样而悲壮的生存场景。此外,还有如《我的见证——200位亲历抗战者口述历史》《寻访抗战老兵》《我的抗战》、"红色延安口述·历史"系列丛书等在一定程度上也弥补了女性失语的缺憾。

这里着重要提的是李小江编著的《让女人自己说话》口述史丛书,该丛书分为《文化寻踪》《民族叙事》《亲历战争》《独立的历程》

---

① [美]李丹柯:《女性、战争与回忆:35位重庆妇女的抗战讲述》,重庆出版社2015年版。
② [台]"中央"研究院近代史研究所:《烽火岁月下的中国妇女访问记录》,中央研究院近代史所2014年版,"张序"Ⅵ—Ⅶ。
③ 张敬民、罗庆东:《人证:日军侵华期间盂县性暴力受害者口述实录》,山西教育出版社2006年版。
④ 张双兵:《炮楼里的女人——山西日军性奴隶调查实录》,江苏人民出版社2011年版。

四个分册。这套丛书用女性朴素的言语表述了她们的经历和感受,证明了她们在宏大历史场景中的存在。

口述史对传统史学有着补充和校正作用,它发掘了沉默的人群的声音,使得史学有可能完整地记录"人"和普通人的历史。[①] 通过这些口述资料可以更清晰地了解女性在革命、战争等宏大视域中的切身感触以及她们对时代变迁、民族、阶级、新旧社会性别制度等层面的认知。这样就可以通过妇女自己的声音来呈现性别解放与阶级解放、民族解放之间的关系。

(四)文学作品

本书除了运用档案、报纸、资料汇编外,还将回忆录、个人传记、游记、小说等文学作品作为辅助资料。从抗战全面爆发到新中国成立,这十来年时间里,解放区文学——这一在中国现代文学史上有着特殊意义的文学思潮经历了形成、发展、成熟与深化几个阶段,涌现出大量优秀的作家和作品。如开创"山药蛋派"的赵树理,他的小说多以华北农村为背景,反映农村社会的变迁,塑造出了各式各样的农村人物形象,其中也不乏对乡村妇女及她们生活的描写。如《小二黑结婚》《两个巧媳妇》《登记》《邪不压正》《孟祥英翻身》等。还有开创"荷花淀派"的孙犁,他的作品描绘了抗日战争、国共内战中白洋淀乡村一幅幅壮丽、清新的文学图画。他以塑造根据地青年妇女的美好形象而著名,如脍炙人口的《荷花淀》和《祝福》中的水声嫂。孙犁笔下的落后妇女形象也很饱满,如《风云初记》中的俗儿,《铁木前传》中的小满儿等。此外,还有马烽、西戎的《吕梁英雄传》、丁玲的《太阳照在桑干河上》等。尽管这些文学创

[①] 谢娟:《让女性的"口述"重现历史——访"20世纪(中国)妇女口述史丛书"主编李小江》,《文汇报》2003年2月14日第15版。

作在客观性上不能与档案资料相比,但毕竟它们的形成也需要一定的社会背景作为依托。因此,在一定程度上,它们"能够生动地揭示和展现当时的社会生活风貌和历史时代精神"①。著名历史学家翦伯赞曾说:"在任何时代的文学作品中,我们都可以找到作者对当时社会所涂的阴影,不过他们所涂绘的阴影,有浓有淡而已。"②因此,从上述文学作品中我们也可以透视一些关于当时社会的情境与民众的只言片语,可给本书以借鉴,帮助笔者勾勒出当时华北农村社会生活的场景及乡土妇女的形象。

五、理论概述

目前对于中共革命的研究存在着"政策—效果"的书写与研究模式,即中共下发政策,民众欢呼响应。以根据地妇女经济生活的研究为例,中共在战争期间遇到了众多困难,劳力的缺乏是其中之一。解决这个问题的主要方法就是对乡土社会女性的发动,让她们参与到生产、根据地经济建设中来。昔日的学者在做相关的研究中,严格按流水线书写历史——中共发动妇女参加生产,后者积极响应、改变往日不劳动的习惯,其家庭地位与社会地位随之提高,革命性更加高涨。这种研究方法,一方面"遮蔽了革命的复杂性和艰巨性",另一方面也忽略"人"作为一个参与社会活动的生物的差异性,更是"忽略了传统社会与革命政策的关系"③,"革命政策

---

① 徐国利、陈永霞:《中国现代史家论文学作品的史料价值及其史学实践》,《史学研究》2007年第1期,第67页。
② 翦伯赞:《史学理念》,重庆出版社2001年版,第54页。
③ 李金铮:《向"新革命史"转型:中国革命史研究方法的反思与突破》,《中共党史研究》2010年第1期,第77页。

与民间的传统的关系远非人们想象的那样简单"①。根据地妇女在参加社会生产的过程中充满了困难和矛盾,这里有家庭的阻拦、传统的束缚以及个人的认知缺陷等。因此,根据地妇女有的积极响应,有的消极应对,有的随波逐流。

由于有了上述的这些"障碍",中共政策的贯彻落实并非一帆风顺,而是在曲折中前进。至于最终的效果,也需我们深入地考量。并且近年来,在以实证为主流的社会史研究中,革命似乎被边缘化了。如张佩国认为"'革命'面临着诸多的叙事困境"②,需要"通过对史料的重新梳理和解读以更逼近历史形形色色的诸多面相"③。于是,对于革命史的书写,一些学者提出了新的方式和方法。有些人提出要将中共革命史与社会史联系起来进行考察④,有些学者认为可以"从国家与社会互动关系的视角"来进行尝试。⑤本书同意上述观点,也试图打破以往的"政策—效果"研究模式,将革命史与社会史相结合,在革命史宏大叙事的前提下,拓宽研究视野,展现出历史研究的本然追求:人、人性及其社会性⑥,从而在更广阔的历史空间中能翔实、客观、多面向地对中国革命中的根据地妇女群体做出解释。

---

① 李金铮:《革命策略与传统制约:中共民间借贷政策新解》,《历史研究》2006年第3期,第119页。
② 张佩国:《20世纪中国乡村革命研究中的叙事困境——以"土改"研究文本为中心》,《中国农史》2003年第2期,第72页。
③ 杨念群:《中国史学需要一种"感觉主义"》,《新史学》(第一卷),中华书局2007年版,第7页。
④ 齐小林:《中共士兵、革命政权与华北乡村:1937—1949》,博士学位论文,南开大学2011年,第6页。
⑤ 李金铮:《新革命史:中共革命史研究的省思》,《博览群书》2011年第9期,第27页。
⑥ 黄道炫:《改革开放以来的中国革命史研究及其趋向》,《史学月刊》2012年第3期,第23页。

中国幅员辽阔、不同区域的自然地理环境、历史文化风貌和经济社会发展往往存在相当大的差异。"从地域角度探讨各地社会历史发展的不平衡性和特殊性,早已成为史学界的共识。妇女活动在历史记载中十分缺乏,我们在填补这一空白时需要注意到妇女生活和活动的地域差异性。换言之,要研究特定地区的妇女活动的历史。它与地域政治史、地域经济史、地域文化史既有区别,又有十分密切的联系。将地域妇女史研究与总体性妇女史研究结合起来,妇女史才会有更加生动、丰富、具体的内涵。"①本书选择的是广袤的华北乡村,试图在这样一个广阔的区域中探寻该地区妇女独特的历史风貌。

社会性别理论是本书依托的重要理论。自 1975 年美国盖尔·卢宾在《女人的交易》一文中提出"社会性别"概念以来,这一理论在接受质疑和挑战中不断发展,几乎成为女性主义学术和理论的核心,逐渐向各学科领域渗透,亦自然成为女性主义史学新的关注点。② 因此,"性别的维度和社会性别的视角成为妇女史研究的新趋势"③。对于"社会性别"这一概念,不同的学者有着不同的界定。美国历史学家琼·斯科特(Joan W. Scott)认为:"社会性别是一种基于可见的性别差异之上的社会关系的构成要素,是表现权利关系的一种基本方式。"④有的学者也给出了与之不同的定义,所谓社会性别即"一种知识结构,一种思考和研究的方法,一种能

---

① 秦燕、岳珑:《走出封闭——陕北妇女的婚姻与生育(1900—1949)》,山西人民出版社 1997 年版,第 1 页。
② 杜芳琴、商昭印、刘文明、李银河、郑永福、吕美颐:《妇女史与社会性别的启示》,《史学理论研究》2004 年第 3 期,第 17 页。
③ 杜芳琴:《历史研究的性别维度与视角兼谈妇女史、社会性别史与经济社会史的关系》,《山西大学学报》2003 年第 4 期,第 112 页。
④ 李银河:《妇女:最漫长的革命》,三联书店 1997 年版,第 151 页。

帮助我们发现历史中被忽视的领域的分析工具,它是一种挑战传统史学性别盲点的社会文化反思的概念形式。重要的是要强调社会性别范畴必须作为特定情境的,依赖情境的。它为更深入地理解各种历史现象提供了一种可能,它不应该被用作一种静止的模式、解释历史事件全貌的产生原因的一个神话。它的力量不是仅仅将历史简化为一种模式,而是启发作为一种揭示历史的多样性和变异性的一种方法"①。因此,妇女史不仅是书写妇女的历史,也不单是由妇女来写妇女的历史,更不是仅局限于为妇女而写历史。妇女史应是从女性——性别切入历史,研究男女两性在历史上的相互关系及变化趋势、过程和规律。妇女以往的历史被以男性为核心的历史观、价值观、性别观掩蔽得太深太久了,我们不但需要对妇女的存在聚焦透视,更需要用一种女性的视角、女性的观点和女性的体验对根深蒂固的成见、观点、习俗进行重新评价。② 从社会性别维度和视角切入历史研究,一方面会使史学的研究视野、空间、深度大大延伸和拓展,另一方面也给历史注入了活力和"人气",使之更有立体感。本书试图依托于该理论,跳出就妇女论妇女的怪圈,从性别的视角展示更为广阔的历史空间。

六、创新点

学术研究中的创新与灵感主要源于对前人研究成果的梳理与总结。在前述的问题意识部分和学术史回顾部分,本研究已经论述了根据地妇女研究的欠缺与不足。针对前文所提到的不足,我

---

① 蔡一平、王政、杜芳琴:《赋历史研究以社会性别:妇女史学科建设首届读书研讨班专辑》1999年,第204页。
② 杜芳琴:《发现妇女的历史——中国妇女史论集》,天津社会科学出版社1996年版,第6页。

们试图从以下几个方面进行突破：

(一) 改变根据地妇女"他者"之地位与"无声"之态

在这个被忽视的群体身上到底上演了怎样一场绚丽多姿又扼腕长叹的剧情？处于"无声"之态的她们身上到底发生了什么？她们的实际状态如何？本研究希望让根据地妇女自我言说她们的喜怒哀乐，倾诉她们的苦楚和情怀。本研究亦从方法论的角度，考察女性"无声"的缘由，从史学史的视野思考女性被遮蔽的诸种因素。

(二) 对根据地妇女群体复杂性的展示

根据地妇女绝非铁板一块，她们也并非完全同质的整体。总体而言，她们是受教育程度较少、认识水平低、国家民族意识淡薄、生活在男权社会中、以相夫教子为人生事业的群体。她们之间存在着阶级、年龄、性格、生活环境种种的差异性，只是战争和革命改变了她们的人生际遇。在国家和民族立场上展开的历史叙述，将她们脸谱化、形象化、代表化，也就意味着是人为地在填充她们的历史、塑造她们的形象。因此，本研究希冀展现在战争、革命视域中不同的妇女群体的形象、面貌、心声与诉求，使得根据地妇女不再只是浮在纸上的、所谓的"英雄"与"模范"，而是一个个有血有肉、丰满的"人"，同时也希望能够展示这个群体在时代牵引下向前迈进的豪迈与艰辛。

(三) 深化传统的"革命—解放"的妇女解放模式

我们应该"把研究的焦点从简单地判断共产党是否解放了妇女，转向以另一种方法提问"①，即在根据地农村妇女身上究竟发生

---

① 丛小平：《左润诉王银锁：20世纪40年代陕甘宁边区的妇女、婚姻与国家建设》，《开放时代》2009年第10期，第64—65页。

了哪些改变？哪些又没变？对于那些已经发生变化的，为什么发生了这些改变？这些变革是短暂的、还是长久的？是表面的，还是本质的？至于那些未发生改变的方面，为什么没变？是何种原因造成的？这些变与不变和当时的战争环境、中共的政策及区域性传统习俗又存在何种关联？本书并不认为"革命—解放"模式是华北根据地区域女性解放的标志性样态，更倾向于把这种缺少经济平等与社会安定支撑的"女性解放"看作是战时需要背景下的假性解放，它并不具有本质意义。

（四）转变"政策—效果"的研究模式

传统根据地女性研究模式是以中共政治效能为核心展开的，也以解释中共政治合法性和中国革命必要性为目的。由此产生的"政策—效果"模式具有历史的局限性，它只部分反映了历史演变中女性的生活情形，简化了女性群体形象的形成过程，忽略了作为政策执行者群体对于政策的不同认知及利益博弈。本书旨在彰显根据地普通妇女对战争与革命动员的真实体验及这一完整、复杂的行动过程。中共与根据地妇女之间呈现出的并非动员与被动员、控制与被控制的关系，不应忽略她们复杂的心态与行为对中共政策推动与制约的双重作用。

七、框架

本研究包括摘要、绪言、正文、结语和参考文献。

绪言部分主要包括研究回顾、选题意义、概念界定、资料概况、相关理论介绍创新之外及对研究框架与思路的说明。

正文部分一共有七章，主要内容如下：

第一章：以华北乡村社会为中心，探讨中共妇女政策的变迁。该部分主要是作为历史背景及政治形态的铺垫。虽然妇女政策的变革对区域妇女运动进行过程中的各个层面都具有深刻的影响，但战时背景下女性解放的展开缺少经济变动的基本条件，这使得该时期女性解放运动呈现出先天不足的特征。

第二章：本章介绍在传统、革命、战争、性别视域下婚姻中的妇女。在多重因素的影响下，乡村妇女始终未走出婚姻的"围城"。尽管如此，她们却一直发挥与展现着自我的能动性。在多方压力下，她们对婚姻变革反应的多样性也说明了妇女群体的复杂性。

第三章：本章介绍乡村经济生产中的妇女。在性别革命与抗战大业之需产生冲突之后，中共将妇女运动的方向转向了生产，通过多种方式将妇女拉入生产领域，并赋予妇女生产以"解放"的含义。此举，一方面解决了根据地经济上的危机，另一方面也缓和了两性之间的矛盾。然而渴求经济解放与政治平等的妇女，争取自由平等的道路依旧漫长。

第四章：本章介绍教育中的妇女。在妇女动员的需求下，中共赋予了乡村妇女受教育的权利。但并不是所有妇女、家庭都完全接受中共此种社会教育的推广，革命与传统在此过程中展开了激烈的博弈。虽然中共所推行的妇女教育的初衷较复杂，但最终根据地妇女教育的开展对施教者和受教者都是获益的。

第五章：面对民族战争，不同的妇女有着不同的考量与选择。她们当中有为革命与战争服务的积极参与者，也有消极的应对者。她们当中的积极分子之所以选择响应并不完全都是出于民族、国家的考量，被贴上消极应对标签的妇女群体也不完全是"卖国求荣"即可概括。她们的选择多是自身利益最大化的思考，与政治、阶级、民族、国家诉求等多不相关。

第六章：华北根据地土改开始后，乡村妇女有着不同的态度与反馈。面对中共承诺的利益所得，不是所有的妇女都为此心动，她们多受限于传统、家庭等因素不敢响应中共的号召。即便最初响应了中共动员,仍有一些妇女在对自我利益衡量后,消极应对甚至根本不参与其中,还有些妇女因各种原因退出革命视域。土改后华北乡村妇女的"翻身"与"翻心"问题仍需进一步深探,究其原因,仍是尚未改变的经济条件以及革命的大环境。

第七章:本章以妇女干部为中心,探讨根据地妇女参政的实态,进而考究妇女在参政方面的所获与所失。最终我们要回答的是,对女性而言,战争与革命到底意味着什么?究竟在哪些方面改变了她们?

第一章 出走与回归:战时中共妇女政策的调整

抗日战争是全国人民争取民族独立的一次伟大战争,动员占人口一半的妇女参加抗日斗争,乃是一项十分重要的工作。在兵源极度缺乏、后方支援工作急需人力的大背景下,毛泽东在延安中国女子大学开学典礼上曾言:"假如中国没有占半数妇女的觉醒,中国抗战是不会胜利的,妇女在抗战中是有非常重大的作用:教育子女,鼓励丈夫,教育群众,均需要通过妇女;只有妇女都动员起来了,全中国人民也必然会动员起来了,这是没有问题的。"①在抗战初期,中共中央妇女运动委员会也明确提出,各级党组织要重视妇女工作,发动建立各级妇女群众组织,最广泛动员广大妇女参加到抗日斗争中来。在对妇女动员的进程中,中国共产党依据不同的历史情境与不同阶段的任务要求,对妇女工作和妇女政策进行调整。

抗战伊始,中共在华北根据地领导的妇女运动承袭"五四"妇女解放的理念,试图通过对男女平等、婚姻自由、经济自主、妇女教

---

① 《毛泽东在中国女子大学开学典礼上的讲话》,晋察冀北岳区妇女抗日斗争史料编辑组:《晋察冀北岳区妇女抗日斗争史料》,中国老年历史研究会 1985 年,第 1 页。

育等政策的贯彻与实施塑造一个个属于乡土社会的"娜拉"。从倡导男女平等、鼓励女性走出家庭入手，将她们动员到抗日大业中来。这种建立在现代民族国家立场及现实政治需求基础上的社会动员，兼具有女性人文关怀的情愫，与华北地区乡村社会的习俗格格不入。中共的妇女运动形成了部分女性从婚姻、社会活动及经济生产上大尺度的"解放"，不单使乡村两性关系紧张、乡村秩序受到冲击、家庭矛盾突出，更影响了抗战的稳定局面。自1940年后，中共在开展妇女工作的同时，不断调试现代与传统的关系、探寻平衡稳定与革命的方式、发现兼顾民间伦理与妇女解放的途径，逐步调整妇女运动的大方向，不再一味地强调农妇走出家庭与对传统父权制家庭体系的颠覆。1943年，在整风运动背景下，中共中央对妇女政策进行了调整。其标志性成果是该年2月26日，中共中央制定的《关于抗日根据地目前妇女工作方针的决定》（简称"四三决定"）。"四三决定"鼓励广大妇女参加劳动生产，确定了将妇女参与不离开家庭的生产作为妇女获得最终解放的重要依托，引导她们通过参加生产改善家庭关系，强调"家庭与建设都过得好"①。由此可见，"四三决定"已经注意到了战争与革命视域下家庭这一基本单位的重要性。一方面它试图协调"在'妇女主义'为解放实践下形成的'男女对立，青老对峙的'家庭矛盾"，另一方面希冀在性别协商中兼顾"抗战利益与家庭利益之间的关系"②、兼顾传统与现

---

① 《中共中央关于各抗日根据地目前妇女工作方针的决定》，《解放日报》1943年2月26日。
② 张静、曾晓丽：《"四三决定"与中国共产党妇女政策调整研究》，《南开学报（哲学社会科学版）》2018年第1期，第21页。

代,"形成家庭内外两种力量的互动",探索更为平等家庭结构的重构。① 随着妇女政策的转向及革命的进行,妇女的权益问题被置于"性别"与"阶级"双重框架下,女性解放与阶级革命密切相连。尤其在国共内战时期,阶级矛盾成为主要矛盾,女性解放与阶级解放之间的关系愈加紧密,在革命的话语体系中二者渐成一体。即:妇女解放是阶级解放的重要表现形式,而阶级解放在某种程度上也就意味着妇女的解放。

需要说明的是,本章对中共妇女政策的变迁过程进行详细阐释,此后一些章节涉及此问题时便不再赘言。

第一节 传统妇女形象之素描

中国自古就有"三从四德"之礼,"贤妻良母"之说,"男主外女主内"之理,"大门不出二门不迈"之规,"妇无公事"之定,"女子无才便是德"之俗。在这样一个以父权制为主导的社会体系中,这些对女性角色的定位绵延千年,未曾改变。

在传统乡村社会中,女性所扮演的角色也十分有限,无非是为人妻、为人母、为人姊妹、为人女。在她们所扮演的多重角色中,其传统形象与正统角色始终是"贤妻良母"。并且,千百年来,女性的此种性别角色一直规范着她们的人生,"并积淀为一种群体气质,即所谓的'东方女性气质',表现为克制、坚忍、含蓄、凝重,其中既包括中国女性刻苦、勤奋、克己、献身等优良传统,又包含了依赖、

---

① 董丽敏:《延安经验:从"妇女主义"到"家庭统一战线"——兼论"革命中国"妇女解放理论的生成问题》,《妇女研究论丛》2016 年第 6 期。

屈从、拘谨、自卑等道德缺憾,这是女性群体形象的两个侧面"。①

由于这种固化的角色定位,使得华北乡村的女性长期忍受"第二性"的束缚,基本上没有什么社会角色可言。在社会习惯上,她们没有独立的人格、被侮辱贱视,诸如"女人不是人,母鸡不是禽"、"女人是枕头上的人"等谚语在华北地区广为流传。在《十里店》中亦有这样的描述:"在过去,男人们常常在街上议论村子的事情,我们妇女从来不敢到这种场合去。当有人来到家门口大声问道'屋里有人没有啊?'的时候,我们妇女就自己回答说:'屋里没有人。'妇女在那时根本不被当作人看待。"②因女人算不得一个具有社会属性的"人",她们除了生儿育女、操持家务外,对国事、政事一概不能过问。正如周晓虹在《传统与变迁——江浙农民的社会心理及其近代以来的嬗变》一书中认为:"在传统中国的任何地方、任何人家,妇女生活的圈子都要远远低于同阶层的男子,农村妇女尤其如此。"③再而言之,在华北乡村"妇女不得受教育,几个小学的统计,女孩子读书占极少数,农民认为:'老婆家识字顶个什',妇女须被迫缠脚,使妇女活动范围减少,见识亦少"。④ 这些因素将女性限定于庭院之中。再加之,"孤立、无知、缺乏就业机会、在参加工作方面完全受到歧视和强迫结婚的习惯,使妇女在传统的社会里不可

---

① 郑永福、吕美颐:《近代中国妇女与社会》,大象出版社 2013 年版,第 4、5 页。
② [加]伊莎白·柯鲁克、[英]大卫·柯鲁克著,龚厚军译:《十里店——中国一个村庄的革命》,上海人民出版社 2007 年版,第 13 页。
③ 周晓虹:《传统与变迁——江浙农民的社会心理及其近代以来的嬗变》,三联书店 1998 年版,第 77 页。
④ 浦安修:《五年来华北抗日民主根据地妇女运动的初步总结》,山西大学晋冀鲁豫边区史研究组:《晋冀鲁豫边区史料选编》第 2 辑,内部发行,1980 年,第 201 页。

避免地产生经济上的依赖"。① 久而久之,她们形成了一种以家庭为圆心,依附男子的生存模式。

抗战爆发后不久,为了团结一切力量进行民族战争,毛泽东就明确指出:"今后的任务是'动员一切力量争取抗战胜利'"②,占人口半数的广大妇女也被包括在内。1937年9月,中共中央制定的《妇女工作大纲》规定了妇女工作的基本任务是:"动员妇女力量参加抗战,争取抗战胜利",同时要求"经过统一战线的活动与组织,团结各阶层广大妇女群众在党的周围,并特别注意发动与组织劳动妇女,为我党妇女工作的路线"。③ 显然,乡村妇女牵绊于家庭,缺乏社会角色承担并且思想较为落后的状况不能适应战争的需要。幻想她们自我觉醒,突破原有的生活环境,自觉自愿投入到抗战队伍中的可能性甚微。

为了动员广大农村妇女参战,中共坚持将动员广大妇女群众参加抗日救亡运动与解决妇女切身利益相结合,将她们从封建枷锁中解放出来,使之成为抗战中不可或缺的一部分。打开枷锁需要钥匙,中共的第一把钥匙即"妇女组织",强调组织就是力量。"妇委书记王明主张依靠组织推动各项妇女工作,认为把广大妇女吸收到组织中,才能团结各个阶层的妇女。"④在华北根据地作为动员、组织妇女的重要组织形式——妇救会和自卫队普遍地自上而

---

① [瑞典]达格芬·嘉图著,杨建立、朱永红、赵景峰译:《走向革命——华北的战争、社会变革和中国共产党(1937—1945)》,中共党史资料出版社1987年版,第277页。
② 《为动员一切力量争取抗战胜利而斗争》(1937年8月25日),《毛泽东选集》第2卷,人民出版社1990年版,第325页。
③ 中共中央组织部:《妇女工作大纲》(1937年9月),中华全国妇女联合会妇女运动历史教研室:《中国妇女运动历史资料》(1937—1945),中国妇女出版社1991年版,第1页。
④ 张静、曾晓丽:《"四三决定"与中国共产党妇女政策调整研究》,《南开学报(哲学社会科学版)》2018年第1期,第26页。

下地建立起来。通过这些新的妇女组织形式组织识字班、民校、夜校,宣传男女平等、婚姻自由、反虐待、放足、卫生健康等内容,关心妇女的痛苦、解决妇女的特殊问题、维护妇女的切身利益,同时"通过深入的政治动员与宣传鼓动,启蒙广大妇女的'民族意识'"①。另一把钥匙即是抗日民主政府为了保证妇女的解放,制定了多种法律、法规和条例,如婚姻条例及实施细则、关于女子继承问题的决定、妇女参议员选举办法、处理因灾荒买卖人口纠纷的规定等等。试图在法律层面对妇女的切身利益予以保障,从而激发妇女参加抗战的热忱,将乡土农妇从庭院拉入战争服务行列中。在某种程度上人为地帮助她们发生角色上的改变,从而塑造出符合战争与革命需要的乡村妇女形象。

第二节 初期妇女工作的展开:乡村"娜拉"的塑造

中国的妇女解放运动起步于20世纪初,到五四时期达到高潮,滥觞于欧洲19世纪末的《玩偶之家》及其主人公——作为女性解放象征的"娜拉"也在此时华丽登场。数以万计的中国年轻女性以出走的"娜拉"为效仿对象,挣脱家庭的锁链与束缚。

最初,经历过五四风雨的一些中共干部在做乡村妇女工作时,也"将工作的重心放在破除封建的文化观对女性身体与精神的束缚上"②,一定程度上,承袭了五四时期追求个性解放的妇女解放理念,即妇女应当突破父权和夫权的束缚,走出传统文化的藩篱,追

---

① 张静、曾晓丽:《"四三决定"与中国共产党妇女政策调整研究》,《南开学报(哲学社会科学版)》2018年第1期,第23页。
② 刘传霞:《〈灾难的明天〉与抗日根据地农村妇女解放道路》,《济南大学学报》2008年第3期,第54页。

寻人格的独立与生命的尊严,实现自我的价值与个性,从而打造出乡村版的"娜拉"。然而由于华北抗日根据地的经济、社会环境与城市截然不同,适于城市土壤的新女性观在乡村势必遭遇"水土不服"。事实证明,革命与战争将意志和利益强加于民俗与惯习,导致革命观念和现代理念凌驾于地方生态与社会环境之上、革命与民间伦理相悖等局面的形成。抗战利益与家庭利益、抗战利益与村落利益的冲突较明显,这严重冲击了华北乡村家庭结构与维系乡村体系稳定的文化机制,进而伤害了群众革命的积极性,影响了广大乡村民众对革命的支持,严重动摇了抗战的根基。从该角度而言,此时期的妇女解放背离了抗战动员的初衷,被迫调整就成为之后工作的应有之义。

一、挑战男权:权利之给予

中共中央及各级妇救会发现:动员女性参与抗战的关键在于突破传统家庭对乡村妇女的束缚以及打破夫权至上习俗的桎梏,即通过家庭革命以颠覆父权和夫权①,这其中也包含着对女性渴求平等的人性寻求及切身利益的关怀。由此可见,若立足于新式个体的诉求,"家庭"无疑是一种束缚或包袱,瓦解家庭甚至抛弃家庭就成为必然趋势。② 为此各级妇救会在抗战之初都从家庭内部出发将反虐待、婚姻自主与男女平等作为开展妇女工作和支援抗战的重要抓手,积极倡导并广泛推动。

(一)反虐待

反虐待工作,是各地政权在抗战初期,依据妇女在家庭中受虐

---

① 董丽敏:《延安经验:从"妇女主义"到"家庭统一战线"——兼论"革命中国"妇女解放理论的生产问题》,《妇女研究论丛》2016年第6期,第20页。
② 同上书,第22页。

待及妇女动员工作进展缓慢的实际情形而提出的。

首先,虐待或是家暴在彼时的华北乡村似成普遍现象。妇女运动领袖浦安修①就曾谈及此种现象:"公婆虐待媳妇,这是非常普遍的,民间流行语:'当一天闺女修一天仙,当一天婆子坐一天官,当一天媳妇坐一天监';丈夫虐待妻子,社会上认为是'应该'的,妻子是不许反抗丈夫的打骂。妇女顶多只敢暗中饮泣,心中幽怨;叔伯虐待弟媳及嫂,这比较少,社会上认为'小叔子打只管打,外人见了说是耍'。"②此外她还回忆到:"当时农村中打骂妇女的现象十分普遍,十分严重……我就亲眼见过一个男人把自己的老婆吊在梁上,用皮带抽打。妇女不仅受自己的丈夫打骂,而且婆婆也可以任意打骂。还说什么'千年的媳妇熬成婆',虐待媳妇好像就是顺理成章的事。至于丈夫打妻子,我们收集了很多的言论,无非是说打媳妇是应该的。如:掏得钱,买到马,由我使,由我打。三天不打,上房揭瓦等。"③1933年的《妇女共鸣》杂志曾有一篇描述山西潞安农村妇女生活的文章,在文章中对该地区妇女受虐情况也有较为翔实的记录。

---

① 浦安修(1918—1991),女,祖籍嘉定,生于北平。1935年参加"一二·九"爱国学生运动。1936年,在北平师范大学女附中参加民族先锋队和妇女救国会,同年加入中国共产党。后赴山西抗日前线。1943年到达延安,先后任陕北公学助理员、党总支妇女干事,中共中央组织部训练班党总支秘书,中共中央组织部妇女科干事,八路军总部直属队政治处教育股股长,中共中央北方局妇委委员、中央妇女委员会研究院。解放战争期间,先后参加陕甘宁边区陇东土改工作团和晋西北土改工作团,后任西北野战军前线委员会秘书,西北政委员会秘书。(倪所安主编:《嘉定县简志》,方志出版社2008年版,第321页。)
② 浦安修:《妇救会的经常工作》,河北省妇女联合会:《河北省妇女运动史资料》第1辑,内部发行,1982年,第17—18页。
③ 浦安修:《抗战时期北方局妇女工作回忆》,山西省武乡县妇女联合会:《武乡妇女运动史料选编》第1集,内部发行,1983年,第24页。

只要他的翁姑或丈夫不高兴时,就可随意打骂。他们往往被丈夫拿着锄头殴打,拿着火柱殴打。或者头向下足朝天的倒吊起来用麻绳子毒打,再或若用上火烧通红的火柱来烫。假如被打死的话,那等于死一只老牛,只是丧失了这一部分的财产,不当作这是人的死亡。在农村里是"山高皇帝远",死了埋了就完,并没有大城市那样法庭检验与报告死亡登记等一类的麻烦手续。如果他的娘家要是说长道短的话,只要多给死尸穿两件粗布装殓,那就是足够体面了,再用不着什么打官司。因为打官司,在县衙门里是要他们两家都出钱的。至于妇女们受虐待不过,自己寻死了的,那真是太寻常不过的事情,每年在三五百家的一个村庄中,至少有三五个是缢死、投井而死或跳崖而死。①

乡村妇女的身心因家暴备受折磨,她们悲惨的生活现状与五四妇女解放精神严重背离。

其次,公婆丈夫的毒打与虐待不单单影响了乡村妇女的生活质量,也成为她们走出家门参加社会工作的一大障碍。例如,平山县东黄泥村、夹峪村、洪子店等村庄有许多年轻媳妇因去上操引起公婆的不满,下操回家后便要受他们的打骂,这在一定程度上影响了她们参与革命的积极性。② 中共各级政府深知在此时倘若要使妇女走出家庭、参与社会事务,首要进行的就是反虐待、反家庭暴力。但正如后来中共妇女干部自己反思的那样:"由于不了解农村实际情况,观点和方法不对头,……特别不懂得她们与家庭的密切

---

① 《山西潞安的农村妇女生活》,《妇女共鸣》1933年第2卷第2期,第55页。
② 平山县政府:《平山妇女工作考察材料》(1940年3月20日),河北省平山县档案馆藏,革命历史档案,4-1-76。

性,光看到半封建社会家庭制度给予妇女的束缚,把家庭看成禁锢妇女的牢笼;不想在新民主主义社会中改造家庭,而只是使妇女摆脱家庭牢笼。"①后来刘少奇也深刻指出:"我们在农村里搞了十几年妇女工作,还有不少的人完全不了解农村妇女。我们吃了农民的饭,穿了农民的衣,住在农村里,但是我们的观点,还是城市的、小资产阶级的;我们的工作,不是从农村的实事中去'求是',而是从外国妇女运动历史类比中去'求是';我们不去倾听农村妇女的要求和呼声,不从今天可能办到的事情出发,而从固定的公式、口号出发。这就是主观主义、教条主义。"②主观主义、教条主义、脱离实际的观点和方法较为容易落入用激进的办法思考问题和解决矛盾的窠臼。如1940年晋察冀边区就曾做出"打击限制青妇参加工作的顽固势力"的决议,把限制青年妇参加社会活动的家长和老年妇女,当成顽固分子来斗争,严重伤害了群众的积极性,致使妇运脱离农运的轨道,陷入孤立无援的境地。

男女是天平的两端,本应持有相同的砝码,对任何一方的过度加码,都会将性别平等引向歧途。抗战初期的中共及各级妇救会在男女平等的天平上恰恰是扮演了矫枉过正的角色。如在解决妇女痛苦时,存在"大妇女主义"的偏向。即将妇女置于家庭的对立面来看待,过分强调妇女与农民和家庭的矛盾,持片面、狭隘的立场解决问题,将妇女解放运动孤立起来。如晋中分会一工作报告

---

① 田秀涓:《一九四三年前晋察冀农村妇女工作的初步估计》(1945年10月),晋察冀北岳区妇女抗日斗争史料编辑组:《晋察冀北岳区妇女抗日斗争史料》,第463—464页。
② 《刘少奇对中共中央妇委同志的讲话》(1945年4月),全国妇联妇女运动历史研究室编:《中国妇女运动历史资料(1937—1945)》,中国妇女出版社1991年版,第773页。

称:"要站在妇救的立场,有坚持到底的毅力。"①在片面妇女观的指导下,一些妇女工作者对"提高妇女"的认识过于偏激,执行方式教条主义倾向较为严重,有违实际和公理。如平山县霍兵台村一公婆与媳妇打架,村中不分青红皂白,一味执行"提高妇女"的政策,将公婆扣押起来,后经查明过错方是媳妇,后将媳妇关押起来。②

政策执行的偏差不仅体现在对政策的误读和片面理解上,也体现在解决问题的方式过于简单粗暴,多依靠行政力量进行处罚,很少利用组织力量来批评教育。许多地区开始只强调斗争,不知和解。有的地方不管是因生活琐事引发的口角还是一时的打骂,都机械地反对或斗争。③ 有的干部到村里工作时向妇女们宣传:"我是来替你们改善生活的,谁有痛苦快说!"④在一些工作较为激进的地方甚至"提出用'开展斗争来保证工作的开展',以'斗争'多少作为衡量工作的标准。……临县一月开展了40多次'斗争',方式又多为大会斗,戴纸帽子游街、罚鞋、罚钱等办法"。⑤

斗争哲学曾被激进分子奉为圭臬,其惯用手法无非是肉体摧残和精神侮辱。有些地方提出诸如"斗争坏婆婆""斗争坏丈夫"之

---

① 晋冀豫区妇总会:《一年来妇女工作总结报告——1941年8月—1942年5月》(1942年7月15日),河北省档案馆藏,革命历史档案,A1-7-4-13。
② 平山县政府:《平山妇女工作考察材料》(1940年3月20日),河北省平山县档案馆藏,革命历史档案,4-1-76。
③ 田秀涓:《一九四三年前晋察冀农村妇女工作的初步估计》(1945年10月),晋察冀北岳区妇女抗日斗争史料编辑组:《晋察冀北岳区妇女抗日斗争史料》,第456页。
④ 浦安修:《妇救会的经常工作》,河北省妇女联合会:《河北省妇女运动史资料》第1辑,第18—19页。
⑤ 晋绥边区妇联会:《抗日战争时期晋绥边区妇女工作概况》(1945年2月15日),中国全国妇女联合会:《中国妇女运动历史资》(1937—1945),第813页。

类的口号,有些地方对某些所谓顽固的婆婆采用戴高帽子、画脸、游街等侮辱人格的方式进行斗争。如某村庄妇救会在斗争一个虐打媳妇并且不让媳妇参加妇救会的婆婆时,先把戴着纸帽子游庄子,然后鉴于该婆婆仍不悔改就用皮带抽,但她始终一声不吭,最后妇救会主任无计可施,就罚她在太阳底下暴晒了几个钟头。① 再如平山县夹峪村一自卫队队员因下操回家较晚,公婆打骂,后该村妇救主任与村长召开会议,决定罚她公公出两天差,罚她婆婆站两天岗。该县洪子店村一队员"三八"检阅时扭秧歌,回家被公公打骂,以后"三八"节的检阅活动,她便不敢再参加了。后被妇救会发现,罚她公公戴戴高帽子游街一周,并关禁闭,直到该妇女第二次检阅活动回来才被放出。②

　　此种做法显然已偏离正确轨道,民众对此颇有怨言。如上述那个老妇被罚在烈日下暴晒时,村民多深感不满:"世界真变了,为着一点儿家常小事,竟这样对付一个老年人——戴高帽子,游街,挨打还要当众晒太阳,这算什么样子呢?"③过于极端工作方式,让保护对象——乡村妇女也觉得欠妥。一个受访的老妇回忆说:"有一家她(婆婆)叫媳妇受气,部队在她家住着哩,部队也知道了,开了个会,一个表扬好人好事,一是斗争婆婆,她虐待媳妇,不着(让)媳妇前进,斗争她,让她上台斗争她,怎么虐待那媳妇,给她公布。可也有做得不对的,就把她从台上推下来了,把那腿也摔折了。"④从这段诉说中可知,在乡民看来,给媳妇权利是被允许的,但伤害

---

① 《不是好办法》,《解放日报》1941年10月26日,第4版。
② 平山县政府:《平山妇女工作考察材料》(1940年3月20日),河北省平山县档案馆藏,革命历史档案,4-1-76。
③ 叔孙:《不是好办法》,《解放日报》1941年10月26日,第2版。
④ 李小江:《让女人自己说话:亲历战争》,三联书店2003年版,第298页。

婆婆身体的举动是不被同情的。但在当时"为妇女撑腰"的氛围下,一些干部在处理反对虐待妇女与男女平等的问题上,都缺乏必要的理性态度,将妇女运动的斗争对象定位成男人与老年妇女,由此造成了家庭不睦、夫妻婆媳关系不和。

"帮妇女,解除妇女痛苦的"妇女组织令年轻女性感到了"靠山"的力量,认为"有了市政府和妇联会,再不怕人欺负,腰杆伸直了,红缨枪负在肩上更雄姿了"①。同时上述用激进的革命手段冲击传统的方式,导致一些妇女把女性解放和家庭琐事甚至因个人素质与修养产生的家庭矛盾相联系,动辄寻求妇救会支持。如有些年轻妇女片面理解男女平等,夫妇间闹点小矛盾,即去找妇救会要求离婚。② 还有些妇女,以为已得到"解放"与"自由",便放荡不羁。媳妇欺压婆婆、媳妇出去玩儿一天,回家反骂婆婆不做饭等违背中国传统伦理的事情到处发生着。③ 这些显然是对乡村传统家庭结构及维系家庭稳定的孝道的巨大冲击。妇救会在处理婆媳问题时:偏袒青年妇女、对老年妇女多采取狭隘的报复方式,这必然将老年妇女排斥在妇女运动之外。这些不合情理且一味冲击家庭传统、不在意家庭团结与和谐的做法令妇女工作得不到社会舆论的同情而陷于孤立。

在妇女解放的声势下,妇女公开受打骂虐待现象减少了,但革命并未将此种行径彻底清除。在反虐待运动推广之际,其实很多

---

① 《介绍几个边区妇女故事》,《新中华报》1939 年 4 月 25 日。转引自张静、曾晓丽:《"四三决定"与中国共产党妇女政策调整研究》,《南开学报(哲学社会科学版)》2018 年第 1 期,第 24 页。
② 刘克:《我的回忆——记阜平县妇女工作》,晋察冀边区北岳区妇女抗日斗争史料编辑组:《烽火巾帼》,中国妇女出版社 1990 年,第 200 页。
③ 《华北妇女运动的新方向》,《新华日报》1941 年 3 月 7 日,第 4 版。

老年妇女都对此不甚明了:"'娘呀! 这还了得'妇女要求解放,要反对婆婆打骂,反对丈夫打骂";"这不反了? 媳妇家,婆婆不许打,丈夫不许打,该叫谁来打? 难道就能不打吗?"①上述言论在华北乡村普遍存在,且家庭对妇女的虐待也逐渐由公开转入地下。如左权县一个较进步的农民常在夜深人静时打他老婆,每次只重重得打两三下,打完后还威胁道:"我只打你这两下,想告去告吧。"②此种情况下,精神虐待成为一种新的家庭用来管制妇女的方式。一般"顽固"婆婆虽不敢明目张胆地打骂儿媳,但仍用尽种种方法使儿媳受气,如不允许儿子和媳妇同居,对儿媳冷言冷语、指桑骂槐,或因不喜儿媳便分家,且只给年轻夫妇极少财产使他们生活无法维持等。③ 如涉县索堡村一妇女过去常受婆婆丈夫的虐打,后告到区妇救会,经妇救会对她丈夫与婆婆几次说服与斗争后,二人为了报复该妇女,一天到晚都对她不理不睬,丈夫也不同她过夫妻生活。媳妇回娘家时因脚小走路、拿东西、抱孩子都不方便,但丈夫与婆婆也不管不问,使她处处为难没办法。④ 面对新的压迫方式,有的妇女更感苦恼,以至于"有个别妇女感到如此不打不骂还不如打骂痛快些"。⑤

各级妇救会在得知女性受虐待的情况后,除对公婆、丈夫身体

---

① 赵树理:《孟祥英翻身》,师德清:《烽火太行半边天》,中央文献出版社 2005 年版,第 160 页。
② 《我所见到的左权妇女》,《新华日报》1943 年 3 月 21 日,第 4 版。
③ 平山县政府:《平山妇女工作考察材料》(1940 年 3 月 20 日),河北省平山县档案馆藏,革命历史档案,4-1-76。
④ 晋冀豫区妇总会:《一年来妇女工作总结报告——1941 年 8 月—1942 年 5 月》(1942 年 7 月 15 日),山西省档案馆藏,革命历史档案,A1-7-4-13。
⑤ 左权二区救联会:《五年来妇女工作的总结(堡则村)》(1942 年 12 月),山西省档案馆藏藏,革命历史档案,A166-1-137-2。

上的惩罚外,还辅以经济处罚。1941年6月15日,赵守攻的小说《男女平等》在《华北妇女》发表。小说主人公劳动英雄邱桂香因工作和政治学习等无法担当起庭院内的日常事务时,被丈夫施以暴力。后她想妇救会秘书长和区长寻求帮助,区长提出了对其夫罚款10个大洋。邱桂香对此结果难以接受,面对经济上的困境,她最终选择了与丈夫修复夫妻关系。"如果说组织力量可以在政策法规层面为夫妇矛盾的解决提供来自公共领域的支撑的话,那么,可以发现,类似于罚款的刚性做法一旦落地,起到的效果可能是,在法理的层面上完全理直气壮,而在人伦的意义上却有可能是转移危机、激化矛盾,最终使原本处在受压迫境遇中的妇女的处境更为尴尬和艰难。"①革命战争时期的此类文学文本与历史实践有着高度的重合性。在实际生活中,也发生了与邱桂香经历类似的历史事件。绝大多数妇女对丈夫和婆婆受到的物质惩罚表示不满,因为在她看来自己也是家庭的一员,也需要承担被罚的东西,实际上是损害了她自己的利益。在贫困压倒一切的社会中,妇女畏惧斗争丈夫与公婆,畏惧将自己真正的痛苦提出来解决,如妇救会干部问到妇女是否又被虐待的情形时,她们懒懒地回答:"没啦!"或者自己受虐待的情形被妇救会知晓后,她们甚至愿意承认完全是因自己的错误所致。② 种种原因下,一些受虐待的女性最终向婆婆与丈夫的非法行为妥协,放弃了对自己权利的维护。反虐待赶走了肉体上的虐待却带来了精神上的折磨,传统习俗不但未因革命消失殆尽,反又"开辟"了新的土壤并快速生根发芽,顽强地抵抗着

---

① 董丽敏:《延安经验:从"妇女主义"到"家庭统一战线"——兼论"革命中国"妇女解放理论的生成问题》,《妇女研究论丛》2016年第6期,第21页。
②《华北妇女运动的新方向》,《新华日报》1941年3月7日,第4版。

革命与现代观念的攻击。

(二)婚姻自由

旧式婚姻制度是束缚广大妇女的一把沉重枷锁,它将妇女牢牢地束缚于封建家庭关系中。抗战开始后,中共果断地用政治手段打碎封建婚姻枷锁,赋予妇女在婚姻中的自主权利,旨在动员妇女走出家门参与革命与抗战。在此,政治需要与传统习俗发生了直接冲突。1940年后,华北各抗日根据地相继颁布了婚姻条例及实施细则。然而事实上,在这些凝结着"五四"妇女解放理念的法律话语体系中,包办婚姻、不以感情为基础的婚姻及一些所谓的"落后"的婚姻形式及婚俗都是"男性父权对女性有目的的压迫"。[1] 其实,任何婚俗及婚姻方式都是特定经济环境与社会文化的产物,并且在一定程度上保证了乡村社会与家庭结构的稳定。急切服务于革命政治及支持抗战需要而出台的这些婚姻条例,并未切实理解华北乡村文化传统及经济实态,在推行中必然困难重重。在随后的婚姻政策、条例执行过程中,中共各级组织也在不断调整。

由于经济因素及重男轻女陋习的交互作用,致使农村男女比例长期失调。"一项1929—1931年在华北地区所作的调查表明,30—34岁男性中有近12%是单身。另据1935年的调查,山东邹平30岁以上男性未婚者有2294人,占同年龄组的男性人口的23.13%,30岁以上女性未婚者极少,有21人,占同年龄组的女性人口的0.21%。"[2]根据弗里曼和毕克伟的统计,"1850—1932年,

---

[1] 丛小平:《左润诉王银锁:20世纪40年代陕甘宁边区的妇女、婚姻与国家建构》,《开放时代》2009年第10期,第66页。

[2] 郑全红:《中国家庭史》第5卷,广东人民出版社2007年版,第85页。

华北每一代人口中平均有8.8%死于饥荒,是全国平均水平的两倍,而在最穷的地区,饿死的人也最多。杀死女婴的情况恶化造成性别比例失衡,结果是10个男人中有一个结不成婚,从而不能履行延续宗族香火这一基本道德准则"。① 20世纪二三十年代华北乡村的男女比在110左右,男多女少的情形非常明显。(见表1.1)从李景汉的《定县社会概况调查》中的数据可知,定县15—24岁男女性别比在130以上。(见表1.2)这样严重的男女不均衡,势必带来了男性青年结婚难的问题。

表1.1 华北农村区域性比例比较(1918—1931)

区域	(调查)年份	男性数目(人)	女性数目(人)	性比例
河北等省二十二处	1929—1931	19645	18089	108.6
河北等省二百村	1922	19593	17598	111.3
山西清源	1928	468	452	103.5
河北定县(5255家)	1930	15780	14862	106.2
河北定县(515家)	1929	1835	1736	105.7
河北定县大王耨村	1929	1165	1023	113.9
总计或平均		58487	53760	108.8

资料来源:梁景和:《现代中国社会文化嬗变研究(1919—1949)——以婚姻、家庭、妇女、性伦娱乐为中心》,社会科学文献出版社,2013年,第57—58页。

---

① [美]弗里曼、毕克伟著,陶鹤山等译:《中国乡村,社会主义国家》,社会科学文献出版社2002年版,第30—31页。

表1.2　1929年定县515家人口年龄与性别之分配及性比例

年龄组	男女数(人)	(约)占总口之比例(%)	男数(人)	女数(人)	性比例
5岁以下	543	15.21	249	294	84.7
5—14岁	721	20.19	391	330	118.5
15—24岁	640	17.92	362	278	130.2
25—34岁	482	13.50	249	233	106.9
35—44岁	452	12.66	235	217	108.3
45—54岁	335	9.38	164	171	95.9
55—64岁	219	6.13	110	109	100.9
65—74岁	133	3.72	55	78	70.5
75—84岁	45	1.26	20	25	80.0
85岁及以上	1	0.03	0	1	0
总和	3571	100.00	1835	1736	105.7

资料来源：李景汉：《定县社会概况调查》，上海书店1933年版，第130页。

再从结婚的花费来看，在农村讨一个老婆对贫雇农而言可能真的是奢望。1936年罗锋所做的《农村婚姻问题研究》显示：

> 中国贫农阶级大抵占全人口百分之五二至六四左右。在这班广大的农民群众中，泰半彷徨于生活限度之水准以下，作九死一生的挣扎。现在中国农民每年的总收入，很少有超过二百元的。普通的约百余元上下。最少尚有十余元的。……收入如此低微，即使农民将其全部收入用为生活维持之费，亦绝对及不上普通人舒适的生活标准。何况天灾人祸一天天的泪海，灾荒后的物价又必然的会高涨？（据金陵大学的调查，物价的高涨常比灾前百分之二十至三十。）农民的收入，既无法增多，而支出反每有意外的加大；他们怎能维持生活呢？一

般贫农,当得不到最低生活的时候,不能不采取非道德的手段而出卖子女,典当妻儿了。那没有妻子的青年农民,自己能否生存尚属不可知晓,更谈不到结婚了。不至于流为盗匪沦为乞丐,他们已觉很幸运的了,结婚与否简直非他们的需要。这样,在广大的农村里,婚姻遂形成为严重的问题了。①

农民解决成家难的主要策略是蓄养童养媳。但在农村中连童养媳也买不起的男子也不少,这种境遇中的男子们,在性的问题上无法不将就些,或两三个男子共娶一妻或在限定时间租他人之妻。事实上,"童养媳""买卖婚"不但解决了男性的性需求问题,而且在一定程度上让女方家庭获得一些经济补偿。此种婚姻形式作为传统社会中"正规婚姻的一种重要补充形式",也使得"社会中下层家庭出身子女,由此获得了一个解决子女婚姻的捷径"。② 再者为了解决劳动力不足和性方面的问题,"拉帮套""搭伙计""半掩门"之类或明或暗的多夫制,在华北乡村也得到广大乡民的认可,也就具有了半合法的性质。③

归根结底,乡村的两性伦理、婚姻形式以及婚俗制度,还是以经济或者生活的需要为基础。由此看来,一些干部认定的所谓"落后"因子,反而是乡土社会中平衡经济与两性问题的关键点。特别是在经济层面上,"对于男方来说,娶的媳妇就要'物美价廉';对于女方而言,嫁一个闺女少则补贴家用,多则大发一笔。正因如此,当时农村中出现的畸形婚姻状态基本上都与经济因素有某种必然

---

① 罗锋:《农村婚姻问题研究》,《海声(北平)》1936 年第 1 卷,第 37 页。
② 王跃生:《十八世纪中国婚姻家庭研究:建立在 1781—1791 年个案基础上的分析》,法律出版社 2000 年版,第 147 页。
③ 张鸣:《乡土心路八十年:中国近代化过程中农民意识的变迁》,上海三联书店 1997 年版,第 36 页。

的关联。与其说这样或那样奇异的婚姻是一种民俗,不如说绝大多数是由于经济上对婚姻论财的不堪承受,由此产生的变通措施"。①

然而在当时一些接受了五四运动洗礼、具有新家庭婚姻观念的干部看来,他们扮演着给广大妇女带来希望的拯救者,希望以各种方式将边区妇女从私有制夫权家庭的压迫中以及无感情婚姻的苦难深渊中拯救出来。② 因此强调"男女婚姻按照本人之自由意志为原则"③,将"自由意志"作为缔结婚姻的出发点。极其反对包办婚姻、买卖婚姻、蓄养童养媳等不以感情为基础的婚姻形式,并将这些符合乡村民众利益和惯习的婚姻形式都看作是陋习,且试图在短时间内将这些传统的旧俗彻底消灭。革命根据地很多领导干部都是知识分子,"他们对农村和农民的情况知之甚少"④。以至于在最初的婚姻条例执行与贯彻中出现了诸多问题,反而激化了家庭矛盾。

在反对买卖婚方面,干部们将重点放在了"买卖"方面。不论婚姻双方是否自愿,只要认为没用钱即可。有的虽然用了些钱,但男女双方是自由婚,亦受处罚,且多采用各打五十大板的方式对买卖双方均加以处罚。结婚年龄上也有着教条式的规定。即使有不

---

① 梁景和:《现代中国社会文化嬗变研究(1919—1949)——以婚姻、家庭、妇女、性伦、娱乐为中心》,社会科学文献出版社2013年版,第64页。
② 丛小平:《左润诉王银锁:20世纪40年代陕甘宁边区的妇女、婚姻与国家建构》,第67页。
③《陕甘宁边区婚姻条例》(1939年4月4日公布),中华全国妇女联合会妇女运动历史研究室编:《中国妇女运动历史资料》,第177页。
④ 李雪峰:《在太行区党委第六次组织会议上的总结报告》,《六次组织会记录》(1945年2—3月),第67页。转引自:[澳]大卫·古德曼著,田西如译:《中国革命中的太行抗日根据地社会变迁》,中央文献出版社2003年版,第153页。

少妇女因家中急需劳力、家庭贫苦难以维计或对战争恐慌等要求提前完婚的,有些干部也坚决不予准许。"有的结婚还差两岁才到法定年龄,但轿子已抬到门口,硬去禁止举行婚礼,甚至对已结婚者又强迫离婚。"① 有的"刚娶到家,不问年龄不叫住,就马上送回娘家"②。甚至个别地区组成游击小组,在路上拦截花轿或晚上搞突击式检查。③ 为此,群众深感恐怖,偷偷结婚、暗增年龄等,一些"非法"婚姻在暗中变相进行。关于童养媳,激烈的革命手段所造成的影响更为严重。有的地方"动员童养媳回娘家,提出如打算将来还要,可供粮食养着,否则就马上一刀两断"。④

在推动新家庭秩序和两性关系建构的过程中,由于一些干部机械而又过于强硬地执行政策,一出出悲剧也在华北乡村各处上演。如"云彪县一个童养媳,童养多年,婆婆视如亲生女儿,为了反对童养媳,便强制回娘家。娘家很贫苦,婆婆又舍不得童养媳,结果,婆婆想疯了,女孩到娘家挨饿"。⑤ "落后""野蛮"的买卖婚姻因为契合了传统的乡村土壤,在乡村社会关系中起到了稳定器的作用。反观先进文明的自由婚姻,因为"水土不服"被乡民视洪水猛兽,唯恐避之不及。这些不顾乡土社会实际情况与一律将传统界

---

① 浦安修:《五年来华北抗日民主根据地妇女运动的初步总结》,山西大学晋冀鲁豫边区史研究组:《晋冀鲁豫边区史料选编》第 2 辑,第 213、214—215 页。
② 中共中央妇联会:《献县妇女工作简史》(1948 年 9 月),河北省档案馆藏,革命历史档案,572-1-180-11。
③ 晋察冀三地委:《妇女工作中的几个问题——三专区妇运发展的简单回顾》,河北省妇女联合会:《河北妇女运动史资料选辑》第 2 辑,内部发行,1983 年,第 173 页。
④ 中共中央妇联会:《献县妇女工作简史》(1948 年 9 月),河北省档案馆藏,革命历史档案,572-1-180-11。
⑤ 田秀涓:《一九四三年前晋察冀农村妇女工作的初步估计》(1945 年 10 月),晋察冀北岳区妇女抗日斗争史料编辑组:《晋察冀北岳区妇女抗日斗争史料》,第 456 页。

定为"落后"的革命方式最终带来的是农民的不满、家庭的不和谐以及乡村的不稳定。

抗战早期中共所颁布的婚姻条例中"隐含了一种假定,即'婚姻自由'会让妇女受惠,并受到绝大多数女性的欢迎。它假定所有婚姻都应该基于'感情'和'自由意志'"。① 它明显受到了五四时期"爱情至上"理念的深刻影响,以感情为依托的离婚自由与结婚自由为中共所积极倡导。一些妇女工作者将离婚视为妇女工作的重要内容,甚至造成了为离婚而离婚的情况。1939年冀中大水灾时,该区妇救会"强调年龄悬殊者可离婚,甚至在群众不自愿的情况下鼓动和强制人家离婚"。晋察冀边区在1942年大灾荒时,妇救会"仍将离婚看成是妇女的进步,把离婚件数当成工作成绩,甚至在某些村造成热潮。如婚姻决议(哪些情况可离婚)传达下来时,青年村妇救会主任传达后便在大会上号召,'我年龄大,男人小,岁数悬殊,感情不和,我起模范作用离婚'。有的青妇也响应号召,'我够某某条件,我也离婚'"。② 甚至有时妇救会为了给妇女离婚而忽视抗日大局。如平北一个县执委会委员的妻子提出与丈夫离婚,相关部门的干部不假思索,即给该妇女做了一定能让她离婚的保证。最坏的是在工作落后、旧势力强劲的地方,妇救会不但不照顾群众利益,反而仍将离婚作为工作的重心。终令普通群众不理解同情妇救会,甚至与妇女干部和妇女工作对立起来,使妇女组织孤立起来,工作难以开展和推进。

再次,一些妇女工作者为了"保护妇女",将婚姻自由看成是妇

---

① 丛小平:《左润诉王银锁:20世纪40年代陕甘宁边区的妇女、婚姻与国家建构》,第67页。
② 田秀涓:《一九四三年前晋察冀农村妇女工作的初步估计》(1945年10月),晋察冀北岳区妇女抗日斗争史料编辑组:《晋察冀北岳区妇女抗日斗争史料》,第456页。

女单方面的绝对自由,在解决婚姻问题时,单纯将妇女利益作为工作的基本出发点,不进行实际调查,只听妇女一面之词。只要女方提出,就准予离婚,根本不考虑男方的实际情况与感受。由此,导致问题频出。如有的是妇救会帮助离了婚,妇女却又后悔,自动返回婆家,使妇救会的威信严重受损。① 更为恶劣的是,提出离婚的多半是贫农妻子,且多因嫌家贫想嫁得更好些而离婚,结果给农民特别是贫雇农的情绪和家庭造成了不良的后果和影响。一个妇女干部对此曾有所反思:"孤立地看妇女问题。关于老少婚与买卖婚姻问题,穷苦人家娶不起女人,到三四十岁的时候,受苦受累的积累下点钱,才能花大价买一个老婆,有钱的不嫁给他,穷人家养不起大姑娘,十二三岁就卖了,结果花几百元买一个十二三岁的小姑娘,这样看起来,一些贫苦人在这样婚姻问题上是很痛苦的,但过去我们在解决婚姻问题时,根本没有认识到这点,把不少的贫苦农民的老婆让离了婚。"② 此种孤立地站在妇女立场上解决婚姻问题的方式,使贫苦农民极度怨恨妇救会,对《婚姻法》也怀有了很大的敌意,也致使农民与妇女作对。③ "妻休夫"离婚热潮的出现在当时社会引发了很大的争议,更引起了男性农民的恐慌,使得乡村妇女与男性农民及家庭的新矛盾愈发凸显,不仅使妇女运动陷入困境,同时也给妇女走出家庭带来了困难,更为重要的是影响了抗战大

---

① 晋冀豫区妇总会:《一年来妇女工作总结报告——1941年8月—1942年5月》(1942年7月15日),山西省档案馆藏,革命历史档案,A1-7-4-13。
②《对农村妇女工作的几点检讨和意见——宁武县妇女部长鹿绍箴给区妇女干部的一封信》,《晋绥日报》1948年3月12日,第4版。
③ 晋冀豫区妇总会:《一年来妇女工作总结报告——1941年8月—1942年5月》(1942年7月15日),河北省档案馆藏,革命历史档案,A1-7-4-13;北岳三专妇联会:《三个月妇女工作总结》(1948年5月25日),河北省档案馆藏,革命历史档案,78-1-50-1。

业的进行。

一些基层组织试图通过这样一场与传统意识形态相斗争的运动把妇女从婚姻、父权、夫权和传统家庭日常事务的束缚中解放出来,使她们能够顺利地进入战争革命之中,把妇女从"他者"的地位拉向"主体"地位。然而他们或许并没有意识到,婚姻关系的调整并不是单凭一纸法令的出台和社会制度的变革就能改变的,它仍然受制于两性在经济领域的相互博弈。如果女性在经济地位上没有相应的改善,而是简单地在结束女子婚姻不合理束缚的同时,把因离婚而起的经济负担更多地转嫁给男子,乡村诸多家庭会由此蒙受经济上的损失,且会遇到家庭传承及性的满足问题,那么婚姻法在实施中遇到种种阻力就不奇怪了。①

(三) 财产权和继承权

"众所周知,帝制时期中国的财产继承是受分家的原则和惯行支配的,即由众子均分父亲的财产。一般认为,妇女没有继承财产的权利。如果家庭财力允许,一个未婚的女儿至多只能得到一份嫁奁,而寡居的母亲只能得到一份老年赡养,但她们都无权继承一份家产。"②中国妇女运动进行之初,各方都将经济独立视为妇女解放的基础,因此女性财产权与继承权一直受到格外的关注。1922年中共第二次代表大会宣言中,提出了男女在经济上一律享受平等的权利。③ 1923年中共第三次全国代表大会通过的妇女运动议

---

① 罗苏文:《女性与近代中国社会》,上海人民出版社1996年版,第504页。
② "导言",[美]白凯著:《中国的妇女与财产:960—1949》,上海书店出版社2003年版,第1—2页。
③《中国共产党第二次全国代表大会宣言》(1922年7月),中共中央文献研究室、中央档案馆:《建党以来重要文献选编》(1921—1949),中央文献出版社2011年版,第134页。

案,又明确提出了"女子应有遗产继承权"。① 1924年国民党第一次代表大会宣言中,也提出了经济上"确认男女平等之原则"。② 尽管如此,乡土民众的生活并未受多大影响。李景汉发表在1930年也谈到了这个问题:

> 最近国府已经颁布已嫁女子有继承财产权。这与农村家庭的影响很大,尤其是关于田产的分裂。作者询问许多农家对于这项法令的意见。他们都当作笑话看,以为是不能办到的,至少在目下和最近的将来不易实现。此法如果实行,乡间人更不欢迎女孩。再者乡间人的财产大半是田地少有先进。出嫁女子所继承者,亦多为田地。如此使田场和田块愈分愈小,于经营上发生困难。变卖与抵押田地的事情亦必随之增加。现在大多数的农家已经觉得嫁女费用的困难。再要分给家产时他们不能想象的事。这种男女平等的原则固然是很好的。但在农民知识如此低的时候应当考虑实行的弊病,也不要过于反对人民的心理和习惯。要紧的事设法增进老百姓的知识提高他们生活的程度。③

由此可见,传统的惯习不会轻易接受外来力量的侵染。因此当华北根据地一些地区提出男女拥有平等财产继承权后,虽然"财产继承权"未能长期执行,但在一定程度上已经引起了社会不安。因为中共所提出的妇女继承权的获得,除妇女同意外,一般男性农

---

① 《妇女运动议案》,中央档案馆:《中共中央文件选集》(1921—1925),中共中央党校出版社1989年,第154页。
② 中国社科院近代史所中华民国研究室、中山大学历史系孙中山研究室、广东省社会科学院历史研究室:《孙中山全集》(1924.1—1924.3),中华书局2011年版,第124页。
③ 李景汉:《住在农村从事社会调查所得的印象》,《社会学界》,1930年第4卷,第8页。

民绝不赞同。在他们看来,男子继承家庭的财产亘古未发生改变过,理由很简单,当时农村妇女大多出嫁,家中老人必得由留村的儿子来赡养,为此不能让出嫁的女儿来继承其财产。① 父母也不敢把财产遗赠给女儿,生怕被"外人"抢去。无论法律如何保障男女平等,女儿始终被看作另一个宗族的人。② 以至于当具体实行妇女财产继承权时,部分村干部因受男权影响较深,思想有抵触,导致在处理解决个别问题时,出现偏袒男性的现象。③ 有些村农会干部因被姐妹继承了财产而工作消极,许多普通农民对女性财产继承权的拥有也表示不满。有的穷苦人家财产被妇女继承后,兄弟不能生活,女性所继承的房和地,也因遭群众反对,不能住、不能种。在兄弟姐妹之间,往往因财产问题发生矛盾、产生争执,造成感情破裂,引起仇怨。④ 在冀中因强制执行妇女继承权甚至出现了家庭严重不合、溺女婴等情形。⑤

男性农民获得家庭财产继承权的观念根深蒂固,革命不但未能在朝夕之间推翻传统,反而引起了家庭的诸种矛盾与不和谐,影响了乡村社会的稳定。正如费孝通所言:"法治秩序的建立不能单靠制定若干法律条文和设立若干法庭,重要的还得看人民怎样去应用这些设备。更进一步,在社会结构和思想观念上还得先有一番改革。如果在这些方面不加以改革,单把法律和法庭推行下乡,

---

① 黄宗智:《过去和现在:中国民事法律实践的探索》,法律出版社 2009 年,第 6 页。
② [美]弗里曼、毕克伟著,陶鹤山等译:《中国乡村,社会主义国家》,第 354 页。
③ 中共中央妇联会:《献县妇女工作简史》(1948 年 9 月),河北省档案馆藏,革命历史档案,572-1-180-11。
④ 田秀涓:《一九四三年前晋察冀农村妇女工作的初步估计》(1945 年 10 月),晋察冀北岳区妇女抗日斗争史料编辑组:《晋察冀北岳区妇女抗日斗争史料》,第 457 页。
⑤ 浦安修:《五年来华北抗日民主根据地妇女运动的初步总结》,山西大学晋冀鲁豫边区史研究组:《晋冀鲁豫边区史料选编》第 2 辑,第 206 页。

结果法治秩序的好处未得,而破坏礼秩序的弊病却已发生了。"①即便到现在,华北地区一些村庄在财产继承权方面依旧古老而传统,文化的积淀并未因革命的洗刷与时间的流逝而被磨平。

借由改造传统婚姻与家庭来改变华北乡土农妇的家庭地位,将她们拉出家门,塑造出属于乡土社会的"新女性"群体,并委以重任。但在妇女运动中,一些干部对于传统家庭、妇女惯习的忽视及所采用的几近于颠覆传统的革命手段及方式,加之工作中急于求成,一蹴而就地将反虐待、婚姻自主等法令,推进至根据地各处。认为既然开展了妇女工作,仍有压迫妇女的封建现象存在,这是对妇女工作的莫大侮辱。② 妇女工作者此种工作方式及态度不但严重地损害了妇女自身利益,也给以传统父权为主导的家庭及乡土社会的权益带来了巨大冲击,这使原来在社会上和家庭里均居主导地位的男性农民感到不安。尤其在离婚问题上,男性农民表示出强烈地不满和抵触情绪。

政策的实质是利益的再分配,这二者具有较强的关联性,部分政策制定的不妥和执行偏差,都会使政策相对人对整个政策乃至政策制定者产生怀疑或敌视。以针对妇女做出的系列政策为例,部分政策的制定不但脱离实际,且执行时也存在一些问题。这影响了原本稳固的乡村秩序与家庭结构,甚至动摇了政权在根据地的合法性。如有的群众反映说:"一参加八路就坏了,将来各村挂上棒槌,可以随便打骂公婆,要不就闹离婚,年轻就不孝顺婆婆了。"除了言语上所表达的不满外,民众在具体行动上也有所反应。

---

① 费孝通:《乡土中国》,三联书店,1985年,第58—59页。
② 田秀涓:《一九四三年前晋察冀农村妇女工作的初步总结》(1945年10月),晋察冀北岳区妇女抗日斗争史料编辑组:《晋察冀北岳区妇女抗日斗争史料》,第456页。

如干部到一些村落组织妇女工作工作,群众不但不提供住宿还多让白发老妪出门应付。① 而且一些妇救会在解决这些问题过程中,孤立地将"性别革命"凌驾于"阶级革命"之上,"片面的妇女主义"的言论及行动在一定程度上破坏了传统乡村稳定的社会秩序,造成夫妻关系、婆媳关系的紧张,最终影响了乡村社会对妇救会及其妇女工作的接纳。

显然,中共这一激进的打造乡村式"娜拉"的妇女运动,并未真正考虑华北乡村的经济实态及传统习俗,不但影响了妇女解放的进程,还使得中共在华北乡村失去了传统家庭及男性农民对抗战的援助力量,最终不得不以调整政策适应现实而告终。

二、走出家庭:组织与动员

在各根据地创建初期,根据地妇女工作中心任务多集中于:将广大根据地妇女组织起来,参加抗战工作。② 随着根据地的建立与发展,各种妇女抗战组织蓬勃发展。然而传统的华北乡村妇女主要生活和活动的空间集中于家庭范围之内,并无参加组织与集体生活的习惯。但是一些早期的妇女干部由于不了解农村的实际情况,把农村妇女当成城市职业女性和集体生活中的女工、女学生来看待,坚持将她们融入各种妇女组织之中。一些革命动员策略严重地冲击了乡村妇女及家庭的传统的惯习,反而延误了妇女走出家门参加抗战的进程。

面对来自乡村社会及民众对妇女动员的抵制,一些干部开始运

---

① 冀中区党委:《冀中妇女工作情况的汇报》,河北省档案馆藏,革命历史档案,3-1-61-3。
② 丁卫平:《中国妇女抗战史研究(1937—1945)》,第10页。

用较为激进的革命手段来与传统、现实利益进行面对面的交锋。在乡村妇女工作之初,将妇女动员进各种妇女组织、分配妇女支前、生产之类的工作都是强制性的。如自卫队的建立方式是记名造册,凡年龄16岁以上45岁以下都是妇女队员。① 组织妇救会也是如此,纯粹是强迫命令之成绩。如黎城二区北流村妇救会成立于1938年,由编村村长指定张秀英为正队长,张雪兰为副队长;100会员是按16岁以上、45岁以下抄名册入会的。② 再如冀南区妇救总会成立后不久,据统计便有数万会员,但多数是区县妇救会干部到一村开村民大会,然后由村长协助,提出正副主任,登记几十个会员的结果。③

这种强制性的方式方法最终造成:尽管妇救会建立起来了,但很多会员对妇救会认识不够,甚至有的地区在本人尚不知情的情况下就已在妇救会名册之上。④ 也根本不明白妇救会本质与作用之所在,有的以为组织起来专门"给八路军做活计",有的以为组织起来是为了方便开会。⑤ 由于当时干部缺乏妇女运动的经验,华北乡村的妇救会多是空洞的组织,也没有什么实际的组织生活和工作,⑥且大

---

① 平山县政府:《平山妇女工作考察材料》(1940年3月),河北省平山县档案馆藏,革命历史档案,4-1-76。
② 黎城二区:《北流村妇女工作调查材料汇集》(1948年8月11日),山西省档案馆藏,革命历史档案,A1-7-8-4。
③ 冀南区党委妇救总会:《冀南区参议会上妇女的活动》,河北省档案馆藏,革命历史档案,25-1-320-3。
④ 《晋察冀边区妇运发展概况》,晋察冀北岳区妇女抗日斗争史料编辑组:《晋察冀北岳区妇女抗日斗争史料》,第482页。
⑤ 《冀东区党委妇联会对今后冀东妇女工作的几点意见——邵清华同志在区党委扩干会上的发言》,河北省妇女联合会:《河北妇女运动史资料选辑》第3辑,内部发行,1983年,第205页。
⑥ 《定县的妇女运动》(1939年8月17日),晋察冀北岳区妇女抗日斗争史料编辑组:《晋察冀北岳区妇女抗日斗争史料》,第358页。

部分村庄只是几个干部整天一起忙着征收会费而已。① 基于上述，这样浮夸的工作方式使得动员女性的热潮只表现在统计数字上，并没有真正地深入乡村。如在冀南某县妇救会会员曾发展到3.4万余人，但敌人来后，一方面，出于保护自我的本能她们不敢于承认自我身份；另一方面，也可看出她们对妇救会并没有强烈的认同感。不敢承认自己是妇救会会员者占到了一半。② 即便对妇救会有所了解，大多数只知道该组织为抗日的团体，只有个别的知道它也是为妇女自身求解放的组织。妇救会会员对会费的认识则有些滑稽，有的甚至认为收上去的钱"是给谁家小孩子收锁子钱呢！"③

（一）开会

妇救会和自卫队④作为一种新注入乡村的革命力量，在对华北乡村妇女的传统生活缺乏必要认知与了解的前提下，把农妇强行组织发动起来了，让她们的生活亦发生了些许改变，但她们原有的的生活轨迹亦受到了严重的影响。此种情形势必使她们对妇救会失去兴趣，进而对可能发生在她们身上的改变产生质疑。如过分要求妇女过严格的组织生活——开会。很多地方"当着要动员时，不顾家庭妇女牵累、生理限制、生活困难等条件，常常要她们出来

---

① 《晋察冀边区妇运发展概况》，晋察冀北岳区妇女抗日斗争史料编辑组：《晋察冀北岳区妇女抗日斗争史料》，第482页。
② 军挺：《冀南抗战以来妇运工作的检讨》（1939年3月1日），河北省妇女联合会：《河北省妇女运动史资料》第2辑，第169页。
③ 平山县政府：《平山妇女工作考察材料》（1940年3月20日），河北省平山县档案馆藏，革命历史档案，4-1-76。
④ 宋弘：《晋察冀抗日根据地的妇女自卫队》，《党的文献》2019年第2期。该文对晋察冀抗日根据地妇女自卫队组建的历史背景、动员方式、日常管理和训练以及其对抗日根据地的巩固和发展所发挥的历史进行了分析和梳理，认为晋察冀抗日根据地的妇女自卫队是所有抗日根据地妇女自卫队的一个缩影，亦是战时中共民众动员的成功实例。

开会"。尤其在巩固组织过程中,特别强调这一点。"大都规定每十天或一周开一次小组会,再加上其他活动,平均每周至少开两次会。"① 有的地方开会必到,不到就予以严惩。如临县五区白文镇一妇女三次开会都未到,妇救干部罚她到离村子 20 里远的地方送信。② 有的地方惩罚力度更大,若一两次开会不到,即开除会籍,而且这种连续的会议根本不顾及家庭琐事对妇女的束缚。③ 以至于有些妇女从早忙到晚,脱离了家庭劳作,造成与家庭的对立。有的妇女,孩子生病也得开会;有的妇女以公婆为挡箭牌不去开会,干部就处罚公婆,让他们戴纸帽游街,而且她们还喊诸如:"某某老婆顽固,不叫媳妇参加开会!我们要打倒这顽固老婆婆!""打倒某顽固老公公……"等口号。④ 此种工作作风既没有考虑到妇女的家庭责任,也没有考虑到她们的心理局限和生活上实际的困难。

开会内容,"多半是一片抗战大道理,从国际讲到国内,从国内讲到华北,与群众生活,无丝毫联系,每回开会总是老一套,'对牛弹琴'自以为美,而群众对开会厌烦,在召开会时,'还不是那一套'的呼声,不断地从群众之中发出来了"。⑤ 在对妇女进行宣传教育时,不论见了大娘大嫂还是大姐都是千篇一律,不求变通,老百姓

---

① 蔡畅:《如何使抗日根据地的妇女团体成为更广泛的群众组织》(1942 年 3 月 8 日),河北省妇女联合会:《河北省妇女运动史资料》第 4 辑,内部发行,1986 年,第 10 页。
② 中共中央妇联会:《晋绥临县五区白文镇抗战时期妇运概况简史》(1948 年 9 月),河北省档案馆藏,革命历史档案,572-1-180-9。
③ 《中共北方局妇委关于目前妇女工作及纪念一九四三年三·八节工作的指示》,山西省县妇女联合会:《武乡妇女运动史料选编》第 1 集,第 4 页。
④ 中共中央妇联会:《晋绥临县五区白文镇抗战时期妇运概况》(1948 年 9 月),河北省档案馆藏,革命历史档案,572-1-180-9。
⑤ 中共中央青委:《略谈青年妇女工作》,河北省档案馆藏,革命历史档案,572-1-175-2。

对此早已生厌。① 说话也不够通俗,满口的新名词和政治术语,同老百姓实际生活相差甚远,使群众不能完全接受教育的内容。也许正由于干部自己对某些内容,尚未完全融化贯通,在宣传时不能深入浅出。本来开会就耗时很长,已经耽误了她们的家务劳作,孩子也哭哭嚷嚷,讲的内容她们又听不懂。结果浪费她们的人力与时间。以至于,一些妇女感到这些妇女组织的政治味道太过浓厚,组织形式又太过死板,因此对参加这个新的组织提不起兴趣。即便早已加入的,也感到很难完成会员的任务而强烈要求退出。后来这一问题也被妇女工作者所注意到:"在实际工作中,不根据下层群众的需要,不注意想办法,只知道伸手要成绩,为'群众'的观点则异常欠缺。妇女组织常常本着给广大妇女带来希望的拯救者的'恩赐'观点,动员群众出物出力,很少顾及他们的利益。"②

(二)上操

除了开会以外,组织乡村妇女出操也是当时妇女工作的一项重要任务,然而除积极分子响应外,青年妇女对女人拿枪动棒感到不好意思,"忸怩不前"③,大部分老壮年妇女及少数落后分子的青妇都不愿参加。她们或忙于家务难以脱身,或囿于家庭的传统观念即妇女出门有碍门风而无法出去。如有人认为年轻姑娘不应该

---

① 《中共山东分局关于山东妇女工作总结与今后妇女运动的新任务(节录)》(1940年8月15日),中华全国妇女联合会妇女运动历史教研室:《中国妇女运动历史资料》(1937—1945),第375页。
② 田秀涓:《一九四三年前晋察冀农村妇女工作的初步估计》,晋察冀北岳区抗日斗争史料编辑组编:《晋察冀北岳区妇女抗日斗争史料》,第464页。
③ 《晋察冀边区妇救会第三次代表大会》,晋察冀边区北岳区妇女抗日斗争史料编辑组编:《晋察冀边区妇女抗日斗争史料》,第236页。

"不分早晚地老往外跑,和大小伙子在一起"①。以平山县的东黄泥村为例,该村有一两百个青年妇女,但上操的仅有四五十人。②

即使走出家门参加集体上操的妇女,也对这种脱离实际的集体活动认同度不高。我们可以撷取几条档案资料来还原当时女民兵的"风采"。妇女自卫队多是被迫训练,"经常半天、一天离开家庭集体上操",组织者还强调自卫队员开展整齐划一的军事训练。如冀中曾实行服装划一,装备划一。③晋察冀三专区的"妇女自卫队成天集合体操,甚至学劈刀刺枪,尤其一九四一年'三八'节大检阅,有的打着绑腿,戴着毡帽,挎着木头作的盒子枪,也和部队一样的作各种战斗演习"。④冀南三地委妇女民兵建立后,街上便随处可见全副武装配枪的青年妇女。因提倡了全民大练兵,便要妇女天不亮即起床,上操跑步。统一供给标准,整齐衣饰,甚至要求一律束皮带,戴军帽。⑤头戴军帽,腰挎盒子枪。这些不爱红装爱武装的女民兵们吃住集体化、抬担架游街甚至带枪进行缉私,她们曾经多半手无缚鸡之力,此时却也能吊人打人。统一的服装稀释了男女间的生理属性,同一的活动抹平了男女之间的社会角色差异,但此种统一的背后是对女性个体权益的忽视。如有的地区甚至不

---

① 孟华:《一段往事》,冀中人民抗日斗争史资料研究会办公室编:《冀中人民抗日斗争资料》第 14 期,第 214 页。
② 平山县政府:《平山妇女工作考察材料》(1940 年 3 月 20 日),河北省平山县档案馆藏,革命历史档案,4-1-76。
③ 田秀涓:《一九四三年前晋察冀农村妇女工作的初步估计》(1945 年 10 月),晋察冀北岳区妇女抗日斗争史料编辑组:《晋察冀北岳区妇女抗日斗争史料》,第 459 页。
④ 晋察冀三地委:《妇女工作中的几个问题——三专区妇运发展的简单回顾》,河北省妇女联合会:《河北妇女运动史资料选辑》第 2 辑,第 173 页。
⑤ 冀南三地委:《关于妇女工作的总结》,河北省档案馆藏,革命历史档案,39-1-14-4。

顾妇女的生命安危,要求自卫队在敌据点附近秘密上操。① 并且,此时妇救会、妇女自卫队在组织妇女上操时对妇女生理问题照顾不周,如要求妇女在经期、孕期上操、参加生产。长期忽视必然会带来悲剧。有一个怀孕的妇女请假不准,因体力消耗过大,致孩子流产。干部不但不承担事故的责任,还推脱说是该妇女自己大意所致。②

新的妇女组织所组织的一些妇女活动,难以为华北乡土社会的传统妇女生存模式认同。如妇救会"晚上开会,打闹作风";③自卫队"男女青年实行露营",或是女自卫队员夜晚随男自卫队袭击敌人时,个别发生男女关系;④有的县号召各村搞"动锋日",男女青年过集体生活,每晚集体打游击、紧急集合、学唱歌,后当人们再次提起"动锋日"时,曾参与其中的青年妇女们还洋洋自得,但老年妇女虽表面支持,实际极为抵触,反对此类可能"败坏门风"的活动。⑤这样一来,妇女自卫队逐渐与传统习俗相背离、与家庭利益产生矛盾,遭受来自社会的非难。

(三)集体生产

集体生产是动员乡村女性从庭院走出的一重要途径。1940

---

① 田秀涓:《一九四三年前晋察冀农村妇女工作的初步估计》(1945年10月),晋察冀北岳区妇女抗日斗争史料编辑组:《晋察冀北岳区妇女抗日斗争史料》,第459页。
② 北岳三地委:《三分区妇女运动概述》(1948年5月25日),河北省档案馆藏,革命历史档案,78-1-49-2。
③ 中共中央妇联会:《献县妇女工作简史》(1948年9月),河北省档案馆,革命历史档案,572-1-180-11。
④ 田秀涓:《一九四三年前晋察冀农村妇女工作的初步估计》(1945年10月),晋察冀北岳区妇女抗日斗争史料编辑组:《晋察冀北岳区妇女抗日斗争史料》,第459页。
⑤ 中共中央妇联会:《献县妇女工作简史》(1948年9月),河北省档案馆藏,革命历史档案,572-1-180-11。

年,华北根据地提出妇救会参加农业劳动之集体开荒、修路、造妇女林、妇女园、种菜、挖草根。在许多地区还成立了生产小组、互助组、妇女耕种团和土布合作社。尽管妇女参加农业劳动对于改变妇女的劳动观点有帮助,但一方面,由于将妇女动员起来参与集体生产的组织多只注重形式,并未考虑到妇女生理的特殊困难及农业常识的缺乏,空洞、不切实际地强调妇女单独集体耕种。如有些干部组织妇女生产时一味强调:"能做妇女所不能做的事,男人所能做的事,才算有本事。"勉强组织妇女开荒,普遍要求妇女能担挑。高强度的劳动造成有些妇女流产或得病,使成效大打折扣。① 另一方面组织妇女集体生产,忽视了农村是以男权为主导的家庭为生产单位的个体小农经济。如平山县洪子店为了发动妇女与男人一样下地参与生产,将女子工资提高至男子的一倍,引起男性农民的普遍不满。② 有的地方甚至在地里不忙时,硬要妇女上地,结果造成劳力的浪费,家中事务反无人照管。③ 妇女脱离家庭参加农业生产,不但没有改善妇女的生活及地位,反而耽误了家庭生产,以至于有的妇女参加完集体开荒,拖着疲惫的身体回家后,还遭到家长的讥讽与谩骂。如平山某村妇女被组织起来到山上开荒,由于这种工作内容与家庭生活矛盾较大,婆婆及丈夫因怕被扣上"顽固分子"的帽子不敢阻拦,但内心又极度不满,多以精神孤立或不

---

① 太行区妇委:《妇女工作的初步研究》(1945年10月4日),山西省档案馆藏,革命历史档案,A1-7-4-16。
② 平山县政府:《平山妇女工作考察材料》(1940年3月20日),河北省平山县档案馆藏,革命历史档案,4-1-76。
③ 太行区妇委:《妇女工作的初步研究》(1945年10月4日),山西省档案馆藏,革命历史档案,A1-7-4-16。

提供食物等方式对待妇女,家中或明或暗的矛盾日深。①

在组建、动员妇女、组织妇女活动的过程中,一些妇女组织的原则和基础,并未构建在华北乡村农妇的传统生活习俗与乡土民众的原有习惯之上,只是用简单粗暴的手段将妇女拉入公共领域。此种方式非但没有使革命颠覆传统,反而平添了乡村传统社会对革命的不满与错误认知。虽然组织妇女集体上操、上课、开荒、生产、纺织等,目的在于使妇女得到自由,但实际上影响了家庭经济生活和妇女在家庭中的利益,进而增加青妇新的精神痛苦。

妇女参加社会活动也带来了一些不为传统社会与家庭所认可的现象。如"许多青妇不会做家务,不会做针线,冀中还发现少数青妇不愿生孩子、束胸"。② 这些无疑都增加了传统乡村家庭对妇女及中共妇女工作的不满。有的妇女以为获得了无限度的解放与自由,她们散会、下学也不回家做饭,在半路上玩耍,等婆婆做熟了饭再回家去吃。婆婆一批评抱怨,她们就跑到村妇救会反映婆婆落后,要求开会斗争婆婆。③ 还有的妇女在"自由"的刺激下,对婆婆说:"我参加妇救会了,与你平等了,以后我出去开会识字,你要替我做饭,洗衣。"④有的妇女借"解放"之名,偷懒而不做工作,或者与人"乱爱"。⑤ 而且有些在走出家庭之后,确实染上了一些毛病,

---

① 田秀涓:《一九四三年前晋察冀农村妇女工作的初步总结》(1945年10月),晋察冀北岳区妇女抗日斗争史料编辑组:《晋察冀北岳区妇女抗日斗争史料》,第456页。
② 田秀涓:《一九四三年前晋察冀农村妇女工作的初步估计》(1945年10月),晋察冀北岳区妇女抗日斗争史料编辑组:《晋察冀北岳区妇女抗日斗争史料》,第464页。
③ 晋察冀三地委:《妇女工作中的几个问题——三专区妇运发展的简单回顾》,河北省妇女联合会:《河北妇女运动史资料选辑》第2辑,第173页。
④《一个妇女工作团的工作总结》,《抗战日报》1941年6月19日,第4版。
⑤《华北妇女运动的新方向》,《新华日报》1941年3月7日,第4版。

如吸烟、好吃懒做,因而与家庭矛盾不断。①

乡村妇女此种强势的离家方式与方法不为传统家庭所接受。首先"公"的领域原本就不是传统农村妇女可立足之处,妇女的出走已经严重冲击了"男主外,女主内"的性别秩序与心理需求。其次,组织动员及对传统家庭稳定秩序的破坏会引起不少家庭担忧。再次,走出庭院的妇女在拥有了些许权利后,有些忘乎所以,挑战夫权、挑战婆婆的权威。这些问题都对战争与革命时期在乡村社会所进行的性别意识形态的重构造成阻碍。

第三节 后期妇女工作政策的调整:"娜拉"的回归

一、回归家庭

无论是对妇女组织的建设、妇女的组织动员还是妇女权益的保障,中共华北各地政权都试图在改造传统家庭的基础上,改变华北乡村妇女的家庭地位,将她们拉出家门,塑造出一个个属于乡土社会的"娜拉",并委以社会重任。在塑造这个新的妇女形象的历程中,因新的政策涉及家庭结构、权力地位以及男女性别关系的改变,中共关于"妇女解放"的理想与现实产生了激烈的碰撞。

正如迪莉娅·戴维所概括的:"(中国乡村社会的)家庭是基本的经济单位。这种家庭并不是资本主义社会的那种小的(纯婚姻上的)家庭,而是乡村中的'大家庭',它的目的在于有效地利用劳动力。这种大家庭是正在支持抗战的农村经济的基础。所以,作

---

① 冀南三地委:《关于妇女工作的总结》,河北省档案馆藏,革命历史档案,39-1-14-4。

为行动的基点,应该重新构造和巩固这类家庭。"①在以抗战大局为重的情势下,在团结一切可以团结的力量进行抗日的基本精神下,在农民对新思想难以真正理解接受甚至抵触的背景下,最后迫使共产党必须采取一种新的方式对华北乡村妇女形象进行再塑。

事实上1940年代的华北乡村,家庭还是主要的生产单位,只有家庭稳固了,劳动力才能真正得以解放,大生产运动才能得以展开。而且妇女走出家庭是一个漫长的过程,绝非在短时内即可见成效。中共各级政权和组织在农村提倡妇女从家庭里解放出来,暂时是没有出路的。农村妇女社会地位的提高,必须从家庭地位的提高做起,她们应当以家庭一员的姿态对家庭负责,同时要求有家庭一分子的地位。各地政权和组织应致力于对传统家长制家庭的改造,而不是发动妇女走出家庭。而且妇女运动作为群众运动的一部分,必须以大局为重,过去把反打骂、反虐待当作一个阶段去发动是不合时宜的。② 之前过于强调妇女的权利使妇女工作、妇女干部站在农民的对立面也是错误的,性别之间的冲突削弱了革命力量。在这种情况下男女平等和婚姻自由是难以实现的。认清了这种形势,中共的妇女工作以及妇女工作政策开始转向。宣传的口号不再是"婚姻自由""男女平等",而是"拯救婴儿""发家致富""母慈子孝""婆爱媳,媳尊婆"等。

承担抗战任务较为繁重的晋察冀边区1939年提出"和睦家庭"的口号,此种做法受到中央的认可。在同年中共中央妇委发出了《关于目前妇女运动的方针和任务》的指示信,提出要恰当地运

---

① [瑞典]达格芬·嘉图著,杨建立、朱永红、赵景峰译:《走向革命——华北的战争、社会变革和中国共产党(1937—1945)》,中共党史资料出版社1987年版,第281页。
② 太行区妇委:《妇女工作的初步研究》(1945年10月4日),山西省档案馆,档案号:A1-7-4-16。

用晋察冀边区的经验和陕甘宁边区的经验,"在大会上奖励模范婆婆,批评(有必要时处罚)打媳妇的婆婆,用婆媳的联欢会、家庭座谈会,比如拜寿聚餐、新婚晚会或遇模范老人死时,发动群众吊孝、送纸,必要时募捐抚恤家属及治丧等机会教育与团结妇女","创造无数抗日革命的模范妻子(贤妻)、模范母亲(良母),以及模范女儿、媳妇、婆婆等等"。① 中央的指示带来了连锁反应,晋西妇联、太行党委也意识到了问题的严重性,对一些地区的"左"倾现象及时进行了纠正。1940年7月,晋西妇联派出慰问团到各县初步纠正了过火斗争和脱离群众的做法。1941年3月2日至16日召开的晋西妇联扩大执委会,除对一年来妇女工作成绩做了总结以外,还对工作中存在的一些"左"的做法进行了彻底检查,并相继提出了"家庭和睦""夫妻和谐""建立农村广泛的妇女统一战线"等口号以团结各阶层妇女共同抗日,"左"的倾象受到了遏制。② 太行区党委在关于妇女工作的指示信中提出要注意家庭的团结问题,妇女参加根据地经济建设与家庭生产应是相辅相成、互相促进。可以通过适当的斗争来"革除家庭的非理压迫与婚姻问题上的重重束缚,改造、转变社会的恶劣旧俗与轻视妇女的旧观念,打击轻视妇女、侮辱妇女的顽固不化的分子,以逐步解除封建束缚,争取抗日及社会活动的必要自由"。③ 该指示信对妇女工作中斗争的程度进行了限制。

---

① 《中共中央妇委关于目前妇女运动的方针和任务的指示信》(1939年3月2日),中央档案馆编:《中共中央文件选集》(1939—1940),中共中央党校出版社1991年版,第38、39页。
② 山西省妇女联合会:《晋绥妇女战斗历程》,中共党史出版社1992年版,第54页。
③ 《太行区党委关于妇女工作的指示》(1941年2月),中国全国妇女联合会:《中国妇女运动历史资料》(1937—1945),中国妇女出版社1991年版,第503、505—506页。

在战争与革命急需人力、物力、财力之时,男性农民以及男性农民背后的家庭才是根本中的根本。为了保证最后革命的胜利,必须重新考虑、重新筹划、重新实施,其核心原则是以抗战为大局、以不脱离乡村实际为原则、以不损害家庭利益为基础。此时,曾经被形塑的"娜拉"也可回家,重新做回带有革命意味的"贤妻良母"。负有战时责任的"新女性"。

二、妇女解放的新方向

纠偏之后则要确立新的符合实际的方向。如何将对传统家庭的改造、巩固与改善妇女地位、保证妇女参与抗日这三者紧密结合起来呢?它们的契合点又在哪里呢?由于抗战初期受五四新女性观的影响,中共将妇运工作全力倾注于"男女平等""婚姻自由""经济独立"、鼓动青年妇女走出家庭等涉及人性解放的诸多方面,而忽视了妇女生产、妇女劳动对妇女解放的重要意义。面对妇女运动与抗战大业背离的情况,中共的妇女政策开始有所调整,并很快将参加生产作为妇女获得解放的突破口,随后生产成了沟通家庭与妇女之间的纽带。当时的报纸将这一转变清晰地展现出来,现摘录一段,以还原貌。

> 在妇女本身来讲,经济独立是求解放的基础条件。几年前,易卜生的"娜拉",会引起中国文坛上一些争论,"娜拉走后怎么办?"这问题如今,并未失其意义,问题不是娜拉应该不应该或可以不可以走出那卑污的家庭,而主要是娜拉时代的妇女,还未在经济上取得一定的地位,还没有在社会上独立站住脚步的资本,那么虽然走出,也还不能根本避免先前的厄运。……因此,动员妇女参加生产,不仅是抗战胜利所需

要,且为妇女本身求解放必由的途径。①

在上述报纸发表之前,毛泽东1940年2月在《给中共中央妇委的一封信》中就对妇女参加生产有这样的看法:"妇女的伟大作用第一在经济方面,没有她们,生产就不能进行,而边区妇女工作之少成绩,我看主要在没有注意经济方面。提高妇女在经济、生产上的作用,这是取得男子同情的,这是与男子利益不冲突的。从这里出发,引导到政治上、文化上的活动,男子们也就可以逐渐同意了。"②三年后,即1943年2月,毛泽东又亲自审改了中央妇委会起草的《关于各抗日根据地目前妇女工作方针的决定》,并在2月26日《解放日报》上全文发表,这便是著名的"四三"决定。决定指出:"在日益接近胜利而又艰苦的抗日根据地,战斗、生产、教育是当前的三大要务,而广大的农村妇女能够和应该特别努力参加的就是生产,广大妇女的努力生产,与壮丁上前线同样是战斗的光荣的任务。而提高妇女的政治地位、文化水平、改善生产,以达到解放的道路,亦须从经济丰裕与经济独立入手"。③ 同年4月,彭德怀提出:"必须肯定认识,阶级压迫是主要的、不可调和的矛盾,而男女不平等则是由阶级社会产生的附属矛盾。设若不分轻重,把这两个矛盾平列起来,也会使妇女运动孤立。尤其危险的,是将两个矛盾轻重倒置,必然引导妇女运动产生错误倾向,事实上这种错误倾向在某些地区是存在的,要了解男女矛盾基本上是可以调和的,只

---

① 《认识新的妇女工作》,《晋察冀日报》1943年3月7日。
② 中华全国妇女联合会:《毛泽东周恩来刘少奇朱德论妇女解放》,人民出版社1988年版,第46页。
③ 《中国共产党中央委员会关于抗日根据地目前妇女工作方针的决定》,中华全国妇女联合会:《中国妇女运动重要文献》,人民出版社1979年版,第7—8页。

有阶级矛盾才是不能调和的。"①

上述党和军队高级干部的系列讲话,清晰地表明革命不再强调妇女走出家庭、颠覆传统家庭的伦理,而是从抗日自由与社会革新的要求上,处理好革命与传统的关系,适当与逐步改造家庭、克服家庭的病理现象,充分利用家庭这一基层单位,形成适于革命需要的两性关系和家庭关系。同时再三强调妇女参加经济生产,且要求她们从事的生产劳动不应与其家庭的经济利益相脱节。如《新华日报》载文称:

> 乡村妇女参加根据地的生产事业要与参加家庭经济生产相一致,其社会的与政治的活动也要照顾家庭业务。但应纠正把妇女生产从整个农业生产中孤立起来,脱离农村家庭生产的单位。如过去有些地方使妇女单独进行开荒、修渠、植林或组织劳力与武力的结合等,这都是某些同志脱离实际的主观空想。不但妇女的能力难于完成,且将引起妇女与家庭的对立;而工作亦不免流于形式化,仅能造出一些虚浮的数字来掩盖妇女生产的实效,这种作风在几年的生产工作中是不应再出现的。所以妇救会主要应在组织上进行深入的政治动员,并督促妇女尽量参加家庭生产工作,俗话说"勤妻当夫半",这样是与其家庭利益一致的,而将受到家庭与社会人士的欢迎。②

中共试图通过让妇女对家庭经济活动的参与来改善、提高妇

---

① 《彭德怀在晋冀鲁豫四区党委妇委联席会议闭幕时的讲演》(1943 年 4 月 22 日),山西省档案馆:《太行党史资料》第 6 卷,山西人民出版社 1989 年版,第 378—379 页。
② 《动员广大妇女群众参加生产》,华北妇女社:《华北妇女旬刊》第 4 期,《新华日报》1942 年 3 月 31 日。

女在家庭的地位,从而创造妇女社会政治活动的条件。

尽管当时有些妇女工作者表示"不应该为了不正确的统一战线方式勉强运用家庭和睦"[①],但鉴于抗日形势日益严峻以及妇女工作推进缓慢,"家庭和睦"逐渐成为根据地妇女工作的主导方针。[②] 1943年后,中共在改造、巩固传统家庭与改善妇女家庭地位、保证妇女参战的过程中,在平衡"妇女利益"与"家庭和睦"的过程中,塑造了一个全新的乡村妇女形象。它不再需要出走的"娜拉",而需要通过建构家庭统一战线形塑新式的"贤妻良母"。它所期待的这个新的妇女形象是以不脱离家庭的生产为基础,以维系家庭和睦为前提,通过鼓励妇女参与生产来提高其家庭地位,并借此来改善家庭关系,以最终达到为抗战大业提供经济支援的目的。在中共对根据地妇女动员过程中,乡村女性在逐步政治化、社会化,传统"家庭"这一社会基本细胞亦如此。

当"妇女主义"在具体实践过程中受阻后,各级妇女组织不再单纯、蛮力地颠覆传统,不再强调反对封建势力,不再将摆脱父权制的家庭置于妇女解放话语体系主流位置。而是在"家庭和睦"以及构建"家庭统一战线"以抗战动员为中心任务,与传统的乡村家庭生产模式、结构形态与伦理关系相协商。在此种语境下,华北根据地妇女工作的激进情势有所缓解,妇女工作有条不紊地开展着。

从婚姻层面来看,正如彭德怀演讲中宣称的那般,"应该将'生产'和'婚姻自由'两个口号,用同样的分量提出来,比之第一个时期(抗战之初)更为着重强调一些才对,因为'婚姻自由'不过仅仅

---

① 张琴秋:《对于妇救会工作的几点经验》,《中国妇女》1939年第1期第12卷。
② 董丽敏:《延安经验:从"妇女主义"到"家庭统一战线"——兼论"革命中国"妇女解放理论的生成问题》,第25页。

代表部分青年妇女的要求,而生产致富却是绝大多数妇女共同的愿望"。① 妇女的婚姻自由已经让位于对革命与战争更切为实际的"生产",它不再作为妇女运动的中心工作来提倡。在解决婚姻问题时,相关部门的态度是"防止纠纷、减少纠纷、解决纠纷,非扩大纠纷",将"重点放在订婚和结婚上,努力地争取订婚结婚自由,实行双方自愿原则。再婚亦然,反对他人强迫"。对于离婚问题,"一般的应注意说服调解双方和睦团结,研究其离婚的动机与离婚的条件,依政府婚姻条例考虑男方或女方的具体问题,根据具体情形加以适当解决不应专找离婚,或一有不睦稍有口角即挑动离婚"。② 抗战初期被赋予的婚姻绝对自由,到1943年因妇女政策的改变而成了理性自由。为此,在一些地区,根深蒂固的传统又得以复燃,妇女在传统家庭的地位又几乎重回归原貌,婚姻自由变得愈加艰难。虽然自抗战伊始至国共内战结束,"妻休夫"的热潮在华北大地频频上演,但数字背后隐藏的是女性遭遇重重困难的彷徨以及离婚之路更加漫长的无奈。这个问题在后来被邓颖超所关注。

从家庭层面来看,如建国后任《中国妇女》主编的亚苏③在一篇文中所谈到的,此时"家庭和睦口号之提出,其目的是在于:一,建

---

① 《彭登怀同志在晋冀鲁豫四区党委妇委联席会议闭幕时的讲演》(1943年4月22日),山西省档案馆:《太行党史资料》第6卷,山西人民出版社1989年版,第382—383页。
② 《中共晋冀豫区党委关于妇女工作的指示》(1941年2月),山西档案局编:《太行党史资料汇编》第4卷,山西人民出版社1989年版,第183—184页。
③ 亚苏:张亚苏,原名张晋媛(1917—1959),女,垣曲县古城人。早年毕业于国立北平女子大学。1936年参加山山西牺盟会工作,同年加入中国共产党。抗日战争开始后,曾任《晋绥日报》编辑、晋绥边区临时参议会宣传科长等职。1949年,任晋绥行署办公室秘书、晋南工委机要秘书。1950年后,历任全国妇联宣传部秘书,新华社全国妇联社社长、研究组组长,《中国妇女》主编。[负创生主编:《运城人物》(近现代部分),天马图书有限公司出版社2003年版,第201页。]

立家庭统一战线。二,争取家庭中的老年妇女——如婆婆等及保守的农村中的封建势力的一部,及一般中立分子如翁翁男人等——同情妇救会。三,通过这一口号借以达到改善妇女生活——其中最主要的是青年及成年妇女如媳妇等生活之目的"。① 显然,家庭得到了很大程度上的关注。在中共妇女工作的指示中也指出:"注意家庭统一战线,改善家庭关系,并可以进行适当的斗争。"② 何为适当的斗争?文件中并未明确规定,因此很难拿捏。再加上妇女政策大方向的改变,当时又出现了很多为了顾及团结抗战和家庭统一战线、机械了解"家庭和睦"口号的现象。一些地方也出现了执行政策上的保守倾向,如"对(一)些落后婆婆不教育不批评,形成封建势力向青年妇女大反攻,男人打老婆的,老婆婆虐待儿媳妇的到处发生,甚至被逼而跳井、上吊的到处都发生过,有的区村干部都打起老婆来了,区干部知道了也不积极解决,认为是很平常的事"。③ 乡村社会的此种反复主要是传统的根深蒂固、经济的相对落后以及一些干部对政策错误理解造成的。而且这些因素一直在影响着中共的妇女工作。但总体而言,中共在抗战时期妇女工作和政策的调整是符合大局所需以及大势所趋的。

---

① 亚苏:《三三妇女工作意见谈》,中国妇女社:《中国妇女》第2卷第3期,延安新华书店1940年8月10日版。
② 《中共晋冀豫区党委关于妇女工作的指示》(1941年2月),山西档案局编:《太行党史资料汇编》第4卷,山西人民出版社1989年版,第182页。
③ 晋察冀三地委:《妇女工作中的几个问题——三专区妇运发展的简单回顾》,河北省妇女联合会:《河北妇女运动史资料选辑》第2辑,内部发行,1983年,第174—175页。

小　结

抗战伊始,"五四"妇女解放的理念在华北乡村出现了水土不服的症状,这种现代的女性观不仅切切实实地正面挑战了华北乡土社会中一些亘古未变的传统与惯习,同时以城市知识分子为骨干的干部在做农村妇女工作时,其激进的工作作风也让这种现代的妇女解放观变得不为农民大众所接受。革命与传统展开了激烈的博弈,革命并非以渐进的方式来缓和与传统之间的冲突,反而试图将其意志强加于乡土习俗之上,并希冀通过较为激烈的方式冲击传统,从而结束家庭对妇女的束缚,直接将农妇拉进战争的视域。然而结果并非如经历了"五四"运动洗礼的干部所期待的那样:乡村的"娜拉"走出家庭,汇成抗战洪流。相反,随着乡村"娜拉"塑造的进行,妇运却逐渐偏离中共最初提出的调动一切力量进行抗战的轨道,父权制的家庭和乡村受到革命强烈的冲击,他们不得不以其自有的方式抗衡着中共政权及革命。农民战时利益的受损已经威胁到共产党的权力基础,其消极抗战的态度及举动不得不让中共重新思索妇女运动何去何从。思索的结果是工作重心发生质的改变——从初期的反对封建、强调男女平等转移到中后期的鼓励妇女生产、建构和睦家庭上来。此时乡村妇女的形象也发生了根本性的变迁,中共不再鼓励女性成为走出家庭的"娜拉",而是通过生产改善其生活、提高地位的新式"贤妻良母"。

无论是乡村式的"娜拉"还是新式的"贤妻良母",乡村妇女以何种形象存在都不是她们的自主选择。人为变革的乡村妇女形象并无牢固的社会文化与经济基础予以支撑,在国家、民族、阶级环环相扣之下,乡村妇女缺少陈述与表达的机会。她们想改变传统的形象吗？倘若她们想变，目标是什么呢？这些我们都无从而知。传统习俗及现实条件的力量虽不张扬却也足够强大。在那个历史情境中，乡村妇女形象的建构是以战争、革命发展为导向。塑造符合革命需要的女性形象，一方面，最终保证抗战大业的顺利进行。一方面也极大程度保障了乡村女性的权利。在这个乡村妇女形象的建构中，中共将生产作为妇女获得解放唯一之路，该种妇女解放的模式在抗战后期至国共内战，甚至在建国后都发挥了较好的妇女动员效能。

第二章　难走出的围城:革命与战争中妇女的婚姻

抗战爆发后,中共在华北地区陆续建立了晋察冀、晋冀鲁豫、晋绥和山东四个根据地。各地青壮年男子陆续参战,地方建设、经济生产、社会秩序维持以及援战等方面都出现人力严重不足的问题。各地政权也意识到:"动员占全体农村人口一半的农村妇女的工作,对于开展全国救亡运动,争取抗战最后胜利,是有异常重要的意义的。"①

在此背景下,为了实践中共妇女解放的理念及让女性走出自家庭院、支援战争的需要,各根据地不断摸索与实践,积极争取妇女在家庭中的解放。自1939年4月,陕甘宁边区颁布《陕甘宁根据地婚姻条例》后,1940年初华北各地中共政权相继颁布了新的婚姻法规。如1941年4月1日公布的《晋西北婚姻暂行条例》、同年7月7日公布的《晋察冀边区婚姻条例草案》、1942年1月5日公布的《晋冀鲁豫婚姻暂行条例》、1943年2月4日公布的《晋察冀边区婚姻条例》和1945年3月16日施行的《山东省婚姻暂行条例》;解放战争时期有:1949年7月19日公布的《修正山东省婚姻暂行条

---

① 《动员广大农村妇女》,河北省妇女联合会:《河北妇女运动史资料选辑》第4辑,内部发行,1986年,第35页。

例》等。上述婚姻条例均强调男女两性在婚姻上的自由,且对妇女权益特别予以重视和保护。

这些条例的出台和公权力的支持,无疑对乡村社会传统家庭关系产生了强烈的冲击,亦给农村妇女带来了婚姻生活发生变迁的机会。与此同时,我们更应该考虑的是在战乱、灾荒以及乡土社会经济尚未发生根本改变的情形下,农妇婚姻生活变革的程度到底如何?以往关于根据地妇女婚姻生活的研究大多侧重"政策—效果""压迫—解放"的研究模式,即中共出台婚姻政策,乡土民众齐心接,进而妇女婚姻生活发生质的变革。[1] 事实果然如此吗?一些学者带着这个疑问,继续探究根据地妇女婚姻变迁的历程,他们以更为辩证的视角来看待发生在乡村农妇身上的变迁。[2] 这些研究认为中共革命给妇女改变自身婚姻家庭状况提供了机会,但这种改变因受制于外部环境而具有一定的局限性。尽管这些研究在一定程度上突破了传统革命史研究的讨论与范畴,但在这个框架体系中,我们看到的多是带有着普遍性的作为群体的妇女,是"被解放"的妇女历史[3],并不是以"人"为主体来进行考察。这里的

---

[1] 傅建成:《论华北抗日根据地对传统婚姻制度的改造》,《抗日战争研究》1996年第1期;李晓晨:《试论华北抗日根据地的婚姻风俗改革》,《"20世纪中国社会史与社会变迁"学术讨论会论文选集》1997年;王荣花:《〈小二黑结婚〉与太行山抗日根据地婚姻制度变革》,《名作欣赏》2011年第10期;郑立柱:《从夫妻关系看华北抗日根据地乡村妇女家庭地位的变化》,《保定学院学报》2013年第2期。

[2] 张慧玲:《女性主义视角下的婚姻变革——以晋冀鲁豫根据地为例》,硕士学位论文,山西大学2006年;王克霞:《革命与变迁——20世纪三四十年代沂蒙妇女生活状况研究》,博士学位论文,山东大学2007年;王荣花:《中共革命与太行山区社会文化的变迁(1937—1949)》,博士学位论文,河北大学2011年;薛云:《华北根据地婚姻自由障碍因素论析》,《安庆师范学院学报》2011年第10期。

[3] 张文灿:《从"解放妇女"到"让女人自己说话"——对民主革命时期中共妇女运动的研究视角及方法之梳理》,《中国政法大学学报》2013年第4期,第56页。

"人",一方面是指乡村社会中普通的男性农民及男性干部,一方面是指乡村妇女。婚姻原本就是男女双向所构成的链接与关联。因此,探讨婚姻中的妇女既要探究传统研究模式"政策—效果"背后的男性农民的真正反馈,也要细致挖掘妇女在传统因子与现代观念的夹缝中,在经济、阶级、政治等多重元素的影响下探寻婚姻自由的人生百态,进而展现乡村女性群体的复杂性、立体性及她们所具有的主动性与能动性。从活生生的"人"出发,考量历史的足迹,呈现历史的脉络,令历史的解读更加丰满。同时给史学提供一种新的视角,多出一种乃至多种思考。

第一节 传统父权之应对

在华北开辟各根据地之初,各地颁布的"婚姻条例"都是对女性解放理念的诠释,它假定所有婚姻都应是基于情感的自我选择。然而对于1940年代的华北乡村社会而言,现代婚姻理念却与乡村经济环境和文化空间相抵触。婚姻自由的彻底获得不可能一蹴而就。在这一过程,时常伴随着利益性冲突与规范性冲突。

一、乡土社会对婚姻政策的反馈

(一)村民

在传统华北乡村社会中,婚姻责任"往往由父母或其他主婚人与媒妁人负之"[①],青年男女不能私订终身。对于婚姻政策中所提倡的自由婚,即以当事人之合意为婚姻成立的必要条件。在乡村社会中民众对婚姻政策有着不同的反馈,革命理想在具体实践中形成了不同风格的画面。就阶层来看,中农对婚姻政策是支持的

---

① 陈顾远:《中国婚姻史》,商务印书馆2017年版,第111页。

也是愿意实行的,因为他们的生活较自足,能保证找对象的物质条件;地富对婚姻仍然是采取以往的看法,认为实行自主婚,尤其是新的寡妇再嫁的财产处理方式是违背天理的,他们用极端的方法抵抗法令;贫雇农大多认为中共实行婚姻条例自主是对他们没利的,①觉得真是"世道反乱啦,闺女也要自由结婚""新法令、新法令,把闺女弄得这样胆子大"。② 有的群众觉得婚姻自由在公家和学校才要实行,老百姓可以不执行。③

从家庭内部而言:父母对子女自己主婚坚决反对,多认为此种行径败坏门风。当有些觉悟的妇女反对买卖婚时,常遭到父母责骂。有的甚至以"活着不认亲,死了不吊丧"即断绝父母与子女之间的关系来威胁她们,这也最让她们害怕。④ 有的说:"现在女子真不害羞,还没嫁给人家,倒给婆家一心了";⑤"寡妇自由结婚吧,闺女也要自由咧";"先嫁由爹娘,再嫁由自己,难道不懂得吗?先结后婚,一辈子不亲,将来不会有好下场"。甚至有的说:"我要是有这样的闺女,早就一棒打死了!"⑥如永和县某村一个18岁的女子,其父坚决反对她自由结婚,恐吓道:"我养的女子能不由我,还能由你,跳了黄河也不能由你。"⑦

在中国传统社会中,再婚是男女都面临的问题。不过,相对来说,男性再婚比较简单,而女性再婚则显得较为复杂。杨懋春先生认为在传统乡村,"男女之间的社会不平等没有比在再婚上的歧视

---

① 《左权一区关于半年来婚姻总结报告》,(1943年6月7日),山西省档案馆,档案号:A166-1-137-8。
② 《一个问题》,《新华日报》1942年5月17日,第2版。
③ 《兴县妇女代表大会揭露 买卖婚姻仍严重存在》,《晋绥日报》1949年2月10日,第2版。
④ 《妇女问题调查材料》(4月20日),山西省档案馆,档案号:A1-7-14-16。
⑤ 《婚姻问题宣传教育材料》(1949年),山西省档案馆,档案号A37-5-1-8。
⑥ 《一个问题》,《新华日报》1942年5月17日,第2版。
⑦ 《婚姻问题宣传教育材料》(1949年),山西省档案馆,档案号A37-5-1-8。

表现得更明显了"。① 在华北乡村,寡妇再嫁也存在此种不合理的情形。村民多认为"穷得不能过的、名誉不好的,倒不如再正式嫁了好",②但对正派的寡妇再嫁,特别是带产再嫁,乡村社会则极为反对。例如,长治二区信义村的李巧长要带房带地改嫁,此种情形在这个小山村还是第一例,群众十分反对。"这媳妇才坏良心啦,人家不开门啦,不过天气啦。带人的东西找找汉子,什么有出息,还得倒贴哩。没规矩啦,过去寡妇改嫁非通过家长,这会才真好过,是具〔惧〕小不具〔惧〕老。"③恋爱与婚姻的自主权无疑是妇女从家庭获得独立权利的基本内容和制度保证④,但在经济基础与社会文化理念都尚未根本变革的华北乡村社会,政权所主导的政策也不能短期内与积淀数千年的传统以及基础牢固的家庭相抗衡,许多惯习还依旧顽强地存在。

对中共所提倡的离婚自由,民众多是持反对态度。说:"毛主席啥政策也好,就是给伢离婚不好,过去社会,人家没有离婚,没有一直过时光来? 现在提高妇女了呀,不想给过就是离婚条件,当'汗们'的还能吭啥";⑤"活生生的就给人家拆散了";⑥"现想离就

---

① 杨懋春著,张雄、沈纬、秦美珠译:《一个中国村庄:山东台头》,江苏人民出版社2001年版,第115—116页。
② 冀南区党委妇总会:《1942年妇女工作总结》(1942年12月22日),河北省档案馆,档案号:25-1-317-1。
③ 《长治二区信义妇女工作调查材料》(1948年8月2日),山西省档案馆,档案号:A1-7-8-2。
④ 周蕾:《冲突与融合——抗战时期中国共产党家庭政策的变革》,《妇女研究论丛》2017年第3期,第42页。
⑤ 太行六专署:《太行第六专署司法科婚姻问题的综合报告》(1949年11月14日),河北省档案馆,档案号:106-1-78-1。
⑥ 晋冀豫区妇总会:《一年来妇女工作总结报告——1941年8月—1942年5月》(1942年7月15日),山西省档案馆,档案号:A1-7-4-13。

离,想结就结,和倒换槛门一样,不道的〔德〕";①"离婚的女人都是不正经的,好女人不离婚"。② 长治二区信义村一名叫申英只的男性农民明确表示:"我就不同意新法令,离婚哩。男人都不用娶老婆啦,像狗一样,今天相这个,明天改那个。"③磁县二区西光绿一对夫妻感情不好,完全符合婚姻政策的相关规定,女方到区上提出离婚,她公公坚决不准,理由是:"现在说个媳妇不容易,你要能给我儿指个对像〔象〕就叫她离了婚。"④对一夫多妻家庭中,让正房离婚,民众也不满意。"唉!就是离也不该大的离呀,就没个先来后到?"⑤对年轻未嫁的姑娘提出解除婚约的情形,村民也会恶言相加:"不要脸,小姑娘,就提出来,你娘订的,你能随便拆散?"⑥父母对女儿离婚更是极为反对。山西浮山县某村,一妇女被父母包办婚,婚后夫妻感情不睦,后想离婚但不敢提。因为她父亲曾用"离了婚非杀了你不行"等言语威胁她。⑦ 还有一庄姓父亲对想离婚的女儿说:"打罢刀(离婚)给老庄家丢脸,不行!你活是李家的人,死

---

① 《和顺东关妇女典型材料调查》(1948年8日15日),山西省档案馆,档案号:A1-7-8-5。
② 陵川县附城区:《后山村妇女工作调查》(1948年8月10日),山西省档案馆,档案号:A1-7-8-3。
③ 《长治二区信义妇女工作调查材料》(1948年8月2日),山西省档案馆,档案号:A1-7-8-2。
④ 太行六专署:《太行第六专署司法科婚姻的综合报告》(1949年1月14日),河北省档案馆,档案号:106-1-78-1。
⑤ 《长治二区信义妇女工作调查材料》(1948年8月2日),山西省档案馆,档案号:A1-7-8-2。
⑥ 晋冀豫区妇总会:《一年来妇女工作总结报告——1941年8月—1942年5月》(1942年7月15日),山西省档案馆,档案号:A1-7-4-13。
⑦ 太岳区妇委:《浮山县妇女工作报告》,山西省档案馆,档案号:A12-8-6-2。

是李家的鬼。"①相对于妇女在婆家所遭受的压力,娘家往往应成为妇女获得温暖与安慰的地方,但在华北乡村娘家人碍于传统、惯习、面子以及人情将妇女弃置不顾。中国共产党革命战争时期所推行的婚姻家庭改革,除了赋予女性婚姻自主的权利外,也更加照顾她们在婚姻解体时的财产权。②但传统中国社会要求女性在婚姻关系解除时"不仅其夫家财产,包括其结婚时本生父母给与其置办的嫁妆,她都无自由处分之权"。③离婚时女性要平分财产让男性农民深感"鸡飞蛋打""人财两空",对离婚自由更加不满。

乡村社会虽然千般抵制婚姻政策对日常生活与传统惯习的渗透,但对于妇女真正受压迫而提出离婚或双方自愿离婚是理解与同情的,但碍于情面与关系,很少有人真正表态支持。如赞皇三区山阵村,有一叫黑女的妇女,丈夫当兵外出多年,一直没有音讯,在家地位极低,婆婆还常虐待她。村民虽同情她,但因她公婆为人霸道,无人敢惹。最后由妇救会出面,在干部的协助下,经妇救会会员热烈讨论后,一致同意该妇女离婚,并由婆家供给赡养费。村长盖章后,将离婚介绍信送到区上转县政府。当该妇女的婚姻问题正式解决后,村中七八十岁的老妪都认为解决得十分恰当合理。④再如黎城县二区北流村向三鱼同样到婆家受压迫,婚后夫妻感情不好。抗战时期就提出离婚,经区县干部调解数次,夫妻二人仍不

---

① 李小江:《让女人自己说话:亲历战争》,三联书店2003年版,第322页。
② 岳谦厚、张婧通过婚姻关系解除的不同方式分析了根据地女性的家庭财产权问题。岳谦厚、张婧:《抗日根据地及解放区女性婚姻关系解体时的财产权》,《中共党史研究》2015年第3期。
③ 钱泳宏:《清代"家庭暴力"研究——夫妻相犯的法律》,商务印书馆2014年版,第19页。
④ 晋冀豫区妇总会:《一年来妇女工作总结报告——1941年8月—1942年5月》(1942年7月15日),山西省档案馆,档案号:A1-7-4-13。

和睦。后由于该男子死活不愿离婚,该案件一直悬而未决。群众也知道三鱼因婚姻不幸没享过一天福,却无人愿对其伸出援助之手。① 面对此类由受虐妇女提出离婚的,村民只是在背后议论"让人家解约吧"。对于女方以年岁不相当、性情不和为借口,或因嫌贫爱富、在外有情人提出的离婚就不赞成。如和顺东关赵九元男人精神不正常,二人感情不睦,区干部批准离婚,群众对此颇感不满。②

综上可知,乡村社会中的普通民众对新婚姻政策的反馈绝不是"政策—效果"研究范式所呈现的毫无波澜的画面。面对已严重冲击原有认知的新条例及可能造成的利益损失,这些理性小农绝不会坐以待毙:在言语表达上,用激烈的言辞坦露心中之不满,火药味极浓;在处理自家婚嫁问题时,仍依传统旧习行事。

(二)干部

从华北乡村基层干部方面来说,他们多文化程度不高。以晋西北为例,在晋西北县区干部147人中中高小文化程度91人、初小42人、粗通文字14人。在该区的农救干部中,高小占20.96%,粗通文字占58.93%,不识字占16.9%,三者占总数的96.79%。村级干部的文化水平更低。晋西北村级干部粗通文字42.42%、不识字56.02%,两者总占高达98.44%。③ 由于这些"泥腿子"出身的干部知识水平、法律意识和眼界宽度都很有限,他们对中共所倡导的自由婚有着不正确的认知。有的干部错误地认为屈从于压迫与

---

① 《黎城二区北流村妇女工作调查材料汇集》,山西省档案馆,档案号:A1-7-8-4。
② 《和顺东关妇女典型材料调查》(1948年8月15日),山西省档案馆,档案号:A1-7-8-5。
③ 李瑞生:《晋西北革命根据地乡村女性婚姻研究》,硕士学位论文,山西大学2015年,第23、24、25页。

束缚的妇女才是"正经",勇于起来争取自己婚姻自由的反倒不"光荣"。① 有的干部认为新婚姻条例行不通,主要是怕"脱离群众",怕"混乱";还有的认为是"应景"的工作,"那还不是说的一句话吗,紧头子过去了,就完了",因而也就没有深入广泛地向群众进行宣传教育;有些村干部更错误地说:"清官还断不了家务事咧",认为"正经事也够做了,还管那些闲事干嘛"。② 即便有的接受婚姻自由政策也认为:婚姻自主应该有限度,只限于一些未婚的男女青年,已婚之人不能有自主的权利。③ 若夫妻关系一直不好,且女性在家受虐待,干部多支持此类婚姻的解除。如果是男人老实、正派,女方在外乱搞、嫌贫爱富要离婚,则坚决不许。一个区长对此回应说:"如果这样办我实在想不通,除非我娘重生一回。"④

基层干部所持有的上述几种对自由婚的观点令一些妇女丧失了婚姻自由的权利。如井陉五区尹西河妇女王素卿因对婚姻不满,数次找村长要求其开具离婚介绍信。由于村长对妇女离婚不满,一直拒绝开据。该县三区孙庄村自小当童养媳的齐荣竹也曾提出解除婚约,她所在村的村干部坚决不准,理由是:"能坏千家事,不坏一门亲。"⑤一些干部知道某些夫妻双方感情已无法维持,且影响到家庭生产,也愿意让他们解除婚姻关系,但又怕得罪人,因此多以拖延、不作为等消极态度应对。如涞源二区 4 个婚姻案

---

① 《深入宣传与执行婚姻自由政策》,《晋绥日报》1949 年 4 月 24 日,第 4 版。
② 《兴县妇女代表大会揭露 买卖婚姻仍严重存在》,《晋绥日报》1949 年 2 月 10 日,第 2 版。
③ 《谈谈临县的婚姻问题》,《晋绥日报》1948 年 11 月 17 日,第 4 版。
④ 太行六专署:《太行第六专署司法科婚姻问题的综合报告》(1949 年 11 月 14 日),河北省档案馆,档案号:106-1-78-1。
⑤ 井陉县委:《井陉县委关于保障妇女婚姻自由与土地财产的指示》(1949 年 2 月 24 日),河北省档案馆,档案号:520-1-580-8。

件中，两个要求离婚，另外两个要求解约，干部一个也不予解决。① 邱县承审处1942年全年的离婚案件共有13件，其中判决离婚的只有3件。当时部分干部，不但不践行法律条例，帮助妇女实现婚姻自由，反而对提出解除婚姻关系的妇女以暴力相向。如临县四区区公所把一个有正当理由要求离婚的妇女吊打了一顿，此后，该妇女再也不敢提起离婚。② 平定一区祁家山女人黄某以夫妻感情不和为借口提出离婚，区调解不准离异，后被该村民兵捆回村，村干部开会让黄某坦白，但该女人态度强硬，又被武委会主任吊打。③

干部面对婚姻问题，受制于经济和传统因子的影响，"重男轻女"观念较重，在解决婚姻问题时多从男性立场出发、以男性利益为主导。如兴县吴儿申村康改过的丈夫是个二流子，整日好吃懒做、无事生非，夫妻双方感情不好。女方到村区政府请求离婚时，干部们因担心该男子无力负担再婚的费用，未批准。④ 榆社县某些村庄因为可怜男性农民，当妇女提出离婚时，要求妇女的私有财产全部留下，认为他们离了婚，男人就"好像失了一块土地"。⑤ 许多干部对要求离婚或被虐打的妇女不仅不寄予同情、不批评教育打人的丈夫，反而给丈夫与婆婆撑腰，甚至威吓、扣押妇女，让她们检讨反省挨打原因。⑥

---

① 《关于目前婚姻政策的检查与今后的意见》，河北省档案馆，档案号：69-1-120-1。
② 冀南区党委妇总会：《1942年妇女工作总结》（1942年12月22日），河北省档案馆，档案号：25-1-317-1。
③ 《各县婚姻案件处理情况报告》，山西省档案馆，档案号：A47-1-116-1。
④ 《兴县妇女代表大会揭露 买卖婚姻仍严重存在》，《晋绥日报》1949年2月10日，第2版。
⑤ 太行二地委妇委会：《关于四月份妇女工作给区妇委报告》，山西省档案馆，档案号：A1-7-13-9。
⑥ 晋中区妇委会：《晋中妇代会向晋中行署的提案（婚姻、副业、医疗、教育等问题）》，山西省档案馆，档案号：A47-1-112-3。

另外还有一些干部带头不遵守中共的婚姻政策，如买卖婚姻、阻止家中的女性自由婚、早婚等。兴县康宁支干康引珠，把自己12岁的闺女以3石多小米卖出去。二区马家坞党员杨雯庆也将自己的女儿卖了六七石麦子，群众见党员干部买卖婚姻，遂也忙将自家女子出卖。① 十里店的村长王克斌用50块钱将他收养的妹妹卖出去。② 他们违反婚姻条例的行为除了将女性变卖为钱财外，还参与到买卖婚姻的行列中。如某区一个区大队长花了两百万元的边币"娶"了个老婆。③ 若家中女性有自由婚的意向，他们中很多人更是坚决反对。临县三区吴周回村支部书记的妹妹康林则要自由结婚，康不但阻止妹妹自由婚，还当众对其痛骂，并声称要开除她的党籍，林则气愤不过，回家后就服毒自杀了。④ 有的干部与尚未达到法定年龄的女子结婚，如冀晋一专区分区政治部一干部与浑源城一15岁的小姑娘结婚。⑤

囿于眼界、受教育程度、惯有认知以及对稳定社会秩序的考量，一些长期受传统浸染、尚未完全接受现代姻婚理念洗礼的基层干部在婚姻法的具体实践中，这些漠视了法令和妇女的权益，传统社会的性别制度仍是行事的主要依据。对这些"负面"信息的白描并非要凸显问题，而是更立体地展现婚姻政策推行中的曲折过程。

这些波澜壮阔的画面可更好印证中共在根据地建设和发展过

---

① 《兴县妇女代表大会揭露 买卖婚姻仍严重存在》，《晋绥日报》1949年2月10日第2版。
② [加]伊莎白·柯鲁克、[英]大卫·柯鲁克著，安强、高建译 燕凌校：《十里店——中国一个村庄的群众运动》，上海人民出版社2007年版，第146页。
③ 《婚姻问题宣传教育材料》(1949年)，山西省档案馆，档案号A37-5-1-8。
④ 《临县有些区村干部 违反婚姻自由原则严重侵犯妇女人权》，《晋绥日报》1949年3月31日，第2版。
⑤ 冀晋一专区：《各县农会妇联主席联席会议大会结论及各部门工作的报告》(1947年5月)，山西省档案馆，档案号：A43-7-6-4。

程中的艰辛和成功的不易。

二、乡土社会对婚姻政策反对的原因分析

传统华北乡村的婚姻多遵循着"父母之命,媒妁之言"的习俗,鲜有对女性意志的尊重,因经济困难和男尊女卑的习俗,性别事实上只具有改善经济、维系家庭、传宗接代的价值,性别平等无从谈起。被置于从属地位的女性,只是被私有或物化的对象。

(一)传统的影响

华北乡村自古就有早婚、买卖婚姻与童养媳的传统。民国时期女子的订婚年龄都在 10 岁左右。在河北昌黎县,"男女数岁以至十余岁皆议婚"①;滦县,"邑俗喜襁褓论婚,矜甚者乃必系诸痘后,然未有过十岁不论婚者"②;新乐,"儿女在襁褓时或稍长,媒妁约结行定亲礼"③;平山,"男女往往自幼订婚"④;武安,"武俗论婚襁褓"⑤。山西浮山,"两姓议婚,近多不待男女长成"⑥。山东莘县,"中上户之家男子尚未成人往往为之订婚"。⑦ 河南新安,"凡男女小儿初生,为父母者即怀订定婚姻之意"。⑧ 抗战前的华北乡村,不仅订婚早,而且结婚也普遍很早。河北无极县甄家营,男子婚龄

---

① 《昌黎县志》卷 12,民国二十二年(1933)铅印本。
② 《滦县志》卷 28,民国二十六年(1937)铅印本。
③ 《新乐县志》卷 6,民国二十八年(1939)铅印本。
④ 《平山县志》卷 8,清咸丰四年刻本。
⑤ 《武安县志》卷 18,民国二十九年(1940)铅印本。
⑥ 《浮山县志》卷 42,民国二十四年(1935)刻本。
⑦ 《莘县志》卷 1,民国二十六年(1937)年重修铅印本。
⑧ 《新安县志》卷 15,民国二十八年(1939)石印本。

是 15—20 岁，女子是 14—19 岁。① 定县大王耨村男性平均初婚年龄为 20.2 岁，女性则为 19.2 岁。② 河南光山，"邑俗相契者自幼结亲"③；通许，"男女未达成年即行结婚"④。山西虞乡，"今俗迫不及待，尽有十三四岁即行嫁娶"。⑤ 无论从订婚年龄还是结婚年龄看，早婚无疑在民国时期的华北农村占据十分突出的位置。而且实际上，早婚已成为人们在成立家庭过程中共同追求的一种生活模式。

在这些被认为是陋习的婚姻形式中，其实暗含着诸多乡村民众生存的价值观及文化符号。婚嫁论财古已有之，《礼记·昏礼疏》中说的"纳征，纳聘财也"，就包含有成婚要钱财之意。⑥ 黄宗智指出："这整个过程最好理解为文化符号的交换，而非单纯的经济交易。它既有商业性的一面，也有非商业性的一面。诚然，男女双方对聘礼和嫁妆做具体的讨价还价，但这一过程不能也不应该看作是买和卖这样简单额商业交易。事实上，忽略礼仪上的细节并把整个过程降格为纯粹的经济交易，会被认为是粗俗的，并会导致整个婚姻的失败。"⑦

既然如此，革命就不可能在短时间内将这种早已渗入人们肌

---

① 胡槛民：《中国之结婚年龄与民族生存》，《政经学报》第 5 期，1940 年 5 月 1 日。转引自：郑全红：《中国家庭史》第 5 卷，广东人民出版社 2007 年版，第 102 页。
② 李景汉：《定县大王耨村人口调查》，《社会学界》1931 年 第 5 卷。张折桂对该村统计，男性结婚平均年龄为 20.3 岁，女性结婚平均年龄为 19.5 岁，男女结婚平均年龄为 19.8 岁。张折桂：《华北乡村社会的婚姻状况：定县的大王耨村》，《社会问题》1930 年第 1 卷第 2/3 期，第 125 页。
③ 《光山县志》卷 32，清光绪 15 年补修本。
④ 《通许县新志》卷 14，民国二十三年（1934）铅印本。
⑤ 《虞乡县新志》卷 3，民国九年（1920）石印本。
⑥ 杜芳琴、王政：《中国历史中的妇女与性别》，天津人民出版社 2004 年版，第 393 页。
⑦ ［美］黄宗智：《清代的法律、社会与文化：民法的表达与实践》，上海书店出版社 2001 年版，第 56—57 页。

肤、藏于骨髓的模式击溃,让民众生硬地接受一种根本不曾认知的理念,民众对之抵抗或是置之不理也就顺理成章了。尽管现代的婚姻观念一而再、再而三被推广,但在华北乡村一些地区被称为"陋习"的婚姻形式和婚俗依旧顽强存在。如有的父母强迫儿女早订婚,并坚信"父母之命媒妁之言"是不变之礼。① 有的认为"钱买的人可靠,买来就算婆家人的,不能轻易走",而那些不依赖买卖关系而缔结的婚姻是没有任何保障的。② 甚至到1949年在山西某些地区早婚在群众中仍被看作是理所应当的,并且结婚年龄越小越好。在他们意识中若女子十八不嫁、男子二十不娶是不正常的。在晋南十一分区,有8岁就娶妻的。若父母不如此,就会被民众非议。③

乡土习俗视婚姻为男性特权,也应主导离婚,女人无权解除婚姻。夫休妻、女子从一而终的观念,内化为一种融入农民生活的性别及婚姻意识。这一认同支撑着传统婚姻制度的垄断性优势,抵御着新婚姻观念及行为的冲击。④ 民国时期,一些大城市离婚现象较多,华北乡村离婚者极少。李景汉的《定县社会概况调查》中,仅有两起离婚记录,离婚理由都不是夫妻感情破裂,而是家长强行干预的结果。"一件是因为女家觉得是受媒人蒙蔽,看男家穷苦,逐令女儿离婚。一件是因为男家看儿媳轻浮,不受家教,致婆媳与夫

---

① 《第五区妇救会关于口则村妇救工作的总结》(1943年1月),山西省档案馆,档案号:A166-1-137-3。
② 晋冀豫区妇总会:《一年来妇女工作总结报告——1941年8月—1942年5月》(1942年7月15日),山西省档案馆,档案号:A1-7-4-13。
③ 《婚姻问题宣传教育材料》(1949年),山西省档案馆,档案号A37-5-1-8。
④ 傅建成:《论华北抗日根据地对传统婚姻制度的改造》,《抗日战争研究》1996年第1期。

妻间时相口角,感情日渐恶劣,遂实行离婚。"①1933年,全国夫妇离婚者2万余人,且"私行离异不由官断者,尚不在数。但此大半出于通都大邑,而乡里之间,多守旧礼,不稍变移"②。韩丁也有类似描述:"在张庄从来没有批准过离婚的事,自古以来,没有一个女人得到社会的允许而离开她的男人。"③19世纪宝坻县只有一起由妻子提出的离婚案例,那是一位被丈夫离弃13年的妻子。满铁调查的华北三个村庄同样只有一起离婚案件,该案件的女主人公是侯家营村的一位被丈夫抛弃10年的妇女。顺义县诉讼档案中的8起由妇女提出的离婚诉讼,全是来自城镇的案例。④ 在山东台头村,杨懋春调查时,该村三四十年来只出现过一件离婚案件。⑤

即便之前夫妇感情不和,最终夫妻关系的走向也并不是由妇女来决定的,即"夫休妻"而非"妻休夫"。如在临县,"假若女人对婚姻不满意,男人也看见生活不下去时,那男人可以把她卖给别人;而女人认为只要离开他的门,就是卖,也是应该的。假如单是男人看不起女人的话,那当然问题更简单了,随便找上一个人,男人拿回几斗谷米,就可以把女人打发出去"。⑥ 此种情形长期存在并被认为是合理的,原因主要是,对农村妇女来说,她的生存是以劳动为前提;"农村两性的劳动分工一般属于家庭内部的经济合

---

① 李景汉:《定县社会概况调查》,上海书店1933年版,第149页。
② 王树枏纂:《新城县志》,1935年铅印本,台湾成文出版社1968年影印版,第831页。
③ [美]韩丁著,韩倞译:《翻身——中国一个村庄的革命纪实》,北京出版社1980年版,第536页。
④ [美]黄宗智:《过去和现在:中国民事法律实践的探索》,法律出版社2009年版,第39页。
⑤ 杨懋春著,张雄、沈炜、秦美珠译:《一个中国村庄:山东台头》,江苏人民出版社2001年版,第114页。
⑥ 《谈谈临县的婚姻问题》,《晋绥日报》1948年11月17日,第4版。

作,女性劳动处于从属地位;农家经济需要建立在稳定的合作关系之上,而单身女人通常是不可能自求生存的。因此,离婚在农村实属罕见"。① 而且过去,在乡村社会"女子从一而终"也会当成美德被颂扬。"寡妇守寡守得干净,到哪儿别人都高看一眼,娘家人也脸面有光。一旦改嫁,娘家嫌丢人,兄弟都不搭理,比偷人还孬。"② 再如冀南从村一个40多岁的妇女,以前曾受国民政府和邻居两次送匾以彰显贞节,当中共的新政策推广开来时,在当地她仍是令人赞叹的女性道德榜样。③ 鉴于此种传统的存在,女性天然的婚姻自由权利,被视为大逆不道。虽然妇女的离婚权已经写入法律,但实行起来很困难。主要是并未对男人至上的价值观、习俗和制度做出限定。④ 而且,在生活方式及认知水平均没有质变的前提下,新婚姻政策可以强力推广,却难以真正深入并演化为人们的习俗及性别价值观。

(二) 经济的制约

华北乡村民众抵制现代婚姻政策与理念,一方面是限于传统因子的长期存在,另一方面是苦于经济上的无奈。

特别是贫苦农民,在债台高筑无力偿还,或典地押地到期无钱赎回,或其他急需时,将女儿找了人家,来取得一部分钱。同时当他们想到自己儿子娶妻以及给闺女买嫁妆、结婚请客等都要花钱,因此女儿就不能够白白送人。以上诸种考虑,造成了家庭对女儿命运的忽视,女儿如标的物被投入拍卖市场,"反正谁家给的钱多,

---

① 罗苏文:《女性与近代中国社会》,上海人民出版社1996年版,第235页。
② 姜淑梅:《乱时候,穷时候》,浙江人民出版社2013年版,第80页。
③ 冀南区党委妇总会:《1942年妇女工作总结》(1942年12月22日),河北省档案馆,档案号:25-1-317-1。
④ [美]弗里曼、毕克伟著,陶鹤山等译:《中国乡村,社会主义国家》,社会科学文献出版社2002年版,第174页。

就许给谁"。如武安一家,因家中老人去世时欠了很多债,每年打的粮大部分要还账,还要自己吃,生活无着落。后来在女儿6岁时就将她许了人家,得了150钱,赎回两亩地。① 五台射虎川一妇女16岁,她父亲为筹集毒资,把她卖给了一日本队长。② 在战争和灾荒期间买卖妇女现象更为普遍,沁源县王家园村1943年有6例买卖妇女的事件,主要是该村当时长期处在被围困之中,民众生活困难,无奈之下出卖自家闺女,以求生存。③

还有的父母为了图财,"劝"女儿离婚再嫁。如平顺新城有一家很穷,把自己的女儿卖了三次。④ 晋绥怀仁四区薛家庄的杨荃,他吸大烟不好劳动,为了得到毒资,三次出卖亲生女儿。⑤ 有的父母为了达到出卖女儿的目的,甚至协助女儿将现任丈夫谋害。除了被父母卖,有的妇女还被其他亲属出卖。新城到杨威一带,自抗战开始至1942年共卖了30多个活人妻,多半是丈夫无法生活,将妻子出卖。⑥ 左权县下麻田的段锁凤,自幼丧父,母亲改嫁,孤苦伶仃和叔叔生活。但待其16岁时,其叔竟把她卖给债主抵债。⑦ 某县

---

① 晋冀豫区妇总会:《一年来妇女工作总结报告——1941年8月—1942年5月》(1942年7月15日),山西省档案馆,档案号:A1-7-4-13。
② 《关于婚姻政策执行的检查》(1943年),山西省档案馆,档案号:A44-7-2-1。
③ 岳北妇联:《岳北妇女运动开展情况的总结》(1949年),山西省档案馆,档案号:A13-8-3-1。
④ 晋冀豫区妇总会:《一年来妇女工作总结报告——1941年8月—1942年5月》(1942年7月15日),山西省档案馆,档案号:A1-7-4-13。
⑤ 《杨荃不务正事 三次出卖闺女 受到政府批评》,《晋绥大众报》1949年5月11日,第2版。
⑥ 晋冀豫区妇总会:《一年来妇女工作总结报告——1941年8月—1942年5月》(1942年7月15日),山西省档案馆,档案号:A1-7-4-13。
⑦ 《以骨肉偿还债务 段连山私卖侄女 麻田妇女群起反对》,《新华日报》1942年12月14日,第4版。

属河沟村冯小仁,置有土地14亩,一家7口,已可糊口;但冯生性吝啬,在年景歉收时,他竟异想天开,鼓动他儿子,拟将其妻以1500元高价出卖。①

还有的父母由于生活困难,无力抚养儿女,把闺女早些嫁出去或卖出去。如冀南从村一个妇女带着三个孩子和一个婴儿乞食,不能果腹,再加上疾病缠身,不得已将她12岁的孩子卖做童养媳。② 在灾荒中,因生活无着,早婚也较为普遍。北岳三地委四区1943年3月共有18家因生活难以维持,让自家女儿去当童养媳。③ 贫穷之家甚至有转卖媳妇的,如平山县东黄泥村一穷家因生活困难,将其童养媳转卖出去。该县洪子店区,一寡妇改嫁,其婆家索要100元钱作为转卖媳妇的费用。④

正是缘于买卖婚姻所带来的诱人利益,反对禁止买卖婚政策的舆论十分强大。有的认为:"女人养活大了,不给一点东西白白送给人,那还像话?"⑤有的说:"我养活了你这么大,还能白白的扔了,非使几个钱不行!"⑥"我三间房子坏了谁给我修起?"⑦还有的说:"好容易费了老大劲养活大,白白的给了人,这不将好几石小米

---

① 《守财奴异想天开 冯小仁图卖媳置地 区公所作主改善儿媳地位》,《新华日报》1942年12月26日,第4版。
② 冀南区党委妇总会:《1942年妇女工作总结》(1942年12月22日),河北省档案馆,档案号:25-1-317-1。
③ 北岳三地委:《关于婚姻政策执行的检查》(1943年),山西省档案馆,档案号:A44-7-2-1。
④ 平山县政府:《平山妇女工作考察材料》(1940年3月),河北省平山县档案馆,档案号:4-1-76。
⑤ 《谈谈临县的婚姻问题》,《晋绥日报》1948年11月17日,第4版。
⑥ 《贯彻劳动生产解放自己的教育 霍家窑发动妇女作法对》,《新华日报》1949年1月27日,第2版。
⑦ 县妇联会:《晋城县妇女工作总结》,山西省档案馆,档案号:A12-8-5-9。

白丢了吗？咱们家吃什么好，照这样今后再不要生妮子了?"①妇女的婚姻在家庭、传统社会、父母看来是对以往付出的一种回报，女性身体被物化为一种有形的资本以及一种家庭获利的工具。在土改期间，妇女身体工具性的特点表现得更加突出。如晋绥十一分区安邑北望庄，群众在划阶级时，把一家贫农划成中农，原因是这家有4个闺女，认为卖了她们可以买几十亩地和一个牲口，若再给其分地就成富农了。② 山西一个为陈家庄的村落划成分时，硬要把一个贫农划成中农，理由也是他家有3个闺女，若卖出一个可买一头牛，卖两个便可买十几亩地，若再分给其土地和牲口，"将来不是要变成富农吗?"还有的地方把卖了闺女的彩礼也计算到收入内，"叫人家出负担"，甚至有个别的村庄将因卖闺女而起家的农民定为富农，彩礼也当作浮财要出来。③ 即便政府三令五申要废除买卖婚，底层社会因惯习和经济所限仍按其原有生存模式行事，只是为了应付政策换了些方式而已。如五台和南孟两县一部分地区，发生变相买卖婚姻的情况。一般是订婚时，"女方先向男方要几身衣服，几百斤粮食，还有个别的要白洋"。平山县六区营里村一男性农民和南关村梁鱼妮订婚时，女方向男方要的东西是洋布衣服两身，银手戒指4个，白洋6元，被子1个，褥子1个，青兰布5尺，玉茭子150斤，小米150斤，还有40斤玉茭。④

男性农民之所以不愿离婚，除了觉得撼动了自己在家中的统治地位，导致颜面尽失之外，更多的是经济方面的考量。因为一系

---

① 晋冀豫区妇总会：《一年来妇女工作总结报告——1941年8月—1942年5月》(1942年7月15日)，山西省档案馆，档案号：A1-7-4-13。
② 《有关晋绥十一分区妇女工作材料》(1949年)，山西省档案馆，档案号：A36-1-8-2。
③ 《婚姻问题宣传教育材料》(1949年)，山西省档案馆，档案号 A37-5-1-8。
④ 《十月份各种工作总结报告》，河北省平山县档案馆，档案号：1-1-58。

列的资料显示,结婚在战前的华北农村代价不菲,结婚费用每年在农家平均生活费中所占份额较高,成为家庭的主要负担之一。"山西太谷县,'订婚时富户无聘金,中户以下初婚或续娶必须聘金百元上下,此外男家送首饰绸缎四色至八色,女家回送文具四色礼物,俗曰换帖'。交城县,'乡俗男家出二三百元聘金,聘定闺女,必须当年迎娶,如隔年迎娶,女家另索七八十元,名曰推磨,如不允给,即不嫁与'。榆社县,'向来聘金多不过二十四千文,近年缔结首先论财之多寡,富者或不受其影响,贫者每每需二三百元之聘金'。稷山县,'富家订婚不论财礼多寡,专讲门第;贫家计较财礼,俨若货品交易,讲论甚繁'。"①据卜凯对20世纪20年代华北及中国中东部1503个农户的调查,在华北农家婚嫁费是47.5元,而该地区农家年平均生活费是190.63元,婚嫁费占到了全年生活费用的四分之一。②李景汉对定县农村家庭的婚嫁费用做了更为细致的分析。(表2.1、表2.2、表2.3)通过这三个表可知:无论男方还是女方婚嫁的总花费最多时占到了全家总收入的一半以上。1935年对济南农民婚姻情况的调查称:"一个中等的农民,约二十亩田地之家,据他们自说,结婚总要花个二三百元上下。……像上述之家,每年收入以二十亩计,每亩粮食值八元,统共不上一百六十元,除了他们的生活用度,所余的真是无几。"③黄宗智也提到:"按照结

---

① 《山西省各县风俗概况表》,《山西民刊政要》(1933年),沈云龙:《近代中国史料丛刊》第3编第74辑,文海出版社1992年版,第262、263、270、279页。转引自梁景和:《现代中国社会文化嬗变研究(1919—1949)——以婚姻、家庭、妇女、性伦、娱乐为中心》,社会科学文献出版社2013年版,第61页。
② [美]卜凯著,张履鸾译:《中国农家经济》,商务印书馆1936年版,第554—555页。
③ 单伦理:《济南的农民婚姻》,中华全国基督教女青年全国协会:《女青年》第14卷第3期,1935年3月,转引自:梁景和:《现代中国社会文化嬗变研究(1919—1949)——以婚姻、家庭、妇女、性伦、娱乐为中心》,社会科学文献出版社2013年版,第21—22页。

婚的通常花费和大多数农民的收入水平，一生只负担得起一次。允许一个不满的妇女任意与丈夫离婚，无论对军人还是他们的家庭都是很严重的打击。"①

在华北各根据地普通民众的日常生活中，经济仍占主导地位，起决定作用。婚姻方面表现得尤为明显。抛开新婚姻法在乡村社会的可行度不论，单从民众自身经济层面来看，他们也多会将其拒而远之。因此，我们不能忽略当时经济环境而随便给他们贴上"落后"、"封建"等带有过多政治含义的标签。

表 2.1 定县 34 家男方婚嫁费用统计表

花费 农户种类	上户	中户	下户	备注
酒席	4 元上下	2 元上下	2 元上下	上户与下户酒席总花费>20 元
聘礼	10 元—120 元	<10 元	0	
衣物	40—150	20—30	5—15	
其他费用（修理房屋、烟酒费、赁假菊、赁轿子）				20 元左右
总花费	200 元左右	100 元左右	40 元左右	

资料来源：李景汉：《定县社会概况调查》，上海书店 1933 年版，第 383 页。

---

① ［美］黄宗智：《过去和现在：中国民事法律实践的探索》，法律出版社 2009 年版，第 110 页。

表 2.2　定县 34 家女方婚嫁费用统计表

花费 农户种类	上户	中户	下户	备注
酒席				和男方费用差不多
嫁妆	100 元左右	50 元左右	15 元左右	
衣服	200 元左右	100 元左右	40 元左右	
首饰	100 元左右	40 元左右	10 元左右	
其他杂费				20 元左右
总花费	400 元左右	200 元左右	70 元左右	

资料来源：李景汉：《定县社会概况调查》，上海书店 1933 年版，第 384 页。

表 2.3　定县 34 家收入情况统计表

种类	全年总收入	平均每家收入	收入最高值	收入最低值
数值	9558.89 元	281.14 元	486 元	89 元

资料来源：李景汉：《定县社会概况调查》，上海书店 1933 年版，第 302 页。

除了经济方面的考量外，恶劣的战时环境也是民众在处理婚姻问题时不得不关注的层面。根据地区域多数县份在战时时常处于日伪"扫荡"的动乱中，妇女的生命与身体所受到的威胁极大。特别是接敌区，因敌人常来往于此地，故女人不敢在家，一些家长也认为"把闺女留在家里，时时要替她挂心，不如早些推出门去"，有的姑娘十一二岁便被送到婆家。① 日伪政权造谣中共"共产共妻"也诱发了许多早婚现象。故此时，早婚、买卖妇女、童养媳之风比抗战前更盛。这样的婚姻以找到婆家为好，所以卖的钱亦少。

---

① 冀南区党委妇总会：《1942 年妇女工作总结》(1942 年 12 月 22 日)，河北省档案馆，档案号：25-1-317-1；晋冀豫区妇总会：《一年来妇女工作总结报告——1941 年 8 月—1942 年 5 月》(1942 年 7 月 15 日)，山西省档案馆，档案号：A1-7-4-13。

再加之有人认为战时娶妻实为累赘,故女人愈加廉价,在一定程度上打破了门当户对的习惯。

婚姻关系的调整并不是单凭一纸法令就能改变的,它的缔结与解除所涉及的内容甚广,有传统的束缚也有经济的制约。以"五四"新文化运动话语为基础形成的婚姻与家庭观念难以在华北乡村生根发芽,甚至与该地区的经济文化相背离。然而不可否认的是,这些传统习俗、文化包含着适应当地社会环境的重要元素,是稳定家庭结构和社会结构的黏合剂。无论传统还是经济都是乡村民众生活不可或缺的因子。而且从法理上来看,一项政策或法律想要获得合法地位有两种途径。一个是自上而下依托于国家机器的强制推行,另一个则是自下而上的民心认同。相较于前者的直接、快速而言,后者虽需时间较长却更加稳固。而从当时各种势力并存的复杂情况来看,中共革命想要凭借国家机器强力推进法律的实施既不现实也不允许。为此它最终历史证明此种实事求是的改变与调适获得了民众的认同,在基层社会牢固了根茎。重新思考、调整政策、适应环境。

三、男性农民对离婚应对的方式

在战争与革命正当性的号召下,中共革命以法律形态和政权形式宣示其基于抗战需求及现代婚姻自由理念,对华北各根据地区域的传统婚姻观念及家庭模式形成了巨大冲击力。"一般妇女——特别是青年妇女,大都已经能够依据婚姻条例,自由自主的〔地〕提出和解决本身的婚姻问题了",[1]以至于各地短期内离婚案件呈猛增态势。

---

[1] 王炜:《阜平的婚姻问题》,见晋察冀北岳区妇女抗日斗争史料编辑组:《晋察冀北岳区妇女抗日斗争史料》,北京:中国老年历史研究会,1985年,第666页。

在婚姻条例颁布数月内,晋冀豫区一些地方离婚案件每月达40多起(见表2.4)。据不完全统计,太行区1941年一年当中发生离婚案共971件,并且许多地方因受压制未提出。① 1945年,晋冀鲁豫边区高等法院的报告显示:"一月以来各县司法部门受理的民事案件中,离婚案件是最多而较难处理的问题。仅以一专来说,全专区共处理民事案件81件,离婚案件为41件,占总案数的50%。依据全太行区40个县的统计,上半年处理民事案件1629件,离婚案件共536件,占总数的30%强……平顺今年上半年五月所处理的离婚问题达二百零五件。如果我们连这一级所解决的数字也统计起来,更是相当大的一个数目。"②1947年1—9月,易县、完县、满城、涞源五县共受理民事案件192起,其中婚姻问题达140起,涞源是100%,满城是84%。③ 冀南区党委妇委会在1948年印制的《妇女工作参考材料》提到:"无论土改前或土改后,各地区法院所受理的婚姻案件占民事案件的50%至90%,其中绝大部分系离婚解约问题。"④自1948年下半年到1949年初,太行六专署全区共受理民事案件456起,婚姻案件366起,占全部民事案件的80%。⑤ 1949年,在冀中区政府受理案件中,80%是离婚案,如献县民事案

---

① 《太行区的婚姻制度》,华北妇女社:《华北妇女月刊》第3期,《新华日报》1942年8月20日。
② 晋冀鲁豫边区政府高等法院:《晋冀鲁豫边区政府高等法院通报》(1945年10月15日),河北省档案馆,档案号:576-1-82-15。
③ 北岳五专署妇联会:《关于执行婚姻政策的检查与今后意见》(1948年12月14日),河北省档案馆,档案号:86-1-30-1。
④ 《婚姻政策问题提纲》,冀南区党委妇委会:《妇女工作参考材料》第1集(1948年11月15日),河北省档案馆,档案号:25-1-319-1。
⑤ 太行六专署:《太行第六专署司法科婚姻问题的综合报告》(1949年1月14日),河北省档案馆,档案号:106-1-78-1。

件 60 件中,40 件是有关婚姻的。①

表 2.4　1941 年 8 月—1942 年 5 月晋冀豫区妇救会离婚案部分统计表

	解决者	案件	结果	时间	备考
赞皇	妇救	87		去年 11 月到今年 1 月	要求离婚占妇女 1/4
昔东	妇救	11		两个月内	
临城	妇救	25		两个月内	
内邱	妇救	11		三个月内	
和西	妇救	28	离婚 7 解决 5		
三(二)分区	妇救	559	离婚 471	一年内	
三分区	法院	223	离婚 88	一年内	
四分区	政府及妇救	76		一年内	
五分区	多为司法机关	125		一年内	
六分区	多为司法机关	49		三个月内	

资料来源:晋冀豫区妇总会:《一年来妇女工作总结报告——1941 年 8 月—1942 年 5 月》(1942 年 7 月 15 日),山西省档案馆,档案号:A1-7-4-13。

在这股离婚潮中,与以往"夫休妻"明显不同的是,由女方提出的"妻休夫"离婚案明显增多。自 1941 年下半年开始的近一年内,晋冀豫区妇女要求离婚的占到了四分之一。(见表 2.4)榆社县共有 110 起离婚案件,其中妇女提出离婚者有 108 件,占 98%(见表 2.5)。1942 年,阜平县离婚案件中女方提出者约占 90%。② 1943 年 3 月 30 日《抗战日报》载文称:43 件离婚案中,其中 32 件由女方

---

① 《冀中区八年抗战的妇运简史》,河北省妇女联合会:《河北妇女运动史资料选辑》第 2 辑,内部发行,1983 年,第 182 页。
② 王炜:《阜平的婚姻问题》,晋察冀北岳区妇女抗日斗争史料编辑组:《晋察冀北岳区妇女抗日斗争史料》,中国老年历史研究会 1985 年版,第 666 页。

提出,11件由男方提出。① 在1947年晋绥边区"三八"座谈会上,法院一秘书指出农村离婚的很多,十有九是女方主动提出。② 1947年,北岳第五专区在对婚姻政策进行检查中也提到:"由于过去婚姻的不合理,抗战后特别是土改以后,各县的民事案件中,经常以婚姻问题较多,且以女方提出为多",认为"妻休夫"现象表明女性自主权利意识的觉悟,逐渐视离婚为正当、合法之事,改变了"休妻"身份丢人的错误看法。③ 但男性农民面对妇女违背"伦理"和传统的举动也绝不是安然自若,他们采取多种方式来应对这种"新现象""新问题"。

表2.5 山西省榆社县离婚案件统计表

类别	女方提出					男方提出	原因	备考
	贫	中	富	地主	总计			
离婚	23	55	5	1	84	2(中农)基干部	感情不好5,有病的2,虐待9,无音讯1,无能者2	男方提出只有两个,还是干部
解决	13	11			24			
总计	108							

资料来源:晋冀豫区妇总会:《一年来妇女工作总结报告——1941年8月—1942年5月》(1942年7月15日),山西省档案馆,档案号:A1-7-4-13。

在各地的"妻休夫"婚姻纠纷中,男性农民应对"妻休夫"的方式也是多样的。通过梳理对他们对离婚不同的态度与反应,可一窥制度变革对民众生活的影响。

---

① 《婚姻案件与妇女解放》,《抗战日报》1943年3月30日,第4版。
② 《边区各界妇女代表"三八"座谈会上号召妇女参加土地改革 提倡家庭和睦确保贫苦农民有老婆》,《晋绥日报》1947年3月11日,第1版。
③ 北岳五专署妇联会:《关于执行婚姻政策的检查与今后意见》(1948年12月14日),河北省档案馆,档案号:86-1-30-1。

(一) 拖延

拖延是男性农民的首选之举。在"女人是无论如何不能离婚,就是死了骨头也得托一把";①"自然和我离了婚也要出力气,不能叫她好过了"等观念的影响下,即便女方离婚已成事实,男方也一直要上诉打官司,故意为难女方。他们的目的是:一方面幻想女人因承受不住刁难,在无计可施的情况下打消离婚念头,重返家中;另一方面完全是为了报复提出离婚的妻子,他们认为即便离婚已成事实也不能让她过于嚣张,"总得调摆调摆女方",不然自己人财两空,女人却未受丝毫损失。② 如潞城县南桃村陈改英年和其男人结婚已十余年,夫妻感情一贯不好,陈在家常挨打受气。经村干部再三调解,并在群众中对男人与婆婆进行批评斗争,但陈的男人和婆婆不但未痛改前非,反更变本加厉。陈无法,又经区所数次调解亦不生效,经县解决判处离婚。但她丈夫抓住一个"我不自愿就不能离,我就骨头也得赚他一把",死活不同意婚姻关系的解除。③ 从性别视角而言,自古即有"男尊女卑"的等级差别;从夫妻关系来看,古代中国社会"虽'夫妻'用语比较接近于平等,但系另有所指,亦非真正平等也"。"夫者妻之天也,妇人不贰斩者,犹曰不贰天也。"④男性在两性关系和婚姻关系中的主导地位令他们坚定认为自己拥有决定婚姻关系的主动权。同时在他们看来,无论婚姻关

---

① 晋冀鲁豫边区政府高等法院:《晋冀鲁豫边区政府高等法院通报》(1945 年 10 月 15 日),河北省档案馆,档案号:576-1-82-15。
② 太行六专署:《太行第六专署司法科婚姻问题的综合报告》(1949 年 11 月 14 日),河北省档案馆,档案号:106-1-78-1。
③ 《潞城县一年来婚姻问题和解决情况》(1949 年 1 月 12 日),山西省档案馆,档案号:A1-7-13-3。
④ 陈顾远:《中国婚姻史》,商务印书馆 2017 年版,第 132、134 页。

系的成立抑或婚姻关系的解除,女性都是两性关系中最大的受益者,而自己在名声和经济上无疑都是最大的受害者。面对公权力和政策条例全力实践大力推广的离婚自由,他们无其他应对的方式与手段,只能通过"消耗"时间与精力"对抗"到底。

(二)殴打

《礼记·郊特牲》称:"妇人从人者也。幼从父兄,嫁从夫,夫死从子。"郑玄注:"从谓顺其教令。"①夫对妻的教令包括:詈骂、殴打和谋杀等。殴打是家庭暴力行为的一种,施暴者——家庭生活中占主导地位的男性,对女性进行肉体上的虐待。华北乡村的男子面对要求离婚的妻子,有的也采取了殴打的方式进行报复,以排解心中的不满与愤恨。如新绛县白村的春花由父母主婚,以 6 万元钱和两大石麦子卖给一李姓农民,婚后夫妻感情不好。后女方有意离婚,男方认定"离了婚也不得给你好过一次",到娘家将女人痛打一顿,女人双腿受伤不能正常行走。② 交城县一男子 42 岁,妻子 18 岁。妻以男人性功能丧失为借口到县上要求离婚,男人坚决不离。返村后,该男子与弟夜间将女人捆在板凳上毒打。③ 涉县庄上村荣退军人史台廷和女人张玉英感情不好,女方提出离婚,男人不服,返家途中,史在河滩边卡住女人喉咙,将她痛打一顿。④ 还有男人因手重有意或无意将女人殴打致死的情形。如绛县北流村宋天举夫妻不睦,妻子到县政府提出离婚,政府传唤宋,宋未到。女人

---

① 转引自:钱泳宏:《清代"家庭暴力"研究——夫妻相犯的法律》,第 22 页。
② 晋绥十地委妇委:《十分区婚姻问题材料》(1949 年 2 月 1 日),山西省档案馆,档案号:A35-1-9-10。
③ 《各县婚姻案件处理情况报告》,山西省档案馆,档案号:A47-1-116-1。
④ 太行六专署:《太行第六专署司法科婚姻的综合报告》(1949 年 1 月 14 日),河北省档案馆,档案号:106-1-78-1。

回村后住在邻居家,男人把她劝说回去,半夜把该女人打死。① 一方面失去婚姻的男性通过殴打女性来表达他们的不满,发泄心中之愤恨;另一方面他们将暴力等同于征服,将暴力看成自信的源泉,将暴力当作男性最原始的力量,清晰勾勒出传统乡村社会的性别逻辑。

（三）伤害或残杀

除了殴打外,男性农民为了发泄对离婚的不满,制造了数起骇人听闻的伤害或残杀提出离婚的妻子及妻子家人事件。如邢台县五区石坡头村一男性农民不满其妻提出离婚,竟割掉该女人的一只耳朵。② 灵寿县踏马村的刘桂枝,在1946年与七区前大地梁反省结婚,婚后双方感情始终不好。刘曾多次提出离婚,男方始终不允。一次刘因提出离婚被打得头破血流,夫妻关系更加恶化。后女方到区告状提出坚决要求离婚,区上连传梁反省三次又叫通讯员叫过两次,均未到。区上即同意女方的请求,并规定:刘可将自己东西全部带走,梁还要拿出八斗玉葵作为赡养费。若男方不同意可在十日内提起上诉,可是梁反省既不执行也不上诉。在去做调解的路上,梁用斧头将刘砍死。③ 文水马家寨丁四女与一铁匠有奸情,后要求离婚,其夫提宰猪刀在该女人返回途中等待,将女人割伤。太谷一女人提出离婚,其夫不同意,携斧拟杀害其妻,因人多未动手。即赴岳母家,将岳母杀害后逃走。还有的男子以同归于尽的方式表示对妻子提出离婚的强烈不满。如定襄一男人因女

---

① 太岳区二地委:《妇委工作报告》(1949年7月),山西省档案馆,档案号:A12-8-6-10。
② 《邢台县政府通报》,河北省邢台县档案,档案号:2-1-135。
③ 建屏县委:《关于贯彻婚姻政策中四个死人事件的报告》,河北省档案馆,档案号:520-1-563-13。

人要求离婚,劝说无效,支前回来时携手榴弹,在回家后第二天清晨,拟引爆榴弹与其妻同归于尽,但均未死。① 平山县的梁向道,将提出离婚的妻子杀害后上吊自杀。② 将这些因婚姻问题所致的殴打抑或伤害、谋杀的历史碎片拼凑起来,呈现在我们面前的是无法简单概括为男权对女权压迫的政治逻辑,更多的是男性个体的情感需求与利益诉求在现代婚姻观念推行过程中的复杂与多样。

在传统乡土社会,很少听到"结婚"与"离婚"二词,它们更多地是被"娶妻"与"休妻"来替代,"娶""休"之间男人主导,女性是那动词之后被动接受者。加之代价不菲的婚礼费用多是由男性承担。所以,生活在传统氛围、贫穷经济环境下的男性农民对妻子的离婚要求总是难以接受的,他们以各种方式应对着妇女"解放"带来的诸种不适和发泄着对新式婚姻规定冲击传统生活的不满。

第二节 政治与革命对妇女婚姻的影响

在革命视域下,乡村妇女的婚姻受到了传统父权的影响,呈现出了非常复杂的革命与传统碰撞的历史画面。同时,在此种大背景下,乡村女性的婚姻也受到了政治与革命的影响。主要是基层干部作为婚姻政策的执行者,他们因公或因私让女性的婚姻受到影响,面对这一情形,中共根据地各级政府对政策不断调适,对干部不断培训,对实践工作不断改革,最终理顺了各种关系让婚姻政策在乡村社会的落实工作变得顺畅。

---

① 《各县婚姻案件处理情况报告》,山西省档案馆,档案号:A47-1-116-1。
② 中共建屏县委员会:《关于青年、妇联工作的指示、决定、报告》(1949年1月1日—1949年12月20日),河北省平山县档案馆,档案号:1-1-58。

一、男性干部以权谋私

在档案等文献资料中,我们看到不少男性干部对女性婚姻不分理干涉的记载,我们在这里进行分类呈现。第一种我们称之为"为己",即利用手中权力获得女性的身体或者钱财方面的利益。第二种我们称之为"为他",即干部利用所握之权,将妇女作为礼品赠送给予他们利益相关的个体。本质而言,二者都是对妇女身体与权益的侵犯。在此,我们必须要说明的是,这些"非正常"事件绝非常态,所以放在这里,主要想突出婚姻革命的艰辛以及中共自我改革的不易。

(一)为己

弗里曼、毕克伟的研究称:把权力垄断在农村地方干部手中的可怕后果之一,即"欺侮妇女泛滥成灾"。① 在战争与革命时期的华北乡村,农村地方干部并没有造成"欺侮妇女泛滥成灾"的局面,但也出现了一些不能契合时代的杂音。首先,一些干部将手中的权力当作"娶妻"的重要砝码,为了结婚滥用权力、乱用权力。如晋城五区铺头村武委主任、农会主席、民兵队长、支部书记四人的老婆都系强迫而来的。② 有的地区因权力的滥用还造成了命案:沁阳一区区委会副主任金凤鸣曾仗凭他是干部企图强霸本街贫雇妇女兰秀青,还叫妇救会主席杨秀芳给他介绍,动员兰和他结婚。兰秀青和她母亲都不愿意,在争执过程中金凤鸣将老妇打死。③ 高邑四区

---

① [美]弗里曼、毕克伟著,陶鹤山等译:《中国乡村,社会主义国家》,社会科学文献出版社2002年版,第263页。
② 县妇联会:《晋城县妇女工作总结》,山西省档案馆,档案号:A12-8-5-9。
③ 《沁阳一区武委会副主任金凤鸣 霸占兰秀青打死她母亲》,《新华日报》1948年2月17日,第1版。

古城村村长强迫杨秀娥和他结婚,若杨不从便以扣押相威胁,更不允许杨出村。① 这条史料出自《新华日报》一篇名为《父母主婚变成干部主婚对不对》,从这篇文章的题目可以对当时干部"主婚"的一些情形有大致了解。干部"主婚"达到鼎盛是在土改时期,该时期也是基层干部权力最为集中的阶段。一些干部充分利用阶级斗争的话语体系,采用强迫的方式与女子缔结婚姻关系。林县李家墁村出现了不少坏干部逼迫妇女成亲,其中较典型的是民兵郭四,他想和李喜花结婚,就让武委会主任李宋保和农会主任伏羊保二人去"动员"。喜花不愿,他二人就说:"你要不愿意,就斗争你爹(上中农),你是不是想把你家饭碗蹬了哩?咱村妇女一个也不能出外村结婚。"喜花想和逆河头一个人订婚,武委会主任知道后,就诬陷她爹是"包办闺女婚姻"。第二天,喜花还没起床,干部就派了 4 个民兵去她家威胁说:"不愿意,抬也要抬走你!"后经她母亲苦苦哀求才让民兵们暂时回去。② 武乡四区井店一个干部要强迫一个地主老婆和他结婚,该妇女不同意。这个干部顿生报复心理,一方面造谣"说她有问题",另一方面对该农妇进行吊打迫使她同意。③

在革命的历史进程中,乡村基层干部是革命的主导力量和主要参与者,他们有些人未能一直秉持革命初的热情,反将权力作为个人婚姻问题解决的主要途径。他们借助权力的威慑作用,以暴力、非法手段"获得"结婚对象。在处理妇女婚姻问题时,个别干部以权谋私,通过手中之权限制寡妇外嫁、改嫁、自由婚等取不义之利。有的村干部限制寡妇外嫁,若想嫁到外村需花钱来买或用身

---

① 《父母主婚变成干部主婚对不对》,《新华日报》1947 年 4 月 3 日,第 2 版。
② 《李家墁几个坏干部 强迫妇女结婚》,《新华日报》1948 年 3 月 8 日,第 1 版。
③ 《妇女问题调查材料》(4 月 20 日),山西省档案馆,档案号:A1-7-14-16。

体来换外嫁的机会。例如北岳二地委某村一寡妇为了改嫁,在区里花了100元钱。而且该村干部"吃一顿"的风气很厉害,无论寡妇离村或自由结婚都要请吃一顿,否则便以不给开证明相威胁。盂县下石塘村一干部声称:"'法令轻如鹅毛,重如泰山',叫你们娶即娶,不叫你娶就娶不成,和干部好了,请吃一顿饭不应结婚也即结婚了。"①甚至有的村干试图以所掌握的权利威胁妇女进而获得她们的身体。如十里店一个中年男子说,"当我儿媳想改嫁的时候……她找到王克斌(村长)要求他开个证明。而他却说,证明他可以开,但她得先和他睡觉。"②

葛红兵、宋耕认为:"婚姻的支配关系中,除了男女当事人之间个人的角力,还有国家和社会的介入,婚姻是国家政治和个人力量合力的结果。"③20世纪三四十年代华北乡村的婚姻受到了政权、传统、性别等多重因素的影响,也充斥着权力、身体、权益、政治等多重隐喻。尤其在基层干部的权力场域中,婚姻更是财富的占有、政治权力的彰显以及女性身体的再分配。

(二)为他

这些基层的干部,特别是报刊话语体系中所说的"坏干部"对妇女婚姻自由的霸占与放逐,不单是为了满足自身在身体及经济方面的需求,还试图通这种权力对女性身体再分配。

在革命战争状态下,乡村社会曾经的父母之命、媒妁之言,变成了干部"主婚"。寡妇、被斗户女人及离婚女人是他们劝说、动

---

① 北岳二地委:《关于婚姻政策执行的检查》(1943年),山西省档案馆,档案号:A44-7-2-1。
② [加]伊莎白·柯鲁克、[英]大卫·柯鲁克著,安强、高建译 燕凌校:《十里店——中国一个村庄的群众运动》,上海人民出版社2007年版,146页。
③ 葛红兵、宋耕:《身体政治》,上海三联书店2005年版,第139页。

员、威胁的主要对象,她们的身体在革命叙事中被贴上了新的隶属标签。如太谷三区马陵关村贫农妇女王变莲自16岁嫁给榆社四区白壁主村的张金兰,常年受公婆及丈夫的百般虐待,激起了公愤。故在白壁村的一次大会上,一致通过了王爱莲的离婚请求。正当王爱莲为了自己的解放而兴奋之时,不料白壁村村长白子文,想把爱莲说给他的好朋友——工会秘书王三和为妻,但为爱莲所拒。这一次竟激怒了白村长,把她的"离婚证明书"硬扣住不发,并威胁她说:"你不嫁给他(指王),总不能逃脱我这一关。"①壶关四区福头村贾老扁和她男人王黑牛离婚后,就回到了郭堡庄她娘家去住,郭堡庄村干部知道她离了婚,就整天整夜去"进攻"说:"咱村武委会副主任贾老米和退伍军人郭海生都是光棍,你想嫁谁,由你挑上一个。"②翼城二区僚寨村村干部串通一气,强迫妇女孙英和这村的农会主席崔怀英德外甥张广兴结婚。孙英不愿,村干部和区干部就带了两个民兵,拿了两支枪去"动员"。他们兵分三路把孙英住处包围了,还打了五六枪。一进门,就威胁孙英说:"你今天非结婚不行,你在以前承认和人家结婚,现在不结也不行!你要不信,还有两个证人!"接着区干部说:"你非结婚不可,你这样大了不结婚,到多大才结婚哩?"威胁了一顿,还是没有成功。第二天村干部便把她叔叔叫到村公所威胁道:"你的女儿不结婚,就是你在里面破坏啦,假如你的女儿不结婚,以后还管叫你出大事!"第三天干部又把孙英叫倒村公所,整个"动员"了一天一夜,孙英还是不愿意,到了天刚亮的时候,孙英便偷偷往回跑,又被区干部随后追上把她

---

① 《白村长强迫婚姻》,《新华日报》1943年1月27日,第4版。
② 《郭堡庄一些坏干部作恶不浅 强迫结婚打的死去活来 区上发觉才救下买老扁》,《新华日报》1948年2月17日,第1版。

拉回来说:"你往哪里跑? 你今天不结婚,打死你,拖死你,也没有什么关系。"孙英到区上,被迫"按了手印,打上了结婚字"。① 通过上述几则史料,可以发现对女性身体进行再分配的是"主婚"的干部,最终的受益人是干部的亲戚、朋友等利益相关体,所采用的方式都是强硬式的、武力式的、非和平的,在乡村社会也产生了恶劣影响。

(三) 乡村社会之稳定

以上谋私利或变相谋私利而戕害妇女婚姻自由的干部终究只是沧海一粟,更多的干部是站在维稳的角度思考婚姻问题的。多数村干部深知,婚姻是维系家庭存在的纽带,也是维持乡村社会秩序的稳定剂。他们担心村民离婚会带来社会的躁动而不敢宣传婚姻自主政策,对婚姻纠纷的态度多是"宁拆一座庙,不破一门婚",多采取"和稀泥"的调解方式。

有的说:"我村不敢宣传,离开了要离好几家",怕"脱离群众"而"遭到群众的反对"。② 有的说:"真要实行了离婚,光我村就得一大半离。"他们防离婚就像防疫病一样,怕离婚乱了社会秩序。③ 一民政科长会议上有的干部也谈道:"离开一个,来要求离婚的就多了很难掌握。"④他们怕农民失去老婆,他们怕答应一个离婚就要掀起离婚浪潮,更怕"天下大乱"。譬如有个妇女,男人比她小很多,到区上要求离婚,政府弄清离婚理由后劝说道:"过几年就长大了,

---

① 《赶快制止武装干涉婚姻自由》,《太岳日报》1948 年 7 月 7 日,第 4 版。
② 武乡妇委县委会:《三月来妇运工作的总结与今后的几点意见》(1948 年 7 月 20 日),山西省档案馆,档案号:A181-1-18-2。
③ 太行六专署:《太行第六专署司法科婚姻问题的综合报告》(1949 年 11 月 14 日),河北省档案馆,档案号:106-1-78-1。
④ 《婚姻问题宣传教育材料》(1949 年),山西省档案馆,档案号 A37-5-1-8。

不成理由,快给我回去。"①太岳四地委一村干部对以年龄为借口解除婚姻关系的也坚决拒绝,原因是:"大女人小男人的婚姻很多,可不敢让离。"若上级政府部门同意妇女离婚的申请,基层干部多颇有微词。如晋城西蜀村一个闺女和一个孩子订婚,男方结婚时年岁尚小,让别人替他到区领结婚证,该女子连忙向区上提出离婚,经调查解除婚约。村干对此很不满,并对区干部说:"只要你们掌握妇女工作不离婚,(对)什么工作就(都)很有帮助。"②基层干部对婚姻问题的态度与处理方式,在解决婚姻问题的数量上表现得更为立体。如1949年5月晋中区共处理婚姻案件1419起,其中和解了860起,占到总数的60%,判决了436起,占全数的30%,其他暂时撤销。③ 由此,我们可清晰看出这些案件的处理方式多以调解为主,查判为辅,目的是通过调解息事宁人。

20世纪三四十年代,华北乡村因经济状况恶化导致男女性别比例失调,男性无妻可娶的现象十分普遍。生理需求、传宗接代、增加家庭劳动力诸多需求与家境贫穷、财力不裕间的矛盾,使得娶妻问题日益突出。村干部十分清楚,若不解决他们娶妻的问题,他们就像定时炸弹一样,随时都会引爆。在他们看来,"婚姻"是此时社会的最佳稳定期。为此,"村本位主义"的婚姻不可避免,妇女离村难而又难。如邢台县东后兰村限制女人出村,规定:"她不在本村找对象就不叫她住。"若外出、住娘家都需村中开条,结婚又需村长开介绍信,无奈之下很多女人都嫁到本村。该县五区西牛峪民兵队长要与太子井村斗争户女人结婚,但太子井村民兵队长强迫

---

① 《两个月妇女工作报告》(1949年1月7日),山西省档案馆,档案号:A1-7-13-2。
② 太岳区四地委:《关于妇女工作材料之一节》(1949年7月4日),山西省档案馆,档案号:A12-8-6-9。
③ 《各县婚姻案件处理情况报告》,山西省档案馆,档案号:A47-1-116-1。

不让这女人出村,俩民兵队长为此打了一架,最后谁也没娶该女子。① 再如灵丘六区天降清一妇女提出离婚,村干部要她嫁给本村男人才准予离婚。② 20 世纪三四十年代,为女子"主婚"的队伍中又多了基层干部这一主导者,他们借用"婚姻"稳定社会的历史进程中,"婚姻"已经超越了生活层面的两性关系。

革命战争时期的华北乡村,因经济、战时环境及其他因素的影响,村民投入日伪阵营并不罕见。相较于未婚男性带来的社会不稳,更让这些干部担心的是后者,他们造成的影响更恶劣。基层干部试图通过婚姻和家庭"挽救"该群体,"婚姻"逐渐成了实现社会净化目的的政治场域。如代县五区皮沟掌村女方 18 岁,丈夫打骂不堪,该男人又是一二流子,女方提出离婚,并自愿赔给男方 50 元钱,但区干部怕男的投敌,故不允其离婚,还要求女方即刻返家。又如五台某区一男人嫌弃家中之妻与人通奸,后决定卖掉妻子来缓解经济压力。女方得知后半夜跑回娘家,并告到区妇救会,妇救会调查了好几次,但怕男的去当汉奸,为了安抚该男子,命令女方立即返回婆家。③

尽管 20 世纪三四年代的华北乡村大多都已经逐步推广婚姻自由的现代意志,但就长期浸染于传统观念的男性干部而言,大多尚未形成婚恋自由的理念,他们对女性身体、女性婚姻的理解仍在传统文化惯习范围内。同时在战乱以及对干部权力缺乏必要约束与规范的情况下,其中一些干部滥用公权力,对婚姻政策的解读与

---

① 《邢台县三十六年下半收结刑事案件综合统计表》,河北省邢台县档案馆,档案号:2-1-65。
② 《关于目前婚姻政策的检查与今后的意见》,河北省档案馆,档案号:69-1-120-1。
③ 北岳三地委:《关于婚姻政策执行的检查》(1943 年),山西省档案馆,档案号:A44-7-2-1。

执行都超越了法律的界限。

二、性别革命让位于阶级革命

（一）维护贫农利益

当 1943 年妇女政策发生转向后,华北各地政权在执行婚姻政策时也随之改变,努力化解性别矛盾解决乡村社会的婚姻问题对男性有一定的关照与保护。特别是在土改时期对于贫雇农婚姻问题,极其注意其结婚之不易。一些基层干部也转向了"单纯的贫雇农观点",认为:"实行婚姻自主与男女平等,对贫苦农民是不利的。如果坚决实行,那就会脱离贫苦农民。"①他们在处理婚姻问题时,多从贫雇农利益出发,主要考虑到离婚会使这些刚翻身的男人人财两空,因此解决方式以拖延为主。如稷山杨赵村一个男人 50 多岁,女人 29 岁,婚后男人感染性病,女人忍受身心痛苦多年,后提出离婚,区长亲自调查,情况属实,但并未通过女方的离婚请求,只让该妇女先暂住娘家,待男人痊愈后再回去。在养病期间,该男子不停地到女方家对其骚扰、殴打,女方的父亲无奈告到区上。区长不以为然说:"没打你不要紧,回去吧,咱要照顾贫农。"结果女人跑了,再无下落。② 战争与革命状态下,男性农民作为主力参与其中,发挥重要作用,获得他们的支持,对革命至关重要。

然而此种政策也是区别对待的,即在对贫雇农婚姻采取保守态势同时,各地对地富出现裂痕的婚姻,即使并未到无可挽回时也鼓动其离婚。如 1946 年,冀南行署规定:"甲、男大女小者是贫困

---

① 《人民日报短论 保障妇女合法权利》,太行区党委:《有些妇女仍受虐待参考材料之一》(1946 年),河北省档案馆藏,档案号:90 - 1 - 63 - 3。
② 晋绥十地委妇委:《十分区婚姻问题材料》(1949 年 2 月 1 日),山西省档案馆,档案号:A35 - 1 - 9 - 10。

之家,虽已构成离婚条件,也应尽量动员不离。乙、男小女大多是富贵之家,离婚条件即便勉强些,也可尽量离。"①这一做法的背后,不仅有最大可能孤立、瓦解地富阶层的政治意图,更有通过离婚将地富女眷分化出来解决贫雇农婚姻的考量,最终实现对贫雇农的团结,进而巩固革命力量,夯实革命基础。出自地富阶层的女性,如果能够通过再婚来改变身份,并获得政治地位的提高,那么即使生活贫穷也是可以接受的。各地类似的举动,适应了华北偏远乡村女性缺乏、难以满足男性婚姻需求的现实。如在土改后的十里店,"许多新中农单身汉仍无法娶到妻子。由于战争时期牺牲了许多男子,但还是存在妇女短缺现象。为了解决这个问题,一些极度渴望结婚的单身汉竭力主张以前的剥削者应该离婚,以便他们自己能够与离婚的妇女结为夫妻"。②

(二)维护军人利益

齐小林在《当兵:华北根据地农民如何走向战争》一书正文部分开宗明义道:"没有数以百万计的农民参加武装斗争,中国革命难以取得胜利,这是不争的事实。但倘若因此认为农民参军是势所必然,则将问题简单化了。动员普通农民离开家庭参加武装斗争,是一件很困难的事情,这不仅需要提高农民的民族意识与阶级意识,也需要艰苦、细致且符合实际的动员工作。"③在动员男性农民参军上前线时,婚姻准确地说是妇女的身体起到了不可估量的

---

① 《冀南行署关于处理婚姻问题的几个原则》(1946年7月),韩廷龙、常兆儒:《中国新民主主义革命时期根据地法制文献选编》第4卷,中国社会科学出版社1984年版,第882页。

② [加]伊莎白·柯鲁克、[英]大卫·柯鲁克著,龚厚军译:《十里店——中国一个村庄的革命》,上海人民出版社2007年版,第200页。

③ 齐小林:《当兵:华北根据地农民如何走向战场》,四川人民出版社2015年版,第12页。

作用。有些地方干部为了完成扩军任务征用女性身体,允许参军者在出发前任意挑选妇女结婚。例如,榆次某村村干部为了完成扩军任务让3个新战士选了3个女人,妇女们都不愿意。村干部就威胁说:"你们不拥护新战士,就别结婚了。"一夜后这3个新战士参军走了,但留下来的这3个妇女却是无限痛苦。① 岳北李方村当时8个人参军,村干部承诺:若参军可帮助解决婚姻问题,让这8个新战士随便挑结婚对象,不管被挑上的妇女结婚与否。若是已婚妇女,就动员她丈夫离婚,若其夫不从,就命令该男人自己去服兵役。另一个村动员新战士时,提出允许新战挑选女人。先让新战士在村里自由选择,把轿子抬到哪家门口,哪家的妇女就被拖到轿子里抬走了。一天下来,就"娶"了7个。若哪个被"相中"的女子不从,就派民兵去抢,没有任何商量的余地。② 晋城在几次扩军中,村干部为了完成任务,在战士临走前一天,"允许在村中自找对象或由村干部提出保证只要你去我保证把XX女人给你"。③ 在战时兵员无法保障甚至极度短缺的大背景下,如何将农民个体的生存体验与革命利益相契合、采取何种方式最短时间内最大程度上鼓动男性走上战场,对当时各地中共政权而言是一重大考验。经过长期的思考与革命实践后发现,在民族意识与阶级意识尚未完全觉醒的华北乡村,满足个人利益仍是大多数农民行为最基本出发点,④对男性农民的婚姻给予基本保障可能是较可取亦较可行的动员方式。

---

① 晋中区妇委:《晋中区妇女工作总结报告》,山西省档案馆,档案号:A47-1-113-2。
② 岳北妇联:《岳北妇女运动开展情况的总结》(1949年),山西省档案馆,档案号:A13-8-3-1。
③ 县妇联会:《晋城县妇女工作总结》,山西省档案馆,档案号:A12-8-5-9。
④ 杨奎松:《从历史的眼光来看待中国的民族主义问题》,《国际政治研究》2006年第1期。

在动员参军的热潮中,一些被动员的男性农民将参军作为解决婚姻生活困难的手段①,有的以此为契机,向干部要"妻子",或换言之"娶妻"成了他们参军的主要动机。如潞城县鼎留村的军人刘三保,在扩军时曾提出:"如果让我参军得给我弄个媳妇。"当时干部和群众即以完成任务观点许诺给他找个老婆,即由该村干部及几个群众动员本村17岁的王光弟,经过一夜的"动员",女方始终不愿。最后干部威胁说:"你不拥护参军,如果不这样作即要准备开群众会……至于开会干啥,那就可想而知了。"在这样情况下,女方父母迫于无奈只得勉强允许订婚而不结婚。② 这些问题当时各村皆有,十分普遍。平顺五区不完全统计,有70个妇女被迫嫁给新战士。③ 太岳区四地委1949年统计称:"动员给新战士的女人是村村都有,有的还进行闺女村与村之间的互换。"④这些被"动员"嫁给战士的女人,有的被迫发生性关系后,甚至连发生的对象都不认识。在新丈夫离家上前线后,很多妇女因对解决婚姻问题感到无望而暗自抽泣。那些一夜便怀孕的妇女则更为不幸。⑤ 这些画面断然并非时代的主流和历史长河中的主旋律,它们只是在各方面机制尚不健全、政府对干部的管理和培训工作需进一部完善时的一些小插曲,在具体实践中,各级政权不断调适和充实各项工作。

为保证军人无后顾之忧,各地政权对军人婚姻都实行特殊保

---

① 齐小林在《当兵:华北根据地农民如何走向战场》对该种情况有较细致的论述。
② 《潞城县一年来婚姻问题和解决情况》(1949年1月12日),山西省档案馆,档案号:A1-7-13-3。
③ 《如何贯彻中央关于农村妇女工作决定》(1949年),山西省档案馆,档案号:A1-7-12-5
④ 太岳区四地委:《关于妇女工作材料之一节》(1949年7月4日),山西省档案馆,档案号:A12-8-6-9。
⑤ 县妇联会:《晋城县妇女工作总结》,山西省档案馆,档案号:A12-8-5-9。

护。如晋察冀和晋绥的婚姻条例都有军婚的规定:"抗日军人之配偶,非于抗日军人生死不明逾四年后,不得为离婚之请求";"抗战军人之夫妻双方,非确知一方死亡或对方同意者,不得请求离婚"。① 各地政权在具体实施过程中,尤其在国共内战期间,又有各自新的条例与规定。如冀南行署于1946年提出的关于处理婚姻问题的原则中规定:"为照顾军人利益,女方提出离婚时,原则上不准离,若适合离婚条件,动员仍不通时,要拖延时间办理离异。"② 1948年,北岳区五专署妇联会甚至提出:"军属离婚问题应该再等一年后再准离婚,全国的革命再有一年左右即可胜利,过去与现在战争环境交通不便,以至条件不能畅通,为了照顾军人利益,巩固部队起见,应再等一年左右,如果军人仍无音讯,再准军属离婚,且对军属必须加强教育与照顾。"③同年,太行六专署针对婚姻问题也提出:"对现役军人的婚姻问题,不论离婚解约,不得革命军人本人同意的,不得离婚解约,没有正式可靠之证明,证明革命军人已光荣牺牲者除外,应说服女方再等一年左右,打败蒋介石,全国革命胜利之后,再作处理,个别显然极不合理的问题可作个别的谨慎解决。"④对军人婚姻实行特别保护有利于维护军人的切身利益,有利于维护军队的稳定,对于消除他们的后顾之忧、全身心投入到抗战

---

① 《晋察冀边区婚姻条例》(1943年2月4日公务)、《晋绥边区婚姻暂行条例》(1943年4月20日公布),中华全国妇女联合会妇女运动历史教研室:《中国妇女运动历史资料》(1937—1945),中国妇女出版社1991年版,第659、663页。
② 《冀南行署关于处理婚姻问题的几个原则》(1946年7月),河北省妇女联合会:《河北妇女运动史资料选辑》第2辑,内部发行,1983年,第119页。
③ 北岳五专署妇联会:《关于执行婚姻政策的检查与今后意见》(1948年12月14日),河北省档案馆,档案号:86-1-30-1。
④ 太行第六专署:《关于处理婚姻问题的注意事项由》(1948年12月12日),河北省档案馆,档案号:106-1-18-2。

起到了重要作用。

一些地方干部在以上条例的指导下,多采取"宁左勿右"的态度。如某地,男人五年到十年无音讯的军属根据婚姻条例纷纷提出离婚或退婚,虽然条例明确规定三年以上无信者可请求离婚,但政府不敢同意,多采取拖延的政策。原因是怕批准离婚后,革命军人回来向政府要媳妇。因为之前曾发生过类似的事情。有些荣军回来要他已另嫁的老婆,且态度极其恶劣,有的甚至辱骂政府,"在后方吃饭专给人离婚,革命十几年没了老婆"。政府若不管,有的荣军就"脱下军衣拿不革命来威胁"等等。鉴于此,政府一般不敢"轻举妄动"。如汾西一女子27岁,从小她娘家因顶债将她许给了陈村一中农,后她男人参军十几年无音讯,女人请求退婚,县长无论如何都不批准。① 再如涉县三分区的"聂星顺九岁就被娘家以十六元钱卖给了涉县三区史家庄张廷的为童养媳。不到十七岁结婚圆房,婚后夫妻感情不好。1943年2月张廷的参军,此后五年毫无音信,聂兴顺便提出离婚。史家庄因其是军属,以离婚影响不好为由,阻挠其离婚再嫁。县政府经多方调查,批准聂兴顺与张廷的离婚,但区署仍加以阻挠,不予办理离婚手续"。倘若政府同意军属离婚,一般必须获得军人同意或军人早已再婚,政府再无干涉军属离婚的理由。如"涉县人郝佩兰与李梅溪于1936年在父母包办下结婚,双方感情不好。1938年抗战开始,李梅溪赴陕上抗大,以后音讯渐无,郝佩兰多次写信给李梅溪,都没有回信。1942年6月,郝佩兰向政府提出离婚要求,政府多次劝解并向太行军区去信征求李梅溪意见,但没有回音。后来从李梅溪其表兄青田的信中得知,李梅溪已经在当地和别人结婚。政府认为李梅溪已犯重婚罪,

---

① 《婚姻问题宣传教育材料》(1949年),山西省档案馆,档案号 A37-5-1-8。

同意郝佩兰的离婚请求"。①。

　　各地对于退伍军人的权益也十分关注，一般不准许妇女与荣军离婚。如太行一区庄上荣退军人史白亭②1946年结婚后，经常打骂妻子，其妻多次向政府提出离婚，但政府总以其夫荣退军人身份以及该类群体娶妻不易为由，劝说她回心转意。③ 此外，还有荣军回家后不管女方愿意与否，硬要已另嫁他人的妻子回家的事件，而干部在处理此类问题时，往往站在荣军的立场上考虑问题给他们撑腰。如离石县陈家山村陈正新1940年参军后，由于当时优抗工作不健全，其妻因生活困难，到第二年就带着两个孩子改嫁到林南业罗峪。1945陈正新复员回来，提出要索回妻子，当时林南县政府未积极处理，此事遂被拖延下去。1946年冬，陈又一次提出要求复婚。起初，陈的妻子尚担心回去无法生活，政府一面教育，一面给陈拨小米四百斤安置家庭。另外，对该女人后嫁的丈夫也进行了教育。待各方都同意了，政府雇了毛驴，女人骑上驴带着两个孩子，高兴地回去了。④ 各地除了保障荣军自身的利益外，对于其家庭也十分重视。如宝坻六区某妇女丈夫参军牺牲了，女方改嫁，后来该妇女前夫的尸体被取回埋葬，公婆嫌媳妇改嫁丢人，告到区上，区政府不敢处理。后经县处理，要求女方退回原婆家再守一年方能改嫁。他们的理由是为了照顾烈士及烈士父母。⑤ 革命战争

---

① 白潮：《乡村法案——1940年代太行地区政府断案63例》，大象出版社2011年版，第108、75页。
② 同上出现的"史白廷"为同一人。
③ 《涉县部分干部群众重男轻女 有些妇女仍受虐待 县政府正积极调查处理》，太行区党委：《有些妇女仍受虐待参考材料之一》(1946年)，河北省档案馆，档案号：90－1－63－3。
④ 《索回改嫁女人 陈正新全家团圆》，《晋绥日报》1947年2月15日，第2版。
⑤ 《本区处理婚姻问题的偏向》，河北省妇女联合会：《河北妇女运动史资料选辑》第3辑，内部发行，1983年，第261页。

时期基层社会中女性的婚姻与身体逐步从以家庭为核心的私人领域转入以阶级革命为指向的公共领域。此种转化具有其历史必然性,在战火纷飞的危急时刻,需要从政策与制度层面对军人的权益进行保障,让他们在战场上和在退出战场后在家庭生活中都无后顾之忧。当然亦存在一定的危机性,即男性是婚姻政策推行与实践的绝对受益者,而女性则是相对受益者,甚至在某种程度上会成为利益受损者,即阶级解放与民族解放置于性别解放之上。但是当回归历史场域后,我们发现"与在资产阶级的'天赋人权'框架下寻求女权的西方妇女面临着完全不同的境况,中国妇女解放必须走和阶级及民族解放相融合的道路"①。这是政治与革命影响妇女婚姻或者说乡村婚姻状况的原因之一。第二个原因更为实际,即基层干部的政治素质不高、文化水平较低。各级政府通过培训干部、宣讲政策等方式,希冀将后者造成的影响降低,并取得了较为显著的成效。

第三节 乡村妇女的多样反馈

乡村妇女这个群体复杂而多样,她们内部绝非铁板一块,很多人有着自己本能的反馈与诉说,也有着自己抵抗外来压力的尝试与探索。面对革命与传统给自己婚姻所带来的机遇与困境,她们利用自己所熟知的方式来回应着诸种不适。妇女不能再被定义为"受害者",不能再被"视而不见",更不能被简单地附加于历史的叙事之中。

---

① 杜洁:《在中国妇事业发展的伟大实践中 不断深化和发展马克思主义妇女理论》,公众号:性别研究视界,2020-5-11。

一、抗争与探索

战时动员及《婚姻条例》的颁布,可以看作是一种积极改变传统性别关系的行动。这个行动令一些女性激动不已,她们视中共为创造新性别角色的避难所,给她们的生活带来了曙光与希望。① 尽管面对习俗、经济利益、政治革命、基层干部等诸多压力,但是仍有一些身受男权压迫的乡村女性觉悟较早,她们以各种方式努力争取自由婚姻的权利,充分表达着她们的主体性。

（一）依法维权

随着革命与战争的进行、妇女组织工作的开展、婚姻政策的实践,乡村妇女也逐渐有了利用中共组织及政策来维权的意识。她们当中的很多人决不再是那个为家、为父母、为男权所困的"三寸金莲"。不少青年女性勇敢地行动起来,反对父母包办的旧式婚姻,争取婚姻自由。我们从当时各地档案中均能觅得此类女子的踪迹。如永和川某村一18岁女子,其父坚决反对她自由结婚。该女子通过不给媒人做饭和到区公所告状表达自己的愤恨与不满。② 临县张家寨王子华去娶刘家庄刘姓女子,这个女子自己跑到区政府告发家里包办婚姻。后经政府判决解除婚约,花轿空抬回去。该县五区一个村,有3个青年妇女自己找对象,不要彩礼结了婚。其中如孙桂莲从小由父母订婚,本人不同意,轿子来到门上,她告到政府要求解除婚约,后与村政府通讯员自由结婚。③ 太行二区西来村,有个老汉自作主张以买卖婚的形式给女儿找到婆家。闺女

---

① "导论:有所需求?",游鉴明、顾德琳、史明:《共和国时代的中国妇女》,台北左岸文化事业公司2007年版,第6页。
② 《婚姻问题宣传教育材料》(1949年),山西省档案馆,档案号 A37-5-1-8。
③ 《临县一年来实行婚姻自由的概况》,《晋绥日报》1949年2月28日,第2版。

不同意,要和本村一荣退军人结婚。该女人往区上跑,在半路上被父亲拦住打了一顿,但她始终不为所惧,坚决到区上声明,经区批准终与荣退军人结了婚。① 阜平一50余岁之豪绅凭媒买得一不到20岁女子为妾,临娶前夕该女子向妇救会求助,妇救会即配合政府召集原被告及媒人三方解决,并依据边区禁止买卖人口纳妾之法令力争,结果该豪绅愿牺牲全部聘金接受退婚请求,媒人被政府关五日禁闭。② 从这些乡村女性争取婚姻自由的故事中,能清晰感知公权利和婚姻政策对她们的影响非常深刻。"婚姻自由"不仅作为一种口号进入其生活,还逐渐成为她们改变生活的关键切入点。

婚前利用政策求得结婚自由的女性已有不少,婚后依托法令获得离婚自由的妇女更是不胜枚举。一些女性充分利用关于离婚的法律规定,使用"感情不和""压迫""虐待""包办婚姻"等官方词汇与家庭、政府相抗争。③ 这一时期,各地"妻休夫"的理由很多,如夫妻感情不佳、婆媳关系不和、受虐待、丈夫有外遇、生活困难、夫妻年纪差距大、丈夫参军且长时间无法联系和政治原因等。据平西县1941年的总结,"妻休夫"者占婚姻案件的45%,因感情不和要求离婚者占60%。在太谷,80%离婚案件的主因是感情不和。④ 在中国共产党的婚姻法实践中,1931年《江西苏维埃婚姻条例》没有提到感情这一问题。该条例基本照搬1926年苏联的法典,赋予

---

① 太行六专署:《太行第六专署司法科婚姻问题的综合报告》(1949年11月14日),河北省档案馆,档案号:106-1-78-1。
② 亚苏:《三三妇女工作意见谈》,中国妇女社:《中国妇女》第2卷第3期,延安新华书店1940年8月10日版。
③ 丛小平:《左润诉王银锁:20世纪40年代陕甘宁边区的妇女、婚姻与国家建构》,《开放时代》2009年第10期。
④ 晋冀豫区妇总会:《一年来妇女工作总结报告——1941年8月—1942年5月》(1942年7月15日),山西省档案馆,A1-7-4-13。

婚姻关系中任何一方单方面离婚的权利。在抗战之前,其实根据地就已经放弃了这一表达而采用与1929—1930年国民党法典近似的表达。共产党在仿效国民党实践的同时,也形成了一种以感情观念为基础的构造,即夫妻感情是婚姻最基本的要素,"只有当这种基础根本不存在或被破坏而导致'感情根本不和'时才应当离婚"。①

感情是婚姻的必备要素这一新观念"立足于爱情和双方的自由选择而非父母的意愿"②,但实际而言,多数乡村男女婚前没有交流感情的机会,"婚姻成立时,在夫妇双方感情基础方面通常还是一张白纸"。③ 而且国人的习俗是"把婚姻关系看作是依赖于配偶之间重大的责任与义务而非依赖于个人的爱情与情感"④。因此,即便婚后妇女承受着物质生活和精神生活的双重贫乏,感情贫乏一般并不构成家庭破裂的诱因。⑤ 相反在实际生活中,经济更多地替代"感情"成为婚姻的基础,成为维系婚姻的重要纽带,正所谓"有米有面是夫妻,没米没面收拾起"。提出离婚的农妇,多是嫌贫爱富,借以婚姻不自主、感情不好而离婚。1942年晋冀豫区工作总结指出:嫌贫爱富是提出"妻休夫"的主因。⑥ 不少妇女婚后看到生活艰难,就灰心失望,以致影响到双方的感情,产生离婚的纠纷。

除了将感情不合作为婚姻解除的主要依据外,很多妇女鉴于

---

① [美]黄宗智:《离婚法实践——当代中国民事法律制度的起源、虚构和现实》,[美]黄宗智主编:《中国乡村研究》第4辑,社会科学文献出版社2006年版,第37页。
② [美]黄宗智:《离婚法实践——当代中国民事法律制度的起源、虚构和现实》,[美]黄宗智主编:《中国乡村研究》第4辑,第38页。
③ 罗苏文:《女性与近代中国社会》,上海人民出版社1996年版,第235页。
④ 许烺光:《美国人与中国人:两种生活方式比较》,华夏出版社1989年版,第11页。
⑤ 罗苏文:《女性与近代中国社会》,上海人民出版社1996年版,第235页。
⑥ 晋冀豫区妇总会:《一年来妇女工作总结报告——1941年8月—1942年5月》(1942年7月15日),山西省档案馆,A1-7-4-13。

当时中国共产党将反虐待作为妇女工作的重点,还将受虐打当作主要理由来达成目的。如潞城县 21 岁的申海棠与丈夫感情一直不佳,根源是女人轻视男人。申常因对婚姻不满故意生事,男人愤而出手,她即借故提出离婚。① 再如偏城少妇孙雪娥,素与其夫感情不睦,该妇某日夜间,乘其丈夫熟睡之际,偷偷起身,暗执厨刀一把,走向偏城县政府诬告其夫欲用厨刀将其谋害,图谋借此提出与夫离婚。② 还有的是嫌男人家贫貌丑,遂提出婚姻关系的解除,但背后实际上受着奸夫的挑拨。诉讼时,就攻击男人不给吃穿、经常打骂等理由。③ 在对提出离婚的妇女的审讯记录中有大量的关于妇女用官方词汇回应离婚理由的案例。

> 问:你为什么提出离婚呢?
>
> 答:打骂,不让吃穿。
>
> 问:你娶后如何? 谈一下吧。
>
> 答:一娶过就不好。因头三天他说我不给他成铺,第三日夜就打了一顿,用擀杖和劈柴打。
>
> 问:你男人打过你几次,都用啥来,为什么来?
>
> 答:打得太多,记不清数了。④

上述女性充分利用中共的政策与条例来达成自我的婚姻诉

---

① 《潞城县一年来婚姻问题和解决情况》(1949 年 1 月 12 日),山西省档案馆,档案号:A1-7-13-3。
② 《偏城少妇孙雪娥 诬告丈夫杀人 姑念初犯判刑两月》,《新华日报》1942 年 5 月 8 日,第 4 版。
③ 晋冀鲁豫边区政府高等法院:《晋冀鲁豫边区政府高等法院通报》(1945 年 10 月 15 日),河北省档案馆,档案号:576-1-82-15。
④ 白潮:《乡村法案——1940 年代太行地区政府断案 63 例》,大象出版社 2011 年版,第 58、67 页。

求。一方面,妇救会、政府成了她们可以解决自我问题的场域;另一方面,在这些法律条例的明文规定中寻找到了她们可以凭借的依据,进而诉说符合政策的"不幸"与"痛苦"。随着革命与战争的进行,乡村女性利用组织与政策维权的意识,也越来越强。

（二）报复行为

《婚姻条例》的颁布,在不少女性心中的反应犹如风吹皱一池春水。然而,政策与自由尚不能完全划上等号。一些女性的婚姻在多方因素的影响下无法第一时间得到彻底改变。面对无法解脱的不幸婚姻,其中一些女性选择发生婚外性关系、不同居、破坏财产甚至杀害男人和孩子等多种报复行为,以身体和生命的代价来挑战乡土社会中旧有的婚姻与伦理体系。

首先,一些妇女因不满婚姻而消极抵抗、浪费生活资料、不生产劳动,造成家庭不和、生产力降低。如新绛县义泉村,女人金某婚前就因男人长得不好,不喜爱男人。婚后此种态度依旧未变,又不敢提出离婚。后得知即便提出也未必能如愿,索性断了离婚的念想,多采用其他方式发泄不满。如男人每天能打多少柴她就烧多少,炕上有时烧得滚烫不能入睡,做饭也很浪费。有一次还给男人饭里放针,幸终被发觉。① 相较于男性身体上的优势,女性多采用有限性的抗争手段。

不满足丈夫性需求是妇女报复男性和家庭的第二种方式。介休一区有个女人是父母主婚,她婚后始终不愿见男人,对夫妻生活更是相当抵触,为了不和丈夫发生性关系,"晚上睡觉裤子还结下

---

① 《婚姻问题宣传教育材料》(1949年),山西省档案馆,档案号 A37-5-1-8。

疙瘩"。① 磁县义张庄村妇女柴茂青被前夫抛弃后,在少数村干部的包围拉扯下,被迫嫁与支书的弟弟为妻,因是被迫成婚,婚后她20天都和衣而睡。② 性是身体政治③的重要内容,此时的女性充分掌控了自己身体,明确表达了自我在生活中的政治诉求。

　　杀害孩子和丈夫是女性不满婚姻报复男性和乡村社会的第三种方式,也是最极端的一种。沁源一区垣上村的郭春梅,村干部强迫她嫁给她的大伯子,结果这个女人将她与大伯子生的3个孩子都故意害死。1949年她又生了一个孩子,她又将这个孩子闷死。榆次八区的谢君云生活作风不佳,提请离婚,群众反映无道理,政府根据群众意见未允以离婚,她数次到区上反映问题。某次她回村后其小女死亡,群众多怀疑是该女人因其未能离婚而将小女害死。④ 汾城南杨耕地村刘风英15岁出嫁,抗战结束后她几次提出离婚,男方都不同意。后来区上同意了她的离婚请求,但到县上又未得到准许,于是威胁丈夫,"离不了婚无法,你死我死"。随即把男人砍了几刀,然后去县里自首。⑤ 黎城一个妇女,因三次离婚不准,暗地将一枚已拉好导火索的手榴弹拴在粪筐底下,想让男人在背筐头时被炸死。⑥

　　尚且处于传统境域中的女性具有很强的主体性和能动性,她

---

① 岳北妇联:《岳北妇女运动开展情况的总结》(1949年),山西省档案馆,档案号:A13-8-3-1。
② 《磁县不少村庄妇女 严重受虐待杀害 磁县政府应彻底检查迅作处理》,《新华日报》1949年3月8日,第2版。
③ "身体政治"的界定详见:葛红兵、宋耕:《身体政治》,上海三联书店2005年版,第48页。
④ 《沁源一区垣上村妇女运动简结》(1949年2月13日),山西省档案馆,档案号:A13-8-3-9。
⑤ 晋绥十地委妇委:《十分区婚姻问题材料》(1949年2月1日),山西省档案馆,档案号:A35-1-9-10。
⑥ 晋冀鲁豫边区政府高等法院:《晋冀鲁豫边区政府高等法院通报》(1945年10月15日),河北省档案馆,档案号:576-1-82-15。

们会利用各种方式反抗"不平等",规避利益受损。

(三)寻找其他出路

1. 逃跑

面对难以改变的婚姻状况,很多女人将逃离原生活环境作为解决问题的有效方式。而且此种方式,在革命之前就一直为广大传统女性所使用。黄宗智对此有较为详细的陈述。① 革命之后的乡村妇女仍以此对抗着诸种不公。如和顺某村一妇女要到外村结婚,该村村长不但不准,还威胁、逼迫该女子同村中一男性农民订婚,后到区上领取结婚证时,该女人坚称并非自愿,区上为此没批准结婚申请。但此后这妇女一直在区上住着,不敢回村。② 井陉七区妇女梁瑞金被父亲哥哥逼迫与地主成婚,因梁对婚期不满,被父亲打骂,后逃到榆次。③ 还有些靠近敌占区的抗属,因对婚姻不满,但又无法解决,就跑到敌占区去嫁人。④

还有部分妇女为了解决自己的婚姻问题主动参加到革命、战争、训练班中,借此脱离婚姻的束缚。如临县在干训班学习的孙拖儿6岁时被父亲卖给白家坂张某,10岁上就被送到婆家当了童养媳,后男人被阎锡山部队抓去打死。她父亲又把她要回,卖给六区中庄的段文有。嫁后她时常受到婆婆与丈夫的打骂。一次因纺的线子粗,被丈夫用沾了水的麻绳痛打一顿。后来她听说县里开训

---

① [美]黄宗智:《清代的法律、社会与文化:民法的表达与实践》,上海书店出版社2001年版,第30页。
②《妇女问题调查材料》(4月20日),山西省档案馆,档案号:A1-7-14-16。
③ 井陉县委:《井陉县委关于保障妇女婚姻自由与土地财产的指示》(1949年2月24日),河北省档案馆,档案号:520-1-580-8。
④ 晋冀豫区妇总会:《一年来妇女工作总结报告——1941年8月—1942年5月》(1942年7月15日),山西省档案馆,A1-7-4-13。

练班,坚决要去受训,逃离原来痛苦的生活。① 该点将在第五章将展开论述。

2. 婚外性关系

在20世纪华北边缘乡村中,传统婚姻仍占据主导地位,女性无法自由选择理想的丈夫,婚后对丈夫又有诸多不满,长此以往造成夫妻感情不和。在此种较为闭塞的环境中,乡村妇女并无更多的方式与途径来改善自己的婚姻状况,于是发生婚外性关系成了她们排解对婚姻不满及夫妻感情失和的一种主要方法。如武乡五区树早村某妇女"嫌丈夫粗笨,为了图痛快,经常和四五个卫生队长、村干部乱搞"。同村的田成家与丈夫感情不好,嫌丈夫外貌不佳,再加之贪图小利而与别的男人苟合。② 再如和顺东关的李改梅对自家男人样样不满,婚后夫妻关系一直不睦,为发泄心中之苦闷,常在外与他人勾搭成奸。一些男性在某些方面的缺陷或疾病更使妇女不悦,婚外性关系成了她们排泄此种不悦的途径。如和顺东关中年妇女赵九月因为男人精神不健全,常"流氓、腐化"。③ 沙河一农民因其夫精神有疾病,虽然能生产也能进行正常的性生活,并且对他妻子很好,但妻子就是不喜欢他,常年住娘家,男女关系方面也不检点。④

同时,如前所述,在20世纪三四十年代的华北乡村,由于传统

---

① 《临县第八堡郝世先进行买卖婚姻 经政府判决解除婚约》,《晋绥日报》1949年1月14日,第2版。
② 晋冀豫区妇总会:《一年来妇女工作总结报告——1941年8月—1942年5月》(1942年7月15日),山西省档案馆,A1-7-4-13。
③ 《和顺东关妇女典型材料调查》(1948年月15日),山西省档案馆,档案号:A1-7-8-5。
④ 晋冀豫区妇总会:《一年来妇女工作总结报告——1941年8月—1942年5月》(1942年7月15日),山西省档案馆,A1-7-4-13。

惯习和经济方面的影响,女人提出离婚仍被当成乡村社会的普遍禁忌。因此,妇女离婚不为乡土大众及干部接受与认可,离婚的艰难性就可想而知了。面对遥遥无期的离婚时间,有些妇女便通过"乱搞"来表达自己的不满或以此挑战男权的尊严与威信。四区一妇女干部,男人智商有问题。女方提出离婚,政府为迁就男方,同时也担心由此会引发更多的离婚案件,一直未准,以致女方后来有了婚外性关系。① 晋冀鲁豫边区昔东陈村一妇女,因到区上要求离婚被关押。在看守所接受询问时说:"我为了和我男人离婚,故意乱搞,男人说我,我就对他说:'你不离婚,就得乱搞,嫌我乱搞,离婚拉倒。'"②虽然乡土社会的男女性关系并不像士大夫阶层那般严防死守,但"性乱""破鞋"对一个女人来讲也不是那么光彩。在她们的生活缺少必要的更新途径时,性成了她们自我表达的主要方式。普通妇女如此,军属更是亦然。如平山、阜平很多军属因婚姻问题不能得到及时解决或根本得不到解决发生了不正当的男女关系。③ 再如沙河县上关村一军属,男人外出参军十年,了无音信,几次提出离婚都不准,该军属遂与医院一连长发生婚外性关系。④ 军人未婚妻生子事件亦常发生。⑤

华北各根据地采取多种措施,努力消除此种"乱象"的社会基

---

① 《三分区地委及妇委会对妇女的工作检查》,河北省妇女联合会:《河北省妇女运动资料选辑》第3辑,内部发行,1983年,第151页。
② 晋冀鲁豫边区高等法院:《晋冀鲁豫边区政府高等法院通报》(1945年10月15日),河北省档案馆,档案号:576-1-82-15。
③ 北岳区党委妇联:《更进一步加强全党作妇女工作的报告》,河北省档案馆,档案号:69-1-125-2。
④ 北岳区妇委会:《关于目前婚姻政策的检查与今后意见》,河北省档案馆,档案号:69-1-120-1。
⑤ 《各县婚姻案件处理情况报告》,山西省档案馆,档案号:A47-1-116-1。

础。一方面大力推广以"男女平等,婚姻自由"为基础的新婚姻制度,让广大女性也成为"婚姻自由"的受益者。另一方面,加强道德教育,大力倡导新民主主义社会风尚。"要加强每个青年男女的道德修养,使他们养成严肃的生活习惯,使他们了解到:私行上的不负责任,是走向腐化堕落的开始,对男女关系上的苟且,是降低人格的行为。"①

3. 与家人、政府抗争

少数胆大、自我意识较强的农妇,根本不畏惧在婚姻自由的道路的多重障碍,她们利用女性特有的韧性进行着无畏的抗争。如阳城县匠礼村杨小林与袁小士双方自愿要求结婚,未与父母商量。后来她父亲知道了,遂不允他们成婚,一面打骂小林,一面叫自己中意那个男人家赶快送礼结婚。小林通过与父亲数月未说话来进行斗争,最后其父妥协,答应小林与小士结婚,婚后双方感情很好。② 晋绥十一分区莫河吴村一个寡妇与杜村贫农团委员恋爱,女方父亲不同意,两人坚持结婚,结果男方出了五大石粮食才平息此事。③ 沁源一区垣上村有个闺女要自由结婚,其父不准,她和未婚夫即定计隐瞒父亲,一直到结婚前夕,才告知真相。其父仍不同意,后与女儿断绝往来。直到大灾荒时,因女婿提供粮食援助,妇女关系才缓和。④ 面对一些干部的不作为,许多妇女再三提出控告,呈不达胜诉决不罢休的姿态。一个妇女提出离婚,干部不允,并说服

---

① 王斐然:《关于私生子问题》,《边政导报》第4卷第7、8期合刊,1942年2月。
② 《阳城县关于匠礼村妇女工作问题简结》(1948年7月18日),山西省档案馆,档案号:A12-8-5-5。
③ 《有关晋绥十一分区妇女工作材料》(1949年),山西省档案馆,档案号:A36-1-8-2。
④ 《沁源一区垣上村妇女运动简结》(1949年2月13日),山西省档案馆,档案号:A13-8-3-9。

动员该妇女重回原夫家。女方不愿,遂以哭、闹、上吊、不回家等方式进行抵抗,一直斗争到最后离婚为止。① 还有的妇女以"不给离婚就不做工作了"、"不解决只有上吊跳河了"等话语来威胁相关部门。②

女性在史学家的书写中常默默无闻地存在,她们的反抗史很少被提及,然而现实中她们通过各种方式建构反抗武器。高彦颐认为:中国女人的历史有两种律动,"一种是私下的、个人的,另一种则是公众的、国族的"。在理解"真实的"女声后,让这些"微型化"或"被封装"的历史重见光明。③

二、困顿与无奈

在新婚姻政策的洗礼下,乡村女性婚姻观念已有所改变,但敢于通过抗争来解决自己婚姻问题的农妇毕竟是少数,更多的乡村妇女由于知识的缺乏、眼界的局限、传统心理及习惯的长期存在,当面对不理想的婚姻状况时,更多表现出的是无可奈何与不知所措的。

(一)忍受痛苦

在这些无奈的妇女群体中,"听天由命"是最主要的表现方式。由于父母的反对、孩子的牵绊以及自我性格的原因,使得她们不得不认命。很多妇女认为她们"命该如此"。同时她们也存有顾虑,主要是怕群众反对和娘家不同情。如栗城县口则村一高姓富农妇女

---

① 太行六专署:《太行第六专署司法科婚姻问题的综合报告》(1949 年 11 月 14 日),河北省档案馆,档案号:106-1-78-1。
② 晋冀豫区妇总会:《一年来妇女工作总结报告——1941 年 8 月—1942 年 5 月》(1942 年 7 月 15 日),山西省档案馆,A1-7-4-13。
③ [美]高彦颐:《缠足——"金莲崇拜"盛极而衰的演变》,江苏人民出版社 2009 年版,第 7—9 页。

在谈到自己不幸的婚姻时显然是一种无可奈何。"我比男人大三岁,由父母主婚,十七上就把我嫁过婆家。当时男人很小,不懂什么,性欲上达不到我的满足。因而爱情很差,于是向别人发生性交。但现在男人反不喜爱我……成年半个不和我谈两句正当话,到现在二十多岁了,还没有生一个小孩,我很想离了婚,但是我娘家说:离了婚就不让我住家了,以后永不理我了。只能当一日和尚撞一日钟,慢慢的吧。"①还有的妇女想要婚姻自由,但现实是必须遵守"父母之命,媒妁之言"之规,女方怕因自由婚使得自己和父母关系不和,无奈之下,就放弃了婚姻自由的权利,服从父母。太行六专署一已婚妇女的父母未经女儿同意,又将其许配给另一男人,该男人年纪大、长相不佳,女儿不愿。父母就威胁她说:"你到区办手续要给上陈(原婆家所在地),不愿给石桥(新婆家所在地)的话,往后别想登我的门。"女儿慑于父母的淫威不得已从下了。②虽然父母是妇女婚姻自由之路上的绊脚石,但她们不想在离婚后失去婆家的同时又失去了娘家,那时的她们才真是"叫天天不应,叫地地不灵"。虽然她们对目前的婚姻生活大为不满,但总比失去所有可以依赖的对象要好很多。即便是深受婆家的虐待,她们很多人也忍气吞声,抱着"嫁鸡随鸡,嫁狗随狗"的态度无奈存活下去。

囿于生存环境、知识体系、经济能力等条件的限制,乡村妇女承担的角色有限,就她们自身而言,对"母亲"的角色看得尤为重要。对孩子的情感和自我未来生活之间始终存在一种张力,以至于孩子在某种程度上成了她们认命的另一重要原因。一个受访的

---

① 《第五区妇救会关于口则村妇救工作的总结》(1943年1月),山西省档案馆,档案号:A166-1-137-3。
② 太行六专署:《太行第六专署司法科婚姻问题的综合报告》(1949年11月14日),河北省档案馆,档案号:106-1-78-1。

妇女说:"我没有办法,只能认命了,但又想,要熬到什么时候才是头啊! 看到有的妇女因夫妻不合,受气挨打,最后投井、吃大烟、上吊自杀,我也产生了寻死的念头,大烟都准备好了,可是看到我一岁多的儿子,我又不忍心了:我死了,孩子怎么办呢?"①

如第一章中传统华北乡村妇女形象一节所述,她们多依赖家庭而生存。我们就要试问,离婚后,若娘家回不去或娘家无力供养她们,她们的出路为何? 所以有些妇女在思想上惧怕离婚,"认为离了没办法"。② 目前我们尚未找到相关的资料来进一步求证,但在杨懋春山东台头村的社会调查中找到一些线索。他提到:"一些被遗弃的妻子不知道任何法律程序,害怕陌生人,她们确实伤透了心,但认为抗争没有用——她们已经失去丈夫了。她们认命了,不作太多的反抗,因为她们还有孩子可依靠,有公婆供养她们。"③由此可以看出,很多妇女的"认命"是出于经济方面的考量,她们无力养活自己,与其漂泊在外,不如继续忍耐下去。这种"认命"与其说是一种无奈,不如说是一种女性寻找自己后台和空间的策略。"出于安全感和归属感的需要,妇女要营建一个以家庭为核心的生活空间。"④

正如上面那个受访的老者谈到的那样,在当时的确很多妇女因苦于婚姻家庭生活无出路而自杀,这一方面是她们悲观失望的

---

① 李小江:《让女人自己说话:亲历战争》,三联书店 2003 年版,第 322 页。
② 陵川县附城区:《后山村妇女工作调查》(1948 年 8 月 10 日),山西省档案馆,档案号:A1-7-8-3。
③ 杨懋春著,张雄、沈炜、秦美珠译:《一个中国村庄:山东台头》,江苏人民出版社 2001 年版,第 115 页。
④ 李霞:《娘家与婆家:华北农村妇女的生活空间和后台权力》,社会科学文献出版社 2010 年版,第 227 页。

具体表现,即农民日常概念中的"想不开",另一方面更像是她们无声的抗争。即她们将性命作为话语与利益争夺以及道德资本积累的筹码。

对长期受传统社会性别制度挟制的妇女而言,能为逃离苦难生活而采取较为激进手段的妇女毕竟是少数。大部分仍采用最传统的"听天由命"、"自杀"等形式无声地反抗社会的不公及家庭的虐待。尽管如此,我们也将她们此种应对方式视为生命抗争的形式。婚姻政策颁布后仍存在的消极现象是中国社会改革进程中不可避免的。我们一方面需正视这些情况,另一方面我们更要从中积累经验。

(三)被离婚

在以往对根据地妇女婚姻生活的研究中,基于女性解放成就表现的意识,多突显的是女性作为获利主体的形象,但这并非全部历史图景。根据地婚姻政策的颁布让农村女性获得了婚姻自由与平等的权利与机会,然而受益的并非仅是女性,而是婚姻缔结的双方。

丁玲的《三八节有感》为我们呈现了革命战争中不一样的性别景象,她言辞激烈地批评了革命队伍中的大男子主义,"……离婚的口实,一定是女同志的落后……不是听说法律上还在争论着离婚只需一方提出,或者必须双方同意的问题么?离婚大约多半是男子提出的……"同时揭露了一个客观存在的事实:男性也是新婚姻政策的受益者。[①]

普通男性农民提出离婚多是受他人,主要是情妇的挑拨所致。如潞城县一男性农民受情妇的挑拨欲与其离婚,为达目的侮辱其

[①] 黄宗智主编:《中国乡村研究》第 10 辑,福建教育出版社 2013 年版,第 189 页。

妻人格,说自己的一双儿女都是妻子与他人乱搞所生的,他女儿因这事活活被气死。但他仍不回头,把家中粮食都拿走,对妻子的打骂也是常有之事,最终逼得女人和他离婚才罢手。① 另外浮山五区某村赵连儿和一个烈属有不正当关系,想离婚后和烈属结婚。他女人不愿离,赵就想法害死妻子。某夜赵用绳把女人勒死放在缸里,事后据说女人满身都是伤。② 还有的男性农民因嫌贫爱富提出离婚。如一名叫宫二仁的男性农民自从新政权帮他翻了身、买下地、有了家产和余粮后,他却嫌贫爱富起来,嫌丈人家穷,一心要和他老婆离婚。③ 无论对男性还是女性,在婚姻关系的缔结和解除中,经济都是不可忽视的元素。

女性婚姻实质折射出乡村社会中旧有习俗势力根深蒂固,维系家庭与农业生产的传统父权观念一直占主导地位。

三、乱象与迷茫

新婚姻条例和政策的出台,无疑是一场中国传统婚姻家庭制度的深刻革命。从法律上直接赋予女性在婚姻上的自主权利,给女性婚姻家庭生活和男女性别关系带来了变迁与重塑的机会。然而在战乱、灾荒以及乡土社会经济基础尚未发生根本改变的情形下,乡村女性婚姻观念与变革程度却未像想象的那般复杂。

(一)对婚姻自由的误解

各根据地婚姻条例的颁布、民众运动的进行以及社会教育的

---

① 《潞城县一年来婚姻问题和解决情况》(1949年1月12日),山西省档案馆,档案号:A1-7-13-3。
② 太岳区二地委:《妇委工作报告》(1949年7月),山西省档案馆,档案号:A12-8-6-10。
③ 《宫二仁忘了本　翻了身嫌老婆丑　调戏抗属闹离婚》,《晋绥大众报》1948年1月10日,第1版。

开展,使不少女性在思想上有所开放和觉悟,逐步意识到买卖婚姻、包办婚姻等旧婚俗的不合理性,开始认同婚姻自主与男女平等的理念。但限于知识与眼界的制约,她们并不能准确理解新的婚姻政策。部分女性甚至产生了婚姻自主即妇女解放的错觉,简单地将婚姻自由与离婚画上等号。以至于有些人认为解放了、地位提高了就要离婚,就要在外边乱搞,就可不好好生产,亦不受家里管制。如左权县桐峪镇妇女常成娥,出嫁不久,就和外人"相好"。当有人对其规劝时,该妇女强词夺理,以"女人家要自由"作为自己性乱的借口。① 还有些媳妇们,一不如意就要离婚,甚至拿离婚的话威胁家里。② 有的妇女在和丈夫发生争执时,"男人说一声她、骂一句就要与男人离婚"。③ 出门参加工作的妇女有的借口工作与其他男性通奸,并以离婚来威胁丈夫与家庭。④ 离婚成了一些女性与家里制衡和为所欲为的挡箭牌。

一些妇女并非因婚姻生活难以继续提出离婚,有的只因夫妻间偶发的小矛盾和纠纷,根本谈不上深思熟虑。如盂本三区清理村一对夫妻,二人在家偶尔拌了几句嘴,便赌气到区政府离婚,离后二人又后悔。⑤ 肃宁一对夫妇秋天在地里做活,夫妇吵架就说离婚,回家后二人自行协议"离婚",也没有经过一定的手续。⑥ 太行

---

① 《闺女接客娘不恼 常成娥母女太"自由"》,《新华日报》1942年8月8日,第4版。
② 左权二区救联会:《五年来妇女工作的总结(堡则村)》(1942年12月),山西省档案馆藏,档案号A166-1-137-2。
③ 县委办公室:《沁水县石堂、郎壁两村关于妇女工作综合报告》,山西省档案馆,档案号:A12-8-5-8。
④ 晋冀豫区妇总会:《一年来妇女工作总结报告——1941年8月—1942年5月》(1942年7月15日),山西省档案馆,档案号:A1-7-4-13。
⑤ 北岳三地委:《关于婚姻政策执行的检查》(1943年),山西省档案馆,档案号:A44-7-2-1。
⑥ 《冀中九分区妇女工作简单报告》,河北省妇女联合会:《河北妇女运动史资料选辑》第2辑,内部发行,1983年,第249页。

六专署的王振学是民兵指导员,和女人生气去找区长。到区之后,区长三言两语就把婚离了,回家后,双方又复了婚。女人反埋怨说:"我说到区给俺解说解说,谁知伢不问俺就叫俺离了婚。"①还有的妇女离婚是"随大溜",甚至有些并无合理的离婚理由,只是因为嫌丈夫难看或有狐臭之类而提出要离婚的。② 虽然华北各级政权都在宣传新婚姻政策和现代婚姻理念,但限于文化水平、信息传播速度和范围以及传统惯习的长期延续,无论是对当时的男性还是女性,准确理解、把握现代法学范畴的"结婚""离婚"以及两性关系并非易事。

对政党而言,法律在革命过程中有着强烈的工具意义,发挥着关键的革命动员和社会稳定器作用。但对普通群众而言,法律于革命中的意义无关紧要,法律条文的具体表述以及其实践程序亦可以忽略不计,他们更看中的是法律的实际"利益"。此种"利益"固然关涉经济层面,但更多的是情绪表达和立场凸显的凭借。

还有些女性将离婚当"儿戏",以自我需求为主导,想结就结、想离就离,非但未理解婚姻法的具体条款,且并未考虑到婚姻缔结对社会的重要意义。如平山县一个村妇,三年中结而又离五次。左权县一个村妇结婚一个月后又离婚。③ 盂本三区之上村一45岁寡妇,1943年3月8日自由结婚,到3月20日就提出离婚。④ 麻田

---

① 太行六专署:《太行第六专署司法科婚姻问题的综合报告》(1949年11月14日),河北省档案馆,档案号:106-1-78-1。
②《谈谈临县的婚姻问题》,《晋绥日报》1948年11月17日,第4版;《问事处》,《太岳日报》1948年9月3日,第4版。
③ 浦安修:《五年来华北抗日民主根据地妇女运动的初步总结》,山西大学晋冀鲁豫边区史研究组:《晋冀鲁豫边区史料选编》第2辑,内部发行,1980年,第214页。
④ 北岳三地委:《关于婚姻政策执行的检查》(1943年),山西省档案馆,档案号:A44-7-2-1。

圈门里李小果拿婚姻当儿戏,结婚不到半月就要求离婚。① 左权三区上午村一妇女结离七次。② 和顺东关的李政梅已嫁过三次,但仍对婚姻不满,要求再离婚。③ 武乡转家脑1945年有6个自由结婚的妇女,其中有几个结婚没多久就提出离婚。④ 南望楼村有个妇女离了婚后又自由结了婚,再婚后3个月就生了孩子,后又提出离婚。⑤ 武乡六区常家垴村的刘菊花已嫁过4个男人,山峙沟村的李虎儿已嫁过5个男人;她们提出离婚的理由也仅是一个"感情不和"或者说"过去是买卖婚姻",再无其他。⑥ 康庄一妇女刚办完离婚手续,五天后就又结婚。该村另一妇女离婚后,用完丈夫给赡养费又要求复婚。⑦ 有的女性一个月里竟改嫁了两次。⑧ 而且有些青年妇女假借婚姻自由而逞个人一时之私。如沁源县第一川村纪某为了自己念书和人家结了婚,达到目的后一年就提出离婚。⑨

---

① 《村公所责备李小果 刚才结婚又要离婚》,《新华日报》1943年6月13日,第4版。
② 太行二地委妇委会:《关于四月份妇女工作给区妇委报告》,山西省档案馆,档案号:A1-7-13-9。
③ 《和顺东关妇女典型材料调查》(1948年8月15日),山西省档案馆,档案号:A1-7-8-5。
④ 晋冀鲁豫边区政府高等法院:《关于离婚案件的初步研究的通报》(1945年10月15日),河北省档案馆,档案号:576-1-82-15。
⑤ 《平山二区妇女代表会》(1948年3月5日),河北省平山县档案馆,档案号:3-1-26。
⑥ 《对婚姻政策应该如何正确了解与执行》,《新华日报》1949年5月23日,第4版。
⑦ 北岳三地委:《关于婚姻政策执行的检查》(1943年),山西省档案馆,档案号:A44-7-2-1。
⑧ 路平:《雁北婚姻二三事》,晋察冀北岳区妇女抗日斗争史料编辑组:《晋察冀北岳区妇女抗日斗争史料》,老年出版社1985年版,第659页。
⑨ 《沁源县关于妇女运动的简结》(1949年1月21日),山西省档案馆,档案号:A12-8-6-4。

面对妇女对自由婚的误解以及其中发生的一些不正确现象,当时的《抗战日报》曾载文予以批评:"妇女的解放,不是从贫穷的家庭中脱离出来,嫁一个有钱的就算解放了,妇女的真正解放,应该是在经济上起的作用日有增加,以至经济可能完全独立,妇女才能达到确实解放。所以目前妇女的解放问题,而是怎样参加生产,增加收入,提高自己在家庭的真实地位。好穿好吃,好舒服的虚荣心,与依赖男子寄生的心理与习惯,是应加以教育与纠正的。"①这是妇女政策发生转向后的关于妇女解放的一普遍表达。抗战时期根据地的妇女解放运动,在经过战争形势判断和资源整合后,逐渐由"妇女主义"向"国族主义"转变。妇女解放的转向一方面协调了在"妇女主义"为解放实践下形成的家庭内部的性别对立和代际对峙,"另一方面又兼顾了抗战利益与家庭利益之间的关系"。② 有些国外学者,认为妇女政策的转变"牺牲了女性的婚姻自由和个人权益,甚至断言共产党的革命在妇女解放的目标上食言了"③。回归那个时代的历史场域,"解放"对处在生存边缘的华北乡村女性而言并非生活之必需品,"嫁汉嫁汉,穿衣吃饭"更为实际。为了活下去,中共的婚姻法反成了她们改善物质环境的可凭之据,因此她们对婚姻法的"误解"也就不难理解了。

---

① 《婚姻案件与妇女解放》,《抗战日报》1943年3月13日,第4版。
② 张静、曾晓丽:《"四三决定"与中国共产党妇女政策调整研究》,《南开学报(哲学社会科学版)》2018年第1期,第21页。
③ 张静、曾晓丽:《"四三决定"与中国共产党妇女政策调整研究》,《南开学报(哲学社会科学版)》2018年第1期,第21—22页。

(二)对婚姻政策的多元认知

华北乡村女性对婚姻改造的认知与反馈是多样的。有些人敢于高呼自己的不幸来追求幸福的曙光。一般而言,青年妇女普遍要求婚姻自主。如平顺城关有九个姑娘结成同盟,坚持婚姻自主,反对买卖婚。① 一些较为开放的中老年妇女也能够接受中共婚姻自由的政策。有的老年妇女说:"这么自由自主着,往后好不好的,爹娘也不受埋怨。"②一些曾遭受过婚姻不自由之苦的妇女更赞成自由婚,发誓绝不让下一代再受类似的痛苦。有的说:"谁和谁(指夫妻二人)要是感情不好了,能离婚,再行(找)婆家。这总不能让一个好的妇女一辈子藏在一个很坏的家庭里,像我这样。"面对不合理的婚姻制度,有的妇女亦能主动提出离婚。

当然其间很多妇女也发出了与预期完全不同的声音,有些老年妇女"多反映自由结婚可是好,但是谁长得难看了永也说不上一个老婆了,谁自由给他一个呢"?③ 有的说:"这个世道闺女也不嫌羞了。"还有的说:"娶媳妇也得要管着。"④女子们一方面怕父母,一方面害羞,也不敢大胆对自己的婚姻提出意见与想法。如一名叫利亥的姑娘早就有了心仪的结婚对象,但始终不敢向父亲提出,后不得不接受家长对自己婚姻的安排。⑤

---

① 晋冀豫区妇总会:《一年来妇女工作总结报告——1941年8月—1942年5月》(1942年7月15日),山西省档案馆,档案号:A1-7-4-13。
② 中共中央妇联会:《北岳望都三堤村妇女工作典型总结》(1948年9月),河北省档案馆,档案号:572-1-180-7。
③ 北岳三地委:《关于婚姻政策执行的检查》(1943年),山西省档案馆,档案号:A44-7-2-1。
④ 中共中央妇联会:《献县妇女工作简史》(1948年9月),河北省档案馆,档案号:572-1-180-11。
⑤《要重视宣传禁止买卖婚姻》,《晋绥日报》1949年1月14日,第2版。

在当时一份妇女工作总结报告中,较为清晰地列出了部分妇女不赞成中共的反买卖婚姻政策的原因:"1,虚荣心觉得卖价高时光荣,不愿一钱不花嫁人,感到:'无声无息的就算嫁人了,太不值啦。'2,感到叫父母养活一辈子,没给父母赚一个钱,有点儿过意不去。3,自己出嫁时可以多带些陪送,做些好衣裳,看起来好看,同时攒些钱,以后可以买零用物。"①有的妇女存在着卖钱越多越光荣的思想,不自觉地物化自己,以市场价格估量自己的身体价值,根本不考虑婚姻双方性格、情感及生产能力等因素。

提倡离婚自由在乡土社会是一场深刻的社会革命,这个运动一开始遭到民众反对不足为怪。不仅男人,而且有时连妇女也不希望这些所谓的自由使者的闯入,更不希望与他们有任何的关联。大部分华北乡村的中老年妇女都对离婚自由的政策不满意。她们认为离婚是坏了良心。"现在社会什么也都好,也没有穷人了,穷人都能过去啦,也不受老财欺骗啦,也没有穷人赌钱、吃大烟等,就是离婚不好";"我费心巴力的说下一个媳妇,人家也给离婚了,我什在〔实在〕不满意"。②她们对因虐待提出离婚的现象态度是:"该叫待好点,不该离了。"③有的妇女面对丈夫要求离婚时强硬地说:"您吃草扭料啦,俺偷你的米啦?撒您的面啦?我活是您家人,死是您家鬼。"④

面对再嫁的机会,寡妇也有着不同的考量。寡妇本身有很多

---

① 晋冀豫区妇总会:《一年来妇女工作总结报告——1941年8月—1942年5月》(1942年7月15日),山西省档案馆,档案号:A1-7-4-13。
②《五区皋落村妇女发动典型材料》,山西省档案馆,档案号:A1-7-5-5。
③《长治二区信义妇女工作调查材料》(1948年8月2日),山西省档案馆,档案号:A1-7-8-2。
④《反对家长包办青年男女的婚姻》,《冀鲁豫日报》1949年4月19日,第4版。

顾虑,如孩子、家产、乡村舆论与自己的伦理思想等等。对她们来说,最大的顾虑就是孩子。有的地方同意带走财产,但不允许带走孩子,为此一些人苦恼不堪。如黎城县北流村一寡妇说:"大的能顾自己没什,小孩子怕丢下受罪,……尤其独子者,是怕给这家绝门。"①再如长治二区信义村的靳海水妻也有此种烦忧:"走吧,怕不叫带孩子,三十多了,去人家生不下孩子,更没有了,咱又是个败命,死了两汉了,怕再奶死一个,可叫人骂。"②财产也是她们考虑的重要因素之一。有财产有孩子的寡妇不愿再嫁,主要怕再嫁不能带走一点东西。对未来生活的恐惧也是很多寡妇拒绝再嫁的重要原因。如阳城县匠礼村的寡妇玉秀说:"嫁一家不如守一家","到人家里一不一心,二不顺气,还不如在自己家里一切顺心……有一个合适的,我也不嫁"。③ 也有部分妇女因受旧礼教之束缚,宁愿空房孤守,而不愿改嫁。④ 还有的妇女认为"带财产找男人是败兴",主要原因是她们将自己看成市场可买卖之物,再嫁时感觉已经失去原有价值。长治二区信义村靳胖孩媳妇不改嫁就是出于此种顾虑。⑤ 虽然"根据地时期,中共有关夫妻权利义务的规定相对较为全面细致,更加照顾了女性在婚姻家庭中的财产权","但婚姻家庭财产权的变革绝非简单的新旧观点的易变,其发生变革的基础是

---

① 《黎城二区北流村妇女工作调查材料汇集》,山西省档案馆,档案号:A1-7-8-4。
② 《长治二区信义妇女工作调查材料》(1948年8月2日),山西省档案馆,档案号:A1-7-8-2。
③ 《阳城县关于匠礼村妇女工作问题简结》(1948年7月18日),山西省档案馆,档案号:A12-8-5-5。
④ 冀南行署:《关于纠正干部离婚偏向案》,河北省档案馆,档案号:27-1-219-11。
⑤ 《长治二区信义妇女工作调查材料》(1948年8月2日),山西省档案馆,档案号:A1-7-8-2。

包括政治、经济、文化等在内的整个社会制度的变革"。① 显然,在整个社会政治、经济、性别制度未发生彻底变化的情势下,乡村女性对于"财产权"的认知与接受不可能因"革命"便与传统"决裂"。

当时还出现了制度规范以外的"带夫改嫁",形成了一种畸形家庭。博野县有两个带夫改嫁的。他们生活困难,但夫妻感情很好,经协商后,妇女决定再嫁。过些天后,原夫以妇女娘家兄弟的名义追随而去,与他们同住一屋檐下。还有的妇女"两头跑",也是因生活问题。这些妇女与原夫商量好再嫁,在新夫家住一段时间,以娘家有事为借口再回原夫家,这样"两头跑"的妇女也不少。② 无论"带夫改嫁"抑或"两头跑"都是"非婚关系"的典型代表。"传统客观存在和主观意识延续为根据地'非婚关系'问题的出现提供了必要的社会土壤,而乡村民众对于'非婚关系'问题的认知也远没有上升到道德层面。"③

上述案例,与其说是妇女因传统束缚而产生的一种迷茫与无奈,不如说是她们在寻求自身利益的最大化。只是她们对利益衡量的标准中还尚未出现中共在乡村社会倡导的新道德与新观念。乡村中,很多寡妇即便受到基层妇联的压力也不愿意再嫁,因为她们认为,与新式婚姻观念习俗相比,"从一而终"能够提高社会地位、赢得尊重。

---

① 岳谦厚、张婧:《抗日根据地及解放区女性婚姻关系解体时的财产权》,《中共党史研究》2015年第3期,第102页。
② 《冀中九分区妇女工作简单报告》,河北省妇女联合会:《河北妇女运动史资料选辑》第2辑,内部发行,1983年,第250页。
③ 杨豪:《"另类"之相:华北根据地"非婚关系"问题新探》,《史学集刊》2019年第3期,第74页。

小　结

抗战开始后,围绕动员妇女参加抗战为目的所展开的婚姻制度改革,有助于消解"强大的宗族势力对(她们)个体生命欲求的全面压制",能够"激发(她们)发自生命本能的强烈反抗"。① 一定程度上为华北根据地乡村妇女婚姻生活的改变带来了希望,但革命视域下发生在妇女身上的变革并不是一帆风顺的,也不是无条件的。这种变迁的过程绝非用"政策——效果"就能简单概括,其间充斥着传统与革命的博弈、性别与革命的争执以及新与旧的冲突。

首先,男性民众面对与乡村传统及经济现实差距较大的革命策略,面对自身经济利益的丧失,他们绝不会顺从地全面接受。他们在用自己的方式与话语来抵抗婚姻变革所带来的不适。他们选择对革命毅然决然地拒绝之姿多是出于传统与经济的考量,这在当下来看也有可取之处。事实上,婚姻变革的重重困难多来自久远以来的贫困经济与传统观念、婚姻惯习,而这些传统在经济重压下并没有足够的外来因素去真正消解。维系家庭与农业生产的内在逻辑,仍是农业生产条件下的男权观念体系,生于斯长于斯的众多农民多持如此思维。作为一个新兴的政党,具有现代意识的中共,因仰赖这片沃土的滋养,在对政治、经济、社会改造和发展等因素整合后,着手对婚姻和妇女政策的调整。

其次,制定《婚姻条例》的初衷是各地政权动员女性走出家庭,参与社会管理以填补男性征兵后留下的乡村政治与生产空缺的政

---

① 钟日兴:《红旗下的乡村——中央苏区政权建设与乡村社会动员》,中国社会科学出版社2009年版,第108页。

治意图。在当时政治变动频仍的社会中,战争给予女性的自由与解放可能随时被收回,甚至转化为束缚与钳制。① 事实上,中国妇女运动新的方向与其说是对"妇女解放"的限制与收回以及"对传统的中国封建家庭伦理形成一种协商关系",不如将其认定为中共"对不同利益群体诉求的应对与引导,显示出中国共产党领导下的妇女运动,走的是一条适应当时中国社会现状,符合中国广大农村妇女解放的道路"。②

再次,乡村女性的态度如何呢？她们或积极探求,寻找可能的出路与希望;或无奈中"苟且偷生";甚至有的在迷茫中以身体或生命为代价率性生存。

婚姻自由是现代女性解放运动的逻辑产物。自晚清特别是新文化运动展开的女性解放潮流,曾深刻地影响了根据地的意识形态。在革命与战争时代背景下,这一理念在根据地推行时,因经济落后、习俗深重等现实原因,不断为了顺应抗战大环境而进行调整。

---

① 《战争与妇女:从李青萍汉奸案看抗战前后的两性关系》,吕芳上:《无声之声(Ⅰ):近代中国的妇女与国家 1600—1950》,台湾"中央研究院"近代史研究所 2003 年版,第 130 页。
② 张静、曾晓丽:《"四三决定"与中国共产党妇女政策调整研究》,《南开学报(哲学社会科学版)》2018 年第 1 期,第 21、22 页。

第三章　真实与形塑：生产中的妇女

中共革命进入华北乡村后,对动员妇女参加生产的号召此起彼伏。它不单将妇女参与生产作为保证根据地经济稳定的主要凭借,还将妇女参与生产作为保证根据地社会稳定的主要方式。抗战开始后,中共试图将解决乡村妇女的家庭与婚姻问题作为妇女工作的门径,通过改善她们的家庭关系及家庭地位进而将女性拉入战争与革命的宏大视域。然而强势的革命手段在乡村社会遭遇了前所未有的冲击,此后根据地各级政权将生产作为组织妇女的最佳方式。"生产"在根据地话语体系中被建构成妇女解放的重要道路。生产不但缓和了两性间的冲突,也解决了根据地经济的困境,更让农村妇女获得了前所未有的解放。目前学术界相关研究也多持上述的观点。① 若从突破传统革命史"政策—解放"的研究

---

① 杨颖:《晋察冀抗日根据地妇女生产运动探析》,硕士学位论文,河北师范大学 2007 年;王克霞:《革命与变迁——20 世纪三四十年代沂蒙妇女生活状况研究》,博士学位论文,山东大学 2007 年;孔林林:《抗战时期山东妇女运动和妇女生活研究》,硕士学位论文,山东师范大学 2011 年;王慧芳:《抗日根据地时期晋西北妇女的日常生活》,硕士学位论文,山西师范大学 2013 年;高正晓:《太岳革命根据地妇女生产劳动研究》,硕士学位论文,山西师范大学 2014 年。

范式而言,我们更需要勾勒根据地时期女性生产背后的丰富历史画面,去考察女性生产的政治脉络,去挖掘生产层面乡村社会、性别与革命的互动细节。本书试图通过对中共通过何种方式将乡村妇女拉入到"生产—解放"之中,为了让妇女参与生产做了何种动员及准备,"生产—解放"模式成效到底如何等问题的梳理,展示女性生产历史的复杂感、传统与革命互动的立体感以及女性解放的厚重感。

第一节 妇女生产状况及中共相关认知

一、妇女生产状况

在中国传统社会中,依据传统社会性别分工,家庭劳作模式多为"男主外女主内"、"男耕女织",但这并不意味着所有的农妇都完全脱离农业生产劳动。以华北乡村农妇参加劳动的情况来看,可以大致分为两种:其一是除家务、手工劳作外,还参与田间生产,即兼顾家务劳作与田间劳作;其二是很少或根本不参与田间生产。

(一)兼家务劳作与田间生产

20世纪二三十年代,个体农业和家庭手工业相结合仍是中国广大农村主要的生产和生活方式。一般而言,男人做需要消耗更多体力的重活,女人干不大依靠体力的轻活。她们所承担的劳动一般以家务、手工劳作以及经营副业为主,对田间劳动多起辅助作用。华北地区,很多乡村妇女也在此种生产模式下劳作生活。据记载,"在长治一带多种麻,每赶初秋,新麻恰将成熟,所以妇女们都忙着脱麻";"在潞城一带,妇女们等到麦子收割之后,赶快就把麦秆子拿来,编草帽辫";"平顺一带,在收夏之后,妇女们就该忙着采椒了"。① "石门四乡的农妇,在秋收的时候,每天很早就跟她们的丈夫到田间去工作。及到麦熟又得到田间割麦拾麦,其后又忙着种苗、锄谷,到秋里又忙着收获。"② 曲阳南部平原,妇女整年不但忙于家中事务,且参与田间劳动。③ 获鹿县的妇女以往就有参加劳动的习惯,有的贫苦家庭的妇女浇园推车,有的老年妇女还拾粪打柴。在该地区家庭副业也是比较发达,如织布、纺花、作小买卖等。④ 山西潞安的农妇"在春天的时候,要帮助她的丈夫或父亲耕地,锄田,灌地,浇菜园,种豆,栽瓜,最轻的工作也要他们担着锅碗向田地里送饭。到了夏天,她们要帮男人割麦子,忙着收夏。此外还要抽出一点时间来到田地里剜菜。到了秋天,摘豆荚,割穀,更是忙个不亦乐乎"。⑤

有些妇女在家庭田间生产中以主力身份出现,她们将地里的劳作当成正业。据李景汉的统计,1929 年定县 515 户家庭内 13 岁以上的 1176 名女子中,以田间工作为正业的有 943 人。⑥ 有些妇女不单单辅助丈夫从事家庭内的农业生产,雇农家的农妇有的要协助家中男子为雇主从事农业劳动。⑦ 如保德县化树塔村一贫农的小脚妻子,在男人给人家种地时也跟着一起去打土圪垯。⑧ 还有的妇女自己直接出卖劳动力,主要是一些土地少、不足维持生计的

---

① 《山西潞安的农村妇女生活》,《妇女共鸣》1933 年第 2 卷第 2 期。
② 《石门劳动妇女生活概况》,《文化月刊》1934 年第 1 卷第 15 期。
③ 《曲阳妇救会发动妇女参加生产》,晋察冀北岳区妇女抗日斗争史料编辑组:《晋察冀北岳区抗日斗争史料》,中国老年历史研究会 1985 年版,第 583 页。
④ 获鹿县委:《获鹿土改初步总结》(1948 年 4 月 12 日),河北省档案馆,档案号:520-1-597-3。
⑤ 《山西潞安的农村妇女生活》,《妇女共鸣》1933 年第 2 卷第 2 期。
⑥ 李景汉:《定县社会概况调查》,上海书店 1933 年版,第 166 页。
⑦ 郑永福、吕美颐:《近代中国妇女与社会》,大象出版社 2013 年版,第 134 页。
⑧ 《三区化树塔村有关妇女调查材料》(1949 年 1 月 6 日),山西省档案馆,档案号:A12-8-6-3。

贫农家庭的主妇。"一般来说,女雇工的工资要比男雇工低。山西一些地方,壮年男工日可得200文,女雇工仅得100文,若雇主家供食,则工钱再减半。"①

总起来看,华北乡村妇女"干活很多,很辛苦;农忙时务农勉力从事繁重的体力劳动;还有笨重的琐细的家务劳动"。② 但由于传统社会性别制度的存在,妇女的劳动并不属于社会生产性劳动,她们在生产中所扮演的角色常常被低估乃至忽略。

(二)少数女性从不参加农业生产

在华北某些地区,妇女很少或几乎不上地参加农业生产。(见表3.1)至于产生该种现象的原因,吕美颐认为有二。其一是缠足妇女多,田间劳作不便;其二是性别比例失调,男多女少,女子不用下地参加生产。③ 对于上述的第一个原因,在目前看到的口述资料中,很多小脚农妇都提到了"愿意做饭,不愿意去地里"。一妇女说:"在地里干活儿可苦了,都是一点点的小脚,走都走不好,别说干活了。像割麦子吧,都是割两把,立雯(立刻)按住镰刀,跷起脚歇歇,再重割。"④姜淑梅在回忆她裹小脚的母亲参与农业生产时这样写道:"娘说,她年轻的时候最犯愁秋天拾棉花。拾一下午棉花,回来还得做饭,这两只脚又疼又热又难受,没处放,连腿都难受。晚饭做好了,脚疼得吃不下去。"⑤由此可见,缠足对妇女参与田间劳作有着相当大的影响。

---

① 郑永福、吕美颐:《近代中国妇女与社会》,大象出版社2013年版,第134页。
② 冯尔康、常建华:《清人社会生活》,天津人民出版社1990年版,第53页。
③ 郑永福、吕美颐:《近代中国妇女与社会》,大象出版社2013年版,第133页。
④ 李小江:《让女人自己说话:独立的历程》,三联书店2003年版,第313页。
⑤ 姜淑梅:《乱时候,穷时候》,浙江人民出版社2013年版,第60页。

表 3.1　妇女田间工作量占田间工作总量之百分比

地区	女子占百分比
河南新乡	36.45%
河南开封	8.92%
河北盐山(1923)	4.28%
山西武乡	0.42%
山西武台	0

资料来源:吕美颐:《20世纪二三十年代中国农村妇女状况的历史考察》,《近代中国妇女与社会》,大象出版社2013年版,第133页。

笔者认为,除吕先生所归纳出来的乡村女子不参与地里劳动的两个因素外,还有以下几个方面也导致了华北乡村某些地区农妇没有参与农业生产的习惯。第一,华北乡村妇女普遍身体状况不佳,不适宜大劳动量的工作。由于资料的限制,笔者只找到了一些20世纪40年代中共进行的妇女健康状况的调查,虽然这些调查是在战争状态下完成的,但可以一窥当时华北乡村女性的身体状况。

表 3.2　1941—1942 晋冀豫区妇女健康状况统计表

病症	病因	群体
肚痛	有的因月经来不清洁,有的因生孩子不清洁,细菌侵入子宫所致,也有不少因性乱而形成的月经不调。	青年妇女中很普遍
麻病(手麻或腿麻)	多是生过孩子的好害这病,凡害麻病者多是贫血。	多是中年以上妇女
腰腿酸痛或腿失去知觉	多因生产中或后不注意,睡热炕(或过冷之炕)其原因所致。	

资料来源:晋冀豫区妇总会:《一年来妇女工作总结报告——1941年8月—1942年5月》(1942年7月15日),山西省档案馆,档案号:A1-7-4-13。

表 3.3 1944 年晋察冀边区部分村庄妇女健康状况统计表

村庄名称	妇女总人数	患病人数	病者比例%	备注
关庄	40	31	77.5	阎家庄村妇女长期患月经病的很多
定襄阎家庄	160 多个	40 多个	25	
五台东山底	96	63	66	

资料来源:《晋察冀边区的妇婴卫生工作》,晋察冀北岳区妇女抗日斗争史料编辑组:《晋察冀北岳区妇女抗日斗争史料》,中国老年历史研究会 1985 年版,第 720 页。

表 3.4 1945 年晋察冀边区 26 个县 63 名妇女健康检查统计表

病别	月经过多	无月经	月经困难	月经过少	子宫颈管炎	阴道炎	子宫下垂	其他
患病人数	6	6	4	1	7	2	2	3

资料来源:北京军区后勤部党史资料征集办公室:《晋察冀军区抗战时期后勤工作史料选编》,军事学院出版社 1985 年版,第 567 页。转引自:郑立柱:《抗战时期晋察冀边区的妇幼健康状况及其应对》,《保定学院学报》2012 年第 2 期第 47 页。

表 3.5 黎城二区北流村妇女疾病种类表

病别\年龄	青	壮	老	合计
痨病	4	11	2	17
月经病	2	5	4	11
肚痛	1	3		4
心口痛			1	1
杂病		5	1	6
耳聋			1	1
咳嗽			1	1

(续表)

病别 年龄	青	壮	老	合计
老鼠		1		11
痳病		1	2	3
常发热		1		1
腰腿疼	2	5	4	11

资料来源:《黎城二区北流村妇女工作调查材料汇集》,山西省档案馆,档案号:A1-7-8-4。

表3.6　1947年太行根据地1月—5月影响妇女健康的疾病

人数 病别	白带	月经病	花柳病	杂症
患病人数	675	194	9	106
百分比	68.6	19.7	0.9	10.8

资料来源:《公立太行医药卫生社的治疗总结报告》(1947年—1949年),山西省档案馆,档案号:A58-1-10。转引自:王燕萍:《山西革命根据地妇婴卫生工作研究》,硕士学位论文,山西大学,2011年。

表3.7　1948年太行根据地影响妇女健康的主要疾病

人数 病别	月经病	流感	杂症	肠胃病	眼科病
患病人数	746	216	166	152	151
百分比	23.2	9.6	7.4	6.8	6.7

资料来源:《公立太行医药卫生社的治疗总结报告》(1947年—1949年),山西省档案馆,档案号:A58-1-10。转引自:王燕萍:《山西革命根据地妇婴卫生工作研究》,硕士学位论文,山西大学,2011年。

表 3.8　1948 年长治二区信义妇女疾病统计表

病状	干血痨	心口痛	月经痛	腰腿痛	杨梅	生三年疮	总数
人数	2	1	3	2	2	1	10

资料来源:《长治二区信义妇女工作调查材料》(1948 年 8 月 2 日),山西省档案馆,档案号:A1-7-8-2。

表 3.9　1949 年前半年太行根据地影响妇女健康的主要疾病

人数 病别	月经病	胎产病	胃肠病	流行病	感冒病
患病人数	94	67	58	55	47
百分比	11	7.8	6.8	6.4	5.5

资料来源:《公立太行医药卫生社的治疗总结报告》(1947 年—1949 年),山西省档案馆,档案号:A58-1-10。转引自:王燕萍:《山西革命根据地妇婴卫生工作研究》,硕士学位论文,山西大学,2011 年。

通过上述这些表格,可以发现妇科病是乡村妇女中的常见病,也是困扰妇女健康的主要病因。在这些妇科病中最常见的是月经和白带异常这两种类型。虽然在目前看来,这些妇科病不是什么恶性疾病,更不会影响妇女的正常生活与劳作。但就华北乡村当时的医疗环境及物质条件而言,"月经病"和"白带病"所带来的影响不可小觑。如"潞城二区靳村较普遍的病是下带和月经不调的多,下带有好多种,颜色有淡红色、白色、黄色、黑色等种,轻者是有时间的下,重者下的人肌黄面瘦、四肢无力,甚至于死了"。① 而且妇科病还会引发其他疾病,如腰腿酸痛、四肢无力等,使得妇女参与重劳动的可能性降低。

---

① 《潞城二区靳村妇女工作调查材料》(1948 年 8 月),山西省档案馆,档案号:A1-7-8-1。

第二,实际耕地面积小,无须妇女下地。行龙认为:"整个中国近代,人口与耕地的比例严重失调。1863年全国人口404946000人,耕地面积751762000亩,人均耕地一亩八分余,整个近代最高也未超出四亩。"① 李金铮认为:人口压力和土地分配不均导致了20世纪二三十年代定县农民耕地不足。② 再如档案资料中记载的:曲阳西北部多山,生活在山区的妇女除做饭外,多闲着无事可干。③ 在笔者做的田野调查中也显示,有的农妇不下地,主要原因是"家里没那么多地,家里男人就足够了"。《中国乡村,社会主义国家》一书中提到的五公村,男性不同意妇女下地的主要原因也是由于耕地面积有限。④

第三,妇女日常劳作或家庭手工业已占去了较多时间,无暇参与田间劳动。在实际生活中,妇女零星的活计较多,如做饭、推碾子、磨面、做家人的鞋袜和衣服等。在一份中共的调查报告中,详细记录了一普通农妇家务劳作所需要的时间。

(1) 一对鞋:9天或10天(鞋底需3天,鞋面需6天)。小孩一对鞋口天。妇女自己一对鞋5天(或6天)。

(2) 衣服:棉衣一身4天到5天。单衣2天,最多5天。袜子一对,6天到7天。

(3) 共需时(一年内)。

---

① 行龙:《近代山西社会研究——走向田野与社会》,中国社会科学出版社2002年版,第30页。
② 李金铮:《近代中国乡村社会经济探微》,人民出版社2004年版,第145页。
③ 《曲阳妇救会发动妇女参加生产》,晋察冀北岳区妇女抗日斗争史料编辑组:《晋察冀北岳区抗日斗争史料》,中国老年历史研究会1985年版,第583页。
④ [美]弗里曼、毕克伟著,陶鹤山等译:《中国乡村,社会主义国家》,社会科学文献出版社2002年版,第107页。

A，每年男人需鞋 5 对，需费时 45 天，袜子 2 对，需时 12 天。棉衣需要费时 4 天。单衣最少需时 2 天。共需时 63 天。

B，小孩子（比大人费些）每年穿鞋 8 对或 9 对，需时 32 天。

C，妇女自己每年穿鞋 3 对到 4 对，需时 20 天。衣服单棉共需 7 天。共需时 59 天。

总计 63+59=122 天（这时单算针工时间）。根据一个家庭之调查，每年口口针工时间加上零星营生，总需 253 天。如再加杂事，一般辅助劳动，如果孩子多则更难苦。在会纺织地区之妇女，除一般劳动外，整天忙于纺织，晚上不点灯还纺织。在不会纺织或纺织条件差的地区，妇女整日忙于做针线。①

由此可见，繁忙的家务已经占去了妇女们的大部时间，以至于她们无暇参与到农业生产中。还有的妇女专以手工业为正业，如"1929 年，定县 515 户家庭内 13 岁以上的 1176 名女子中，以手工业为正业，从事纺织、织布等工作的有 166 人"。② 这些妇女也无多余的时间与精力下地参加田间劳作。

（三）围绕女性参加农业生产的争议

正因为以上几点，有些华北乡村妇女并没有形成参与农业生产劳动的习惯。当中共发动妇女参加农业生产时，引起了来自多方面的阻挠。

首先，从妇女自身来看，特别是山西一些地区的妇女皆以下地劳动为耻，认为田间劳作不是女人做的事。有的妇女说虽然"生产

---

① 晋冀豫区妇总会：《一年来妇女工作总结报告——1941 年 8 月—1942 年 5 月》（1942 年 7 月 15 日），山西省档案馆，档案号：A1-7-4-13。
② 李景汉：《定县社会概况调查》，上海书店 1933 年版，第 166 页。

有钱花,但是太差,站在街上不好看,别人笑话"。① 有的妇女担水遇着人就脸红,锄头也不敢扛在肩上。② 有的下地回村不敢走大街,怕人看见笑话。有时妇女下地,与丈夫碰面都面红耳赤。③ 就连之后被评为妇女劳动英雄的韩凤龄也有过此种体验。④

究其原因主要如下:第一,"嫁汉嫁汉,穿衣吃饭"思想已深入乡村妇女的骨髓肌理。有的认为家里有男人,自己不应该参加地中劳作,特别是青年妇女下地,被人家笑话。有的认为"吃喝应该靠汗子〔汉子〕,自己不愿劳动"。⑤ 有的在被动员时甚至反问:若妇女也参与田间生产,"还嫁那男人干什么";"嫁汉,穿衣吃饭。不为吃穿嫁他干甚"。⑥ 左权县背上村一妇女不参加生产并说:"你们解放吧,我嫁汉就是为吃汉呢。"⑦有的说:"妇女不掌权,生产劳动男人也不看,解放不了。活一辈子还不是在男人手里头吗?"这些生长于斯的妇女已经将传统性别制度内化成一种生活规范,集体无意识的状态也早已构建。第二,家事的牵绊。有孩子的妇女认为自己有孩子不能参加别的生产,而且坚持无论参加生产与否,"一

---

① 二地委妇委会:《二地区两个月来妇女冬季生产工作报告》(1949年1月12日),山西省档案馆,档案号:A1-7-14-1。
②《县妇委书记会议向妇委的报告》(6月9日),山西省档案馆,档案号:A1-17-13-11。
③ 北岳三地委:《三分区妇女运动概述》(1948年5月25日),河北省档案馆,档案号:78-1-49-2。
④《晋察冀模范妇女韩凤龄》,《解放日报》1944年3月27日,第3版。
⑤ 太行区妇委:《妇女工作的初步研究》(1945年10月4日),山西省档案馆,档案号:A1-7-4-16。
⑥ 二地委妇委会:《二地区两个月来妇女冬季生产工作报告》(1949年1月12日),山西省档案馆,档案号:A1-7-14-1。
⑦《县妇委书记会议向妇委的报告》(6月9日),山西省档案馆,档案号:A1-17-13-11。

辈子也平等不了"。太行二地委一名叫李秀亭的妇女说:"我有三个孩子,做些家中零星生活,每天快受死,还能搞些什么?还说什么平等呢?解放呢?多会儿也是这个样儿。"第三,持女性参加生产即被利用的观点。囿于眼界的局限、传统的影响,很多妇女始终将自己置放在无关紧要的位置。一旦她们的重要性被突出强调,反多有不适。因此,当她们被动员参与生产时,有的说:"今年老鼠多,明年寡妇多,男人参军了不叫妇女生产叫谁做呢?"①由此可见,她们已经意识到男性上战场所带来的劳动力短缺问题,但此时她们的劳动生产主动性和积极性尚未被充分调动起来。很多妇女面对生产动员无动于衷。如当清风北街干部响应政策号召,带头参加锄麦、开荒、种大麻子等生产时,只有二十几个妇女行动起来,还有一部分妇女仍持犹豫、观望态度,但大部分妇女不参加,并说"解放,解放,把妇女解放到地里去啦!"还有一部分根本置之不理。②

其次是男性农民。他们一方面受制于传统性别制度,将女性定位于庭院之内。有的说:"妇女们只能在家做针线,推碾子作饭,叫她们下地作庄稼活那算是白闹。"③有的反映:"妇女还是在家做些生活是正经。"④有的认为:"妇女就是家里人,还能下地?"⑤大部男人认为:"女人参加生产干什么只不过做上些家庭事闹上两个孩

---

① 二地委妇委会:《二地委区两个月来妇女冬季生产工作报告》(1949年1月12日),山西省档案馆,档案号:A1-7-14-1。
② 《清丰北街是怎样发动妇女参加农业生产的?》,《冀鲁豫日报》1949年3月11日,第3版。
③ 《山南庄妇女生产为什么发动不起来》,《北岳日报》1948年9月10日,第2版。
④ 《党员干部带头领导 大批妇女涌上田间》,《新华日报》1949年6月20日,第1版。
⑤ 《县妇委书记会议向妇委的报告》(6月9日),山西省档案馆,档案号:A1-17-13-11。

子就够了,还说什么劳动。"① 五公村的卢墨林也抗议政府动员妇女上地生产的举动,因为"当他的儿媳在地里干活时,她就不干家务了"。② 男人们对一些劳动较好的妇女则认为是"半彪子""没成色"。③ 还有些男人甚至感到与女人在地里一起干活是堕落。④

另一方面受限于传统的认知,男性农民多轻视妇女参加田间生产劳作的力量。在发动妇女上地时,不少群众反映妇女不顶事。"妇道人不点儿小脚还能下地? 在家待着吧!"⑤ "妇女动弹一天,不如男人一早上。"⑥ 男人认为她们是"坐家虎""炕上坐活的人,下地就不沾""妇女天生落后,一百棒子也打不起来"。⑦ "妇女解放哩,她永不行,男人能担□,她能担□? 男人能站起尿,她能站起尿? 一辈子也平等不了";"妇女生产上,赚十儿八□顶什么? 你在家安心些吧";⑧ "老的小脚多,青年累孩多,婆婆妈妈发动不起来,也不顶多大事"。还有的男性农民出于实际利益的考量,担心妇女下地"颠倒把地蹚坏",也怕她们因技术粗糙糟蹋东西,所以多不愿叫妇

---

① 二地委妇委会:《二地委区两个月来妇女冬季生产工作报告》(1949年1月12日),山西省档案馆,档案号:A-7-14-1。
② [美]弗里曼、毕克伟著,陶鹤山等译:《中国乡村,社会主义国家》,社会科学文献出版社2002年版,第107页。
③ 冀南一地委办公室妇委会:《关于发动妇女参加生产几个问题的研究》(7月18日),河北省档案馆,档案号:28-1-36-6。
④ [美]弗里曼、毕克伟著,陶鹤山等译:《中国乡村,社会主义国家》,社会科学文献出版社2002年版,第107页。
⑤ 冀南区党委妇救会:《妇女救国会第一届代表大会常委会对今后妇女工作的意见》(1939年10月20日),河北省档案馆,档案号:25-1-320-2。
⑥ 《党员干部带头领导大批妇女涌上田间》,《新华日报》1949年6月20日,第1版。
⑦ 冀南一地委办公室妇委会:《关于发动妇女参加生产几个问题的研究》(7月18日),河北省档案馆,档案号:28-1-36-6。
⑧ 二地委妇委会:《二地委区两个月来妇女冬季生产工作报告》(1949年1月12日),山西省档案馆,档案号:A-7-14-1。

女去干。还有些人对妇女解放有误解,认为解放妇女就得离婚。如和顺县东喂马村村民反映,"不让劳动还要离婚,要叫劳动就得离完啦";该县山庄上村民也说,"不劳动妇女还不嫁给山上,要叫劳动就得离婚走完啦"。①

受性别制度与固有生活模式的影响,乡土社会自妇女被动员进入生产领域时就擎起阻拦之盾,且此种阻力持续存在,致生产层面的妇女运动举步维艰。

二、中共对妇女参加生产的认知

(一) 根据地经济建设的出路

中共在抗战之初就强调农村妇女要从事生产劳动,原因在于当时根据地劳动力严重不足。抗战开始后,华北乡村许多青壮年男性参军参战,劳力明显减少。再加上战争带来的人员伤亡以及日伪抓丁拉夫,使男劳力更加缺乏。据统计,北岳区一些地区劳力比战前减少了约40%—70%。② 高邑县古城村:"民国26年,全村人口2500人,劳动力300人,每个劳力平均耕地12亩。次年日军侵入后,百姓背井离乡。劳动力不足百人。"③在晋西北,"抗战以前劳动力是过剩的,男子多向塞北逃亡,战后因参军、死亡及被敌人拉杀等原因,劳动力减少约1/3"。④ 男劳力的减少,造成了人均耕

---

① 太行行署农业处:《关于妇女参加农业生产的报告》(6月15日),河北省档案馆,档案号:52-2-112-1。
② 晋察冀边区北岳区妇女抗日斗争史料编辑组:《烽火巾帼》,中国妇女出版社1990年版,第63页。
③ 王运洲:《古城村志》,中华书局1999年版,第38页。
④ 《抗战日报》1942年4月20日第2版。转引自郭磊:《中共山西抗日根据地的妇女状况研究》,硕士学位论文,首都师范大学,2011年。

地面积的扩大。如1949年襄垣县每个劳力平均种地33亩,甚至有的地方竟种到40亩左右。① 由于人力的限制,再加之生产工具与技术的落后,以至于大量土地荒芜,粮食极度缺乏。因此,如何发动妇女参加农业生产,弥补劳力不足,就成为农业增产的重要一环。

(二)妇女解放的新途径

1. 中共妇女解放之逻辑:以生产为媒介

恩格斯曾说:"妇女解放的第一个先决条件就是一切女性重新回到公共的劳动中去。""只要妇女仍然被排斥于社会的生产劳动之外,而只限于从事家庭私人劳动,那么妇女的解放,妇女同男子的平等,现在和将来都是不可能的。妇女的解放,只有在妇女可以大量地、社会规模地参加生产,且家务劳动只占她们极少的工夫的时候,才有可能。"②中国共产党的妇女解放运动就是在这一指导思想的影响下广泛开展起来的。1922年7月,中共二大通过的《关于妇女运动的决议》指出:"妇女解放是要伴随着劳动解放进行的。"③这一决议"奠定了中国共产党解决妇女问题的基本立场。即以马克思主义的唯物史观为理论一句,用阶级分析的方法,把妇女整体看作是被压迫阶级;妇女作为生产与家庭奴隶的双重身份使她们处于社会的最底层。因此,走出家庭,参加社会生产以实现经济独立,是妇女解放的重要途径"④。在抗战开始后,中共多位领导人曾

---

① 《纠正自流与形式主义作法 具体组织妇女参加农业生产》,《新华日报》1949年5月24日,第4版。
② 恩格斯:《家庭、私有制和国家的起源》,人民出版社1972年版,第72页。
③ 《关于妇女运动的决议》,中央档案馆:《中共中央文件选集》(1921—1925),中共中央党校出版社1989年版,第88页。
④ 张文灿:《从"妇女解放"到"让女人自己说话"——对民主革命时期中共妇女运动的研究视角及方法之梳理》,《中国政法大学学报》2013年第4期,第55—56页。

多次指出妇女生产与妇女解放之间的重要联系。朱德曾说:"妇女要求得真正的解放,必须在经济上能够独立生产,只有在经济上能够独立,才能获得真正的自由平等。发动广大妇女到生产运动中来,就是加强边区广大妇女的经济地位,就是提高他们的社会地位,也就是把妇女从重重压迫和剥削之下解放出来。"①"中国妇女要能够真正独立地生活,就必须首先打破经济的束缚,积极参加社会各部门的生产,妇女的解放不能依靠男子,只能依靠自己,依靠自己的生产运动。特别是在抗日战争中,我国必须以自力更生为战胜人之基础,所以我国妇女尤其应当学习十月革命和苏联内战时期妇女的斗争和参加生产的精神,男子在前方打仗,妇女就在后方积极生产,这不但是为了争取抗战胜利,而且也为了解放妇女自己。"②1948年11月周恩来在部队家属会议上发表讲话,明确指出:"只有经济独立才是妇女解放的基础。"③

2. 中共妇女政策的转向:以生产为途径

如第一章所述,抗战初期华北抗日根据地妇女工作存在着严重的城市观点。干部对农村妇女的要求与了解不足,认为发动妇女,必须使妇女走出家庭、走向社会,而把做饭、看孩子看作是家庭对妇女的束缚。同时也存在着妇女工作的孤立主义倾向,即:未认清群众运动的整体性,脱离全面的群众运动开展妇女工作。还盲目地将工作的中心放在对旧势力的反抗上,追求男女平等以及婚

---

① 朱德:《动员广大妇女到生产运动中来》,河北省妇女联合会:《河北妇女运动史资料选辑》第1辑,内部发行,1982年,第1页。
② 朱德:《十月革命和妇女》(1940年10月),中华妇女联合会:《毛泽东、周恩来、刘少奇、朱德论妇女解放》,人民出版社1988年版,第106—107页。
③ 中共中央文献研究室:《周恩来年谱(1898—1949)》,中央文献出版社1998年版,第795页。

姻、教育与参政等方面的权利。在处理妇女与男性农民、妇女与家庭之间的矛盾时,只注意到了性别利益而忽视了阶级利益,单纯强调片面的"大妇女主义"的观点。妇女工作中存在的这些问题,不但使男性农民对妇女工作和妇女运动持强烈反对的态度,而且他们对中共的认同也降到了最低点,影响了抗战大业的顺利进行。中共开始调和性别之间的矛盾,将生产作为妇女工作的突破口,希冀通过对家庭的维护,获得乡村社会的同情与支持。

(三) 社会稳定的机制

战争革命时期的华北乡村,"非婚性关系"的普遍存在是一个不可否认的事实,并不关涉妇女在此种关系中是主动还是被动。从女性这一方来看,产生性乱现象的原因涉及经济、生理与心理等层面。她们有的将性作为获得经济利益的筹码,有的将性作为填补因婚姻家庭不睦所造成的心理及生理上空缺的替代物,还有的将性作为保护自家财产及人身安全的工具。

从当时县域资料记载中即可窥其一斑。根据赞皇的统计,一般区村,"破鞋"占妇女总人数的30%。武乡西破小自然村的统计:全村有"破鞋"39人。① 永□一个村35户,只有一个妇女没有外遇,其他的都有,甚至有一个女子和几个男人相好。② 栗城村全村188名妇女,有43个妇女有相好。最多的一个人有20个情人;最少的有10个,这样的妇女大概有6名;有5—10个情人的妇女10名;有3—5个情人的10名;有1—3个情人的16名。抗战以后只

---

① 晋冀豫区妇总会:《一年来妇女工作总结报告——1941年8月—1942年5月》(1942年7月15日),山西省档案馆,档案号:A1-7-4-13。
②《婚姻问题宣传教育材料》(1949年),山西省档案馆,档案号:A37-5-1-8。

有 12 个妇女不乱搞了,其他并无变化。① 邱县小郭斗村 100 户人家中,三分之一的妇女生活作风不正。冀南区 1942 年的统计卖淫者占青壮年妇女的 2/3。其中 7 人公开卖淫,男女关系很乱。②

"非婚性关系"的存在造成了乡村社会的不稳定,如家庭不睦、夫妻不和、妇女之间不团结等。晋冀豫区太谷南庄村有一妇女,整日在村上乱搞,挑拨得很多夫妇不和睦。③ 冀南星村一女人男女关系较乱,闹得公婆、夫妻、全家关系都不好,不能维持正常生活。④ 同时性乱也对青年产生了影响,使不少青年堕落、不愿积极劳动。如武乡一并发现的 4 个小偷都是青年,他们都将所偷粮食卖钱后,给相好的买手巾、肥皂等生活用品。⑤ 性乱也使一些妇女患有性病,不能生育或者生育率低。据调查许多村庄婴孩之死亡率平均占到了生育总数的一半。⑥ 性乱滋生的私生子问题亦很严重。在那个年代,怀孕后堕胎十分危险,以至于搞婚外性关系的妇女大多选择把孩子生下来。为了保护自我尊严与家庭的稳定,很多妇女特别是寡妇和军属会将私生子溺死。据太岳区绛县 1949 年 5 个月的不完全统计,共生私生子 15 个;溺死了 13 个,存活两个,到统计

---

① 《和顺东关妇女典型材料调查》(1948 年 8 月 15 日),山西省档案馆,档案号:A1-7-8-5。
② 冀南区党委妇总会:《1942 年妇女工作总结》(1942 年 12 曰 22 日),档案号:25-1-317-1。
③ 晋冀豫区妇总会:《一年来妇女工作总结报告——1941 年 8 月—1942 年 5 月》(1942 年 7 月 15 日),山西省档案馆,档案号:A1-7-4-13。
④ 晋绥十地委妇委:《十分区婚姻问题材料》(1949 年 2 月 1 日),山西省档案馆,档案号:A35-1-9-10。
⑤ 晋冀豫区妇总会:《一年来妇女工作总结报告——1941 年 8 月—1942 年 5 月》(1942 年 7 月 15 日),山西省档案馆,档案号:A1-7-4-13。
⑥ 浦安修:《五年来华北抗日民主根据地妇女运动的初步总结》,山西大学晋冀鲁豫边区史研究组:《晋冀鲁豫边区史料选编》第 2 辑,内部发行,1980 年,第 211 页。

截止日期前还有3个军属正在孕中。农妇刘喜儿和另一不知姓名的寡妇婚后,都四五个月就生下孩子,她们都将孩子溺死了。① 晋城七区的闫庄村一妇女结婚才5个月就生了一个小孩,她怕被村里人质问,就把孩子害死了。同区碾槽凹村另一妇女男人不在家,生了一个男孩,怕人笑话,也把小孩害死了。②

无论是性乱造成的乡村民众的摩擦、生育率低还是部分私生子被溺死的情况,都是中共政权难以接受的。战乱、饥荒已经使根据地人口减少,倘若再因性的问题致使人口继续呈下降趋势,那一方面会动摇中共战争的人力基础,另一方面也会影响根据地的建设。

面对乡村社会的"非婚性关系"现象,根据地政权一直做着各种努力。动员妇女参加生产便成了改变乡村社会性乱现象、稳定乡村社会环境的有效途径之一。试图通过发动这些生活作风不良的妇女参加到生产中,一方面,想基于此消耗她们多余的能量进而减少她们对于"性"的欲望。另一方面,由于当时很多妇女性乱的主要原因是经济的匮乏与物资的短缺,希望通过发动她们参与生产,满足自我需求,进而减少因物质而乱搞的现象。如在五台、孟平两县一些村庄,妇女干部在妇女大会上提出"卖淫生活可耻,参加生产才是光荣""反对赚不光荣的钱""自受自吃才光荣"等口号,动员妇女参加生产。③ 动员"破鞋"参与生产的政策,在某种程度上

---

① 太岳区二地委:《妇委工作报告》(1949年7月),山西省档案馆,档案号:A12-8-6-10。
②《注意"禁止妇女溺婴"》,《太岳日报》1949年7月5日,第4版。
③ 晋察冀边区冀晋二专区:《一九四四年妇女工作总》(1945年3月25日),晋察冀北岳区妇女抗日斗争史料编辑组:《晋察冀北岳区妇女抗日斗争史料》,中国老年历史研究会1985年版,第445页;晋察冀边区第二区抗日救国联合会:《关于进一步贯彻一九四四年妇运方针与任务的决定》(1944年7月1日),山西省档案馆,档案号:A44-7-2-10。

转变了她们的劳动观念。如太行三地委城关二街五间一妇女,人称"白蚊子",过去不劳动,只讲究穿衣打扮,且私生活混乱。几年来在妇女运动当中受到了巨大的震撼,特别是1949年"三八节"会议之后,痛哭流涕,自动找妇代会干部请求帮她进步。① 再如过去黎城二区北流村妇女腐化得厉害,90%以上的妇女都有腐化行为。经过教育,她们树立了劳动的新观点,此后不劳动、生活腐化的妇女只是个别。②

在战争与革命的视域中,妇女生产具有多重意义与内涵。她们对生产领域的参与,已经远远超过了弥补劳动力与促进社会和谐层面。中共在处理性别、阶级、革命这三者关系遭遇瓶颈时,又赋予妇女生产以新的使命,且取得了有益的探索与显著的成效。非常态环境中,在政治的裹挟下,农业女性化的倾向趋于普遍。贺萧在探讨20世纪五六十年代中国农村的集体化历史时,认为:"从50年代中期开始,妇女就成了普通农业劳动力的核心,这一情形在'大跃进'时期愈加明显。从事副业劳动或承包工程工作的男人只有在耕种和收获的农忙时节才会回到地里。"③

第二节　妇女身体的治理

为了使华北乡村妇女能够最大程度上参加生产,首先做的是对妇女的身体进行治理,从而减少妇女身体层面所产生的阻力。

---

① 太行三地委:《三八节以来城关妇女的生产文化活动情况》(1949年),山西省档案馆,档案号:A4-7-6-8。
②《黎城二区北流村妇女工作调查材料汇集》,山西省档案馆,档案号:A1-7-8-4。
③ [美]贺萧:《记忆的性别:农村妇女和中国集体化历史》,人民出版社2017年版,第218页。

中共各地政权对妇女身体治理分为两种,其一是解放"脚"的束缚;其二是保障妇女身体的健康。

一、对脚的释放

华北乡村自古就有缠足的传统。一般,"女孩子到了六七岁上,就用几尺布把脚缠起来,用针线缝好,晚上睡觉时还得用石头压起来不让动。这样经过一段时间,脚里的筋肉都化脓溃烂了,只剩下变了形的骨头。这使妇女成了终身的残废"。①

晚清在东南沿海一些地方已有放足,民国甫一建立,立即宣布废除缠足。但这在城镇推广较广泛,边远乡村的缠足习俗依然延续着。河南省政府成立后,遵照国民政府令,着手放足工作。1927年10月,由民政厅接管该项工作。1931年4月,河南省政府再次下令"厉行放足办法"。1934和1935年的《河南统计月报》较为详细地统计了当时各县妇女的缠足、放足状况。该统计显示:"城市妇女放足情况较好,乡村妇女则较多的固守旧规。"②20世纪30年代初,山东沂水县国民党政府曾严令放足,并派女学生下乡检查,若发现未放足者必予以处罚,但收效甚微。③

南京国民政府放足工作开展得步履维艰。究其原因,一方面是传统的根深蒂固,革命的因子不可能在短时间内就将惯习洗涤得一干二净。有过缠足生命体验或见证过他人缠足经历的妇女,在追忆那段往事时对缠足的原因和不缠足的危害都有详细的表

---

① 《抗战时期北方局妇女工作回忆浦安修》,山西省武乡县妇女联合会:《武乡妇女运动史料选编》第1集,内部发行,1982年,第25页。
② 转引自:梁景和:《现代中国社会文化嬗变研究(1919—1949)——以婚姻、家庭、妇女、性伦娱乐为中心》,社会科学文献出版社2013年版,第359、362、363页。
③ 山东省沂水县地方史志编纂委员会:《沂水县志》,齐鲁书社1997年版,第727页。

述。从这些诉说中,感触最深的是她们在缠足中的酸甜苦楚已经内化为一种惯习而存在,身体的缺陷反而成为别人艳羡的对象。特别是在婚嫁方面,"那时候人们都愿意要小脚,新娘子到婆家一下轿,就看她的脚哩,一看是小脚就是好看,一看是大脚就丑死了。就因为这再疼也得缠"。[1] 且在那时,"女人脚小了吃香,有句老话口口相传:'裹大脚找瞎子,想吃馍馍背褡子;裹小脚找秀才,想吃馍馍拿肉来'";还有什么"脸儿白白不为俊,脚儿小小遮半身"。深植于华北大地上的"小脚为美"俨然作为一种时尚存在,小脚成为决定妇女婚嫁质量高低的主要标准。因为脚大,新媳妇挨打受气的比比皆是,自杀身亡的也不在少数。如巨野县百时屯时家娶的媳妇脚大,屡遭婆家白眼,后因踩死两只鸭子,羞愧难当,上吊身亡。还有的丈夫因嫌妻子脚大,想方设法将她弄成小脚。《乱时候,穷时候》作者姜淑梅老人在书中就讲述了这样一个悲惨的例子。"有一家娶了大脚媳妇,夫妻感情很好。笑话媳妇的人太多,丈夫受不住了,特意去了一趟济宁,酤了红伤药。他回到家,先给媳妇灌上迷糊药,趁她迷糊过去,他把媳妇用箔帘子卷上,把脚心的肉用刀子挖掉,再给上红伤药。媳妇醒过来,疼得不行。"[2]由此可见,小脚不作为一种时尚而存在,还承担起维护乡村社会尤为看重的面子和尊严的任务。上述这种时尚与风气一经形成即具有强大生命力,当然不会轻易让位于权力与政策、法规的新要求。

另一方面,政府"反缠足立论依据甚多,不过其根本的关怀在国族命脉之存亡绝续者多,在女子本身之福祉者少"。[3] 生理上的

---

[1] 李小江:《让女人自己说话:独立的历程》,三联书店2003年版,第304—305页。
[2] 姜淑梅:《乱时候,穷时候》,浙江人民出版社2013年版,第59—60页。
[3] [台]李真德、梁其姿:《妇女与社会》,中国大百科全书出版社2005年版,第379页。

痛楚是施政者无法真实感受与记录的,但它使缠足妇女始终徘徊在缠与放之间。在一个描述放足经历的叙述中,我们可以清晰看到放足是一个长时段的过程,并非一朝一夕即可完成。同时,长时间的裹脚,已经破坏了原有人体的骨骼,放足后可能更是一种折磨。

> 放脚得一点儿一点儿放,要是把裹脚布一下拿掉,脚难受得受不了。裹脚布得一天一天慢慢松,松上十多天,裹脚布才能拿掉。裹脚时间长的,脚趾都裹折了,再放也放不开。裹得轻的能放开,放脚以后,脚趾伸出来,趴趴着。①

特别是对年岁大的妇女而言,她们也想顺应政策、法规的要求,但她们的双脚往往已被缠死,很难再放大到正常状态。而且一旦放足不慎,她们行走起来可能比裹小脚时更加痛苦。所以从当时的状况来说,放足运动对年岁较大的妇女有更为严重的影响,她们的处境也最为尴尬。②"在查脚员面前,她们可能会因一时的惊恐而解除缠脚布,但是不管是怎么样的行政命令或罚则,都无法使她们的双脚恢复到天足的'天然'状态。国家强制推行的放足运动,在年长妇女眼里,不过是一场做做样子的把戏:若非鸡同鸭讲,就是虚构故事。"③因为身体上的疼痛与不适已经让她们无暇顾它,在"缠"与"放"之间徘徊与周旋成了她们不得已的选择。

在民族战争的状态下,很多小脚妇女因脚小之缘故不能逃命,以至于白白丧命或被奸淫。抗战伊始,出于保护妇女身体及生命

---

① 姜淑梅:《乱时候,穷时候》,浙江人民出版社 2013 年版,第 63 页。
② 汪民安、金惠敏:《身体的文化政治学》,河南大学出版社 2004 年版,第 42 页。
③ [美]高彦颐著,苗延威译:《缠足:"金莲崇拜"盛极而衰的演变》,江苏人民出版社 2009 年版,第 79 页。

安全的考量动员乡村妇女放足。随着战争的进行,其运动的主要目的又加入了生产动员的意味。辽县政府在"扫荡"后,发布妇女放脚的通告称:"全县被敌残杀的妇女共达一八五人,而其中小脚妇女即占十分之九以上,且不幸被敌奸污者,亦以小足妇女为最多,爰于□前发帖布告,号召全县妇女举行放足运动,免遭敌寇蹂躏,而便从事生产。"①刊登在《新华日报》一篇名为《动员广大妇女群众参加生产》的文章也谈到小脚对生产的影响。"武涉等七八岁女孩仍是'辣椒脚'。这对于妇女参加春耕增加了很多困难。"②太行公署下发的禁缠足令称:"太行区在不少地区,七八岁之女童和青年妇女,缠脚现象,仍很严重。不仅直接影响妇女健康,而且影响妇女的解放。"③这里的"妇女的解放"是指通过参与生产而获得的解放,即经济参与带来的家庭和社会地位的改变。

一般而言,各级政权对于"解放双脚"采取步骤如下:第一,相关政策的制定与颁发;第二,以劝说与动员为主的政策宣传,并辅以惩罚斗争。至于步骤二,伴随着妇女工作干部对革命战争的理解愈加深刻,她们亦逐渐认可女性生产—解放的模式,于是对于妇女解放概念和实现路径的宣传成了不少干部的首选工作。她们从生产与妇女解放的关系着手,分析身体解放对于生产和女性最终解放的必然联系。希冀通过对上述关系的梳理和勾勒,让乡村女性对生产、解放、家庭、革命、社会稳定等有愈加深刻的理解,让更

---

① 《辽县青救号召会员 不讨小脚老婆 县府布告厉行放足》,《新华日报》1942 年 3 月 26 日,第 4 版。
② 《动员广大妇女群众参加生产》,华北妇女社:《华北妇女旬刊》第 4 期,《新华日报》1942 年 3 月 31 日。
③ 《太行行政公署指示严禁妇女缠脚 民政会教社字第十四号》,河北省妇女联合会:《河北妇女运动史资料选辑》第 3 辑,内部发行,1983 年,第 276 页。

多的乡村女性积极投身于劳动生产。政策的宣传对中国的乡村绝非仅是文件的发布与宣读,更多的是干部通过乡村民众喜闻乐见的形式如口号、标语、宣传画、年画①等将政策和文件形象化、通俗化、人性化。当辽县县政府公布放足法令及具体办法后,该县妇救会开始着手进行宣传说服工作,青救会亦提出"青年不娶小足妇女"的口号。② 中国共产党无论在社会动员抑或政治动员的过程中,都一直秉持着群众观点,充分将民众纳入运动中,发挥群众的积极性与主动性。武东县令公村,先召集全村妇女,进行动员放足工作。由政府工作人员解释放足的好处后,当即由大家讨论,并订出具体办法:"二十五岁以下之妇女,一律于五天内解了裹脚带。"③虽然其包含的五天解裹脚带的规定看起来具有明显的强制性,但我们更应该注意它产生的群众基础。放足条例对不配合动员工作的情形也有着明确的规定。"对尚在缠脚的青年妇女,进行强制解放,毫无姑息的处罚,将所有罚金作为教育与救济灾民之用,一定要痛下决心,剪除此种恶习。"④"一般的可发现固执分子,在再三说服不听的情况下,可予以处罚出十五元以至五十元之罚金,或三日至十五日的拘役。"⑤

---

① 李军全在《过年:华北根据地的民俗改造 1937—1949》一书中,梳理了中国共产党通过多种途径处理乡村传统的政治难题构建革命意识形态,其中包括年画的改造、秧歌的复兴、戏剧的发明等。
②《辽县青救号召会员 不讨小脚老婆 县府布告厉行放足》,《新华日报》1942年3月26日,第4版。
③《小姑娘喜形于色 壶关武安妇女放脚》,《新华日报》1943年3月13日,第4版。
④《政府痛下决心厉行妇女放足》,《新华日报》1943年6月11日,第4版。
⑤ 晋冀鲁豫边区政府民政厅 晋冀豫区救联总会:《关于妇女放足的指示》(1942年12月5日),太行革命根据地史总编委会编:《太行革命根据地史料丛书:群众运动》,山西人民出版社1989年版,第426页。

乡村妇女对放足运动的反馈并非单一的"政策—效果"模式。年幼的女性多积极响应号召。如放足运动开始推行后,壶关、武安两县的姑娘们都喜形于色:"这下可好了,从前俺娘老是要缠,痛得要死,现在政府帮助咱办了好事!"①潞城二区靳村在抗战前是个缠足较严重的村庄,该村每个女孩都11岁开始缠足,一般在15岁就能定型。自敌占后,因恐惧小脚对逃跑的不便以及因战争所带来的家庭劳动力缺乏,缠足人数逐渐少。据统计,后来该村15岁以下的妇女都是大足,16—25岁的大足妇女也较多。(见表3.10)还有的在自己完成放脚后主动帮助其他妇女放脚。一个曾经有过此种经历、名叫张景芝的妇女谈起自己如何向其他妇女宣传放脚时说:"放了脚好劳动,裹着脚走不动,不如放开好。裹脚是老封建,咱们解放了,上面叫放脚咱就放脚,不能再缠了。(她们)也是怪顽固。我学了'放脚歌'唱给她们听:'小脚前走走后倒倒,大脚走路多排场……'一大下(很多)呢,我唱唱,她们听听、学学。"②对于这些积极拥护脚的解放的女性而言,她们放足最基本的考量来自于身体痛楚的记忆。

当然开始时也有不少妇女不理解放足政策,这个群体以中老年妇女为主。有人会认为脚小好看,大脚找不到婆家。有一个叫高香云的,上面提到的张景芝去给她松开了裹脚布,香云的娘痛哭流涕地埋怨道:"张景芝呀,你给俺那闺女倒了裹脚,俺怎么寻个婆家呀?"③还有一些女性对中共的放足运动并不接受。如涞源某村,当女干部召集妇女开会时,她们就将裹脚布都塞在腰里;

---

① 《小姑娘喜形于色 壶关武安妇女放脚》,《新华日报》1943年3月13日,第4版。
② 李小江:《让女人自己说话:亲历战争》,三联书店2003年版,第486页。
③ 同上书,第296页。

当会议结束后又都重新将脚裹上。① 这个群体之所以未对放足运动摇旗呐喊也是基于记忆,她们的此种记忆应该称之为文化记忆。

表 3.10　潞城二区靳村妇女缠足情况统计表

全村	15 以下	16—25	26—35	合计	备考
大足	142	83	17	242	
小足		33	166	199	

资料来源:《潞城二区靳村妇女工作调查材料》(1948 年 8 月),山西省档案馆,档案号:A1-7-8-1。

有些干部对启发妇女思想觉悟工作做得不够,且对乡村妇女顽固不化的表现十分恼怒,在无计可施的情况下只凭借简单的行政命令去推行,结果群众思想没搞通,成效不大。如郓钜三区张楼村财政委员在村里扬言:"谁不放捆起来!"四区三四个村的妇救会集合一起,到工作开展较慢的村区强行检查,这些地区的群众对此种命令、强迫甚至威胁式的放脚运动大为不满。群众坚持认为放足与否不关他人之事。② 在郓钜县各区妇女主任联席全上发现了这些问题后,具体提出了几点意见:第一,召开各样座谈会,说明放足目的;第二,根据不同群众对放足不同顾虑进行不同的教育与解释;第三,采取先进带动落后的方式;第四,克服"空口号召"的工作作风。对国人而言,身体原本属于私领域。近代以降,在西方文明的冲击下,"身体"渐被拉入公共空间。女性的放足、天乳,男性的剪发、异装,婴孩少年的营养、体育运动,社会对审美标准的确定、政府对女性穿着的要求,都被赋予了国族色彩和政治的意味,同时也都是对身体的规训和束缚。身体的政治化与革命化是千年未有

---

① 《新型的妇女——韩凤龄》,《晋察冀日报》1943 年 6 月 27 日。
② 《郓钜检查妇女放脚工作 提出纠正强迫偏向》,《冀鲁豫日报》1949 年 6 月 9 日,第 2 版。

之变局的近代中国之大势所趋,乡村女性对此却很难一时接受。政策的强制推行令基层社会"上有政策下有对策"的历史画面"立体生动"。

二、关注妇女健康

正如福柯所说:"在策略的游说下,身体成为革命的载体,同时成为革命的助手和对象。身体对革命的价值是可以被革命鼓动和训诫,同时被革命抚养和赐予。革命在身体中找到栖身之所和意义归宿。"①在革命急需劳动力之时,妇女身体健康有了新的含义。华北乡村妇女身体状况不佳的表现在第一节已经有所描述,接下来主要谈妇女健康不佳的原因。

(一)妇女身体状况不佳原因

华北乡村妇女身体健康状况主要受以下几方面的影响:

1. 生育旧习

一般而言,华北农妇怀孕后照样推碾下地干重活,直到生产时也无人帮忙,更谈不上足够的营养。产前的这些情况致使一些妇女产后子宫下垂。生产时有的产妇站着因时间长,以至于流血过多。还有的在仅仅铺着草的土炕上或坐在地上生产,这种不洁净的生产环境,也给妇女的健康带来巨大的创伤。在华北乡村有的地方妇女生孩子时也不敢告诉他人,"认为多一个人知道就要多生一个时辰"。② 更不能让丈夫知道,理由是他会"把孩子吓回去"。

---

① 汪民安、金惠敏:《身体的文化政治学》,河南大学出版社2004年版,第51—52页。
② 晋察冀边区妇女抗日斗争史料编辑组:《烽火巾帼》,中国妇女出版社1990年版,第86页。

因此,她们生孩子时要躲起来。① 产妇生产不敢让人知晓的原因除了上述原因外,还有一因素不容忽视:"在中医和礼仪的文字中,分娩本身被视作一个不洁和危险的场合。"②有些地方,生产时仅孕妇一人,常出危险。如怀来县西水泉村,一年当中为生孩子死了10个妇女,大多是生产时不让人知道,以致伤风和流血过多而死。③产妇接生有的靠自家老人,由于她们多缺乏有效的接生知识,产妇难产时,多都处理不当致产妇丧命。即便生产时有接生婆,但不恰当的接生方法也会使妇女生产不顺、受伤甚至丧命。满城县有一妇女难产,接产婆用一条带子拴在小孩头上,三个人用力往外拉,结果不但未将孩子拉出,产妇还晕倒了好几次,最后到医院才得以妥善处理。通州县关辛村产妇马怀仙,因子宫颈口较紧,分娩时间较长。但接产妇对此不了解,急于将宫口打开,强用外力把婴儿从母体娩出,结果婴儿腹死胎中,产妇身体严重受创。④ 兴县北关杨喜多妻子生孩子,请了两个接生婆。这二人,不问青红皂白,也不洗手,就将手伸进女人子宫内乱摸乱抓,结果把该女人的阴道弄伤,孩子也未娩出。但她二人却以"这女子是血生,所以流的血多"、"胎娃懒,不出力,所以不下来"等为借口为自己开脱。⑤ 光浮山一、二两区1949年因生孩子丧命的妇女就有4个,且都是因接生婆操作不当致死。二区范村应禄妻子生孩子时,接生婆竟先让男

---

① [美]安娜、路易斯、斯特朗著,王厚康、吴韵纯译:《斯特朗文集3——中国人征服中国人》,新华出版社1998年版,第378页。
② [美]贺萧:《记忆的性别:农村妇女和中国集体化历史》,人民出版社2017年版,第231页。
③ 《晋察冀边区妇婴卫生工作》,河北省妇女联合会:《河北妇女运动史资料选辑》第4辑,内部发行,1986年,第149页。
④ 《政府应开办接产训练班传播科学的接产方法》,《新华日报》1949年1月25日,第4版。
⑤ 《要改造不科学的收生婆》,《晋绥大众报》1948年11月24日,第3版。

人站在女人肚上,然后她用称勾子往外拉,母子皆命丧黄泉。① 据贺萧称:"1949年以前的陕西农村,分娩时死亡是经常发生的事。"②她在书中用很长的篇幅描述了产婆对难产的分类以及"接近残酷的应对措施"。③

"产妇和孩子面临的危险从完成分娩的那一刻到产后的第一个月一直存在。"④华北乡村大多地区由于经济条件的限制,妇女生产时卫生条件较差,产后营养多不良。有的地方用脏尿盆接生,用不消毒的剪子剪脐带。不洁的接生方式往往会把病菌传给婴儿,还会造成产妇感染。产后不注意卫生,不及时清洗身体及乱用不洁之物擦拭下半身,也增加了妇女患妇科病的几率。妇女分娩后,十天二十天不让吃东西,只给喝点清米汤,更不给吃有营养的食物。有的地方要求产妇百天内不能吃荤腥,甚至连鸡蛋都不可以。据说是空肚子,缺乏营养的产妇面黄肌瘦,有的本来身体就很弱,营养再没跟上,很长时间都恢复不了。一个妇女在回忆产后饮食情况时说:"生完孩子以后,要喝三天的小米面糊糊,就是把小米弄碎了,熬成糊糊,有鸡蛋了打进去两个鸡蛋,没有鸡蛋就喝那糊糊。喝够三天了,第四天才叫见盐,中午让吃一顿面条,以后每天都是中午吃面条,早晨和晚上还是糊糊,不让吃馍,这种吃法一直吃一个月。……做完月子的人身体可苗(弱)了,脸色黄的呀,不像个样。你没听人家常说,说谁身体不好了,就是说你看谁谁,那脸就

---

① 太岳区二地委:《妇委工作报告》(1949年7月),山西省档案馆,档案号:A12-8-6-10。
② [美]贺萧:《记忆的性别:农村妇女和中国集体化历史》,人民出版社2017年版,第232页。
③ 同上书,第231页。
④ 同上书,第233页。

像月子婆娘一样。"①贺萧在其调查后也发现"大多数妇女产后的最初几天只能喝到粥或菜汤,然后是面条或干膜片,她们不应该吃肉或蛋。山区的产妇只能吃到玉米,导致母亲和婴儿都很虚弱"。②不少妇女产后因体质很差,得了骨软化症,骨盆、脊椎畸形,还有些产妇因患多发性骨折而致残。

2. 不良的卫生习惯

在华北乡村,很多妇女卫生意识差,不经常清洗身体,有的连下身也不清洗,也不换洗内裤,极不卫生。有的妇女还在经期同男人发生性关系。农村妇女在月经期间,也没有好的经期用品予以护理,都是用一些烂布套子、棉花套子或自制的月经带代替。如陵川县附城区后山村妇女在经期一般用"小鞋子"等不净之物。③ 这种自制经期用品的习惯一直延续到20世纪七八十年代。本身制作此种用品的原材料卫生情况就令人担忧,加上不经常清洗,造成大量细菌滋生,导致大批乡村妇女罹患妇科病。妇女得了妇科病也不敢告诉他人,认为这是最脏、最下贱的病。由于这种旧思想的存在,一旦妇女自己有了病,便默默忍受一切痛苦,根本谈不上及时医治,所以一些妇女被长期的腰疼、腿疼、月经不调等病痛折磨。

3. 迷信思想及落后的医疗条件

在中共控制区域内,迷信思想虽有所收敛,但因其存在与传播的隐避性,很难在短时间内根除这些不科学落后的思想,对当地妇女影响较深,妇女参加会门、道门、当神婆的不在少数。她们在迷

---

① 李小江:《让女人自己说话:独立的历程》,三联书店2003年版,第310页。
② [美]贺萧:《记忆的性别:农村妇女和中国集体化历史》,人民出版社2017年版,第235页。
③ 陵川县附城区:《后山村妇女工作调查》(1948年8月10日),山西省档案馆,档案号:A1-7-8-3。

信思想的蛊惑下敬鬼信神,甚至被人利用参与暴动。如黎城1941年曾有100多名妇女参加了离卦道暴动。① 同时,由于经济环境的限制,华北很多地区连基本的医疗条件都难以保证。医疗设施的大量缺位给迷信思想以可乘之机。1948年11月山阴县四区解庄村贫农解瑞云的爱人生了孩子,她因不注意清洁卫生,得了妇科病。解不积极请医生治疗,反到刘家岭村请了巫神许黑女给跳神,并听信巫神婆子的谎言拿些黄土、骨头等东西给他爱人服用,致女人的病情日益加重。但他一意孤行仍不请医生,又到应县六区花红村请了一个神婆子问卦,结果彻底耽误了治疗时间。②

4. 战争环境的影响

妇女与战争的关系是1949年以前中国妇女的基本主题。战乱环境也对妇女身体健康造成了一定影响。在游击区,妇女最大痛苦是生活的不安定与精神的恐慌,这一点她们表现要比男人强烈。她们很多人夜间不敢在家睡,多住在野地和土洞里。③ 日军的性侵犯在一定程度上也对根据地妇女的健康造成影响。如在五台狐峪沟村,1943年被日军强奸、轮奸后害花柳病的妇女占到了受害者总数的30%。④ 在冀东患慢性病和被敌强奸得性病的妇女人数

---

① 晋冀豫区妇总会:《一年来妇女工作总结报告——1941年8月—1942年5月》(1942年7月15日),山西省档案馆,档案号:A1-7-4-13。
②《解瑞云不请医生信巫神 断送了女人的性命》,《晋绥大众报》1949年5月24日,第3版。
③ 晋冀豫区妇总会:《一年来妇女工作总结报告——1941年8月—1942年5月》(1942年7月15日),山西省档案馆,档案号:A1-7-4-13。
④ 中央档案馆:《华北大扫荡》,中华书局1998年版,第882页。

达到了约 2.4 万余人。①

战争与革命时期,根据地人民的健康和人口增长十分重要,它们关系着根据地经济、政治和文化等诸多层面的建设和发展,关系着前线兵力的补充和后方物资的支援。1937 年,毛泽东在延安卫生运动周劳动过程中曾言:"注意卫生,健康身体,就是增强国防力量。"②女性对于根据地建设发展而言意义更为重大,她们的身体和健康关涉于经济层面的"生产",更关系到人口层面的"生产",即人口的繁衍。因此,妇女的卫生与保健在根据地卫生防疫工作中处于关键地位。同时,"在人类社会争取妇女解放的历史上,妇女卫生与健康往往与维护妇女权益密不可分,是妇女解放运动中必不可少的内容。"③

(二) 中共的措施

从上述几点原因中可以清晰看出,华北乡村妇女身体健康状况受传统生产观念与接生法以及不良的卫生习惯的影响很大。鉴于此,各级政权主要致力于新接生法与卫生观念的推广,借此来改善妇女身体状况。抗战期间,各抗日根据地设置了卫生机构,颁布了一系列公共卫生防疫的规章和条例,建立了各级卫生组织,实施了各种卫生防疫办法,亦将妇女卫生与健康纳入卫生工作中。在华北中共控制区域内的各根据地通过召开妇女卫生训练班、座谈会和布置展览会来宣传和推广新接生法和新卫生的理念。

---

① 魏宏运:《抗日战争时期晋察冀边区财政经济史资料选编》(总论篇),南开大学出版社 1984 年版,第 846 页。转引自郑立柱:《抗战时期晋察冀边区的妇幼健康状况及其应对》,《保定学院学报》2012 年第 2 期。
②《毛泽东在延安市卫生运动周上的讲话》,《新中华报》1937 年 3 月 23 日。
③ 崔兰平:《抗战时期陕甘宁边区的妇女卫生保健工作》,《渭南师范学院学报》2016 年第 3 期,第 15 页。

1945年初,太行根据地所属医院为了传播接产知识、降低妇婴死亡率,开办了一期接产训练班,共选派了30名妇女进行受训。这些妇女都来自周边村庄。1945年10月16日冀中妇联会召开了妇婴卫生训练班。学员参差不齐,有的是分区干部,有的是群众;有60多岁的老太太,也有十七八岁的姑娘,还有旧的收生婆;有个别上过师范,少数上过高小的,但大部分是文盲。其中还有31个带着两三个月至十一二岁孩子的。对这些良莠不齐的学员,训练班首先进行了破除"迷信"思想的教育;其次学教授妇科、产科、儿科的知识,其间还穿插对政治时事的学习。① 在冀中,受训回去的区干部负责训练新接生婆,如有产科医生或有经验的中医也可请她们作指导。未受过培训的区干部,一面协助训练班的行政工作,一面研究课程。计划把村里的妇女干部,至少是村卫生干部及开明一些的收生婆训练完毕。②

　　座谈会的形式也是多种多样,有接生婆座谈会、婆婆座谈会、媳妇座谈会、妯娌座谈会等等。试图通过这些座谈会达到以下目的:首先汇集老人中有经验的人和接生人员相互座谈,研究接生技术,吸取有用经验。其次从谈话中转变妇女的迷信想法,并拿出所见事实证明迷信是没有根据的。"如四六风,旧的接生婆一定说有鬼,但在大家共讨论的结果是脐带伤风,大家觉得有道理,随后用新办法接产的,没有得中疯。在这些卫生研究中大家相信了新科学的理论,对鬼神的说法,开始打破。"晋察冀边区二分区闫家庄村,神婆较多,已经严重阻碍了卫生工作的顺利进行。各级干部便利用各种座谈会消除大家的迷信思想。有一个妇女在会上谈道:

---

① 《冀中妇婴卫训班期满结束》,《冀中导报》1946年1月23日,第2版。
② 《冀中妇联会 布置妇女卫生工作》,《冀中导报》1946年1月23日,第2版。

"有一次梅老人(神婆子)给我孩子看病,她说叫我给孩子吃老鼠屎,我嫌脏,没有吃,医生开了个方子吃上就好了,我不相信她。"还有一人说:"神婆说我的孩子活不长,现在已二十多岁了。"在几个骨干的带领下展开了热烈的讨论,愈来愈多的人对迷信思想产生了质疑。① 第三,改造传统接生婆,亦称旧产婆。虽然旧产婆是被现代医学诋毁的形象,但在绝大多数农村地区她们是唯一的助产资源。"正如李延安在1935年的一份农村卫生研究里所指出的,大多数农民根本不相信新接生法。"李延安指出,虽然在定县有一个长期的农村卫生项目,但仅有10%的婴儿是由接生员接生的,而89.7%是由旧产婆接生的,剩下的0.3%是自己接生的。并且李认为:"在急需合格的接生员这种紧急问题上步履维艰,但经验告诉我们这个问题不能轻易解决。要改变该地区人们的观念可能需要不止一代人的努力。"② 为此,改造传统接生婆迫在眉睫。在接生婆座谈会上,干部虚心和她们座谈研究,吸收她们丰富的接生经验,做到科学与经验相结合。并打破她们保守观点,教育她们为群众服务。直到1950年,卫生部召开全国妇婴卫生工作者大会的时候,妇联仍将改革旧产婆作为首要任务。③ 第四,让婆媳及家中其他妇女都能互相体谅、互相帮助。如在婆婆座谈会上,以交换经验的方式教育婆婆对怀孕期间的儿媳妇多加照顾。一方面要减轻她们的劳动量,一方面给她们增加营养。叫婆婆回想自己做媳妇时所受的生育之苦,并对在这方面做得好的婆婆予以表扬。在媳妇

---

① 《晋察冀边区妇婴卫生工作》,河北省妇女联合会:《河北妇女运动史资料选辑》第4辑,内部发行,1986年,第152—154页。
② [美]贺萧:《记忆的性别:农村妇女和中国集体化历史》,人民出版社2017年版,第237页。
③ 同上书,第240页。

座谈会或妯娌座谈会上交谈如何互帮互助,以达家庭内部之和谐。①

根据地时期的展览会作为一种便利、实用且有效的宣传中共政策与法律条例的形式,在数量上和种类上都呈多样化。各地政权在宣传新接生法及卫生观念时也较为普遍地使用了此种方式。如阜平县1945年举行展览会,在会上展览有妇婴卫生的漫画十余种,不但讲解了妇女怀孕的过程,又讲明了如何讲卫生、如何对产妇和婴儿进行保健以及如何制作卫生的月经带等。② 关中家属学校1948年举行妇孺卫生展览。在该展览会上,主办方以图文并茂的方式对妇女从怀孕到生产的注意事项都作了详细的说明。在会场上还陈设着新法接生用的小孩包被、产妇用的月经带、消过毒的剪子和脐带布。除了这些图片及实物的陈设外,还有专门的工作人员对妇女怀孕、生产过程及注意事项进行讲解。③ 通过这些直观、形象的图片和实物的展览,乡村民众对生产及卫生观念都有了新的认知。如经期时,"家里不让她们磨面、洗衣服做重活,家家都知道对付着妇女们的身子,婆媳也不生气了"。④

在非常态的环境下,乡村妇女的健康与身体被纳入了政治考量的范围。此种政治考量在当时历史背景下一方面使女性获得了身体的解放,保证了女性身体的健康,另一方面也为乡村社会的和谐提供了保障,为抗战大业顺利完成提供了人力基础。

---

① 《冀中妇联会 布置妇女卫生工作》,《冀中导报》1946年1月23日,第2版。
② 《阜平庙会举行妇婴卫生手工业品展览》,《晋察冀日报》1945年7月22日,第2版。
③ 《关中家属学校举行妇孺卫生展览 参观的女人受到不少教育》,《晋绥日报》1948年3月22日,第2版。
④ 《晋察冀边区妇婴卫生工作》,河北省妇女联合会:《河北妇女运动史资料选辑》第4辑,内部发行,1986年,第153页。

第三节　妇女生产的典型:劳动英雄的形塑

为了将"生产—解放"的理念加以推广,也为了有效动员、组织和激励乡村妇女参加生产,以达对战争物质支援的目的,需要通过各种方式不断将"生产"灌输到妇女的认知体系中。"树立典型模范,并通过反复宣扬模范事迹形成社会效应"①,成为发动乡村妇女参与生产最主要也是最富有成效的举措。妇女劳动英雄、劳动模范便成了活生生的模板,供农妇学习与仿效。除了榜样这一作用外,中共领导人还将劳作看作是人民群众和领导之间的桥梁,一方面可将领导的想法和党的方针政策带到群众中去,另一方面也可通过该群体把群众的要求与意见反馈给领导。②

一、考量与实践

为了培养大批妇女党员及生产积极分子,贯彻劳动光荣的理念以及发动广大妇女参加到生产运动中去,华北各根据地都制定了不同的选拔妇女劳动英雄的标准,利用了多种选拔、宣传妇女劳动英雄的媒介,令妇女劳动英雄形塑的功效最大化。

(一)妇女劳动英雄的条件与标准

华北各根据地都提出了成为妇女劳动英雄的标准与条件。如晋察冀边区妇女劳动英雄的标准是:"一、纺织快,质量好,数量多。二、能创造新的生产方式。三、会团结人,督促及帮助别人生产。

---

① 李军全:《政治操控与社会动员:中共对节日的利用和改造(1937—1949)》,博士学位论文,南开大学,2012年,第74页。
② [美]贺萧:《记忆的性别:农村妇女和中国集体化历史》,人民出版社2017年版,第308页。

四、热心工作,会过日子,能将赚的钱恰当运用。"①

晋西1941年当选妇女劳动英雄的条件是:"(一)保证全家不荒地,自己也参加生产。(二)给别人起模范作用。(三)能开一垧荒地以上。(四)养鸡七只以上。(五)刨草根二百斤以上。(六)纺毛四斤,或纺棉五斤。(七)纺纱布纱巾有成绩,比别人又多又好。"②

晋西1942年可评为妇女劳动英雄的条件是:

第一,纺织的妇女,全年成绩够下列条件之一的,就算劳动英雄:

甲、纺普通土纱八十斤,或能纺木机织布用的经纱三十五斤以上的。

乙、纺毛可按当地规定的上等毛线六十五斤,中等毛线八十五斤或下等毛线一百斤以上的。

丙、织土布五十斤以上的,并且能够自纺自织的。

丁、打毛货(如打毛衣等)自纺自打在三十斤以上的。

戊、在没有纺织习惯的地方,妇女们能□□到上面规定三分之一的就为合格。

第二,妇女自己能养或繁殖的家禽家畜,要有下列的几个条件:

1,繁殖牛驴骡马在一□以上的。

2,每口母猪繁殖两窝并能保证在生下一个半月以后成活在百分之八十五以上的。

---

① 《边区各地妇女热烈参加生产》,《晋察冀日报》1943年3月20日,第1版。
② 《行署规定劳动英雄条件 创造二百个劳动英雄》,《晋西大众报》1941年5月17日,第1版。

第三、妇女开荒精修梯田和修河滩地,能达到农民劳动英雄的条件之一就行了。

第四、能割野草五百斤以上的。

第五、能以自己的生产热忱和模范作用去影响并推动别人积极参加劳动,而又具体成绩表现的。

第六、努力纺织棉花羊毛并且能热心传授给别人,而有具体事实的。

第七、能积极参加劳动互助组织,大家都认为模范的。

第八、能对于政府和妇救会各种生产号召,能积极响应,并且显著成绩的。

凡有能合乎农民工人劳动英雄条件的,亦可当女劳动英雄。①

晋绥边区1944年当选妇女劳动英雄的标准是:"1,自己努力纺织组织互助变工。2,积极纺经纱又紧又细又均匀。3,努力织标准布织的好产量超过别人。4,不断提高技术积极帮助别人。5,参加农业生产死样家禽家畜有明显的成绩。"②

(二)形塑妇女劳动英雄的媒介

产生与宣传妇女劳动英雄的途径主要是在根据地召开的各种会议上,如"三八节"的纪念大会、劳动英雄大会、总结生产大会、妇救会代表大会、生产展览会、生产竞赛周等。

在形塑过程中一大批符合标准的模范脱颖而出。如1940年

---

① 《妇女劳动英雄的条件》,《晋西大众报》1942年4月5日,第2版。
② 《晋绥边区一九四四年劳动英雄、战斗英雄、民兵英雄及模范工作者条件》,《晋西大众报》1944年9月2日,第2版。

晋察冀边区妇救会第四次代表大会选拔妇女劳动英雄,韩凤龄当选。① 黎城女劳动英雄庆闰女1942年于县农产品展览会上受光荣奖。② 1943年北岳区决定召开"三八节"纪念大会,选拔与奖励已经涌现在生产战线上的劳动英雄。③ 1943年唐县决定在生产竞赛运动周上,将所有能生产的妇女都组织起来参加生产,创造大批劳动英雄。④ 甄春儿在1943年涞源四区"三八节"大会上当选劳动英雄。⑤ 1944年沁园一区召开了劳动英雄座谈会,会上大家公认18岁的胡让牛是全区劳动英雄。⑥ 1944年屯留二区八泉村的刘冬娥,在该区劳动英雄会上得了头奖。⑦ 张秋林在1944年劳动英雄大会上,被选为妇女特等劳动英雄。⑧ 临县的白全英在1944年劳动英雄大会上,被选为妇女特等劳动英雄。⑨

各根据地还试图通过召开座谈会、纪念大会、学习运动来宣传与学习劳动英雄的先进事迹。1943年晋西北妇联召开"三八节"座谈会,宋候女被选去参加。⑩ 在1944年的晋绥边区"三八"妇女节纪念大会上,妇联号召妇女多多纺线种地,学习张秋林、刘能林和

---

① 《晋察冀模范妇女韩凤龄》,《解放日报》1944年3月27日,第3版。
② 《黎城女劳动英雄 庆闰女受光荣奖》,《新华日报》1942年10月22日,第4版。
③ 《北岳区妇救积极布置纪念"三八"节—动员妇女涌进生产战线》,《晋察冀日报》1943年3月7日,第1版。
④ 《边区各地妇女热烈参加生产》,《晋察冀日报》1943年3月20日,第1版。
⑤ 《甄春儿 赛过男子》,《晋察冀日报》1943年5月1日,第4版。
⑥ 《十八岁少女胡让牛当选头名劳动英雄》,《太岳日报》1944年5月7日,第2版。
⑦ 《女劳动英雄刘冬娥》,《太岳日报》1944年5月7日,第2版。
⑧ 《张秋林》,《抗战日报》1944年1月22日,第4版。
⑨ 《妇女特等劳动英雄白全英》,《晋西大众报》1944年2月13日,第2版。
⑩ 《织完一个布纪念"三八"—宋候女专心纺织事业 许多妇女都要向努力向她看齐》,《抗战日报》1943年3月9日,第2版。

白全英三位劳动英雄。① 开展学习某人光荣事迹的宣传运动在根据地时期开展得较为普遍,特别是在劳动英雄的推广与宣传中。"学习戎冠秀运动"是该时期学习女性劳动英雄的代表。1944年行唐开展"学习戎冠秀运动"。他们通过妇救小组、妇救午校、拔工组、秧歌队等组织形式,讲解和表演了"戎冠秀的故事""怎样学习戎冠秀",编印了"戎冠秀小调",并在妇救小组中,作了开展工作的检查。② 此时中共宣传的劳动模范,极"像旧制度下的烈女,成为社区的社会资本的来源"。③

这些会议都试图通过各种仪式的展示来激发妇女生产的热情。正如涂尔干在研究宗教生活的基本形式时指出:"仪式是在集合群体之中产生的行为方式,它们必定要激发、维持或重塑群体中的某些心理状态。"④上述各种会场气氛的营造及在会议期间所举行的一系列相关的活动,势必会使生活、眼界都较为狭窄的乡村妇女有所触动。通过彰扬劳动英雄过程中所应用的仪式,开启了妇女生产的宣传之门。

(三)对妇女劳动英雄的奖励

为了鼓动妇女劳动英雄自身及普通妇女生产的激情政府,从物质和精神上都给予奖励。

从物质层面而言,大致包括生活用品、生产工具、牲畜或少量

---

① 《纪念"三八"妇女节 妇联号召多多纺织 学习张秋林、刘能林、白全英三英雄》,《晋西大众报》1944年3月12日,第1版。
② 《行唐戎冠秀运动 已获初步成绩 平山检查戎运缺点》,《晋察冀日报》1944年9月28日,第2版。
③ 游鉴明、胡缨、季家珍:《重读中国女性生命故事》,江苏人民出版社2012年版,第41页。
④ [法]爱弥尔·涂尔干著,渠东、汲喆译:《宗教生活的基本形式》,上海人民出版社1999年版,第11页。

的货币。如沁园一区的劳动英雄座谈会上,奖给被评为全区特等劳动英雄的胡让牛一头大毛驴。① 士敏县召开全县劳动英雄大会,秀英得到一只羊、一把锄头和一顶草帽。② 绵上的赵淑英在全县劳动英大会上得到一条牛腿(四人合奖一条牛)、一架纺车、一个本子、一支铅笔和一个奖章。③ 完县东 XX 阳杨老汉之女得织线车子一架,XX 庄杨林尊得纺线车一辆,XXX 王德林之妻得纺线车一辆,XXX 城杨银之得织布轴一个,XX 庄史建云得织布机一架,XX 霍老太太得顶针一枚、钉子一个,XX 庄安望得钢针一包、顶针一枚和钉子一个,XX 刘桂义得钢针、钉子和顶针各一套,XX 村刘老太太也得到了与刘桂义同样的奖励。④ 在那个物质匮乏的年代,能够拥有这些东西是十分不易的,也十分令人羡慕。

除了上述那些有形的物质奖励外,精神方面的奖励更是让这些处于社会边缘的妇女大开眼界。这些无形的奖励可以被认为是一种至上的荣耀和乡村民众的艳羡与认可,这对在传统乡村社会中社会地位不高的妇女来说,是前所未有的。晋察冀边区妇救总会第四次代表大会,评定了全边区女劳动英雄 100 名,前 10 名除了得到物质奖励外,每人还可荣获一个银质奖章。⑤ 当林北县 11 位劳动英雄和生产模范戴着红花走上主席台时,台下群众一致热情高呼:"纪念三八节,要学习劳动英雄!"⑥ 井陉妇女卢凤凰在获得劳

---

① 《十八岁少女胡让牛当选头名劳动英雄》,《太岳日报》1944 年 5 月 7 日,第 2 版。
② 《士敏劳动英雄大会 殷望月得牛一条》,《太岳日报》1944 年 6 月 13 日,第 2 版。
③ 《努力生产学习本领—赵淑英家庭社会地位提高 劳动英雄大会上得奖一辆纺车》,《太岳日报》1944 年 5 月 28 日,第 2 版。
④ 《完县纺织展览会 老少妇女多名受奖》,《晋察冀日报》1943 年 3 月 20 日,第 1 版。
⑤ 《晋察冀妇总评定摆明劳动女英雄》,《新华日报》1941 年 1 月 1 日,第 1 版。
⑥ 《林北纪念三八节 动员妇女生产》,《新华日报》1944 年 3 月 17 日,第 2 版。

动英雄称号之后,她的名字和她的光荣事迹在井陉山沟里传唱着。① 榆社县全县开英雄大会时,郝二蛮的名字被刻在了光荣榜上。三专署专员还亲自给她题了"勤朴可风"四个大字。② 晋中开全区劳动英雄大会时,张子春的母亲被选为特等妇女劳动英雄,她被请上主席台,与司令员、专员并肩而坐,受到了亲切招待。③

对于这些平时连名字都很少被称呼的妇女来说,自己的名字在民众间广为流传应该是一种别样的感受。再加上红花、掌声、题字、奖章、热情的款待都是乡土女性未曾经历与体验过的,台上戴花者倍感荣耀,台下鼓掌者羡慕不已,其结果是台上和台下参与者都暗下决心,决定以加倍工作回馈授予者。小小的一朵红花竟绽放出如此夺目的色彩,从一个侧面亦能看出当时妇女的社会地位之低,只要能得到一丝肯定,则感莫大的满足。

二、妇女劳动英雄特性分析

虽然在各根据地都有选拔妇女劳动英雄条件与标准,选拔出来的这些妇女劳动英雄都符合这些标准吗? 换而言之,她们为什么能当选? 在她们身上又被赋予了何种意义?

当选妇女劳动英雄的群体大致都有三种特性。一是不惧贫穷生产养家;二是像男人一样生产劳动;三是她们拥有所有的美德。这三种特性的外延都在基于战争与革命的背景下得到了扩展,成为各根据地抗战英雄形象中一个独特的类型。

(一) 不惧贫穷生产养家:赋予妇女解放的内涵

20世纪三四十年代华北乡村,虽然一些妇女有参与农业劳动

---

① 《井陉的十一位模范妇女》,《晋察冀日报》1943年4月3日,第4版。
② 《一位出色的女劳动英雄》,《新华日报》1944年7月11日,第4版。
③ 《移民的女劳动英雄》,《新华日报》1944年1月21日,第4版。

的习惯,但毕竟她们大多数不会作为养家主力存在,然而当选的这些妇女劳动英雄多是因生产养家而被奖赏。如黎城二区的庆闺女,家里有一个70多岁的堂兄、40多岁的残疾丈夫和11岁的孩子,他们都不能耕作,完全依靠庆闺女一人维持生活。家里种着十一二亩地,只有在耕种时她才找人帮助,至于挑粪、锄、刨、收割,全是她一个人干。她为积极生产而终日工作着,不仅保证了全家生活,并赎回出典的三四亩地。① 壶关杜家园村郭根省妻子丈夫参军后,自己挑水送粪下地养活四口人,还开荒两亩多,在壶关三区妇女节纪念大会上被选为劳动英雄。② 林北东岗王随平,家中有生病的老母和年幼的妹妹,种着六亩地,扛水、打柴、积粪、上粪、锄地、打苗完全是她一人干。她每天能锄半亩地,犁地、耱地是和别人拔工。她还用1200元钱典了4亩地,盖了4间房子。③ 任云妮分家后,只分下三亩三坡地,男人久病,不能上地。在这种情况下,两口人的生活就不得不由她来想法解决。④ 吕香荣双亲年迈多病,家中再无其他男劳力。为了生存,她积极生产。⑤ 涞源的甄春儿家有60多岁的双亲和十来岁的弟弟,在缺乏男劳力的情况下参与生产。⑥ 张秋林为了渡过穷苦的日月,她每天协同丈夫下地耕作。⑦ 张巧莲是繁峙四区老羊沟的一个青年妇女,婆家和娘家都很穷苦,因此她主动参加了各种劳动。⑧

---

① 《黎城女劳动英雄 庆闺女受光荣奖》,《新华日报》1942年10月22日,第4版。
② 《壶关评奖和睦家庭》,《新华日报》1943年3月23日,第4版。
③ 《林北纪念三八节 动员妇女生产》,《新华日报》1944年3月17日,第2版。
④ 《妇女劳动英雄任云妮》,《解放日报》1943年7月2日,第3版。
⑤ 《赛过男子的女儿 吕香荣》,《晋察冀日报》1943年6月27日,第4版。
⑥ 《甄春儿 赛过男子》,《晋察冀日报》1943年5月1日,第4版。
⑦ 《晋西北三个模范妇女》,《解放日报》1944年3月11日,第2版。
⑧ 《女劳动模范张巧莲》,《晋察冀日报》1944年6月18日,第2版。

通过上述史料可见,这些因积极生产养家而被选为劳动英雄的妇女,均没有选择的余地,因为她们不生产便无法生存。她们衣食无着而参与的生产被中共赋予了妇女解放的含义,将她们看成是通过生产走向解放之路的英雄与楷模。①

(二) 像男人一样:铁姑娘模式的开启

在选拔、宣传的这些妇女劳动英雄中,另一个较为明显的特性是"像男人一样"。自抗战开始,中共在提倡妇女参与生产时,以男性的劳动生产作为衡量女性劳动效率高低标准。宣传与形塑劳动英雄时,也将"像男人一样"作为主要参照。"像男人一样"的女性从那时起就被广为传颂,且后来很长一段时间,此种特性成为主流媒体对优秀女性的评判标准,这些女性意志坚强、作风泼辣、体格健硕。从20世纪六十年代的"铁姑娘"到80年代家喻户晓的"铁榔头",再到如今网络上铺天盖地的"女汉子"盖也源于此。

从样貌来说,这些当选的妇女劳动英雄已经去除了女性外貌柔美的性别特征,"像男人一样"地拥有了男性阳刚、干练的气质。井陉的卢凤凰"头发短,脚大,穿的衣服和别的女人不同:裤子长,上衣却和男子的一模一样,她的面孔黑黄,走道时仰着头子迈大步,有时嘴里还唒这个红□□;要赶牲口,总得哼个什么歌。的确,像一个结结实实挺有劲的男的的青年小伙子!"②阜平的吕香荣,"大筐大筐地背着粪,简直像一个健壮的青年男子。中等身材,两只有力的臂膊,两条健强的腿,两只有力的大脚,像男人一样。大步往前走着,翻山上岭,毫不疲劳"。③刘绍良"头上戴着黑瓜谷帽,

---

① 林书琦:《延安新女性》,硕士学位论文,台湾师范大学2010年,第126页。
②《井陉的十一位模范妇女》,《晋察冀日报》1943年4月3日,第4版。
③《赛过男子的女儿 吕香荣》,《晋察冀日报》1943年6月27日,第4版。

腰间插着长皮鞭,迈着两只大脚走路,看起来像个男脚夫"。人们都叫她做"狼崽子",因为她年幼时未缠足,年纪大些又不常在家中,什么也不怕,赶上毛驴,南来北往地干营生。① 对这些积极参与生产的妇女来说,历经风雨砥砺后,女性美的表征在生存面前被冲刷得荡然无存。中国共产党话语体系中的妇女解放是以女性拥有性别化的劳动能力而获得的男女平等的,女性的价值亦由是否能够成为劳动力以及劳动力产出多少来衡量。在消除差异的意识形态下,让女性与男性共同参与革命及生产,没有性别的"女人"是值得赞扬与表彰的。但这种所谓的"平等"却完全忽视了女性的独特诉求及自主性。②

从生产劳动中看,宣传话语中的她们已经完全脱离了妇女生理特性的束缚,"像男人一样"干活,不知疲倦,有些妇女劳动英雄的劳动强度及能力甚至已完全超过了男人。如妇女劳动影响吕香荣每日做着一个男人做的一切事情。人们都说她"顶不住一个顶强的男人,也顶一个能干的男人呀! 老头总算是好命,没有儿子,像这样的闺女还不是一样吗"。地里使的粪都是她一筐一筐背去的,她一筐能背60多斤。麦地里使了150多筐,能撒一指来厚。坡地离村4里来地,她背了300多筐。春天她姐夫来探望她父亲,帮忙锄了几天麦子,她赤着脚在前,真像一个领工的带着一个短工一样。她姐夫回来对别人说:"我没有见过这样能干的女人,可把我拉下来啦。"③曲阳的张彦绪每天都天不亮便起床,不到太阳落不休息,除了吃饭,很少在屋里待着,一天到晚"放下耙子是扫帚"地忙

---

① 《妇女劳动英雄刘绍良》,《抗战日报》1943年5月18日,第2版。
② 连玲玲:《妇女运动与运动妇女:评介〈近代中国妇女运动史〉》,台湾"中央研究院",《近代中国妇女史研究》第9期,第272页。
③ 《赛过男子的女儿 吕香荣》,《晋察冀日报》1943年6月27日,第4版。

碌着。什么浇园呀,锄地呀,担粪呀,凡男人能干的活,她都干了。还"起五更,睡半夜"地拾粪、搂柴、割草、上树采树叶子,"真像一个半大小伙子那样又有劲又'泼皮'"。她母亲常对人说:"我这闺女不像个女人了!"①董白妮和郭福娥是十七八岁的闺女,都是靠自己一人的力量,种地25亩到31亩,维持一家五六人的生活。董白妮除自己不会扶犁外,31亩地都是自己种、自己收。年纪最大的妇女劳动英雄是涞源的74岁的刘自力,自己一人耕7亩地,还在闲时打柴6000斤、拾粪50驮、开荒半亩。其余大部是青壮年妇女,都是每人种地5亩到20亩左右。她们劳动的成绩不亚于普通的勤劳男子。② 妇女生产男性化的舆论宣传,冲击了"妇女无用"论的传统观念,改变了妇女旧的生产习俗,极大地激发了农村妇女的生产热情。不单家人、民众将她们与男人相比,即使她们也认同了自己在生产中的男性角色。白全英说:"我在家是女人,上地是男人。"她的劳动和男子的确没什么差别。③ 乡村妇女在此时成功完成了他人的技术规训到自我规训的过渡。

这些模范妇女之所以被表扬,是因为她们有可与男性匹敌的生产能力。通过实践证明了自己足以自食其力,获得经济上的独立,得以挣脱依附男性的处境。因此,中共所指出的妇女解放的出路,是以去性别化的劳动能力而达成的男女平等,劳动力是关键之所在。

(三)全能的妇女:革命的理想人格

参与生产是成为劳动模范的前提,但并不是唯一,"劳动英雄"

---

① 《曲阳劳动女儿张彦绪》,《晋察冀日报》1943年8月10日,第4版。
② 《大生产运动中涌出大批模范妇女 积极劳动 刻苦成家 领导妇女 参加生产》,《晋察冀日报》1944年9月22日,第4版。
③ 《妇女特等劳动英雄白全英》,《晋西大众报》1944年2月13日,第2版。

"劳动模范"的外延远远大于其内涵。除了勤劳,当选的妇女劳动英雄均家庭和睦、积极响应中共在学习文化、支前等方面的号召,而且还具有团结、帮助他人的美德。如"卢凤凰在冬学里也是先锋,每天上课她先到,别人不来她说服去;她认得二百字,她对于妇女问题的政策法令关心得很,常找教员,找干部,甚至跑到县里问去"①。苑炳茵不但积极生产,每天还坚持夜校积极学习识字。②段喜娥在拥军工作上也不赖,她号召妇女们替公家纳底子、做鞋、缝衣,而且要保证结实,常说:"咱们可得爱护八路军,人家全是为咱们咧!"③张巧莲"在公私兼顾上,她也表现得很好,军鞋她交得很早,干部们到她村,她总是热招热待,区里什么时候叫她谈工作,她总是一叫就来,从不嫌麻烦,而她最大的特点是虚心,虽然得到人们的夸誉,但从不骄傲"。④ 赵月亭、刘永仁、卢芝灵、李秀荣都是被当地人民齐称赞的模范抗属。她们都不辞劳苦,在把自己的地耕种好之余,还抽空帮别人生产。⑤ 左权下武村的杜二女参加冬学,她学习努力、遵守纪律,从未因家事旷过课,而且还积极拥军。东庵彭荷花除个人生产外,还领导全体妇女参加生产,同时热心帮助抗属生产、组织家务。她的家庭也很和睦,支前工作也非常积极。九腰会马生兰从未和丈夫、婆婆、小姑子生过一回气,吵过一回嘴,遇事都是和颜悦色得商量着做。她家离冬学五六里地,每隔一日

---

① 《井陉的十一位模范妇女》,《晋察冀日报》1943年4月3日,第4版。
② 《在新民主主义大旗下 模范劳动妇女用自己的双手 战胜寇灾贫穷把日子过好》,《晋察冀日报》1944年4月27日,第2版。
③ 《段喜娥》,《晋察冀日报》1944年6月1日,第2版。
④ 《女劳动模范张巧莲》,《晋察冀日报》1944年6月18日,第2版。
⑤ 《大生产运动中涌出大批模范妇女 积极劳动 刻苦成家 领导妇女 参加生产》,《晋察冀日报》1944年9月22日,第4版。

去上一次课。她积极工作,每次上课开会回来,总要把新知道的内容告诉山上的妇女,才回去吃饭。① 这些当选劳动英雄的妇女身上既完整地继承了传统美德谱系中的优秀因子,也拥有新革命女性的特征。正如贺萧归纳总结的那般:"一个男人要成为农业劳动模范或村领导,他必须擅长那些通常属于男人的工作,甚至有所创新。妇女劳动模范则不同,她们必须一边做一些跟妇女通常所做的事情完全不同的事,一边继续做她之前的工作。"②

根据地的宣传已经将妇女劳动英雄模式化与类型化。对妇女劳动英雄选拔与推广是社会动员的过程,也是制度形式的过程,更是中共对新式乡村妇女形象的建构过程。革命与战争亟需形塑出一个全能的妇女形象,一方面响应中共的组织与动员来支援革命,另一方面又需要她们主动去维系家庭和睦,进而巩固乡村社会的稳定。

三、妇女劳动英雄形塑的影响及问题

妇女劳动英雄以一个全能的形象出现,它成了一个近乎完美的乡村女性的代名词。这种典型的宣传与彰扬不但使"妇女生产光荣"渗入乡土社会,也使"妇女还能像男人一样生产"成为主流的思想观念。农妇作为一个有政治人格的个体参与社会事务及妇女应致力于促进家庭和睦等职责也被囊括其中。可见,对英模的塑造及推广益处颇多,其积极影响主要体现在根据地经济建设、社会风气改善及对革命的认同与支援等方面。

---

① 《妇女劳动英雄光荣牌》,《新华日报》1944 年 3 月 21 日,第 2 版。
② [美]贺萧:《记忆的性别:农村妇女和中国集体化历史》,人民出版社 2017 年版,第 305 页。

(一) 影响

1. 带头:调动生产积极性

首先,对妇女劳动英雄的宣传来推动妇女生产是有成效的。很多乡村农妇因此而积极参与生产,并以参与生产为荣。冀中饶阳南许司马村的耿秀亭抗战前以下地干活为耻,到 1942 年"五一"扫荡后下地作活的妇女多了,她也觉得不生产不能维持生活,生产也不算耻辱了。后来政府对劳动好的妇女奖励,提倡"劳动光荣"、"劳动发家",她也很高兴地夸耀自己的劳动,以生产为荣。① 涉县 1944 年"三八"节开展"孟祥英运动"后,乡村中的生产风气就不一样了,妇女们对劳动有了新的认识。在"放脚生产""劳动光荣,懒老婆败兴""学习孟祥英"等口号下,该县妇女大都活跃起来了。有的村庄已经开展得热火朝天、翻天覆地了。一区城里南北关妇女,在运动开展后第二天都纷纷参加生产,大家都争当劳动英雄。南关 4 个妇女参加了修渠,就连已过耳顺之年的老太太都还要开荒。北关 16 个妇女在很短的时间里就开垦了二亩七分场地。② 行唐开展学习"戎冠秀运动"后,人们听了戎冠秀"不向苦难低头"的故事,都从悲伤中转变过来,积极参加生产,以度灾荒。在该运动中,穷人们了解到若要过好光景就得走戎冠秀的路,像她一样努力生产。③

其次,对劳动英雄的奖励搅动了普通民众的内心,更激发了他们生产的热情。1941 年晋西北开劳动英雄大会时,43 岁的女劳动

---

① 中共中央妇联会:《冀中饶阳南许司马村妇女在农业生产中的作用》(1948 年 9 月),河北省档案馆,档案号:572-1-180-4。
②《开展孟祥英运动是涉县妇女运动的新方向》,《新华日报》1944 年 4 月 9 日,第 4 版。
③《行唐戎冠秀运动 已获初步成绩 平山检查戎运缺点》,《晋察冀日报》1944 年 9 月 28 日,第 2 版。

英雄郝尚英胸脯上挂着劳动英雄章,女人们都羡慕地说:"看人家多好,又有名又有利。"①士敏县召开全县劳动英雄大会,发奖后,他们扛着奖品拉着耕牛,光荣地走在大街上,看的人们都羡慕地说:"劳动英雄真光荣!"②韩凤龄受奖演说后,"就有许多老乡围上来,像是看看韩凤龄怎样牵她的牛。韩凤龄把绳子从柱子上解下来,它还很年轻,那蹄子还小呢,它的毛有些卷,浑身是黑色的,将来一定是一头肥大的黑牛。韩凤龄牵着牛走在前面。有些人追随着,其中有几个人不断地说:'好牛!好牛!'一个老汉,坐在石头上,失神地望着韩凤龄牵着受奖赏的黑牛走过去,然后羡慕地说:'嗨!老韩要用牛耕地了!'"③完县展览会后上,很多妇女劳动英雄模范受奖,群众非常兴奋,认为纺织是改善生活最好办法,大家都要争取模范,也获得如此丰厚的奖品。④ 井陉的卢凤凰在"三八"节大会上得了一辆纺车,当"三八"大会发奖时,"人们的眼睛像灯样瞅着拿了纺车的陆凤凰,人们的眼睛发着光,她村里的妇女们,颠着小脚,跳嚷着,有的欢喜得直伸过拳头去,亲密抓凤凰了"。⑤

  第三,对于获奖者自身而言,也有同样的效果,很多妇女劳动英雄在这些未曾亲历和目睹过的场景与仪式下,获得了更大的动力,她们带着新观念以新姿态继续投身于生产劳动中。女劳动英雄童喜枝自参加太行区群英大会返村后,就着手组织纺织。⑥ "三

---

① 《妇女劳动英雄的条件》,《晋西大众报》1942年4月5日,第2版。
② 《士敏劳动英雄大会 殷望月得牛一条》,《太岳日报》1944年6月13日。
③ 《政府奖给韩凤龄一条大黑牛——涞源妇女劳动英雄受奖记》,晋察冀北岳区妇女抗日斗争史料编辑组:《晋察冀北岳区妇女抗日斗争史料》,中国老年历史研究会1985年版,第612页。
④ 《完县纺织展览会 老少妇女多名受奖》,《晋察冀日报》1943年3月20日,第1版。
⑤ 《井陉的十一位模范妇女》,《晋察冀日报》1943年4月3日,第4版。
⑥ 《女英雄童喜枝 组织纺织有成绩》,《新华日报》1945年2月13日,第4版。

八"节上政府表扬过吕香荣,她干得更起劲了。① 易县南口北村的小姑娘苑炳茵,在"三八"节得奖,回村后更加倍地努力生产。② 张巧莲在受奖后,生产就更积极了,回村不久便开了两天半熟地和半亩荒地,担水、劈柴、推碾更不必说了。③ 韩凤龄参加边区第一届群英大会后,工作、生产更加积极,还参加村生产委员会的工作,积极领导全村大生产。④

第四,在妇女劳动英雄选出后,她们成了彼时的明星,一颦一笑尤其是生产上的一举一动都成了乡村民众关注的焦点和效仿的对象。如崞代九区过去青年妇女不出门,后来扛着大锄在街上走也觉得很光荣。因为妇女们都很羡慕女劳动英雄盂平梁春莲,她的一举一动,青年妇女都跟着学。⑤ 劳动英雄赵淑英除自己生产,还要抽出时间领导全村妇女参加春耕和纺织,村里的妇女都在学她。⑥ 郝家□村妇救会干事高志花,1944年在区公所开会听到张秋林、韩国林组织妇女的英雄的事迹后,非常感动。回到村里,她日夜苦想如何把本村妇女组织起来纺织。⑦ 宋候女荣膺晋西北特等妇女劳动英雄后,也掀起了妇女的纺织热潮。许多妇女努力向

---

① 《赛过男子的女儿 吕香荣》,《晋察冀日报》1943年6月27日,第4版。
② 《在新民主主义大旗下 模范劳动妇女用自己的双手 战胜寇灾贫穷把日子过好》,《晋察冀日报》1944年4月27日,第2版。
③ 《女劳动模范张巧莲》,《晋察冀日报》1944年6月18日,第2版。
④ 《英雄与模范》,《晋察冀日报》1945年1月24日,第4版。
⑤ 晋察冀边区冀晋二专区:《一九四四年妇女工作总结》(1945年3月25日),晋察冀北岳区妇女抗日斗争史料编辑组:《晋察冀北岳区妇女抗日斗争史料》,中国老年历史研究会1985年版,第445页。
⑥ 《努力生产学习本领 赵淑英家庭社会地位提高 劳动英雄大会上得奖一辆纺车》,《太岳日报》1944年5月28日,第2版。
⑦ 《妇女们的模范榜样!》,《抗战日报》1945年4月20日,第2版。

宋看齐,纷纷向政府请求帮助,从事纺织生产。① 晋察冀边区四区甄春儿生产的影响是巨大的,特别是她当选劳动英雄以后,附近村里的妇女都向她学习,从家门走向田野、走向山沟,在四区到处可见在地里拾石头、打土块、拾粪和拉木壳子的妇女。② 许多妇女在妇女劳动英雄段喜娥的影响下,积极劳动起来。35 岁的小脚妇女杨长莲,在地里干得很带劲;老年妇女张爱英,一人能背 80 斤的山药蛋,心里还盘算着如何替男人分担家庭事务。更多的青年妇女也都悄悄跟上自己的男人上地生产去了。③ 当韩凤龄当选劳动英雄后,头发斑白的老太太指着韩凤龄跟自己媳妇说:"孩子! 学学老韩吧! 不会像咱们那时受罪。"在她这样影响下,村里十多个妇女都和男人一样下地了。④ 一个抽大烟的女二流子在听了妇女英雄张秋林的故事也觉悟了。她想:"张秋林是个女人,我也是个女人,人家当劳动英雄,我却是这样的丢人!"这女二流子伤心得几乎要哭出来,终于下定决心要学好。⑤

在妇女劳动英雄积极地影响与带动下,辅以物质与精神奖励的刺激,乡村民众的生产热情被大大激发。中共形塑妇女劳动英雄的初级目标已基本实现。

2. 骨干:改变乡村社会风气

妇女劳动英雄的选拔与型塑激发了乡村民众生产的热情,同时也影响了乡村社会的风气。就某种程度而言,该项运动的开展

---

① 《织完一个布纪念"三八" 宋候女专心纺织事业 许多妇女都要向努力向她看齐》,《抗战日报》1943 年 3 月 9 日,第 2 版。
② 《甄春儿 赛过男子》,《晋察冀日报》1943 年 5 月 1 日,第 4 版。
③ 《段喜娥》,《晋察冀日报》1944 年 6 月 1 日,第 2 版。
④ 《新型的妇女——韩凤龄》,《晋察冀日报》1943 年 6 月 27 日,第 4 版。
⑤ 《抽洋烟的女二大流 转变成劳动英雄》,《抗战日报》1945 年 2 月 9 日,第 2 版。

起到了风气净化器的作用。如在开展"戎冠秀运动"地区,妇女们从戎冠秀的苦难经历中,体认到没有知识的痛苦,因此这些地区妇女拔工组都善于将实践与教育相结合。十二区东岗南曹秀花组有识字课;张淑琴组经常读报;四区沙坪孔正娥组有文化娱乐干事,经常开展文娱活动;五区白家庄洪子店妇女、六区崔姑妮组都能将生产和学习密切结合。① 女劳动英雄张秋林的村里,有个师婆自小就学跳大神,鬼混了大半辈子,在大家都忙着纺织时,她却装神弄鬼、聚众赌博、不务正业。在张秋林和妇女干事耐心地劝说下,终使她改邪归正,她也道出装神弄鬼是为赚钱的实情。另外还有一个师婆,也因张的劝导转变过来,参与到经济生产中。② 涉县一带的妇女过去都有缠足的习惯,妇女劳动英雄孟祥英被选为妇救会主任后,她的第一个工作是劝大家放足。村里有人反对说:"这是几千年的老风格,放成了大脚板,可走不到人跟前。"许多人都是抱着"随大流"的心态,心里虽也明白放脚益处,但总怕枪打出头鸟,担心放脚后会被人耻笑。祥英见到这种情形,决心身先士卒。她初放脚时,村里有些"老脑筋"指着她的脚笑话她,说她的脚是"一丈二尺的船"。她一点都不在意,也不为他们的话所动。后来,村里的妇女们看到那些先行放脚的,爬山过水一点都不困难,敌人来时跑得也快,就跟着祥英慢慢地把脚都放了。③

中共自形塑妇女劳动英雄伊始,就对"树典立英"附加更多层面的意义。除了带动生产外,还有其他层面的考量。如将她们型塑成道德的楷模,协助政权净化乡村社会风气、稳定社会秩序,进

---

① 《平山、井陉、灵寿开展戎冠秀运动》,《晋察冀日报》1944 年 9 月 17 日,第 1 版。
② 《张秋林把她村的师婆改造过来了》,《晋西大众报》1944 年 5 月 27 日,第 1 版。
③ 《女英雄孟祥英》,《解放日报》1946 年 5 月 19 日,第 4 版。

而为革命提供良好环境与扎实的根基。

3. 桥梁:对中共的认同及对战争与革命的支援

"士为知己者死,女为悦己者容。"妇女劳动英雄最让中共受益之处还在于她们心怀感恩及将这种情愫转变为对中共的认同与支持。在载有妇女当选劳动英雄的感言中,通篇都洋溢着对中共的感激之情。如秋芬说:"嗯!要不是八路军来这里,要不是共产党的政策好,实行女子继承权,我八辈子也到不了这个地步。"①李凤英说:"假若没有共产党和八路军的领导,咱们像这样干也没有这自由的。"②任云妮说:"以前的衙门是官的,现在的政府是老百姓的,给了咱一百块钱,那(哪)能买吃制衣呢?可不能。"③孟祥英说:"这次来开这个大会,回家到七区,准得好好宣传宣传,让大家跟着毛主席走!要不是毛主席共产党,就没咱劳动人民!"④李小俊说:"我们妇女能有今天,都是共产党八路军给我们的。我们要拥护共产党八路军,我们现在正比赛做军鞋,大家都提出要做得和自己丈夫穿的一样结实好看。"⑤不但妇女劳动英雄自己支援革命,还带动着其他普通妇女民众也积极响应中共的号召、踊跃支前。行唐五区沟外某村,一妇女向来落后,从不乐意留抗日军住宿,后听了戎冠秀的故事,晚上部队再来叩门不再装睡了,很痛快地开门,招待抗日军人。⑥

---

① 《英雄与模范》,《晋察冀日报》1945年1月20日,第3版。
② 《大生产运动中涌出大批模范妇女 积极劳动 刻苦成家 领导妇女 参加生产》,《晋察冀日报》1944年9月22日,第4版。
③ 《妇女劳动英雄任云妮》,《解放日报》1943年7月2日,第3版。
④ 《千万人的心声 女英雄孟祥英讲演全文》,《新华日报》1944年12月3日,第4版。
⑤ 《阳南群英大会 女英雄李小俊得奖毛驴一头》,《太岳日报》1944年8月10日,第3版。
⑥ 《行唐戎冠秀运动 已获初步成绩 平山检查戎运缺点》,《晋察冀日报》1944年9月28日,第2版。

妇女劳动英雄的形塑不但对根据地生产有积极的影响,在对社会风气的净化与改善方面也颇有成效。当然,妇女对政党、军队的认同及对战争在物质、人力等方面给予极大支援,则让中共倍感欣慰。这也是中共发起此项运动的初衷之所在。

(二)问题

囿于当时战争环境及经济条件的制约,华北根据地各政权在选拔、培养、形塑、宣传妇女劳动英雄时也遇到了些困难,存在一些问题。

首先,"劳动英雄"作为一个新的称号与角色进入乡村社会,乡村民众对这个新的称号并不是完全认同,特别是对妇女当选劳动英雄更是颇为不满。从妇女自身来看,有些妇女被选为劳动英雄时,"她反而寻死觅活觉得见不起人了"。涉县台村的宋福云,因为她打油、种地顶个长工,被选上当了劳动英雄,"羞得好几天没敢出门子"。街前的人也讥讽她:"呦!人家福云当了劳动英雄嘞!"此种情景,使得更多的妇女因怕被选上而假装消极,如不开会、不正大光明地参与生产等等。① 方山城关的薛米爱生产很好,村里表扬过她,称她是生产模范。自此村里有些好事之人常说些生产模范长、生产模范短的话讽刺她,打击了她的生产积极性。② 冀南元氏某村,没有很好地进行劳动光荣的教育,只盲目地表扬。结果一个妇女因受表扬,再不敢下地了。同时妇女本身虽然被迫或不自觉地参加了劳动,但她们的劳动观念尚未发生根本性地转变,仍以劳动为耻,不敢叫表扬。③

---

① 《开展孟祥英运动是涉县妇女运动的新方向》,《新华日报》1944年4月9日,第4版。
② 《妇女劳动是光荣 讽刺打击不要得》,《晋绥大众报》1949年6月14日,第3版。
③ 冀南一地委办公室妇委会:《关于发动妇女参加生产几个问题的研究》(7月18日),河北省档案馆,档案号:28-1-36-6。

从男性农民角度来看,他们始终将妇女看成是"门里人",不愿她们在外抛头露面,更不愿她们在外面被评头论足。还有的男人夜间把黑板报上自己老婆的名字偷偷擦掉。临城王家辉是当地妇联主席的丈夫,虽支持她参加生产,却反对她受村里的表扬。当她因劳动做出成绩,上了黑板报后,还是把她痛打了一顿。① 民众因长期生存在以父权、夫权主导的男性社会体系中,"男尊女卑""男外女内"早已内化为一种生存规范,"娘儿们"当选劳动英雄在他们看来是抢了男人的风头,鸠占鹊巢。在张巧莲当选妇女劳动英雄后,村中一些落后分子便经常拿"模范"和"能干"之类的话语讽刺她。② 特别是一些男性干部。"哼,什么劳动英雄?不是我们去年培养她,她还当得了劳动英雄?"当妇女劳动英雄偶尔因琐事不能正常参加会议时,他们又说:"什么劳动英雄?光给自己做,不管村里工作,连会都不开。"当妇女劳动英雄工作开展不顺利,个别干部不仅不积极领导、协助妇女劳动英雄做妇女工作,还尽说些风凉话来抹杀妇女劳动英雄的工作成绩。③ 传统社会性别制度对女性角色的规范在华北乡村还普遍存在,虽然在革命的庇护下,乡村妇女有了新的角色担当与责任承担,但维系乡村社会稳定的传统性别秩序及规范不可能因革命的到来而瞬间瓦解,革命与传统的冲突与博弈时刻都在乡村社会的画卷中展开。

其次,妇女劳动英雄由于文化素质不高、工作能力有限,再加之领导上注意不够,在当选后,工作中的表现并非如后来主流媒体宣传那般尽善尽美、毫无瑕疵可言。个别妇女在当选劳动英雄后,

---

① 冀南一地委办公室妇委会:《关于发动妇女参加生产几个问题的研究》(7月18日),河北省档案馆,档案号:28-1-36-6。
② 《女劳动模范张巧莲》,《晋察冀日报》1944年6月18日,第2版。
③ 《村干部和劳动英雄应建立正确的关系》,《太岳日报》1945年6月11日,第1版。

内心极度膨胀、忘乎所以。如井陉小切村袁和蝉是1945年当选妇女劳动英雄,自从她参加县英雄大会回村后,"她觉着无限的光荣,回到村里自高自大,自满自足起来,群众谁也够不上和她说话,经常自夸地说:'我是劳动英雄,到县政府和县长平起平坐'"。① 有些妇女劳动英雄在工作中不注意妇女的实际生活及身体状况,经常采用强迫、命令的工作方法,造成不良影响。如青城田家河村女劳动英雄王秀英,因强迫妇女编组上地,弄出逼死人命的事情。② 还有的妇女劳动英雄因男女关系蜕化、堕落,严重不符合英雄的评判标准。如兴县胡凤英,1944年被评为县级劳动英雄,后与退伍军人张桂良勾奸,"即被拉垮,对工作不负责任连会也不去参加开"。③

对华北乡村而言,妇女劳动英雄作为革命动员的副产品而出现。无论传统惯习还是原有认知都不可能完全接纳这个新事物,男性的抵制与女性的恐惧也都源于此。再加上,妇女劳动英雄多是农妇,当选之前普遍目不识丁,当选后自身知识储备不足,相应的教育没有很好地衔接,导致问题频出。

第四节　组织起来:生产互助组

为了全面加强根据地建设,各根据地于1943年将主要精力从政治、军事战线转到经济战线。新的目标主要是在合作、群众动员与参与的基础上,实现经济的自给自足与繁荣。这是一场生产仗,它从陕甘宁开始,迅速发展到其他根据地。互助合作运动也在这

---

① 《灵丘井陉四英雄垮台　领导上应多加注意　英雄们自己要警惕》,《晋察冀日报》1946年1月27日,第2版。
② 《田家河的"劳动英雄"强迫互助逼死人命》,《太岳日报》1948年3月27日,第2版。
③ 《兴县劳英垮台的例子》,山西省档案馆,档案号:A141-1-41-2。

个背景下起步,并在此期间得到大规模地推广与改进。①

一、组织的形式及参与人员

（一）形式

根据中共中央的指示,各根据地要将妇女生产纳入到集体生产的范畴中。在农业生产方面,所贯彻的主要是拔工、变工互助组的形式;在纺织等手工业生产方面,所使用的是合作社、纺织工厂等方式,其中也不乏互助组。按时间来分,可以分为临时与固定两种形式。在当时的华北乡村,以临时组织为主,即根据农作物的生长季节及生活的需要进行短期互助。按参与人员的情况来分,可分为妇女单独互助、男女混合互助与家庭互助等形式。按个人意愿来分,可分为自愿和强迫两种。

（二）人员

把妇女组织起来进行生产的实施者主要是：女劳动英雄、女干部、女党员与生产积极分子。女劳动英雄童喜枝,自参加太行区群英大会返回下村后,就着手组织纺织了。② 唐县妇女劳动英雄张小丫领导下的妇女拔工组,在耪麦中已有惊人成绩。③ 郝何廷从县开劳英会回村后,为了完成公家的军布任务,就把村中会织和不会织的妇女,有机子和没机子的妇女都组织起来互助。④ 冀中劳动英雄

---

① [美]马克·赛尔登著,魏晓明、冯崇义译:《革命中的中国:延安道路》,社会科学文献出版社 2002 年版,第 237 页。
② 《女英雄童喜枝 组织纺织有成绩》,《新华日报》1945 年 2 月 13 日,第 4 版。
③ 《唐县妇女劳动英雄模范张小丫领导妇女拔工生产好》,《晋察冀日报》1944 年 6 月 24 日,第 1 版。
④ 《武安纺织英雄郝何挺 组织妇女办小纺织厂 改造懒妇女解决家庭纠纷》,《人民日报》1946 年 11 月 13 日,第 2 版。

缇梅岩和肖大鸾从边区第二届群英会回去后,在村中宣传冀西的大拔工小拔工的互助组织。缇梅岩在1945年大生产中组织12个拔工组,肖大鸾自1945年春便组织了5个妇女军鞋组。①和顺四区妇女为了保证男人外出参战,都积极参加锄苗工作。在积极分子的带领下,开展了生产互助组。②涉县更乐村女党员张喜英的互助组是全村最好的互助组。1949年她自从从县里开会回去后,就积极发动妇女互助参加农业生产。③妇女生产组织的积极推动者主要是女劳动英雄群体,她们产生和存在的意义除了激励大家对其效仿积极参与劳动生产外,还积极宣传生产组织,成功将普通女性拉入日中。由此看来,她们不仅是中共政策积极拥护者,更是政策的宣传者和引导者。

被组织起来的女人多以家中缺乏劳力的妇女为主,如军属、烈属、寡妇等。内黄三区元方村劳动英雄吴玉芝领导本村6个妇女成立了1个生产互助组。这6个妇女中有4个是寡妇,有两个是男人因参军离家。她们的农活全靠自己。④板城曹恒银的妇女拔工组,共6个人,有3个军属,两个干属。⑤她们这些劳力缺乏的妇女通过互助组结成生产团体,彼此依靠、互相照顾。

二、互助组中的妇女与家庭

任何社会都是一个组织的社会。人们的生活也并非孤立的行

---

① 李侯森:《晋察冀一九四五年大生产运动中妇女参加生产概况》,晋察冀北岳区妇女抗日斗争史料编辑组:《晋察冀北岳区妇女抗日斗争史料》,中国老年历史研究会1985年版,第637页。
②《妇女儿童起了大作用》,《新华日报》1946年6月25日,第2版。
③《女党员张喜英 团结妇女搞互助》,《新华日报》1949年5月9日,第2版。
④《吴玉芝领导六个妇女互助》,《冀鲁豫日报》1946年6月8日,第1版。
⑤《曹恒银的妇女拔工组是怎样组织起来的?》,《北岳日报》1948年10月1日,第2版。

为,而是通过与他人交往互动实现的。人与人的交往在组织的框架中进行。① 传统中国女性的生活也是在组织框架中形成的,如家庭组织、市场组织、社会组织等等。对于根据地所倡导的这一生产组织,当时的根据地妇女尚未理解组织起来的必要性及其意义,并非所有女性都有强烈的意愿加入其中。组织妇女生产的过程亦同前述的促进妇女婚姻自由一般,在与传统家庭、社会的博弈中,争取女性劳动力。

由于在抗战之初,一些地方做妇女工作时,为了将妇女拉出家门,多采用强制手段组织妇女参加集体生产,这让妇女们仍心有余悸。当互助组生产再次出现强迫命令的组织方式时,妇女放大了这种忧虑,认为二者乃一丘之貉,对互助生产顾虑重重。如有的妇女反映说:"过去组织俺们也没有做的,各干各的可吃劲,咱好好儿纺织,组织不组织都一样,组织起来还增加麻烦哩。"②有的怕互助生产耽误自己的活计,有的怕被强制参加互助组而无选择自由,因此她们很多人以外出走亲戚或住娘家等为借口来逃避干部的互助动员。③ 家中的男人和婆婆一般也不同意媳妇、儿媳妇参加互助组。在他们看来,上地参加生产可以,参加互助组变工不行。其主要原因依旧是传统性别制度中对女性归属的限制,虽然此时一些妇女已走出家门参与到社会活动之中,但她们的身体、收入仍被认定属于家庭、丈夫和公婆。根据地乡村女性与男性、家庭,以及传统社会产生了激烈的斗争与博弈。

首先,公婆和丈夫怕妇女互助后经常开会,长见识后和男人离

---

① 周雪光:《组织社会学十讲》,社会科学文献出版社2003年版,第6页。
②《榆社县桃阳妇女调查资料》(1948年11月14日),山西省档案馆,档案号:A1-7-8-7。
③《五房村纠正强迫互助 妇女积极锄苗拔草》,《冀鲁豫日报》1947年7月5日,第2版

婚。例如,武安一男子和妻子感情不好,当妻子参加互助生产时,他十分担心某日妻子会和自己闹离婚,他就"天天晚上到工厂窗外偷听"。① 其次,担心家丑外扬。有些老人担心自己的媳妇在和工作人员接近后,将她们在家中受压迫的情形讲出,给自己惹麻烦。② 第三,年老妇女"千年媳妇熬成婆"的观念在华北乡村依旧盛行。有些婆婆认为媳妇外出互助生产既是对自己权威的一种挑衅,又影响到了媳妇对自己和家庭生活的照料。"多年的媳妇熬成婆",无论是出于补偿心理,还是出于占有欲和嫉妒心理,都会让婆婆最大限度地行使她的权力,在媳妇面前颐指气使。如龙华县平地村一婆婆说:"多年的道儿走成河,多年的媳妇熬成婆,我家里的活儿总得属我管呦!"她对儿媳妇参加拔工组十分不满意,总认为"谁家里没有活儿哩!"若她儿媳妇出去拔工,无论多忙多累都要回家给她做饭,就这样这个婆婆对媳妇一点儿都不怜惜。③ 第四,怕变工和互助生产影响自家生产和生活。如武安纺织英雄开办小型纺织工厂时,一男人死活不同意妻子参加互助,主要是担心妻子参加工厂生产后,将时间和精力都花费在那里,把家务和孩子都撇下不管。④ 再如妇女劳动英雄胡让牛的公公在她组织互助组时也强烈

---

① 《武安纺织英雄郝何挺 组织妇女办小纺织厂 改造懒妇女解决家庭纠纷》,《人民日报》1946 年 11 月 13 日,第 2 版。
② 平定县政府:《八月份妇女生产报告》(1949 年 7 月 15 日—1949 年 8 月 25 日),山西省档案馆,档案号:A162-2-50-2。
③ 《龙华平地村妇女拔工组 活跃了全村妇女工作》,《晋察冀日报》1944 年 7 月 23 日,第 1 版。
④ 《武安纺织英雄郝何挺 组织妇女办小纺织厂 改造懒妇女解决家庭纠纷》,《人民日报》1946 年 11 月 13 日,第 2 版。

反对,认为"劳动英雄就是光给自己种好地就成"。① 第五,当一些妇女拥有一定经济自主权后,就开始肆无忌惮挑战夫权与父权的权威,这更让家庭不满。有的媳妇认为参加纺织互助生产后,家务就可一概不管。婆婆看媳妇这样,就认为媳妇如脱缰野马已不在她掌控的范围,男人以为妻子在外边不干正经事。他们都将中共提倡的妇女互助生产看作是"胡搞",会令婆媳失和、夫妻不睦、家庭不团结。② 革命已进行多年,政治逐渐向传统乡村家庭渗透,但其结构和观念尚未发生彻底的、根本的变革。

在互助生产中,家庭与妇女之间最大的矛盾即经济利益的获得与分配。一方面,妇女不满互助生产后自己的劳动所得被家庭无偿侵占。当时存在妇女参加互助组后经济所得被家庭无偿占有而影响了她们互助兴趣的现象。如黎城北桑鲁村妇女提出:"往年参加秋收赚下的工票都是家里算去了,咱受上一秋天,不用说赚工资,就连成绩有多大也不知道。"③南村妇女们在秋收夏收中努力生产都没有得到家庭丝毫鼓励,使她们觉得生不生产都是一样,对纺织也不积极。④ 杨城县匠礼村妇女说:"咱参加互助组赚下的钱,全归家里用,自己想买个头花儿和手巾也没有个钱。所以动弹的没有劲儿。"⑤另一方面,家庭也对媳妇的经济独立颇有微词。如南村

---

① 《解除家庭压迫调整与干部关系 胡让牛组成互助组》,《太岳日报》1945 年 6 月 23 日,第 1 版。
② 《开展纺织运动的几个问题》(1947 年 4 月 20 日),山西省档案馆,档案号:A1-7-5-9;太岳区党委秘书处:《关于动员与组织妇女参加生产的通知》(7 月 27 日),山西省档案馆,档案号:A12-8-5-17。
③ 《黎城发动妇女参加秋收》,《新华日报》1948 年 9 月 26 日,第 1 版。
④ 《南村妇女纺织起了劲》,《新华日报》1945 年 1 月 19 日,第 1 版。
⑤ 《杨城联 检讨妇女互助垮台原因后 决定按照自愿原则 重新组织妇女生产》,《太岳日报》1948 年 7 月 15 日,第 2 版。

一妇女在纺织中将所赚的工资米自己卖了钱,引起家中不满。① 革命与战争中的妇女既是受害者,抑是受益者。战乱的破坏与社会的失序让女性精神上不安、经济上困窘,身体上也备受折磨。但就某种程度而言,此种情形又为新社会秩序与新性别制度的建立提供了契机,乡村妇女经济层面角色的改变,也是受惠于革命与战争。在这种提倡"生产—解放"的大背景下,妇女自认为经济所得应自我所有。然而,丈夫、婆婆作为传统的代表,一直不能理解、接受媳妇生产所获不归家庭所有的事实。新与旧的矛盾逐渐凸显。

各根据地解决互助生产中妇女与家庭的诸多问题时,以协调、合作为主要方式,以突破家庭绝对管束为主要目标。从组织形式上,将妇女的互助小组与自家男人互助组相结合,做到家庭与小组、男人与女人的互助生产不脱节,纠正了过去男女互助组织因不统一而影响家庭生产计划或增加家庭生产过程中不便等偏向。如高邑、元氏两县发动妇女与男人一同参加各种形式的小型互助组,邢台一些地方发动妇女跟随自己男人一齐互助参加田间生产。② 从利益分配上,尽量首先保证家庭利益的获得。有的地方实行二八分红,若原料是媳妇的,家庭从中得二分利,媳妇得八分利;若原料是家里的,则颠倒为之。有的地方则是妇女与家庭对半分。③ 万谷城背山村干部根据群众反映,为顾及家庭利益,改定新的分利办法。即:"(一)替家庭还工,每一个工资家庭以工资的二成现金奖

---

① 《南村妇女纺织起了劲》,《新华日报》1945年1月19日,第1版。
② 冀南一地委办公室妇委会:《关于发动妇女参加生产几个问题的研究》(7月18日),河北省档案馆,档案号:28-1-36-6。
③ 《开展纺织运动的几个问题》(1947年4月20日),山西省档案馆,档案号:A1-7-5-9。

励妇女。(二)如果长了工,则妇女自得八成,交到家中二成。"①冀中一些地区在解决妇女因获利不均而不愿互助生产问题时,所采取的办法是:"规定妇女所得工资,实行四六分红,妇女得四分,家里得六分。"②除了这些原则性的规定外,在处理具体问题时,亦站在家庭多得利的立场予以解决。如武安一婆婆借口家事繁忙,不愿媳妇从弟参加合作生产。该村合作社的组织者了解情况后,就让从弟每月给她婆婆纺半斤花,实行家庭分红。得到实际利益后,该婆婆很高兴,对媳妇参加互助组的态度也有所转变。③

在组织妇女互助生产过程中,首先遇到的是来自家庭的阻碍。在战时劳动力紧缺的情形下,革命与家庭争夺劳动力的行为让丈夫、公婆颇感担忧。再加上,妇女在互助生产过程中可能出现的离婚、报复公婆等现象,更是让家庭对她们参与组织生产疑窦丛生。而媳妇对生产所得的全部占有则使家庭公然表达不满。根据地为了保证革命与战争的顺利进行,通过改进组织方式及利益分配方式来维系家庭实际利益所得及内部关系的稳定。家庭,一直是中国共产党探索中国妇女解放与发展道路的重要维度。在革命、建设、改革的不同历史时期,中国共产党始终在思考政治、性别与家庭三者之间的联动关系,始终对什么是理想的家庭、什么是理想的女性形象以及如何塑造各种"理想"等进行了认真地实践与理论摸索。同时,在组织与动员妇女大规模走出家庭参加社会生产的大浪潮中,也深刻塑造着妇女的主体地位,不断重构着家庭关系以及国家、家庭与妇女之间的关系。此种关系的重构与调整,是中国共

---

① 《万谷城北山 妇女劳动二八分红》,《新华日报》1945 年 9 月 17 日,第 4 版。
② 冀中区妇联会:《妇女生产》(1949 年 2 月),河北省档案馆,档案号:3-1-349-6。
③ 《武安纺织英雄郝何挺 组织妇女办小纺织厂 改造懒妇女解决家庭纠纷》,《人民日报》1946 年 11 月 13 日,第 2 版。

产党社会制度建构的重要摸索,更是其取得革命成功、建设成绩以及改革成就的重要法宝。

三、互助组中的性别

在互助生产中,除了家庭这个古老且传统的因素为妇女的参与处处设阻外,性别因素也成了妇女参与其间的障碍之一。

男女混合的互助组是当时较为常见的互助形式,无论给男人还是对妇女都带来了一定的便利。如有的男拔工组需要针线和副业及轻便的农业拔工,妇女则需要农业上重劳动力的换工。但其间也出现了一些因性别因素造成的不和谐问题,如因记工不等价影响妇女生产积极性。榆社县魏城村动员妇女上地时,除少数人怕吃苦不愿上地外,大多数妇女和男人一样生产,结果却评分不公,打击了妇女上地的积极性,她们很多人感到上地生产远不如在家做针线活划算。该村的赵真琴说:"从前俺也上过地,和男人做营生也差不多,但评分时男人们是全工,给俺才打两小工呀!"①黎城县暴家脚村的王小清、常春花说:"咱在拔苗时也能赶上个男人,可是只顶八分工,就因这,我就不想参加秋收。"男女同工不同酬挫伤了女性劳动的积极性,是女性参加社会劳动的最大阻碍。男性农民则因妇女技术粗糙而不愿互助。暴家脚的张秃儿、李石柱说:"妇女做的活太孬,就像在拔苗时脱裤(没拔起根)很多,就这样妇女只顶一分工,我也不想用她。"②还有的地方在并不缺少劳力的情况下,单纯只是为发动妇女组织她们互助。当她们被组织起来时

---

① 《榆社魏城等村妇女互助锄苗以活计工》,《新华日报》1948年7月31日,第1版。
② 《暴家脚妇女参加秋收 检讨改进技术实行按活记工》,《新华日报》1948年9月23日,第2版。

却无事可做,结果被派去担煤、去拾粪。此种形式主义较强的发动妇女互助的思想与举措结果更令男性大为不满。①

单独的妇女互助——妇女同性之间的互助合作所产生的问题更是不断。如互助不等价、记工不合理、劳动力强的妇女不愿和劳动力弱的妇女互助、没小孩的不愿和有小孩的变工等等。出现这些现象的原因主要是:第一,互助组的基础不牢固。这些互助组建立的基础不是利益或亲属关系,她们之间并没有共同的利益期待或感情基础。第二,互助方式与内容不灵活。传统的互助组依不同季节、不同活计来转变互助的形式与内容,以求平衡。但此时的互助组组织者在革命热情的带动下,早已将那些细节的考量抛之脑后。再加上,传统家庭妇女气量小、好闹小集团等特性,也对单独妇女互助组的组织效力产生了一定的消极影响。

传统乡村社会的互助生产多是一种依赖原有生活圈,以男性为主体,组织方式灵活、互惠的生产形式。为了扩大生产、支援战争、变革社会等,中共努力将妇女囊括其中,对互助组内涵与结构的思考不断完善,一直试图通过政治与社会的互动调试性别关系、家庭关系、组织关系。此种调试一方面令互助组和互助生产中的女性身影愈来愈多,提高了女性劳动生产的积极性,提升了根据地的生产力;另一方面明确了革命与家庭的关系,将传统家庭拉入战争视域,增加了革命的力量。

---

① 太行行署农业处:《关于妇女参加农业生产的报告》(6月15日),河北省档案馆,档案号:52-2-112-1。

第五节　妇女生产:妇女解放之凭借

妇女解放是中国近代以来经久不衰的一个议题,不同的政权组织都在其或长或短的执政期间宣称妇女获得了解放,她们的社会与家庭地位得到了前所未有的提高。中共自建党伊始也扛起了妇女解放的大旗,展现了以妇女解放为己任的风姿,且不断宣称:妇女依托生产可以自我追寻解放的目标。

一、妇女地位再思考

1943年2月公布的《中国共产党中央委员会关于各抗日根据地目前妇女工作的方针》指出:"多生产、多积蓄,妇女及其家庭的生活都过得好,这不仅对根据地的经济建设起重大的作用,而且改善物质条件,她们也就能逐渐摆脱封建的压迫了。""提高妇女的政治地位、文化水平、改善生活,以达到解放的道路,亦须从经济丰裕与经济独立入手。"1948年12月,中共中央在《关于目前解放区农村妇女工作的决定》中明确指出:"只有妇女积极起来劳动,逐渐做到在经济上能够独立,并不依靠别人,才会被公婆丈夫和社会所尊重,才会更增加家庭的和睦与团结,才会更容易提供和巩固妇女们在社会上和政治上的地位,也才会使男女平等的各项法律有充分实现的强固基础。"①在一些基层部门的工作报告中也沿袭了上述文件中对于生产与妇女解放二者关系的理解:"只要妇女好好劳动,家庭地位、社会地位自然提高了,婆婆男人自然看得起了,妇女就逐渐解放了";"和婆婆多说些好话,只要好好劳动,人家就看得

---

① 中华全国妇女联合会:《中国妇女运动重要文献》,人民出版社1979年版,第8、15页。

起来。"①

随着组织妇女参加生产运动的开展,一些妇女因对家庭有贡献,故家庭地位有所提高。如壶关的雷圪堆说:"我以前男人看不起,婆婆说我能吃无用;自从我学会了纺织,也积极参加地里生产后,男人婆婆都看起了我,有事也经常给我商量了。"②晋南某县妇女,素来家庭地位极低。但在生产运动中,许多妇女都积极生产,每日一人能织出丈余土布,能赚上三四块钱,这使丈夫颇为佩服,从而大大提高了她们的家庭地位。③ 与此同时,许多婆媳不合的,也因媳妇对生产的参与,婆媳关系有所改善。一些地区长期存在的男女吃两样饭的习惯也有所改变。因参与经济生产以及对家庭经济的贡献,农村女性农妇家庭地位提高是不争的事实。但该事实能否被当成一种普遍的现象推广开来,以及是否能在短时间内有所成效,则应画上问号。当我们仔细梳理资料时会发现,当时所展现的图景大多并非如此。

不少青年妇女一块做活闲谈说:"咱参加了生产啦,在家还是没地位。"④榆社桃阳村郝有原女人终年劳动,群众反映很好。但因男人看不起,不但平日吃两样饭,全家还时常对她随意欺侮。夏日在地割麦,晌午稍微休息一会儿,婆婆张口即骂。这女人终年劳动,生活却未发生丝毫改变。⑤ 平顺南庄一名叫胖女的妇女,平日劳动很好,但仍常受婆婆与丈夫的虐打。当干部发动妇女生产时,

---

① 《两个月妇女工作报告》(1949年1月7日),山西省档案馆,档案号:A1-7-13-2。
② 《壶关妇女真顶事 参加春耕成绩大》,《新华日报》1949年5月13日,第2版。
③ 康克清:《三年来的华北妇女工作》,中国妇女社:《中国妇女》第2卷第3期,《新华日报》1940年8月15日。
④ 《发动生产和睦家庭》,《新华日报》1949年5月17日,第2版。
⑤ 《榆社县桃妇女调查资料》(1948年11月14日),山西省档案馆,档案号:A1-7-8-7。

胖女顾虑重重。① 铺头村李仙17岁,整天和男人一起干重劳动。回家后,还要吃两样饭。即便她整日辛苦,还常挨打。村干部也从未给处从理过,使她极度失望。常背地里啜泣,对生产不积极。② 浮山县高得胜女人每天上地,后背晒得都脱了皮,她男人有时还打她。③ 安阳妇女原本就有劳动习惯,经组织动员后较以前更为普遍了,但仍然受家庭的统治,常挨打受骂。④ 邢台专区妇女参加生产普遍较好,但挨打骂的也不在少数。群众一般认为:"你是我家的媳妇,我叫你干啥,你就得干啥。"上述种种使得很多妇女感到生产不但并未使她们获得所谓的解放,即便是吃饱穿暖、不受虐打这些基本要求也没得到满足。更让她们大失所望的是,有些公婆和男人在政府号召妇女参加生产的借口下,更加紧了对她们的管控。⑤ 这些行为和表现也是中共各根据地政权没有预想到的,并且在动员和组织妇女生产过程中,一直在处理此类问题。如通过召开小型会议向男人和公婆,讲解新社会民主和睦家庭的内涵,强调"全家共同劳动""都是主人的地位""团结生产"。⑥ 再如做妇女工作时,妇女干部要解决女性的特殊要求,关注她们在同房生活和生理上的痛苦,提升乡村妇女对妇联的认可度。⑦

---

① 太行行署农业处:《关于妇女参加农业生产的报告》(6月15日),河北省档案馆,档案号:52-2-112-1。
② 太岳区四地委:《关于妇女工作材料之一节》(1949年7月4日),山西省档案馆,档案号:A12-8-6-9。
③ 太岳区妇委:《浮山县妇女工作报告》,山西省档案馆,档案号:A12-8-6-2。
④ 《安阳发动妇女的点滴经验》,《新华日报》1948年11月7日,第4版。
⑤ 太行区党委会:《五、六、七三个月妇女工作报告等》(8月6日),山西省档案馆,档案号:A1-7-13-13。
⑥ 《发动生产和睦家庭》,《新华日报》1949年5月17日,第2版。
⑦ 《安阳发动妇女的点滴经验》,《新华日报》1948年1月7日第4版。

除了上述问题外,在华北一些地区还有一些妇女虽然参与了生产,但始终缺乏分配成果的权利。当自己的劳动所得作为家庭财产一部分被处理时,妇女也无权参与意见。常常是"在家里一个钱的事儿也主不了,连卖一个鸡蛋也得跟男人商量商量"。[1] 享受自己劳动果实的机会更是没有。阳城县匠礼村的刘小宣说:"我结婚两年了没有婆婆只有翁翁(公公),(公公)不懂得女人家的事情,我成年劳动连点零花钱我也没有,因有月经,一条裤子不够穿,今年我做了两条裤子,翁翁(公公)说做两多了还不冒尖哩!""我参加互助组,赚了九升小米,小组里还奖励了一生小米,过年时想买双三年袜子,翁还不叫。"该村的小雪说:"我整劳动上一年,家里只给我二斤花,顶多能织一个布,还不够穿呢。再加婆懒,又有病,就靠我一个人,可是我一年到头,身上连50元钱也没有,连一个卡子、袜子也买不起。有一次向婆婆要了二升米,想买发卡和手巾。婆还骂我说把妇女提的快上天呀,因而争吵起来,痛哭一场。"[2]霍家窑的张银凤,一春天纺织了十几丈布都交给家里用了,做军鞋时,上级要求双鞋面。银凤希望婆婆给以原料上的援助,但婆婆说:"你们整天上这里到那里,本事有多大,连尺鞋面还扯不来?"[3]黎城有一个妇女,百日纺织运动中织了40丈布都交到家里,但自己后来想买一尺鞋面,竟不能获得家长允许。安阳上庄村妇女生产赚的钱都给了家里,但当自己想染几尺布时,家里却不给出钱。对此,有的妇女自嘲道:"起早搭黑一秋天,结果落了两空拳。"中国共

---

[1] 《垣上村的妇女怎样解放的?》,《新华日报》1949年3月7日,第4版。
[2] 《阳城县关于匠礼村妇女工作问题简结》(1948年7月18日),山西省档案馆,档案号:A12-8-5-5。
[3] 《贯彻劳动生产解放自己的教育 霍家窑发动妇女做法对》,《新华日报》1949年1月27日,第2版。

产党各级政权也关注到了女性生产后成果的享有以及分配的问题。要求"对积极生产的青壮年妇女,家中要加以奖励或适当分红"。① 一些妇女通过生产的所得几乎被家庭无偿占有,这令她们着实不满。在具体实践中,并非如线性一般绝对自如,期间也会发生很多波折与反复。此种"不顺畅"并不意味着政策式条例的无效,而是这些条文逐步依据实际的"土壤"调适与改变。

究其原因,首先,在彼时的华北乡村经济基础是以家庭生产为基础,鉴于抗战初期与家庭之间摩擦带来的乡村社会的动荡,在制定政策时各地政权则必须从大局出发,考虑家庭的利益。需要说明的是,符合家庭的利益并不一定要符合家庭所有成员的利益,受制于当时大环境的问题,只要获得这个家庭中占主导一方的支持即可。至于在这个家庭中的弱势一方——女性,准确来讲这个群体主要包括青年女性或儿媳,其利益诉求则是可以被暂时不被重视的。所以正如罗苏文所言:"在整个农村经济制度没有发生根本性变革之前,为改善妇女处境所作得点滴尝试难免四处碰壁,成效有限。"②

其次,"妇女在'传统的'中国家庭可以发挥的生产作用,是受到她们自己家庭中男人特殊控制的。在农忙时节,妇女既帮助播种,也帮助收获,但……这种非家务性工作对家庭的结构并不构成威胁,因为,这种工作时间既不够长,数量也不够大,不足以为妇女提供一种有关经济支持的可能的基础,来替代她家庭中的男人所提供的那种基础"。③ "她们作为男子助手参加的一些生产劳动所

---

① 《对发动妇女参加生产的几点意见》,《新华日报》1949年3月25日,第4版。
② 罗苏文:《女性与近代中国社会》,上海人民出版社1996年版,第511页。
③ [美]海伦·福斯特·斯诺著,康敬贻、姜桂英译:《中国新女性》,中国新闻出版社1985年版,第45页。

创造的价值,在其家庭经济收入中不占主要比重;所进行的家务劳动,是为家庭,为丈夫服务,不是社会性生产劳动,不直接创造社会财富。"①妇女的劳动仍处于家庭整体经济的边缘位置,并且只会被看作是男性劳动的附属品。

抗战之初妇女工作的困境,在革命即将胜利之时依旧顽固存在。这的确令人十分懊恼与不解,一些学者甚至认为革命在妇女解放目标上食言了。将妇女解放运动作为民族解放运动的重要元素,是中国妇女运动与西方妇女解放运动的最大区别,更"是中国共产党在国民革命时期提出的中国妇女解放的理论原则"。这两者的结合,"顺应了20世纪劳动解放、民族解放、妇女解放三大国际潮流,立足于中国半殖民地半封建的社会环境",②是妇女解放的重要策略,更是民族解放的关键凭借。虽然在这个过程中,呈现出民族解放优先于妇女解放以及妇女解放的目标没有得到充分认识和实现等特点,但更应该对其历史进程中妇女解放的成绩给予肯定。"事实上,伴随西方强势文化而来的女权思潮,在民族解放运动的过程中,完成了从'外来'向'本土'的变异,中国的妇女解放毫无疑问为女权思想的多样化发展提供了一个新的思考点。"③

二、生产观念的变革

这种广泛地发动妇女参加生产劳动、支持革命战争的有效尝试,在客观上使妇女劳动力资源的潜能得到较充分地挖掘。我们

---

① 冯尔康、常建华:《清人社会生活》,天津人民出版社1990年版,第353页。
② 韩贺南:《中共将妇女解放纳入民族解放的历史必然性及理论支撑》,《中共党史研究》2012年第6期,第58页。
③ 程同顺、邝利芬:《中国民族解放运动对妇女解放的双重作用》,《理论与现代化》2015年第4期,第27页。

暂且不谈通过生产女性是否获得彻底解放的问题,生产观念的变革更应被关注。

正如资料所显示的那般,的确当时很多妇女的生产观念并未发生改变。有的妇女参加劳动是被迫的,她们总说:"咱家没人,咱不劳动不行,人家有人的,谁还想动弹?"①"没有办法,不得不劳动,有男人动弹和有吃的谁愿意受。"②由于劳动的非自愿性,使得一些妇女认为劳动是"命苦"、是"羞耻",反去羡慕那些不劳动的。传统性别制度依旧根深蒂固,也使很多妇女仍将自己看成是"门内之人",她们大多认为"只要每天完成三顿饭,做好针线活就算完成了自己的任务"。③ 另外,妇女中也存在有"革命已成功"的思想,不愿再积极参加生产。如订生产计划时,找诸如孩子多、人口多等各种借口来搪塞。有的甚至说:"有吃有穿了,多少是个够呀!"④而且当时妇女参加生产动机是很复杂的,如有的为出风头,有的为当干部,有的为逃离家庭,还有的为一时高兴等。⑤

此时我们要进一步追问:为什么有些妇女的生产观念依旧没有改变?毋庸置疑,其中有妇女自身的因素。妇女"嫁汉嫁汉,穿衣吃饭"的观念古老而传统,疾风骤雨的革命不可能将其彻底改变。同时,乡村社会性别制度及家庭给予的压力与束缚也把妇女们生产劳动的积极性消磨殆尽。

---

① 太岳区妇委:《浮山县妇女工作报告》,山西省档案馆,档案号:A12-8-6-2。
② 晋中区妇委会:《晋中区妇女工作总结》,山西省档案馆,档案号:A47-1-113-3。
③《山南庄妇女生产为什么发动不起来》,《北岳日报》1948年9月10日,第2版。
④《贯彻劳动生产解放自己的教育 霍家窑发动妇女做法对》,《新华日报》1949年1月27日,第2版。
⑤ 冀南一地委办公室妇委会:《关于发动妇女参加生产几个问题的研究》(7月18日),河北省档案馆,档案号:28-1-36-6。

虽然,根据地将妇女参加生产提到了较高的高度,但在乡土社会中的普通民众、男性干部并未对妇女生产的重要性有足够的认知。有些妇女确实很爱劳动,如操持家务、照顾孩子、喂牲口、做饭、磨面等,男性干部认为这不是劳动,在他们看来只有农业劳动才是劳动。① 一些干部还轻视妇女在生产中的作用,在领导上不但不帮助妇女生产,反而讥讽、嘲笑她们,或在劳力缺乏的情况下临时强制突击一下即算完成任务。② 既不启发她们自觉树立"参加生产,自求解放"的观念,也不注意妇女特殊要求,而只简单地强制妇女参加农业劳动,结果不能长期巩固下去。武乡有些干部在动员妇女下地劳动时说:"你们分一份,不去种,让谁给你种?"有的村庄让妇女给军属锄麦,不给任何代价,也不顶勤工,致使妇女生产积极性没有发挥起来。③ 还有些干部组织妇女生产时,有着"能做妇女所不能做的事,男人所能做的事,才算有本领的观点"。④ 所以几年来,妇女在农业生产中的骨干不多,生产自觉性大打折扣。在组织女性生产上,中共依据实践形式调试纠偏。一方面强调女性生产对和睦家庭建设的作用,让干部注意到女性力量;另一方面对阻碍女性参与生产的家庭、干部要进行教育。

面对生产后毫无改变的经济权利及家庭境遇,很多妇女也并非完全被动地接受这种命运,她们也在用自己的方式反抗家庭的

---

① 太岳区四地委:《关于妇女工作材料之一节》(1949年7月4日),山西省档案馆,档案号:A12-8-6-9。
② 太岳区党委秘书处:《关于动员与组织妇女参加生产的通知》(7月27日),山西省档案馆,档案号:A12-8-5-17。
③《纠正自流与形式主义作法 具体组织妇女参加农业生产》,《新华日报》1949年5月24日,第4版。
④ 太行区妇委:《妇女工作的初步研究》(1945年10月4日),山西省档案馆,档案号:A1-7-4-16。

不公。霍家窑石瘦孩的两个儿媳妇,1949年前半年纺织了30多丈布,全部交给家里。但每人才赚得一件布衫,致后边生产都不起劲。① 容城四区有的家庭不管媳妇穿衣问题,每年仅给两斤棉花纺线做衣,因此她们大多都不同意参加田间生产。② 五分区有些家庭,对积极劳动的青年妇女不但不奖励,"有时反下眼看待"。仅娶过以后给媳妇几斤棉花,以后便什么也不管了。媳妇除负责丈夫、孩子的穿戴外,还得给婆婆纺花、做针线活。但在生活上,家中连点灯油都不管,因此生产积极性提不高,生产力也就不能充分发挥。③ 襄垣县王家庄的军属李改应丈夫及兄弟都在外工作。她听说"妇女们只有积极劳动生产,才能求得解放"后,就和兄弟媳妇积极上地劳动。但是,公婆仍是不断打骂她们,"到换季时,也穿不上衣服"。从此,改英和她兄弟媳妇就消沉了。④ 鉴于这种经济不平等的生活环境,一些妇女逐渐对生产不关心,即便参加生产也是被动的,缺乏自觉性。

对此,中共各根据地亦采取了多样手段和方式,发掘女性潜力,激发女性生产积极性,一般从几方面入手:第一,对广大妇女进行劳动自觉的教育,让她们认识到劳动光荣,帮助她们树立主人翁的意识。第二,从家庭、干部、乡村社会入手,改变基层对女性生产的认知,为女性广泛参与生产提供土壤。第三,强调和睦家庭建设,稳定乡村社会环境。

---

① 《贯彻劳动生产解放自己的教育 霍家窑发动妇女作法对 发动妇女做法对》,《新华日报》1949年1月27日,第2版。
② 《十分区春耕播种期间妇女生产的几个问题》,河北省妇女联合会:《河北妇女运动史资料选辑》第3辑,内部发行,1983年,第269页。
③ 《对发动妇女参加生产的几点意见》,《新华日报》1949年3月25日,第4版。
④ 《两个模范妇女 自己发家带领群众发家》,《新华日报》1949年6月28日,第4版。

小　结

　　伴随着妇女政策的调整以及抗战大业的进行,中共华北各根据地对妇女生产给予了更多关注,此时的妇女生产不仅是动员组织女性的重要媒介,更是实现妇女解放的重要方式。在对华北乡村女性生产状况有了足够认知与了解后,根据地各级政权主要从三方面入手鼓励女性参与生产。其一是对身体的解放,其二是对模范的塑造,其三是对女性生产力量的集中。

　　在对妇女参与生产后地位及生产观念进行考察后,会发现在生产方式及分配制度未发生根本性变革的情况下,中共一直在处理"革命"与"传统"的关系。其中对和睦家庭的建构以及对女性权益的保障应是重要的应对手段。

第四章　识文断字：社会教育中的妇女

妇女教育，作为战争与革命时期动员妇女的一种强力手段。一方面，充分调动了妇女参加革命的积极性；另一方面也使处于农村社会最底层的妇女获得了前所未有的启蒙。这对中共在广大农村获得最坚定的支持以及革命的最后胜利有着巨大的作用。近年来学界对根据地妇女教育的研究成果丰富，但多受传统革命史研究范式的影响，严重忽视了历史的复杂性，缺少对乡村民众真实反馈以及政策调整的描述，未能将传统、革命以及性别的互动立体地展现出来。①

---

① 何黎萍：《中国共产党革命根据地妇女教育特征考察》，《安徽史学》2006 年第 3 期；程风森：《苏区妇女教育初论》，硕士学位论文，华中师范大学 2008 年；王克霞：《沂蒙抗日根据地妇女教育探讨》，《教育评论》2012 年第 3 期；周锦涛：《抗战时期陕甘宁边区农村女性文化教育》，《西南民族大学学报》2012 年第 11 期；张静：《中国共产党与女子教育述论(1927—1949)》，硕士学位论文，山东师范大学 2013 年；徐爱新、窦新顺、胡会来：《抗日战争时期河北农村女性的识字运动及其启示》，《科教导刊》2013 年第 2 期；张玲：《延安时期妇女教育政策研究》，硕士学位论文，山西科技大学 2014 年。

第一节 考量与实践

一、女性的启蒙

抗日战争开始后,妇女被纳入动员体系,且被置于比较重要的地位。如在1939年《中共中央妇委关于目前妇女运动的方针和任务的指示信》中提到:"抗战建国的大业,假使没有占人口半数的妇女积极参加,成功是不可能的。"①正是因为看到了妇女在中国革命中的强大潜力,中共非常重视对该群体的组织与发动。但在具体的组织工作中,妇女教育程度偏低的现状令妇女工作者忧心忡忡。

抗战前,华北乡村经济发展水平不高、交通不便、信息闭塞,民众文化水平低下,文盲众多。"许多地区没有或只有很少的学校,学龄儿童入学率只达20%—30%。一些偏僻的山村,甚至几十个村都没有一个人识字,写封信也要跑到一二十里外去求人。"②冀中平原地区,虽然经济文化比较发达,但文盲仍占农村人口总数的80%左右;冀西山区,学校就更少,民众识字率更低。③"曹县的刘岗,是有1000人口的大村庄,读书识字的仅有3个人。冠县大花园

---

① 《中共中央妇委关于目前妇女运动的方针和任务的指示信》(1939年3月2日),中央档案馆编:《中共中央文件选集》(1939—1940),中共中央党校出版社1991年版,第31页。
② 魏宏运、左志远:《华北抗日根据地史》,档案出版社1990年版,第300页。
③ 刘皑风:《抗日战争时期晋察冀边区的教育事业》,晋察冀抗日根据地史料丛书编审委员会、中央档案馆编:《晋察冀抗日根据地》(回忆录选编),中共党史出版社1991年版,第206页。

头村 400 多口人，只有 2 人识字。田李村的 440 多人中，竟找不到一个通文墨的人。莘县小刘庄有 345 人，识字的只有 2 人。当时流行着一首歌谣：'小刘庄，睁眼瞎，男女老少无文化，谁要写封信，半斤白酒一壶茶。'"① 就农村妇女来说，该情况更为严重。广大乡村妇女被剥夺了受教育的权利和机会，女子教育在华北乡村尚处于空白地带。1937 年冀中、冀西的调查显示，女孩子上学的比例极低。安国是 17.4%，饶阳是 4.2%，深县是 8.8%。② 抗战前的阜平县在全县 19 万人口中，上过学的妇女仅有 70 多人，其中有初中以上文化程度的更是凤毛麟角。而这几十名接受教育的又大多来自城镇富裕家庭，在距县城较远的西部山区则根本找不到一个上过学的妇女。③ 满铁调查记录中的栾城县寺北柴村，女子的就学率为零。④ 饶阳县五公村妇女中仅有 3% 的人接受过正规教育。⑤ 李景汉在定县做的调查也显示，女子中的文盲率要远远高于男子。（见表 4.1、表 4.2）

---

① 赵紫生：《冀鲁豫老区教育史》，山东教育出版社 1990 年版，第 137 页。
② [瑞典]达格芬·嘉图著，杨建立、朱永红、赵景峰译：《走向革命——华北的战争、社会变革和中国共产党(1937—1945)》，中共党史资料出版社 1987 年版，第 284 页。
③《河北妇女的学文化运动》，河北省妇女联合会：《河北妇女运动史资料选辑》第 4 辑，内部发行，1986 年，第 237 页。
④ 魏宏运、三谷孝：《二十世纪华北农村调查记录》第 1 卷，社会科学文献出版社 2012 年版，第 14 页。
⑤ [美]弗里曼、毕克伟著，陶鹤山等译：《中国乡村，社会主义国家》，社会科学文献出版社 2002 年版，第 99 页。

表 4.1　定县 11—50 岁文盲与非文盲数目之比较

教育程度	男子		女子		男女共计	
	数目	百分比	数目	百分比	数目	百分比
绝对文盲	560	51.2	619	94.1	1179	67.4
半文盲	71	6.5	3	0.5	74	4.2
非文盲	463	42.3	36	5.4	499	28.4
总和	1094	100.0	658	100.0	1752	100.0

资料来源：李景汉：《定县社会概况调查》，上海书店 1933 年版，第 236 页。

表 4.2　定县非文盲及半文盲入学年数

入学年数	男子数	女子数	男女合计
1 年以下	77	2	79
1	30	4	34
2	54	6	60
3	124	10	134
4	116	16	132
5	47	1	48
6	25	……	25
7	15	……	15
8	11	……	11
9	4	……	4
10 及以上	27	……	27
无答案	4	……	4
总和	534	39	573

资料来源：李景汉：《定县社会概况调查》，上海书店 1933 年版，第 238 页。

一些口述资料对于当时妇女接受教育的情况展现得更为立体。在李小江主编的《让女人自己说话：独立的历程》一书中，记录了20世纪一家四代女性的生命历程。该文的作者文丁访问自己的妈妈、姥姥、婆婆时提到了农村妇女受教育的问题。①

文：小时候上学不？

文的姥姥：不上，那旧社会就不叫上，谁家女的上呀？

文：妈，给我讲讲你的经历吧，从小时候讲起。

文的妈妈：那时候女孩子根本不兴上学。

文：您小时候上过学吗？

文的婆婆：没有。我家世山西祁县城关的，我是家里的老大，看到大人们生活困难又没有钱，就知道帮大人干活儿。……那时农村的女孩一般都不上学，给我介绍对象那家人家的女孩子上了学，那是因为她家就她一个孩子，好几个弟弟都死了。她妈就跟你姥姥说，让你家闺女也去上学吧，你姥姥说离不开呀，她在家又能看孩子又能做饭，哪能让她去上学呢。所以那时农村的女孩子即使家里有钱也很少上学的，能在家里顶上事，就让在家里干活儿，不让去上学。②

由于华北乡村妇女一般文化水平较低，因此不易接受新的东西。当革命战争来临时，她们仍困顿闭塞。再加之，传统华北的乡村社会中还流行着"牝鸡不司晨"的言论，妇女对乡村社会中公共事务的参与度非常低，这就更加剧了农妇的"无知"及对国家与民族命运的漠不关心。抗战初期，"在唐县极偏僻的一个小山沟里，

---

① 文丁，女，生于1954年；文丁姥姥，河南密县三李村人，生于1907年；文丁妈妈，河南密县寨西村人，生于1933年；文丁婆婆，山西祁县城关人，生于1929年。
② 李小江：《让女人自己说话：独立的历程》，三联书店2003年版，第303、363、386页。

花盆村一个妇女干部,到村里问妇女是哪国人?一个三十多岁的妇女说'花盆国的',在该妇女旁边有很多人,但并没有纠正她,这就证明当时根据地妇女甚至是哪国人都不知道"。① 虽然,该案例不排除在记载时有戏谑的成分,但它的确在某种程度上反映了乡村妇女的"无知"。

  让有此种意识观念的乡村妇女第一时间踊跃走出家门,广泛参与到宏大的战争与革命视域中是不切合实际的,她们面对中共的战争动员多是抗拒的姿态,她们不愿也害怕走进一个从未经历与体验过的陌生环境。倘若要想发动和组织广大乡村妇女参加抗战,争取抗战的胜利,必须给予妇女受教育的权利。让她们学习文化,提高她们的文化水平,培养她们的政治觉悟,提升她们的民族意识,增强她们的工作能力。让她们积极、自觉投身到为抗战服务的生产与支前等工作中来,进而让她们自觉领会"皮之不存,毛将焉附"的道理,清醒意识到"天下兴亡,匹夫有责"。这样她们才会将自己所遭遇的痛苦和国家因为战争所承受的创伤联系起来,才会把她们自己的解放看作是民族解放一个重要组成部分,为抗战的胜利奋斗到底而负担起她们应有的责任。在该种情形下,各根据地的妇女教育被提上日程。中共希望妇女在接受教育过程中,一方面政治觉悟、文化水平和工作能力能得以提高;另一方面思想得以解放,冲破封建思想罗网,走出家门,奔上革命道路。从这个角度来看,对乡村妇女的教育已经超越了简单的识字扫盲即知识教育阶段,跨越到了唤醒妇女的民族、民主及自我意识,即政治动员和政治教育的阶段。

---

① 《晋察冀边区妇女文化生活》,晋察冀北岳区妇女抗日斗争史料编辑组:《晋察冀北岳区抗日斗争史料》,中国老年历史研究会 1985 年版,第 736 页。

二、妇女教育的尝试

为了更广泛地发动妇女抗日,把她们从愚昧的状态中解放出来,在华北中共控制区域内,各县区以自然村为单位,多在时局稳定时进行广泛的妇女社会教育。教育形式包括冬学、民校、识字班、读报小组、救亡室、拜门教育、站岗教育、家庭识字牌、炕头教育等,其中冬学、民校、识字班是当时妇女教育的主要形式。1940年在华北各地普遍建立了妇女识字班。晋东南地区仅第五行政区一个月便成立了99个识字班,2500余人接受识字教育;冀中区一半以上的村子都开办了识字班;晋察冀地区办有妇女冬学1156所。① 但由于环境不同,各地采用了不同的教学方式和方法。如定襄县一、二两区大多数村庄已建起妇女识字班,三、五两区因恶劣环境所限只有个别识字组。② 妇女识字班、民校和冬学有的是妇救会办的,有的附设在各小学校里,有的是由妇救会、青救会、文救会配合组织的,绝大部分组织和发动工作是妇救会承担的。主要发动对象是45岁以下的青壮年妇女。③ 这些社会教育最直接目的是使青年妇女在识字的同时,对部分政治问题有所了解。同时也使老年妇女稍微"觉悟",不再阻碍青年妇女出去参加社会活动。

---

① 吴平:《抗战两年来的华北妇女工作》,晋察冀北岳区妇女抗日斗争史料编辑组:《晋察冀北岳区妇女抗日斗争史料》,中国老年历史研究会1985年版,第370页。
② 中央妇委考察团:《对定襄县妇救会工作的考察报告》(1939年10月8日),晋察冀北岳区妇女抗日斗争史料编辑组:《晋察冀北岳区妇女抗日斗争史料》,中国老年历史研究会1985年版,第381—382页。
③ 吴平:《抗战两年来的华北妇女工作》,晋察冀北岳区妇女抗日斗争史料编辑组:《晋察冀北岳区妇女抗日斗争史料》,中国老年历史研究会1985年版,第370页;《河北妇女的学文化运动》,河北省妇女联合会:《河北妇女运动史资料选辑》第4辑,内部发行,1986年,第237页。

妇女社会教育的内容不仅仅包括文化与日常用字的学习,还有对抗日救国道理、抗日救亡形式以及中心工作的宣传。如饶阳县识字班教育妇女在抗战中要保持民族气节,不当亡国奴,自觉抵制日货。此外,与妇女切身利益攸关的一些问题也被囊括其中,如什么是妇女解放、什么是男女平等、怎样才能实现解放及平等、妇女生理卫生、妇幼保健常识等。① 笔者在河北省邢台县档案馆找到了一份完整的妇女教材,该教材中所含内容正如上所述。② 除了这些文化教育和政治宣传内容外,妇女社会教育还承担起了对妇女身体的训练。如有的识字班每天下午带领前来学习的妇女做操跑步两个小时。③ 此时乡村女性所接受的教育,内容涉及面较广:从常识到政治、从卫生到解放、从思想到身体。由此可见,中国共产党希冀通过教育对根据地女性"全副武装",让她们有知识、有思想、有文化、有健康的身体。

妇女社会教育所采用的教材,大都是《识字课本》《妇女问题》《论持久战》《论新阶段》等,另外还讲一些军事常识。有些村子开始没有课本,便以形势教育和教唱一些抗日歌曲为主要内容。④ 后来使用的识字课本有的是由各级妇女干部自己编写,并印制成统一教材,发到各村供妇女使用,但各县并没有统一的课本。教师,一般由村小学教师或有文化的妇女担任,有条件的村庄则聘请村

---

① 饶阳县妇联:《饶阳县妇女抗日斗争纪实》,冀中人民抗日斗争史资料研究会办公室:《冀中人民抗日斗争资料》第 14 期,内部发行,1985 年,第 129 页。
②《关于妇女组织、纺织、生产、治安及工作的计划、报告、命令、指示、总结、通报》(1949 年 1 月 12 日—1949 年 12 月 18 日),河北省邢台县档案馆,档案号:2-1-135。
③《晋察冀边区妇女抗日救国斗争回忆片段》,河北省妇女联合会:《河北妇女运动史资料选辑》第 4 辑,内部发行,1986 年,第 178 页。
④ 饶阳县妇联:《饶阳县妇女抗日斗争纪实》,冀中人民抗日斗争史资料研究会办公室:《冀中人民抗日斗争资料》第 14 期,内部发行,1985 年,第 111、129 页。

中对教育工作热心的人士担任。① 有的县办识字班教员奇缺,妇救会千方百计地搜罗动员人才,主要方式有三种。首先,举办各种短期师资训练班。如无极县仅1939年就举办了4期教师培训班,共培训教师800余人。另外,还有不少地方是妇救会干部边学边教,逐渐成为教员。再就是动员在校的中小学生,利用中午和晚上的闲暇时间给识字班当教员。② 各地识字班上课时间不一,有的是白天上课,有的晚上学习。一般都是隔一天或两天上一次课。如左权二区堡则村识字班是每逢二、五、八上课。③ 多实行半日制。敌人不来时集中学习,敌人大扫荡时分散到学习小组活动。

中共在控制区内推行妇女教育的主要意图在于,一方面将华北农村的一些农妇从家庭中解放出来,投身于抗日救国斗争之中;另一方面,提高她们的政治文化水平,授予妇女从事社会工作的各种能力和技术,借此使妇女能够担当后方的各种工作。

第二节 传统与革命的互动

华北乡村社会面对中共妇女社会教育的动员并非如目前一些研究及中共的资料中所呈现的那般群起响应,也并不是一个"政策—效果"就可以概括的简单的互动过程,其间满是革命与传统互相博弈、冲击与妥协交织的场景。

---

① 晋察冀边区妇女抗日斗争史料编辑组:《烽火巾帼》,中国妇女出版社1990年版,第129页。
② 《河北妇女的学文化运动》,河北省妇女联合会:《河北妇女运动史资料选辑》第4辑,内部发行,1986年,第246页。
③ 左权二区妇联会:《五年来妇女工作的总结(堡则村)》(1942年12月),山西省档案馆,档案号:A166-1-137-2。

一、积极接受:利益之趋

愿意走出家门参加识字班、民校、冬学的多是青年妇女、年轻的闺女和媳妇。因为她们年轻,愿意且容易接受新思想。如山西栗城县口则村十七八岁出嫁的闺女们多不受家事所累、求知心浓、记忆力强,所以她们都很乐意去上课。① 阜平城南庄学习比较好的是青年妇女和没有小孩的壮年妇女,这类妇女入校的共有78人,其中青妇45人,壮妇33人。②

就阶层来说,中农和富农家庭的妇女居多。如丁玲长篇小说《太阳照在桑干河上》所描述的河北鹿泉县暖水屯村中农和富农家庭出身的"无忧无愁的媳妇们和姑娘们,欢喜识字班,她们一天来两三个钟头,识三四个字"。③ 冀中饶阳六区12个村的统计,中农、富农家庭的妇女参加识字班的人数占绝大多数。(见表4.3)榆社县桃杨村妇女参加识字班的多是中农,并占到了全部参加识字班妇女人数的88%。④ 贫农一般不参加,主要原因是穿着差,怕人笑话,也怕耽误了工夫。⑤

---

① 《第五区妇救会关于口则村妇救工作的总结》(1943年1月),山西省档案馆,档案号:A166-1-137-3。
② 中共中央妇联会:《北岳四分区阜平城南庄抗战时期妇运简史》(1948年9月),河北省档案馆,档案号:572-1-180-10。
③ 《丁玲文集》第1卷,湖南人民出版社1982年版,第278页。
④ 《榆社县桃杨妇女调查资料》(1948年11月14日),山西省档案馆,档案号:A1-7-8-7。
⑤ 《阳城县匠礼村妇女工作情况》,山西省档案馆,档案号:A12-8-6-14

表 4.3　饶阳六区妇女识字班统计表

村名	人数		成份			年龄			文化程度				建立时间
	闺女	媳妇	中	富	贫	15—18	18—25	25以上	不识字	略识字	初小	高小	
窝堤村	16	8	22	2		10	9	5	2	15	5	2	1944.5.6
邹村	30	5	32	2	1	4	15	16	1	22	9	3	1944.5.26
秋庙村	4	4	11	2			3	10		3	9	1	1944.9.10
五公村	35	15	31	17	2	5		35	20	18	11	1	1944.5.7
固店	23	40	54	9		13	15	35	15	22	26		1944.5.18
桑村	35	23	47	10	1	2	17	39	13	21	21		1944.5.16
西沿湾	36	69	95	8	2	20	78	7	18	62	17	8	1944.4.3
大曹庄	55	66	85	25	11	11	80	30	35	61	25		1944.6.7
东里满	10	20	25	2	3	15		5	2	17	10	1	1944.5.16
西里满	6	36	37	4	1	5		25		32	9	1	194.5.16
张各庄	25	16	35	5	1	5	7	29	1	10	25	5	1944.5.19
北史村	31	29	52	3	5	40	18	2		30	30		1944.5.11

资料来源：八分区组：《抗日战争时期冀中八分区的妇女斗争（摘要）》，冀中人民抗日斗争史资料研究会办公室：《冀中人民抗日斗争资料（第43期）》，内部发行1985年版，第141页。

妇女参加识字班、民校、冬学的动机，也是各有不同。有的的确是因考虑到了不识字带来的不便，所以下决心识字、学文化。如北岳区一名为马青花的妇女家境贫寒，哥哥与父亲常年外出，想给他们写封信都很困难，所以她下决心学习，后来还被评为学习模范。肃宁生产模范吕桂荣在一在织布组里因记账不清晰，感到不识字之害，下决心努力学习。一名叫郝玉城的妇联主任，一辈子没上过学，因不认识钞票花错了钱而自主要求学习。她不光自己学习努力，还在领导他人学习时表现得也很积极。[①]　文安县长丰村的

[①]《晋察冀边区妇女文化生活》，晋察冀北岳区妇女抗日斗争史料编辑组：《晋察冀北岳区抗日斗争史料》，中国老年历史研究会1985年版，第743、749、757页。

谷秀花,她与丈夫以赶集卖烙饼为生,生活很困难。因二人都不识字,有人赊了饼,自己不能记账,常找人代记;籴麦子时不会算账也需求人,因此常常算错账,甚至上当受骗。他俩人都感到不会写、不会算,实为不便,要求学习。① 崞县二区白村的郑毛叶也因不识字无法与丈夫通信和花错钞票而要求学习认字。② "过去咱不识字,发花线子可愁哩,今年可要识字"③,诸如此类的呼声响彻在华北广袤的大地上。在多种实际利益的驱使下,一些妇女走进课堂接受教育。

除了上述较为切实的利益考量外,妇女接受中共推行的社会教育还有其他原因。第一,有的妇女是为了能够走出家门,摆脱家庭的羁绊和沉闷的气氛而接受识字班、民校、冬学等社会教育。如丁玲小说《太阳照在桑干河上》暖水屯村上识字班的姑娘们"脱出了家庭的羁绊和沉闷,到这热闹地方来,她们彼此交换着一些邻居的新闻,彼此戏谑,轻松地度过一个春天"。④ 有的妇女分到土地后,经济和政治地位都有所提高,认为今后若要想求得各方面的彻底平等,必须多识字,文化和政治理论都要大大提高,所以她们求知心较强。如涞水县河东有9个妇女持此种认识上了初小;郑家柱村20多个青年妇女,从土改后每天都在学识字,每人都能认100多个字。⑤ 有的妇女学习是出于对婚姻问题的考虑。夫妻关系不好的,"企图出来住学校、到工厂达到离婚目的"。如阳城匠礼村的

---

① 《谷秀花上了半年民校 学会了写账、算账》,《冀中导报》1945年11月24日,第4版。
② 《崞县二区白村 开办了妇女冬学》,《晋绥日报》1948年12月21日,第2版。
③ 《开婆婆会、媳妇会发动妇女纺织上东学》,《抗战日报》1945年1月14日,第2版。
④ 《丁玲文集》第1卷,湖南人民出版社1982年版,第278页。
⑤ 北岳三地委:《三分区妇女运动概述》(1948年5月25日),河北省档案馆,档案号:78-1-49-2。

吴小花与丈夫感情不好,她试图通过到村外去学习进而最终离婚。该村的小乙因丈夫长得"不精干",遂不愿和他同居,说"一看见他就够了"。后来男人负伤回来,小乙见离婚之路更加漫长,所以就想住学校,企图以此达离婚之目的。① 有的青妇不愿嫁给普通老百姓,而嫁干部自己文化水平又低,即便是结婚了又怕离婚,因而主动要求学习,目的是为了嫁得更好。抗属要求学习是为了与男人一同进步。如在上清水抗属会上,要求学习的抗属有 28 个。还有的妇女是对工作人员较为丰富的生活及获得的荣誉心生羡慕,也想学习后当干部。② 也有的因"受了家庭的指使,好多知道些事情"而加入中共妇女教育的组织。③

华北乡村农妇怀着不同的动机,进入了课堂,读书、识字,乡村社会出现了从未有过的景象。"妇女转向新的文化生活,学习热情相当高。特别是青年妇女为了学习文化,早起晚睡,拿出替己钱买灯油,守在油灯旁,进行学习。有的在站岗的空隙间,手拿着小木棍,在地上不住的写写画画。有的躺在被窝里往肚皮上写字,真是抓紧一切时间进行学习。要是见了干部,即围拢成一群,要求学唱歌、抄歌词、写生字。"④受此种学习热情的影响,接受教育的妇女数量也越来越多。如冀中八区 1938 冬女学员人数 7976 人,占学员总数的 2.513%;1939 年冬有 48393 人,占总数的 31.62%。1940 年

---

① 《阳城县关于匠礼村妇女工作问题简结》(1948 年 7 月 18 日),山西省档案馆,档案号:A12-8-5-5。
② 北岳三地委:《三分区妇女运动概述》(1948 年 5 月 25 日),河北省档案馆,档案号:78-1-49-2。
③ 《丁玲文集》第 1 卷,湖南人民出版社 1982 年版,第 310—311 页。
④ 边区妇联会:《晋察冀边区妇女对日抗战八年的贡献》(1946 年 4 月),晋察冀北岳区妇女抗日斗争史料编辑组:《晋察冀北岳区妇女抗日斗争史料》,中国老年历史研究会 1985 年版,第 483 页。

冬有160153人,占总人数的47.38%。① 1940年晋西北冬学运动中,全根据地参加学习的男女十万余人。特别是农村妇女,在冬学中占了总数的34%。②

汉字历经千年,在众多的求识者,然女性不多,底层妇女更几与识字绝缘,故识字本身对于广大妇女来说都是新鲜的事物。革命战争时期部分妇女出于自我利益的考量,积极接受中共的识字运动。

二、部分妇女的抗拒与中共的应对

(一)另一类妇女群体的反馈

中共所推行的妇女教育,对生长于斯的农妇来说是新鲜的,是从未有过的新图景。但囿于传统、家庭、实际生活等方面的考量,很多农妇拒绝走进教室接受新文化的洗礼。

首先,在历史的长河中,对传统的改变和颠覆始终是一个漫长而久远的过程。尽管接受教育对于乡村妇女,无论从革命这个宽泛的视域还是从私己这个狭小的面向而言,都是百利而无一害。然而,传统这个障碍在短时间内却不易跨越。在女性受教育程度普遍较低的华北乡村,妇女对识字并不像那些经历过"五四"运动洗礼的干部想像的那样重要。"她们只知道,'人活一辈子谁不是为吃穿,寻上婆家跟着人家过吧。'嫁到婆家当公婆丈夫和锅灶的侍奉者,环境造成了她们不会也不可能产生别的想法来。"由于妇女中此种观念的普遍存在及生活环境的限制,她们多认为:"妇道

---

① 亦敏:《冀中教育建设概况》,中央教育科学研究所:《老解放区教育资料》(抗日战争时期 上册),教育科学出版社1986年版,第159页。

② 夏如茵:《晋西北教育建设概况》,中央教育科学研究所:《老解放区教育资料选编》(抗日战争时期 上册),教育科学出版社1986年版,第167页。

人家念啥书？女子无才便是德"；"女人识字没啥用，认不认字还不是一样过日子"；"年纪大了，念也不了啦"；"鬼子打来了，念几个月书有啥用"。① 即便学习，她们对自己能力也深感怀疑。

其次，家庭的阻碍也成了妇女难入校门的重要因素。由于传统男权社会"重男轻女""女人是家里人"等思想根深蒂固，民众对女子接受教育多持否定态度。有的认为："女子是外人，念书不顶事，白费功夫，就是识了字，常在家坐炕，还要字做甚？"② 有的认为"供女子上学是白搭，让男孩子上学，可以求名求利，一个女子上学，对父母的生计吃饭穿衣，不关紧要。"③ 他们还认为"大姑娘小媳妇在外边跑是伤风败俗"；④"女人天生下来就是推碾做饭抱孩子，走出大门学文化还能学出个好来？！真是瞎胡闹"。⑤ 在这些旧有观念的影响下，一些老人一方面看不惯她们走出家门后的"疯闹"，另一方面担心媳妇"开脑筋"后对自己权威的挑衅，无论如何都不让年轻妇女接受教育。⑥ 家庭对接受教育的妇女轻则辱骂，重则殴打。如汾西一妇女因在识字班学习很积极而遭到她公公和

---

① 陈若克：《怎样办妇女识字班》(1940 年)，山东省妇联宣传部：《山东妇运资料选》，内部发行，1983 年，第 127 页。
② 《临县培养女教员》，《晋绥日报》1948 年 12 月 26 日，第 1 版。
③ 《晋察冀边区妇女文化生活》，晋察冀北岳区妇女抗日斗争史料编辑组：《晋察冀北岳区抗日斗争史料》，中国老年历史研究会 1985 年版，第 735 页。
④ 《河北妇女的学文化运动》，河北省妇女联合会：《河北妇女运动史资料选辑》第 4 辑，内部发行，1986 年，第 237 页。
⑤ 晋察冀边区妇女抗日斗争史料编辑组：《烽火巾帼》，中国妇女出版社 1990 年版，第 70 页。
⑥ 饶阳县妇联会：《饶阳县妇女抗日斗争纪实》，冀中人民抗日斗争史资料研究会办公室：《冀中人民抗日斗争资料》第 14 期，内部发行，1985 年，第 99 页；《婆婆不阻挡媳妇上冬学了》，《晋绥日报》1947 年 1 月 5 日，第 2 版。

男人的打骂。① 还有的妇女为此被毒打致死。在《中国乡村,社会主义国家》中,生动地讲述了妇女因参加社会教育所遭遇的不幸。

传统习俗显然是致命的东西。一位21岁的妇女嫁给了村中央的一户人家,他的"新郎"才9岁,她决定参加工作队组织的夜校扫盲班,可她的公婆禁止她去。她坚持要去,最后被她们打死了。另一位年轻的新娘不顾其公婆的严厉警告去开会,她丈夫的姐姐就打她,把她拖回家,在家里,其他人虐待她,直到她死去。把中国农村牢牢地粘在一起的传统价值观,在某种程度上是家长等级制的、残暴的。在许多保守的农民看来,妇女学习文化或出门与陌生人在一起的观念,理应受到诅咒。②

除了风俗与惯习外,从贫穷的现实来看,女性识文断字远不如做活贴补家用来的实际,因学习误活也就成了当时乡村民众对妇女接受教育最大的担忧。特别对于那些食不果腹、衣不蔽体的贫农来说,去学校上课还不如让小女孩在家纺织做些琐事。③ 老人们也认为妇女接受教育"白耽误干活,顶不了什么事"。④ 妇女自身也有此方面的顾虑和实际困难。有的根本不想学,有的想学但苦于家中孩子多,家务重,根本抽不出时间参加学习。有的抱怨道:"活

---

① 晋西南妇委:《晋西南妇女工作总结报告》(1939年8月),山西省档案馆,档案号:A22－8－4－1。
② [美]弗里曼、毕克伟,陶鹤山等译:《中国乡村,社会主义国家》,社会科学文献出版社2002年版,第99页。
③《黎城二区北流村妇女工作调查材料汇集》,山西档案馆,档案号:A1－7－8－4。
④《晋察冀边区妇女文化生活》,晋察冀北岳区妇女抗日斗争史料编辑组:《晋察冀北岳区抗日斗争史料》,中国老年历史研究会1985年版,第750页。

都忙不过来,哪还有空念书";"俺有孩子不中啊!"①"这么大,都是二三十岁,又要顾家又要顾外头劳动,又要顾那(学认字)哎,顾起顾不起?"②因为生活的切实困境,妇女教育在推行过程中阻碍重重。如阜平城南庄1939年组织起民校,但开始因妇女们家中事务繁忙,对上学尚没形成习惯,直到1942年妇女们才开始正式学习。③还有的学习回来休息不好,耽误第二天的生产生活,以至于在动员妇女上冬学时,很多妇女坚决抵抗。有些地方最初推行妇女教育,多以唱歌作为主要内容,文化学习方面较为欠缺。对于青年妇女而言,唱歌是个新鲜事,她们颇有兴趣,但对于壮年妇女来说,这个兴趣影响到了家事,她们多不愿因这个不切实际的东西耽误了家务劳动。④无论革命怎样波澜壮阔,在无其他政治所期待的状况下,实际生活之需才是妇女行动的根本依据。

因此,识字班初建时,大多妇女都是被迫参加。如在山西黎城二区的北流村于1938年通过行政命令,按照年龄编组成立识字班。⑤在冀中区,随着妇女组织的建立,于1938、1939年普遍地建立了妇女识字班。先是无论老少一律参加,后来只是青年妇女和没孩子的妇女参加,实行半日制。⑥获鹿水暖屯村的识字班开始的

---

① 陈若克:《怎样办妇女识字班》(1940年),山东省妇联宣传部:《山东妇运资料选》,内部发行1983年版,第127页。
② 《黎城二区北流村妇女工作调查材料汇集》,山西档案馆,档案号:A1-7-8-4。
③ 中共中央妇联会:《北岳四分区阜平城南庄抗战时期妇运简史》(1948年9月),河北省档案馆,档案号:572-1-180-10。
④ 《黎城二区北流村妇女工作调查材料汇集》,山西档案馆,档案号:A1-7-8-4。
⑤ 《黎城二区北流村妇女工作调查材料汇集》,山西档案馆,档案号:A1-7-8-4。
⑥ 《晋察冀边区妇女文化生活》,晋察冀北岳区妇女抗日斗争史料编辑组:《晋察冀北岳区抗日斗争史料》,中国老年历史研究会1985年版,第743页。

时候也强迫上学,"后来没法继续下去,只好随便了"。① 献县一些村庄强制青年妇女参加识字班,"分组学习,不几天就垮了"。② 而且当她们真正去识字上课时,很多妇女"羞得连名字都不敢说"。③

观念的掣肘、利益的考量、生活的牵绊以及家庭的阻挠,种种因素让妇女走不出家庭的"围城",进入汉字的世界。即使进入也是牵挂重重,顾此失彼。勉强建立的识字班也因生源的不足和勉强加入者的心不在焉而濒临破产。

(二)基层妇女工作者的锲而不舍

面对乡村社会对中共推行的妇女教育所表现的拒绝之态,各级妇女干部做出了多种努力来改善此种状况。

各级妇救会干部深入到村户,做了大量的说服动员工作。如一个曾从事妇女识字班动员工作的受访者说:"谁家有个小媳妇、大闺女,我就上她家,动员人家上识字班,挨家去,还拿着'白黑票'(地方钞票),说你不认识'白黑票',十元钱当五元钱花。"④张各庄妇救会主任刘明珠走东串西,耐心地讲:"妇女要解放,没文化翻不了身。"⑤安新县小营村妇救主任杏儿每天都招呼一个不愿学习的妇救会员一块儿上学,和这个不愿学习的妇女住得近的人也经常

---

① 《丁玲文集》第1卷,湖南人民出版社1982年版,第310页。
② 中共中央妇联会:《献县妇女工作简史》(1948年9月),河北省档案馆,档案号:572-1-180-11。
③ 中央妇委考察团:《对定襄县妇救会工作的考察报告》(1939年10月8日),晋察冀北岳区妇女抗日斗争史料编辑组:《晋察冀北岳区妇女抗日斗争史料》,中国老年历史研究会1985年版,第382页。
④ 李小江:《让女人自己说话:亲历战争》,三联书店2003年版,第491页。
⑤ 饶阳县妇联会:《饶阳县妇女抗日斗争纪实》,冀中人民抗日斗争史资料研究会办公室:《冀中人民抗日斗争资料》第14期,内部发行,1985年,第99页。

劝导她,后来该妇女也积极起来了。①

妇救会干部们主动登门给老年人作思想工作,讲妇女没文化、没地位、受压迫的道理,锲而不舍,直到老人们想通为止。妇救会多次召集婆婆们开座谈会,说明识字、写信、记账对家庭的好处。主要想让她们晓以利害后,由她们动员家中闺女媳妇出来开会上课。对个别坚决反对妇女学习文化的顽固分子,妇救会干部则多采取说服教育和斗争相结合的方式。对坚决反对媳妇参加识字班的恶婆婆开会进行说理斗争,迫使她允许媳妇出门学文化。如藁城县南席村一个比较落后的婆婆不支持儿媳进识字班,妇救会就利用集日,让群众对她进行说理教育,使她不得不同意儿媳进了识字班。② 盂县辛庄村一个老太太,曾因阻止儿子和媳妇上冬学被处罚。③ 妇救会动员妇女参加社会教育时,所受到的"封建礼教阻力"很大,一方面公婆和丈夫管得严;另一方面虽然劳动妇女比较自由,但家务缠身。为了使识字班能健康成长,妇救会的同志们主动上门帮助干活,使她们有时间能外出学习文化。④ 为了不影响农村妇女的日常生活,妇救会还调整了上课时间。

妇救会利用黑板报、屋顶广播、短剧进行宣传,反复说明妇女上学识字的重要性。宛平东齐堂村演出了"三千元一只鸡卖了三十元"的短剧,宣传了不识字的害处。该村干部还起模范作用,除

---

① 《晋察冀边区妇女文化生活》,晋察冀北岳区妇女抗日斗争史料编辑组:《晋察冀北岳区抗日斗争史料》,中国老年历史研究会1985年版,第747页。
② 《河北妇女的学文化运动》,河北省妇女联合会:《河北妇女运动史资料选辑》第4辑,内部发行,1986年,第238页。
③ 《晋察冀边区妇女文化生活》,晋察冀北岳区妇女抗日斗争史料编辑组:《晋察冀北岳区抗日斗争史料》,中国老年历史研究会1985年版,第738页。
④ 《河北妇女的学文化运动》,河北省妇女联合会:《河北妇女运动史资料选辑》第4辑,内部发行1986年版,第237页。

保证自己按时上课外,还保证将自家妇女全部动员入校,对全村妇女的影响很大。① 此外,妇救会还要求工会、农会等组织主动配合,带头发动他们的家属参加文化学习,自卫队要求青年妇女队员必须参加识字班学习。

锲而不舍的妇女干部,形式多样的宣传方式,加之及时兑现的利益诉求,让家庭转变态度鼓励和支持家中的妇女成员进入识字班。

三、革命的激进与调整

在中共的妇女教育实践中,因急于求成的心理和在此种心理影响下制定的一些不切实际的政策,导致妇女教育的不少内容、形式以及方法违背了实事求是的原则,并不符合农村的社会环境和农妇的生活实际,偏差也就在所难免,如何在革命、战争、传统、性别等多重维度中面对以及纠正偏差至关重要。

(一)妇女教育中的急功近利

虽然妇女社会教育在中共的领导下轰轰烈烈地展开了,但她们大多尚不能自觉去上课。妇女不能准时到校上课的原因主要如下:第一,学习动机不纯。第二,孩子和家务的牵累。第三,敌人破坏性的谣言及干部作风的问题也影响了妇女参与的积极性。如一些地方日伪造谣说"办识字班是为了拔女兵,让妇女上前线"等,受此谣言的蛊惑有的村妇女识字班的人数骤减,甚至召集不起来。② 第四,由于边区妇女长期处于涣散的个体生活中,并无集体生活的

---

① 《宛平东齐堂全村妇女上冬学》,《晋察冀日报》1947年2月8日,第2版。
② 妇女组:《抗日战争中冀中六分区的妇女工作》,冀中人民抗日斗争史资料研究会办公室:《冀中人民抗日斗争资料》第14期,内部发行,1985年,第23页。

经历,以至于"学习很散漫……学员也没有纪律,到一块即打打闹闹",迟到早退的现象也是常有之事,"有事也不请假,秩序很乱"。①

对于刚刚走出家门的妇女来说,这些都是人之常情。繁忙的家务已使妇女们疲惫不堪,忙碌一天后还要学习那些离她们实际生活较远的知识文化,更是令她们苦不堪言。她们反映识了字很好,但因家中事务繁杂,整日都被做饭、缝衣、推碾、捣蒜等琐事占据,根本无暇复习预习,因此认得快忘得也快,成效不佳。② 对此,一些地区的妇女工作者并未切体谅妇女的感受和的困难。如寿阳县芹泉太平村,农忙时妇救会还让妇女上民校,群众对此极为不满。一名叫李三妮的妇女抱怨道:"受上一天,乏得不行还得上民校。"③显然,一些干部在发动妇女识文断字时并未考虑到她们生活的实际情况,强行将革命意志加之于她们,致使她们嗔怪不已,成效便可想而知。

当干部在具体工作中,遭到传统再三抵制时,其行动愈加激进。如保德县一妇女被干部四次动员上识字班,始终不愿,后被关押起来,据资料记载她"后来觉悟,声明以后永不旷课"。④ 该妇女果真觉悟吗?恐怕是迫于身体上无法承受的伤痛而"后知后觉",不得已而参加到学习组织中。北岳三分区组建的识字班不分年龄,要求青壮年妇女都一律参加。有些壮年妇女因小孩太多,不愿

---

① 冀南区妇委会:《妇女工作材料》第1集(1948年11月15日),河北省档案馆,档案号:25-1-319-1。
② 左权二区妇联会:《五年来妇女工作的总结(堡则村)》(1942年12月),山西省档案馆,档案号:A166-1-137-2。
③ 寿阳县妇女联合会:《寿阳县妇运史资料》(1937—1949),内部发行,1985年,第28页。
④《保德县文教工作总结》,山西档案馆,档案号:A137-8-5。

参加。但不去的后果十分严重,如涞水板城不去的都要罚两毛钱,逼得人们不得不强"听"三个钟头。① 冀中很多地区组织的民校和妇女识字班强迫妇女集体上课,"不让媳妇住娘家",一旦被发现缺席就面临被罚粮食的可能性。② 阳城县匠礼村曾对不上识字班和不会唱歌的 3 个妇女进行过物质上的处罚。③ 献县成立过识字班,每天上课上两个钟头,对不上识字班的曾罚过两户,此后人们只在表面上假装表现得积极些。④ 识字教育的组织、动员变成了强迫命令,显然已经背离了工作的初衷。

革命与传统的博弈似乎是一个永恒的话题。一些妇女干部,最初根本就没有意识到传统与革命间的差异性或素质决定其不可能认识到这一点。因此不少地方的妇女工作,实际上只是因为上级文件而无奈推行。妇女干部自身缺乏起码的认识,因而工作是一种无序状态,此后妇女工作一直在摸索中前进。尤其表现在教学内容方面。在妇女社会教育中所推行的教学内容大多既不切合实际又不符合习惯,使得妇女深觉没必要去上识字班、冬学、民校,多选择中途退出。有的由村政权讲到边区行政系统,妇女对授课内容很难理解。有的讲比较深刻的问题,如殖民地等社会事务,并不看重认识字方面的教学。有的采用政治问答的形式,实际上根本未进行讲解,内容晦涩难懂。有的只是随便读些报纸。如曲阳

---

① 北岳三地委:《三分区妇女运动概述》(1948 年 5 月 25 日),河北省档案馆,档案号:78-1-49-2。
② 冀中区妇联会:《土地改革后妇女工作应注意的几个问题》(1947 年 1 月 10 日),河北省档案馆,档案号:3-1-349-4。
③ 《阳城县匠礼村妇女工作情况》,山西省档案馆,档案号:A12-8-6-14。
④ 中共中央妇联会:《献县妇女工作简史》(1948 年 9 月),河北省档案馆,档案号:572-1-180-11。

民校授课内容不切实际,学员们都不愿意上民校,"觉得学不了什么,白耽误时间"。① 冀东五区北郑庄组织了妇女识字班,起初参加的人不少,但由于没有课本,讲的东西不实际也不生动,没几天人数就少了,去的人也感觉了然无味。曲阳南故张村很早就成立了妇女民校,但是学习的内与实际生活脱节,不能完全满足群众的要求,故学员学习情绪不高,迟到早退现象较严重。教员教学方法也较死板、生硬,提不起大家的兴趣,上课时睡觉的、拐线的和做针线活的大有人在,课堂秩序很乱。徐水县六区任家庄,在组织妇女纺织时没有将学习与实际生产紧密结合,妇女纺织发展起来了,但民校却垮台了。②

华北乡村妇女大多是周而复始地为日常生活奔波,要她们在锅、碗、瓢、盆中去对离她们生活甚远的一些诸如"革命""解放""战争形式"之类的新名词提起兴趣,恐怕是强人所难了。在识字班所学的不切合实际的内容,对她们的生活根本无益处。不但普通农妇不愿参加识字班,一些干部也开始消极应付。如曲阳一个妇女干部说:"我算没有一点希望了,要说一点也没有学是假的,学了一点政治,可是讲的什么谁知道呢!"一妇救会主任也说:"说老实话,我不愿意上学了,学不了什么东西,要不上又恐怕比外村的落后。"③对于这种脱离实际的教育内容,家庭更是怨词颇多。冀中有的地方妇女教育内容以唱歌、体操为主,群众颇感不满,都不让青年妇女外出活动。教育内容的不切实际让妇女对识字班、冬学、民校大失所望。妇女干部的作风、工作能力也在一定程度上影响了

---

① 《曲阳新型妇女民校改造过程经验丰富》,《晋察冀日报》1944 年 9 月 22 日,第 1 版。
② 《晋察冀边区妇女文化生活》,晋察冀北岳区妇女抗日斗争史料编辑组:《晋察冀北岳区抗日斗争史料》,中国老年历史研究会 1985 年版,第 747、739、751 页。
③ 《曲阳新型妇女民校改造过程经验丰富》,《晋察冀日报》1944 年 9 月 22 日,第 1 版。

妇女教育的进程。如冀南的陈场村识字班曾三次垮台,其中两次都和妇女干部作风不正派、男女关系混乱、工作能力差有关系。①

对家庭来说,让妇女走出家门接受教育已经难而又难,未曾想到,其他一些问题更让他们难以接受。有的妇女在走出庭院后借口上识字班,不好好参加劳作生产。有的妇女利用外出开会或上课的机会与别的男人私通。如南门街一妇女借口到民校开会,整天在外游逛,不行正事。他公公一管,她即反驳说"这是妇女解放,妇女的自由"。②有的村参加识字班的青年妇女提出离婚,群众反映说:"八路军什么也好,就是离婚不好,净识字班闹的。"③妇女上课不但耽误了家庭劳作与生产,还影响了家庭和睦,让家长更为不满。

就当时妇女参加社会教育的实际效果而言,很多参加识字教育的妇女并没有什么进步,家长认为妇女学习完全没有必要。曲阳县刘丙中的娘也说:"我那个闺女还当合作社的干部,一个大字也不识,她弟弟偷了她五十块钱,她也算不清多少,模糊可不轻,还上学哩!"曲阳县王立本的母亲描述她儿媳妇学习的情形时说:"白天就耽误多半天,什么也学不了,光是耽误作活。"④这种学习效果使家长对妇女教育运动更不认可。

很多妇女参加识字班不但没有取得中共干部所承诺的效果,反而耽误了生产,影响了乡村社会家庭的稳定。这给了本就对此

---

① 冀南区党委妇委会:《妇女工作参考资料》第 2 集(1948 年 11 曰 15 日),河北省档案馆,档案号:25-1-319-2。
②《拿过去比现在 南门街妇女正确认识解放》,《新华日报》1948 年 12 月 31 日,第 4 版。
③ 冀南区党委妇委会:《妇女工作参考资料》第 2 集(1948 年 11 曰 15 日),河北省档案馆,档案号:25-1-319-2。
④《曲阳新型妇女民校改造过程经验丰富》,《晋察冀日报》1944 年 9 月 22 日,第 1 版。

项活动持保守态度的家庭以口实,他们以嗤之以鼻的态度坚决反对自家妇女成员参与识字班学习活动。

(二)以实际生活为依归

在华北根据地,对妇女进行战争与革命动员的方式与手段十分有限,识字班、民校、冬学等社会教育形式是中共可凭借为数不多做妇女工作的形式。即便面对出现的诸多问题,中共在革命利益的驱动下不会轻易将其弃之不理。中共华北控制区域内各地政权运用更切实际的方式调整妇女教育。

当妇女政策发生根本性转向时,要求妇女教育也随之转变。如"四三决定"中明确规定:"对于妇女文化的政治的教育,应通过生产方式去进行,如提高生产技术,认识有关生产的文字,编制在生产时的歌曲小调等。"① 生产成了教育中非常重要的内容,同时也成了推广教育的重要凭借。随后,华北各根据地都将此作为推行妇女教育的基本出发点。晋察冀边区强调"学习与生产相结合,以纺织、运粮、变工、做鞋、编席等生产组织为教学组织,学习内容照顾生产需要,如纺织组多讲纺织技术,并学习'棉花''线''斤''两''纺得好''纺得快'等有关字词"。② 教师在授课时也"讲做饭省柴草,叫大家讨论,怎样省了柴,饭还做的好吃,再把字认好;如讲织布怎样织得好,怎样组织纺织组;如到秋天麦收时,就讲怎样把学

---

① 《中国共产党中央委员会关于各抗日根据地目前妇女工作方针的决定》(1943年2月26日),中华全国妇女联合会:《中国妇女运动重要文献》,人民出版社1979年版,第8—9页。
② 邓红、李金铮:《中国成人教育史的重要一页——抗战时期晋察冀边区的冬学运动》,《河北大学成人教育学院学报》2002年第4卷第1期,第19页。

习组变成生产组、拔工组;因此家里人很欢喜"。① 太行三地委的妇女识字班与生产相结合,在生产中坚持学习。1948年10月妇女识字班只有38人,1949年三八节以后增加到70余人,内有40岁以上的老太太10人。② 任丘郑河国村妇女识字班规定:"学习一定与生产很好结合,不要误了作活。"确定了"生产学习两不误"的方针,教员经常检查学员的生产,如让学员报告一天纺穗子的情况,对纺得多的予以表扬,激发了学生们生产积极性。③

教育和生产相结合,一方面不仅没有耽误生产,还调动了妇女生产劳动的积极性,认识到"劳动光荣,不劳动可耻",并提高了生产技能,保证了生产。另一方面,将妇女教育与生产很好结合也打消了家庭怕误工的疑虑,同时又识了字、学了文化知识。教员对学员生产督促得也很紧,受到群众的拥护。如任丘郑河国村王大俭的母亲说:"俺家不怕耽误功夫,多学习就好,俺大俭不听说,现在上了识字班,可听话了。"同村的范秀亭,一面推碾子还一面拿小砖在墙上写字。该村识字班由于将学习与生产结合得很好,很多壮年妇女也参与其中。④

各地政权为保证妇女教育顺利进行,除了将其与生产相结合外,还考虑到妇女的实际生活状况,在上课时间、方式、分班形式等方面也做了较为细致的调整与安排。上课时间更机动灵活。如太

---

① 《晋察冀边区妇女文化生活》,晋察冀北岳区妇女抗日斗争史料编辑组:《晋察冀北岳区抗日斗争史料》,中国老年历史研究会1985年版,第741页。
② 太行三地委:《三八节以来城关妇女的生产文化活动情况》(1949年),山西省档案馆,档案号:A4-7-6-8。
③ 冀南区党委妇委会:《妇女工作参考材料》第2集(1948年11月15日),河北省档案馆,档案号:25-1-319-2。
④ 冀南区党委妇委会:《妇女工作参考材料》第2集(1948年11月15日),河北省档案馆,档案号:25-1-319-2。

岳第三专署规定:"妇女上冬学时间应和附近村镇的集市时间调开,如大洋是五、十集,堰张是三、六、九集,因为好些妇女要到会上卖针线活和卖营生;我们在这天叫她们上冬学,她们一定不愿意。"再如任丘郑河国村有一个时期纺线很赚钱,很多妇女因专致于纺织,致参加识字班时迟到早退或缺席。鉴于此种情况后改为分组上课,识字班的出勤率及迟到早退情形有所改善。①

分班安排方面,妇女教育的组织者也意识到几千年来的旧思想尚未完全肃清,男女混合编班,在农村是不合适的。一些地区根据性别及年龄来划分学习的组织,如老头组、老婆组、青妇识字班和男青年夜校等。② 寿阳县的妇女冬学是在学习中根据不同情况与年龄的要求去进行,"青年妇女主要以文化为主(包括三分之二文化,三分之一的政治政策)壮年妇女要以政策、土改、生产、婚姻和时事政治为主,……总之要以用什么学什么,学下都会用为目的"。③ 还有的地区根据妇女的具体学习情况来进行划组编班。如任丘郑河国村根据学生文化水平的程度不同,分了两个班,分别学不同的识字课本。经过一年的学习,学员都有了进步。但同班学员间程度的差异依旧存在,"聪明学员嫌学的慢,心笨的学员嫌学的快",根据她们不同的要求,又重新编了三个班,各班又划了小组,"一、二班仍念识字课本,三班念杂字(即是葱、蒜、油、盐、酱

---

① 《太岳第三专署关于介绍夏县南郭、冯村、辛庄等冬学经验,加强各地冬学工作的指示信》(1946年1月3日),中央教育科学研究所:《老解放区教育资料》(解放战争时期),教育科学出版社1991年版,第490页;冀南区党委妇委会:《妇女工作参考材料》第2集(1948年11月15日),河北省档案馆,档案号:25-1-319-2。
② 宿士平:《成人教育组织形式的初步研究》,中央教育科学研究所:《老解放区教育资料》(解放战争时期),教育科学出版社1991年版,第515—516页。
③ 寿阳县妇女联合会:《寿阳县妇运史资料》(1937—1949),内部发行,1985年,第32页。

等字)"。①

至于上课地点,也做了些调整。如太岳第三专署认为:"妇女冬学最难召集,应听取妇女群众意见找一个她们都愿意去的地方进行,不要和学校混在一起。"而且在对妇女社会教育调整时,对一些细节也进行了规定。如妇女的姓名。"一般妇女冬学不应该强问人家的姓名,免得群众感觉不惯,如必须要有称呼时可称为:XX家(XX代表他男人姓名)XX妈(XX是他儿子名)……。"②一些妇女教育组织也制定了规范的请假制度。如任丘郑河国村妇女识字班规定了请假制度,如:"一、病假、事假不减分;二、早退、迟到减二分;三、犯纪律减三分(犯纪律主要是上课乱闹不听讲);四、旷课减五分,三次即向同学道歉一次。"一些地方考虑到妇女接受社会教育中家庭的阻碍,为了安抚公婆、丈夫,提出"提高妇女的道理,是从政治上、经济上、文化上平等,而不是因提高地位,而不尊重老人的正确意见",并要求妇女"上学别和家里闹意见"。③

由于各地政权的积极调整,妇女社会教育稳步发展。"在山东解放区的农村中,青年妇女的识字班,已普及到每个角落,她们大多在白天学习,有的已有8年以上的历史了。她们的学习组织已经逐渐走上正轨,如莒南三界首的识字班50多人,已按照文化水平,编成两个班进行复式教学,点名、请假、测验等制度,全已建立,

---

① 冀南区党委妇委会:《妇女工作参考材料》第2集(1948年11月15日),河北省档案馆,档案号:25-1-319-2。
② 《太岳第三专署关于介绍夏县南郭、冯村、辛庄等冬学经验,加强各地冬学工作的指示信》(1946年1月3日),中央教育科学研究所:《老解放区教育资料》(解放战争时期),教育科学出版社1991年版,第490页。
③ 冀南区党委妇委会:《妇女工作参考材料》第2集(1948年11月15日),河北省档案馆,档案号:25-1-319-2。

教学也较有计划了。在组织领导上,有队长及指导员的分工,在生活管理上,每七八人划分小组,经常开检讨会,实行民主自治了。其他如团林区,有的青年识字班已自动延长学习时间,变成半日的妇女民校。"①中共妇女社会教育的完善,一方面激发了妇女学习的热情,另一方面家庭对妇女走出家门接受教育的阻碍也在逐渐变小。如晋察冀三分区妇女学习兴趣很高,有的把孩子丢在家中自己去上冬学,有的还主动为冬学捐油灯。有的妇女随身装着书,以备随时学习。如任丘郑河国村的大珍、刘大占两妇女推磨、烧火也都看书;大珍纺线时将书放在纺车前面。这些青年都在比赛着,不但学习,生产也是如此。如该村的陆景彦和风格二人,每晚学习结束后还得纺上6个大穗子才睡。还有的妇女因测验分数低而痛哭不止。②

当父母看到自己的女儿或媳妇们,不但能识文断字、积极生产、关心家务,连为人处世能力也得以提高,深感满意。大成县马庄村宋春风的婆婆本不愿叫媳妇上学,后因宋自编草鞋后挣了许多钱,还抓紧时间干家里的杂活,她嫂子自动承揽家中零活。她婆婆态度转变,主动提出:"我做吧,你们快去上学,又识字又生产真好。"后来她家也由不和睦变和睦了。家长们都用新眼光来看待她们,"这么着可不错,可真有用处"。曲阳南故张村的刘洛从自豪地说:"俺家孙女上民校,识了字,懂了理,做活又多,还学会了过日子

---

① 宿士平:《成人教育组织形式的初步研究》,中央教育科学研究所:《老解放区教育资料》(解放战争时期),教育科学出版社1991年版,第516页。
② 河北省社会科学院历史研究所、河北省档案馆:《晋察冀抗日根据地史料选编》(上),河北人民出版社1983年版,第93页;冀南区党委妇委会:《妇女工作参考材料》第2集(1948年11月15日),河北省档案馆,档案号:25-1-319-2。

的事,上民校真顶事。"①任丘郑河国村史大经学习后的改变让她娘十分欣喜,高兴地说:"上识字班可真不错,又学了字又不少作活,比上初小认字不少。"陆春格平时在家不听老人的话,净与家中打架,上识字班后改变了。她娘说:"看俺春格自上识字班后,不像那样生性了。"②此时村中不少人,已觉得谁家的妇女若不上民校、不识字是件丢人的事情了。

在多方的努力下,华北乡村妇女的社会教育逐步步入正轨。政策的日渐实际,各级地方妇女组织的领导有方,家庭的大力支持,妇女们的积极加入、努力学习。一幅传统与革命,群体与个体良性互动的画面正在华北乡村徐徐展开。此种历史画面的呈现是中国共产党政策层面的积极调整、革命与传统良性互动、政治与性别不断融合的结果。它体现了中国共产党制度实践与完善的自觉性,是中国共产党自觉探索妇女教育问题的重要里程碑,为建国后妇女教育特别是乡村妇女教育的开产提供了经验和借鉴意义。

第三节 妇女教育的影响

中共在华北乡村进行的妇女社会教育,可谓一举多得。不但给妇女生活以改变的契机,提供给她们一种社会流动的新途径,而且还为革命培养了一批干部。同时为乡村妇女组织的建立提供了思想和人事基础,最关键的是使乡村妇女逐渐对中共及其制定颁布的政策有所认同。

---

① 《晋察冀边区妇女文化生活》,晋察冀北岳区妇女抗日斗争史料编辑组:《晋察冀北岳区抗日斗争史料》,中国老年历史研究会1985年版,第752、742、741页。
② 冀南区党委妇委会:《妇女工作参考材料》第2集(1948年11月15日),河北省档案馆,档案号:25-1-319-2。

一、识字与文化启蒙

由于 20 世纪三四十年代华北乡村妇女接受社会教育的时间较短,且间隔较长,所以她们在识文断字层面处于初级阶段。正如一篇刊登在 1943 年《新华日报》上的文章所言:"大多数村庄识字班只在冬天开,所以冬天识的字到夏天便忘了。"①一个受访者后来回忆时说:"也就学了一冬,当时也认哩念哩,撂过去就忘了。一天能念二三个。"②再加之,一些地区的识字班、冬学、民校因战争环境的影响,妇女上课时间无法得到保障。如左权二区堡则村距县城的敌人很近,敌人常小股骚扰该村,妇女们因生活不安定,多逃亡外乡,该村识字班垮台。③ 鉴于此种情况,我们对当时各地方所做的关于妇女识字数量统计有所怀疑。尽管如此,不能否认的是识字班、民校、冬学之类的社会教育对乡村妇女的影响是存在的。但在评估此种影响时,决不能夸大。据资料显示,有不少妇女在接受教育后,家庭地位改变,这种因果关系的建构是值得深刻考量的。家庭地位的提高,就华北乡村当时的经济状况而言,不会取决于妇女识字、懂道理的多少,更多的还是缘于经济层面。

妇女进入识字班、冬学、民校接受社会教育,所受影响更深的应体现在具体生活内容的层面,如妇婴卫生、婚姻政策、反家庭暴力等与妇女切身利益极为相关的内容。相较于认字的多少和对抗日形式的了解,她们更愿意花时间与精力学习掌握一些能实实在在改变自己生活境况的东西。她们很多人在识字班、冬学中懂得

---

① 《我所见到的左权妇女》,《新华日报》1943 年 3 月 21 日,第 4 版。
② 李小江:《让女人自己说话:亲历战争》,三联书店 2003 年版,第 231 页。
③ 左权二区妇联会:《五年来妇女工作的总结(堡则村)》(1942 年 12 月),山西省档案馆,档案号:A166-1-137-2。

婚姻法律条例,准备离婚。也有不少的妇女"讲过法令后不离婚了,因为她没条件"。① 任丘郑河国村妇女识字班1948年春分地后,进行了婚姻政策教育,讲"自主婚、自由婚的好处",然后进行讨论。韩大增、韩云、六堤、陆志银等4个未婚女青年纷纷提出要求婚姻自主,举办新式婚礼。该村郭小持婆家是个地主,在懂得婚姻政策后她主动提出与地主丈夫离了婚。② 识字班上"讲解婴儿形成的过程和接生时要消毒的科学原理,让群众懂得科学卫生知识,批判了孩子是送子娘娘送来的及养不活是命中注定的荒谬说法"。③ 在识字班冬学民校所开展的劳动教育不断改变了她们的生活习惯。如任丘郑河国村妇女识字过去识字班妇女穿花鞋的很多,后来全村只有5个穿花鞋的。④

识字班的成立,使广大妇女精神面貌焕然一新。受过社会教育的妇女,每人都能唱出几首救亡歌曲,最普通的是《张二嫂放哨》《摘豆荚》等,抗战歌曲的学习丰富了她们的精神生活。每天她们欢聚在一起学习、唱歌。有的识字班还组织了秧歌队,成立了剧团。男女群众一起编排文艺节目,宣传抗日、控诉阶级剥削、批判包办婚姻。⑤ 同时也锻炼了她们集体活动的能力,培养了集体的观

---

① 《栗城村妇女问题调查》(1943年3月12日),山西省档案馆,档案号:A166-1-37-7。
② 冀南区党委妇委会:《妇女工作参考材料》第2集(1948年11月15日),河北省档案馆,档案号:25-1-319-2。
③ 晋察冀边区妇女抗日斗争史料编辑组:《烽火巾帼》,中国妇女出版社1990年版,第41页。
④ 冀南区党委妇委会:《妇女工作参考材料》第2集(1948年11月15日),河北省档案馆,档案号:25-1-319-2。
⑤ 安新县妇联:《安新县妇女抗日斗争纪实》,冀中人民抗日斗争史资料研究会办公室:《冀中人民抗日斗争资料》第14期,内部发行,1985年,第130页。

念,发扬其互助团结精神。①

上识字班、民校、冬学也确实改变了一些农妇的命运。原本乡村社会中,妇女们因没掌握像男人一样进行自由社会流动的资本,给予她们社会流动的机会十分有限,但中共倡导的妇女教育为她们提供了前所未有的进行社会流动的途径。她们很多人在接受教育后识字、政治思想进步、表现积极,因而有机会走出这个生长于斯的社会,改变了原本的生活状态。有的去当干部,有的去当教员,有的去参军,还有的继续升学。经过识字班的学习教育,不少青年妇女走上社会,投入到各条战线,参加了革命工作。如 36 岁的梁凤鸣 1930 年陕西大旱逃荒到了平山,她原大字不识一个,通过在冬学中的刻苦学习,会写信,也能写简单的工作报告,后被提为该县洪子店区的妇救会主任。② 芦龙县五达营村的刘玉琴由于家境贫寒,8 岁时被卖作童养媳,过着备受虐待的生活。1943 年该村成立识字班,她参加了学习,懂得了抗日救国和反封建争取自身解放的道理,她痛恨封建婚姻制度,积极参加抗战活动。在妇救会干部的帮助下,刘玉琴终解除了童养媳关系,脱产参加了革命工作。③ 还有许多青年妇女升到了高级识字班、初小、高小,个别的还在识字班担任教员一职。如郭里口村妇救会干部邓青,每天利用工作之暇坚持学习,不到半年时间就能写短信和情报,也能看一些

---

① 《晋察冀边区妇救会第三次代表大会》,晋察冀北岳区妇女抗日斗争史料编辑组:《晋察冀北岳区抗日斗争史料》,中国老年历史研究会 1985 年版,第 240 页。
② 晋察冀边区妇女抗日斗争史料编辑组:《烽火巾帼》,中国妇女出版社 1990 年版,第 129—130 页。
③ 《河北妇女的学文化运动》,河北省妇女联合会:《河北省妇女运动史资料选辑》第 4 辑,内部发行,1986 年,第 242 页。

简单的文章,后调到大王二区做妇救会工作,还担任过识字班的教师。① 山西榆社县李峪村的张莲因识字积极,毕业后被分配到台曲村任小学教员,后又调到屯村任初小和高小教员。②

一些妇女在社会教育中获得了新的社会流动途径,因社会教育有了新的人生。识字、启蒙、提干,改变了命运轨迹,她们是中共妇女教育的最大受益者。但毕竟这样的人尚在少数,多数的妇女在喧嚣的教育活动之后,生活归于平静,走出识字班之后笔和纸被束之高阁,锅碗瓢盆又成了她们的忠诚伴侣,生命意义再次回归到柴米油盐酱醋茶,心灵的归宿再次返回到了洗衣做饭纺线织布。至于那在识字班中的星星点点,权当一种慰藉,偶尔抚慰一下她们疲劳的内心。

二、推动抗战与培育干部

对中共而言,它最初确立的妇女接受社会教育的目标已经实现。而且还通过冬学、识字班、民校等妇女社会教育形式将政策下达到乡村社会,配合了中心工作。

首先,通过社会教育一方面把妇女动员出了家庭,团结了广大妇女。另一方面也提高了妇女的知识文化水平和她们对战争与革命的参与度。1940年冬冀南三分区妇救会紧抓冬学工作,"将青年妇女均团结与组织在冬学之中,学字、唱歌、听讲、有的还做游戏上操,仅一个多月的时间,有七十多村的青年妇女均团结与组织在妇

---

① 安新县妇联:《安新县妇女抗日斗争纪实》,冀中人民抗日斗争史资料研究会办公室:《冀中人民抗日斗争资料》第14期,内部发行,1985年,第129—130页。
② 《从山区走出的女战士——忆老伴张莲》,师德清:《烽火太行半边天》,中央文献出版社2005年版,第215页。

会的周围"。① 妇女开始学习文化,最活跃的是文娱工作,"到处流传着抗日人(小)调,对群众胜利信心的鼓舞是起了一定的作用"。② 在这样的生活中,迅速提高了妇女的文化政治水平,转变了思想。"半数以上的妇女知道抗战是长期的,对抗战能胜利坚定了信心。知道了日本是小国,而中国是大国。"③ 而且在残酷的对敌斗争中,气节教育给妇女以深刻的影响,出现了许多可歌可泣的英雄事迹。这种群众性的识字班、冬学、民校,普及了文化,也教授了革命道理,使边区广大妇女从文化和思想上翻了身。青年妇女通过参加集体活动和学习文化提高了思想政治水平,普遍要求进步,积极做抗日工作。干部工作也有了"本钱","有些妇女通过学习还能读报、看文件,搞起宣传动员来更感到得心应手,处处方便"。④ 在土改复查时,一些村庄在识字班中进行了阶级教育,主要讲"阶级分析课本",并提出"谁养活谁""穷人受谁的剥削"等问题,联系本村实际进行教育。放学回去,这些妇女即向家人做宣传。⑤

其次,通过识字班还选拔出来一批妇女干部,成为当时妇女工作的基础力量。有的地区在成立妇救会之前,先建立了妇女识字班,在识字班学员中和女教师中发现和选拔妇女干部。如丰润县

---

① 中共中央青委:《略谈青年妇女工作》,河北省档案馆,档案号:572-1-175-2。
② 北岳三地委:《三分区妇女运动概述》(1948年5月25日),河北省档案馆,档案号:78-1-49-2。
③ 边区妇联会:《晋察冀边区妇女对日抗战八年的贡献》(1946年4月),晋察冀北岳区妇女抗日斗争史料编辑组:《晋察冀北岳区妇女抗日斗争史料》,中国老年历史研究会1985年版,第484页。
④ 赵宝瑾:《晋察冀边区妇女抗日救国斗争回忆片段》,河北省妇女联合会:《河北妇女运动史资料选辑》第4辑,内部发行,1986年,第178页。
⑤ 冀南区党委妇委会:《妇女工作参考材料》第2集(1948年11月15日),河北省档案馆,档案号:25-1-319-2。

二区杨家屯村妇救会干部雅萱过去一个字不识,上识字班后,每天边烧火做饭,边在地上用火棍写字,文化水平提高得很快,后脱产参加了抗日工作,成了当地革命工作的骨干力量。蘑菇台村的妇救会主任徐田起初也是大字不识,经过识字班的学习,提高了觉悟,参加了革命。经过识字班的培养教育,一批妇女干部很快成长起来。① 还有不少先进分子提拔为县、区妇女干部。饶阳、河间、交河、献交、建国等县的妇女干部,很多都是从识字班选拔输送的,她们在工作中起到了先锋作用。② 左权二区堡则村通过识字班提拔和培养了干部,为妇女工作补充了新鲜血液。③ 定北县岸下村甄明玉,因在识字班学习成绩好,后当了识字班的小先生,15岁就被选拔担任了区妇救会副主任。小瓦房村安秀荣在识字班学习努力、进步快,1939年加入了共产党,1940年选拔到区妇救会工作。④

第三,通过妇女社会教育组织建立了基层妇女组织。妇女识字班或妇女冬学,成为发动妇女与教育组织妇女的有力武器。有的县村就先组织妇女识字班,使妇女走出家门,作为冲破家庭束缚的第一步。然后再进一步从妇女识字班中发现、培养作风正派,有政治觉悟的妇女,组成妇救会。太行三地委城关的董志老人领导成立的妇女识字班自1937年10月开始,人数由10余人发展到50

---

① 《冀东妇运简介》,河北省妇女联合会:《河北妇女运动史资料选辑》第2辑,内部发行,1983年,第212页。
② 饶阳县妇联会:《饶阳县妇女抗日斗争纪实》,冀中人民抗日斗争史资料研究会办公室:《冀中人民抗日斗争资料》第14期,内部发行,1985年,第129页。
③ 左权二区妇联会:《五年来妇女工作的总结(堡则村)》(1942年12月),山西省档案馆,档案号:A166-1-137-2。
④ 晋察冀边区妇女抗日斗争史料编辑组:《烽火巾帼》,中国妇女出版社1990年版,第167页。

余人,并在识字班中培养了一大批妇女干部,于 1938 年正式成立了妇救会。① 白洋淀青年妇女在识字班中受到抗日救国和妇女解放的教育,提高了觉悟,积极报名参加了妇救会。② 一个曾任房涞涿二区妇女部长的妇女在回忆如何组织动员妇女参战时说:"我们就到各户,一家一户地去动员,给她们讲抗日主张和妇女解放,动员她们学文化,上识字班,教给她们唱妇女解放的歌。发现个别进步的积极分子,先把她们组织起来。经过一年多的时间,就有一部分村建立了妇救会组织。"③

第四,对中共的认同与感恩。中共所组建的妇女识字班给妇女带去了新的信息,也确实解决了妇女许多切身的问题,一般的识字班成了解决妇女问题的场所。许多妇女高兴地说:"多亏了共产党的领导,我们才有了识字见世面的机会,有了翻身解放的今天。"④

在战争与革命急需人力资源的情形下,乡村社会的妇女教育得以展开。虽然,中共妇女教育的初衷并非完全以妇女为中心,但其结局不可否认的是改变了部分乡村农妇的命运,让她们因识文断字获得了相对的自由及解放的可能。当然,其间获益最大的仍是中共自身,它不单单通过此种较为平稳的方式将妇女动员出家庭,同时还大大提高了她们的觉悟及对中共的认同程度。

---

① 太行三地委:《三八节以来城关妇女的生产文化活动情况》(1949 年),山西省档案馆,档案号:A4-7-6-8。
② 《舍生忘死的人民——记白洋淀妇女抗日斗争的事迹》,河北省妇女联合会:《河北妇女运动史资料选辑》第 2 辑,内部发行,1983 年,第 300 页。
③ 李小江:《让女人自己说话:亲历战争》,三联书店 2003 年版,第 248 页。
④ 安新县妇联:《安新县妇女抗日斗争纪实》,冀中人民抗日斗争史资料研究会办公室:《冀中人民抗日斗争资料》第 14 期,内部发行,1985 年,第 130 页。

小　结

陈独秀曾言:"教育虽然没有万能的作用,但总算是改造社会底重要工具之一,而且为改造社会最后的唯一工具。"①革命时期,中共各地政权所倡导的妇女教育正如陈独秀所言具有较强的社会改造意味,其最理想的脉络是借助妇女教育净化社会风气、改良社会习惯、形成新社会风尚,搭建社会流动的新平台、建构社会动员和政治动员的新途径,最终服务于战争。

中共基于其政治考量,赋予了乡村妇女"识文断字"的权利,然而对乡村妇女而言,此种权利的拥有不是一帆风顺、毫无阻碍的。传统与革命的互动与博弈时时刻刻在其间激烈地上演着,革命出于最终利益的思考,又对乡村社会的传统现实做出了让步与政策的调整。面对中共所推行的识字班、冬学、民校等多种妇女教育形式,乡村妇女并不是完全被动地接受,她们因各种原因进行着利益最大化的选择。接受教育、进入课堂,识字、学文化主要是因其生活所需;拒绝接受中共所推行的社会教育,放弃识文断字的机会也是其实际之需。接受不能表明其先进,拒绝也不代表其落后,因衡量标准不同,不能妄下结论。这才是真正摆脱了传统革命史研究范式的束缚,让"人"重归历史舞台。同时,中共所推行的妇女社会教育多以识文断字为主,政治军事学习为辅。以此为主要内容的教育形式,一方面使她们获得了解放的契机,部分妇女的生命轨迹也得以彻底改变;另一方面也使中共从中获益,其政策与政党本身在基层社会的认可度渐强。

---

① 陈独秀:《独秀文存》,安徽人民出版社1987年版,第436页。

第五章 走进硝烟的"三寸金莲":战火中的妇女

回顾以往关于根据地妇女在民族战争中的研究,在研究视角与方法上仍延续了传统党史的范式,"政策—效果"研究模式的痕迹过于浓重,以至于压抑了根据地妇女的主体性与能动性,掩盖了她们的复杂心态,忽略了中共在妇女工作中所遭遇的困境,更遮蔽了中共革命的复杂性。①

在"政策—效果""革命—解放"的研究模式以及"抗日救亡"的研究主题下,我们看到的是一个个"抗战妇女"的形象。她们面对战争,舍小家为大家;面对屠戮,杀身取义。在民族国家的号召下,她们做出了义不容辞的抉择。但农村妇女作为一个尚未开化的群体,作为一个仍处于传统语境的单位,作为一个有血有肉、有着不同性格、不同追求、不同目的的社会成员,她们不仅仅是性别的载体,也有阶级与民族的属性,还拥有自己的生活体验和生存网络。

---

① 邱松庆:《中国妇女在抗战中的重大历史功绩》,《党史研究与教学》1995年第5期;李晓晨、李鲁玲:《抗日战争时期华北地区抗日根据地的妇女运动》,《枣庄师专学报》1998年第1期;马璞、赵传海:《抗日根据地的妇女运动论述》,《河南大学学报》1989年第1期;周锦涛:《抗战时期陕甘宁边区农村的女性解放》,《河北大学学报》2011年第6期;王国红:《抗战时期妇女动员的历史考察》,《广西社会科学》2006年第12期。

她们面对战争、革命和生死存亡,有着不同因应和选择。

那么,我们有必要打破"政策—效果""革命—解放"等传统研究范式,探求乡村妇女在烽火硝烟中的生命体验,挖掘乡村妇女在民族战争中的真实感受,探究根据地妇女在战争状态下所形成的不同的镜像及其动机与顾虑,回归"人"的诉求,展现妇女群体的复杂性和能动性,从人文维度深挖战争对人的影响。

第一节 卷入战火的"小脚"

一、走进战争的先驱群体

抗战伊始,华北抗日根据地一些妇女积极响应中共的号召,走出庭院,参与到社会公共事务之中。在以往的研究中,这部分妇女群体作为主体出现,对这个群体的研究大多至于她们的历史贡献与意义层面。[①] 但是,我们更应该考察的是她们是谁?进入战争与革命的动机到底为何?她们参与革命的动机与目的与传统革命史研究中所探讨的"民族大义""民族气节"有何种联系?

在华北乡村,最初被动员出来的妇女主要有三个群体。她们分别是乡村女教师、农村女知识分子和少数受压迫的贫下中农妇女,以及"腰里露着半截红腰带的泼辣女人",广大的普通农家妇女

[①] 马璞、赵传海:《抗日根据地妇女运动述论》,《河南大学学报》1989 年第 1 期;王国红:《抗战时期妇女动员的历史考察》,《广西社会科学》2006 年第 12 期;叶芳:《女性的革命史——以川陕革命根据地为例探讨中国革命史书写的新视角》,《中国集体经济》2007 年第 8 期。

则不敢走出家门。①

(一)女知识分子

战争是残酷的,战争中牺牲最多的是男性,而受伤害最深的则是女性。日寇烧杀淫掠使得柔弱善良的女性失去了父母兄弟、丈夫儿女和家园。面对无情的战火与日军的屠戮,一群曾接受过教育的妇女深深懂得"国家兴亡,匹夫有责"的道理,自主或在亲朋好友地鼓动下满怀革命的热情与拯救苍生的信念参加到革命队伍中。如冀中九分区的许明冲破家庭阻拦骑上自行车跑出来参加工作。这些自己跑出家庭的女性知识分子参与革命的动机,除了民族大义层面上的含义外,还拥有着更为实际的考量,即改善自我的婚姻状况。传统社会中,妇女逃避婚姻与家庭束缚的途径有限,战争反成了她们挑战传统婚姻和积极改变传统性别关系再合理不过的借口。如冀中九分区的王瑛璞和张化一抗战开始,为了抗战与自身的解放,她们拼着性命冲出了封建家庭,参加到革命工作中。②

在乡村知识女性这个群体内,部分自主参加到革命中,还有一些是在家人、亲戚、同学和朋友的带动下参与到宏大的战争里。如家在完县北部山区的保定女师学生李宝光自动出来在本区参加工作,后任区妇救会主任。在她的影响下,她的一些同学也相继出来

---

① 王又新:《安国县抗日时期妇女工作回忆》,冀中人民抗日斗争史资料研究会办公室:《冀中人民抗日斗争资料》第14期,内部发行,1985年,第82页。
② 九分区组妇女小组:《冀中九分区在抗日战争中各级妇女组织的建设情况》,冀中人民抗日斗争史资料研究会办公室:《冀中人民抗日斗争资料》第15期,内部发行,1985年,第122页。

工作。① 再如涿州县的梁国英父母在抗战伊始就参加了革命工作,在父母的启蒙与熏陶下,梁氏二姐妹也都走上了革命之路。② 饶阳县的郭志勇,其父是村第一任支部书记,其母是该村第一个女共产党员。在父母的影响下,她10岁就参加了革命,16岁加入中国共产党。③ 山西娄烦县羊圈庄村的赵英因受当时任区长的大哥的影响和帮助出去参加了工作,而后又入了党。④ 襄垣县的梁奔前从小就受到父辈进步思想的影响,16岁就舍弃了优越的家庭生活,投身到革命队伍中。在离家70多华里的小山村当小学老师,后出任平遥县妇救会会长。⑤ 路南县妇救会主席郭秀贞从小随父亲在太原上学,后就学于寿阳女中。县城沦陷后,她辍学回家。"因弟妹多家境贫寒,又为了躲避日本鬼子的糟践",母亲便将她许配给一个比她大12岁的男人。该男人有妻,再娶是为了延续后代。秀贞死活不愿待下去,婆婆也非常同情她,对她说:"孩子,你快逃命把!日本人打进来了,我们能招呼得了你?"秀贞连夜离开了婆家。不久,在一个叫张跃亭的男同学的动员下,于1938年初,她领着妹妹投身到抗日救国的行列中来。⑥ 还有一些已婚的、不愿离家和不愿参加抗日组织,但"愿知道些东西、怕受敌人打击、又怕在抗战胜利后自己无社会地位"的青壮年知识分子依托同学关系,以一种名为

---

① 晋察冀边区北岳区妇女抗日斗争史料编辑组:《烽火巾帼》,中国妇女出版社1990年版,第136页。
② 李小江:《让女人自己说话:亲历战争》,三联书店2003年版,第249页。
③ 同上书,第249—250页。
④ 张成德、孙丽萍:《山西抗战口述史》第2部,山西人民出版社2005年版,第89页。
⑤ 张成德、孙丽萍:《山西抗战口述史》第3部,山西人民出版社2005年版,第143—146页。
⑥ 寿阳县妇女联合会:《寿阳县妇运史资料》(1937—1949),内部发行,1985年,第8页。

"朋友联合会"的团体组织起来。① 这些先走出家门参与到革命中的知识女性构成了华北抗日根据地县、区级妇救会工作的开拓者及核心力量。

(二) 普通农妇

战争也给普通农妇带来了巨大的痛苦和创伤,她们憎恨日军带给她们数不尽的磨难,她们渴望安定的生活,她们憧憬家庭团圆。严酷的现实使她们懂得:如果国亡了,妇女们受的摧残与蹂躏会十百倍地超过男子。她们认识到只有团结起来进行反侵略抗争,才有生路;只有参加革命,才能求得自由与解放;只有打鬼子,才能过好日子。很多农妇不怕笑话、不怕危险,积极参加支前工作。如李小江书中所记载的杨桂英的故事就是如此:桂英11岁当童养媳,因不堪虐待于17岁时逃跑,18岁与烟庄村一位长她12岁的男人结婚。为过安稳的日子,她发动、组织妇女,以筹粮草、摊煎饼、做军鞋、运子弹、送伤员、劳军等方式参与了战争。② 有的甚至强烈要求上前线与敌人搏斗。河北地区的妇女自卫队也在此种情况应运而生。③

除了战争带来的痛楚外,还有一些家庭主妇和年轻的姑娘们饱尝了生活的艰辛和因妇女地位低下屡遭歧视的痛苦后,为了改变命运也顶着阻力迈出大门,要求参加革命。柯鲁克夫妇所记载的十里店的王雪德正是如此,"日本人第一次进村'扫荡'时,因为她父亲穿了一套浅蓝色的衣服,正好与八路军战士穿的衣服相

---

① 冀南区党委妇总会:《1942年妇女工作总结》(1942年12月22日),河北省档案馆,档案号:25-1-317-1。
② 李小江:《让女人自己说话:亲历战争》,三联书店2003年版,第485页。
③ 《抗日战争时期河北妇女群众武装——妇女自卫队》,河北省妇女联合会:《河北妇女运动史资料选辑》第4辑,内部发行,1986年,第215页。

似……数月后,她的丈夫外出做生意,又被日本人抓走了。从此以后杳如黄鹤。王雪德不但经受了她后婆母的压迫,而且亦经受了饥荒的折磨,还经受了地主的剥削,而最终她家失散于日本侵略者魔掌之下,所有这一切,使她成为十里店拥护共产党最早和最强烈的人员之一。她高声疾呼:'八路军开天辟地'"。① 在平山县许多青妇因婚姻不幸、家庭不睦要求出来参加工作。九区的妇救主任,便是因为与其婆婆不合,离家出来工作,从不回家;温塘区有个叫二桂的妇女,六岁当童养媳,挨打受骂过着牛马不如的生活,她坚决要求加入妇女自卫队以改善家庭地位低的生活状况;李家沟口范文鸾因难以忍受公婆虐待逃出家门;小觉区田家算村付桂林跑到洪子店坚决要求参军,后经县委介绍到县妇救会参加了抗日工作。② 1941 年黎城县妇救会大选中提拔出来的 8 个本地干部都是为了与丈夫离婚外出参加工作。③ 宛平县四区金鸡台村全村有妇女 425 个,参加妇救会的 54 个,其中青年、受虐待的妇女占参加总数的 12%。④ 丰润县二区蘑菇台村妇救会主任徐田被父母包办婚姻,她在婚礼中乘人不备,踢了"天地桌",脱下礼服,逃到区里,找到区长和区妇女干部,签署了离婚协议书,并说明了工作理由,从

---

① [加]伊莎白·柯鲁克、[英]大卫·柯鲁克著,龚厚军译:《十里店——中国一个村庄的革命》,上海人民出版社 2007 年版,第 56 页。
② 平山县政府:《平山妇女工作考察材料》(1940 年 3 月),河北省平山县档案馆,档案号:4-1-76;《抗日战争时期河北妇女群众武装——妇女自卫队》,河北省妇女联合会:《河北妇女运动史资料选辑》第 4 辑,内部发行,1986 年,第 216 页;梁清璋:《抗日战争时期平山县妇女工作点滴》,河北省妇女联合会:《河北妇女运动史资料选辑》第 2 辑,内部发行,1986 年,第 261 页。
③ 《黎城妇女工作简史》(1948 年 4 月 30 日),山西省档案馆,档案号:A1-7-10-2。
④ 北岳三地委:《三分区妇女运动概述》(1948 年 5 月 25 日),河北省档案馆,档案号:78-1-49-2。

此投身革命。① 安国北田庄的尤彬5岁丧母,8岁被卖给端村黄家当童养媳,受尽了欺凌和虐待。由于忍受不了非人的折磨,13岁曾含恨跳河自尽未遂。为了生存,她逃出黄家,过着隐居的生活。15岁为还清黄家50块现大洋的"饭钱",她大姨又把她许给北田庄的田某为妻。苦难的经历激发了尤彬闹翻身、求解放的勇气,她不顾婆婆的阻拦,积极参加党组织的活动。② 传统中国社会留给女性改变命运的机会和途径相对有限,面对婚姻的苦楚、生活的艰辛、家庭的不幸,革命和战争的召唤为女性提供了冲破逼仄空间和狭隘生活圈子的途径。在政治的召唤下,一些女性大胆冲破家庭、传统生活圈子以及延续千年的惯习,积极投身其中,借助革命的力量改变生活轨迹。

在反抗民族压迫的进程中,很多华北乡村的妇女也开始踏上了逃离家庭的征程。她们坚韧、坦然地走进了战场,亲历战争的血雨腥风,经受战火的洗礼。甚至,有的农妇扮为男儿身,成了那个年代的"花木兰"。武乡县许家垴村13岁的童养媳王九焕受尽公婆虐待,无法存活。化名王子清,女扮男装参加了八路军总部警卫连,随军转战太行地区。1941年在辽县的一次战斗中负伤住院后才被发现是个女同志。她坚持不下战场、不到后方,坚决跟随部队作战。武东王家峪村有个名叫刘月仙的妇女,从小就被童养到沁县新店村,常受丈夫的打骂,夫妇长期不睦,苦难的生活让她痛苦不堪。抗战开始后,她接受了许多新思想,走出家门当上了村妇救会秘书。1938年春她不顾家庭的阻挠,独自一人跑到武东山区,找

---

① 高田、孟毅然、陈大光:《冀东妇运简史》,河北妇女联合会:《河北妇女运动史资料选辑》第2辑,内部发行,1986年,第212页。
② 王又新:《安国县抗日时期妇女工作回忆》,冀中人民抗日斗争史资料研究会办公室:《冀中人民抗日斗争资料》第14期,内部发行,1985年,第127—128页。

到八路军要求参军当了一名普通战士。①

为了改变命运,为了不再遭受丈夫、公婆的毒打,为了不再承受家庭、婚姻所带来的压力,柔弱的乡村妇女进入了弥漫着硝烟和原本属于男人的战场。处在社会最底层的她们,"为了寻求一种能够抗拒命运的强大依托,而投身革命。在革命队伍的熔炉中,朴素的反抗精神逐步得到升华"。② 她们以往的痛苦、烦恼和绝望此时已被革命之火燃烧成一种充斥着快乐、自豪和希望的新情愫,让她们感受到了前所未有的满足感。

(三) 活动相对自由的女性群体

乡村社会中,妇女并非都是待字闺中或因受婆婆和家庭压迫无力走出家庭。有些妇女天性爱热闹,她们也成了早期响应中共号召的一个群体。一个亲历战争的妇女,谈到她之所以积极响应中共的号召时说,主要因那时候她较为活跃,干部下达支前任务后,她都很积极地去做。③ 左权县堡则村最初出来担当妇救会小组长的是"天足的十四五岁的闺女,为的是'能跑路,趁叫人'"。④ 也有些妇女因家庭阻力小而易于走出家门参与革命。如生于河南辉县的丁改花以及和她一起入党的几个妇女党员能走出家门,成为最早的乡村妇女动员工作者,其主要原因是她们"没婆家,没有老人阻拦"。榆社县的杨改婵是童养媳,是婆婆从小一手带大,婆媳二人感情很好。因此婆婆不但对她外出工作没有过多阻拦,还帮

---

① 武乡县妇女运动办公室:《武乡妇女运动史料汇编》(上),内部发行,1985 年,第 22 页。
② 杜芳琴、王政:《中国历史中的妇女与性别》,天津人民出版社 2004 年版,第 424 页。
③ 张成德、孙丽萍:《山西抗战口述史》第 2 部,山西人民出版社 2005 年版,第 86 页。
④ 左权二区救联会:《关于五年来妇女工作的总结(堡则村)》(1942 年 12 月),山西省档案馆,档案号:A166-1-137-2。

她带孩子减轻其工作负担。① 宽松的环境和乐观的性格让一些女性主动融入革命队伍。

但"历史总有悖反的一面,或不在历史书写中的一面。这些不在共产党认可范围内的动作,并不会因为后来的涂抹与消音就失去它的真实性"。② 在这个大群体中,有一个值得注意的小群体,她们被乡村社会称为"破鞋"。她们大多性格泼辣,能说会道。她们多首先起来响应中共的号召,参加妇女组织,而且其中很多被上级干部和村长指定为妇救会干部。如晋绥临县五区白文镇最早参加妇女大会的都是有点不正派的人。"除以卖窑为生的破鞋,号名'千里香''糖点心''飞机'等去看以外,其他好妇女多不敢出外";③蠡县二区刘家佐村的妇救会主任是一个恶霸的小老婆;高阳县某村妇救会被掌握在一外号叫"大飞机"的女破鞋手中。④ 这类妇女群体在走出家庭方面,大都存在着不同动机。"有的出来本来就是为了风流,她们在家感到不自由,羡慕在外边可以东跑西走的同志,可以见到更多的男人,可以没有人管,可以享受。有的单纯为了解决个人的问题而出来参加妇救会,至于妇救会究竟是干啥的,则一问三不知。"⑤这些生性浪漫的"破鞋"不但在民族战争伊始是

---

① 张成德、孙丽萍:《山西抗战口述史》第 2 部,山西人民出版社 2005 年版,第 85、87 页。
② 黄金麟:《政体与身体——苏维埃的革命与身体,1928—1937》,联经出版事业公司 2005 年版,第 285 页。
③ 中共中央妇联会:《晋绥临县五区白文镇抗战时期妇运概况》(1948 年 9 月),河北省档案馆,档案号:572-1-180-9。
④《抗日战争时期冀中九分区妇女抗日救国会的工作》,冀中人民抗日斗争史资料研究会办公室:《冀中人民抗日斗争资料》第 14 期,内部发行,1985 年,第 52 页。
⑤ 中共中央青委:《略谈青年妇女工作》(1938 年 6 月),河北省档案馆,档案号:572-1-175-2。

最早的革命的响应者,在之后的土地改革运动中,她们又卷土重来,充当了革命的先锋。

面对无情的战火和战争所造成的家破人亡以及时刻都存在的生死一线,一些妇女带着责任与仇恨,带着"不破楼兰终不还的信心"走进战争的情景。战争时期人力与物力的超量需求以及人口的大规模流动,使底层的乡村农妇有了摆脱不幸婚姻与专制家庭摧残的机会。一些妇女带着改变自身不幸婚姻家庭生活状况的期许,涌入战争。另一些妇女因可能带来的自由空气而积极进入战争的视域。因此,妇女走进战火的动机各有不同,并不能仅用"政治情怀""民族大义"就可简单概括。因为"中国农民有关政治的认识是朦胧的,含混的,连他们自己也说不清,他们到底怎样看国家,看传统。在传统社会的常态,农民是政治的'观众',政治舞台上你方唱罢我登场的乱哄哄的一切,似乎都与他们没有什么关系"。[1]

二、迟缓进入的群体

上述妇女积极响应中共号召,主动进入革命战争的视域。但与此同时我们不能忽略另外一个群体的存在,即不愿或不能第一时间响应中共号召走出家门的群体。这部分群体在历史的场域中作为主体存在,我们不能因这个群体不符合战争与革命政治话语体系而将其忽略。长期以来,学术界在研究根据地妇女生活、妇女运动时习惯于将这个群体"视而不见",塑造了"革命战争中的革命女人"这一近乎完整的模式化的形象。不但忽略了妇女自身在这场革命中的独特的经验和体会,也忽略了妇女群体的复杂与多样。

---

[1] 张鸣:《乡土心路八十年:中国近代化过程中农民意识的变迁》,上海三联书店1997年版,第20页。

"共产党在鼓励妇女走出家门为革命服务时,他也让妇女拥有一定的婚姻自主权和平等权,甚至让某些妇女产生命运在手的自豪感。但问题是,即便有这些权利赋予,也不是所有的妇女都有相似的革命之志和自豪感。"① 迟缓进入革命战争视域的妇女群体就可很好地说明了这种差别的存在。对迟缓参与革命的妇女群体研究更可凸显中共政治动员与革命进程的复杂与艰辛。

(一) 妇女自身知识与眼界的受限

从乡村妇女自身来看,由于她们知识与眼界的限制,对战争、革命、民族、妇女组织均不甚了解。在当时华北乡村较为闭塞的生存环境下,一般老百姓尤其妇女根本不清楚妇救会是作什么的,有的连什么是共产党、什么是日本、都不知道。② 对于国事全无认识,更谈不上国际问题了。面对异族的侵略,她们有的认为是"糟了劫,耻笑工作人员是疯子到外边撒野"。③ 有的"消极的苟安认为和烧香求神保佑祷告'上苍',盼望祸患不要轮到自家";有的"主张谁来给谁纳粮,无论怎样做,只要安全了就是阿弥陀佛"。④ 她们害怕加入"什么会",而且也认为没有参加什么组织的必要。⑤ 她们甚至把妇救会误认为是离婚会,以至于有的妇女说:"我也不离婚,也不

---

① 黄金麟:《政体与身体:苏维埃的革命与身体,1928—1937》,联经出版事业公司 2005 年版,第 274—275 页。
② 晋察冀边区北岳区妇女抗日斗争史料编辑组:《烽火巾帼》,中国妇女出版社 1990 年版,第 215 页。
③ 冀南区党委妇救总会:《冀南区参议会上妇女的互动》(10 月 15 日),河北省档案馆,档案号:25-1-320-3。
④《晋察冀边区妇运发展概况》,《晋察冀边区妇运发展概况》,晋察冀北岳区妇女抗日斗争史料编辑组:《晋察冀北岳区妇女抗日斗争史料》,中国老年历史研究会 1985 年版,第 481 页。
⑤ 冀南区党委妇救会:《妇女救国会第一届代表大会常委会对今后妇女工作的总结》,河北省档案馆,档案号:25-1-320-2。

解除婚约,我也不入妇救会。"①一个妇女干部回忆道:"当时妇女是大门不出,二门不迈,开会就更不用说了,很困难。我们走到哪个村里,妇女就偷着从门缝里看我们,不开门,也不出来,说女八路来了,你出来以后就把你带走了,就看我们,看女八路什么样,不敢出来,见了我们就跑。"②在基层的工作报告中也有类似的记载:"一般妇女虽然都痛恨鬼子,也知道要抗日,但她们封建思想还是非常浓厚的,见了我们以为是来'拔女兵'的,都不敢和我们接近,不相信我们。"③毕竟乡村妇女扮演"内人"角色时间过长,对外面世界的了解也十分匮乏,对于刚刚走进她们生活的这个陌生组织,她们颇感恐惧。

同时,让"小脚"女人走出庭院,也需要她们自身的勇气与对自我能力的肯定。然而事实并非如此,长期家庭生活的约束,使她们对自我的认知较为模糊,因此有的妇女认为:"参加抗战好是好",但"咱们一个女人家能抗得过日本?"④"老太婆也能救国?(那)顶甚么咧!"⑤她们既无奈又无助,因此对抗战没信心,不敢接近前去做妇女工作的干部。虽然有的妇女"积极要求打破现状,盼着打走日本过太平日子。但不知如何去打,更不相信自己能抗日,只是咬

---

① 北岳三地委:《三分区妇女运动概述》(1948年5月25日),河北省档案馆,档案号:78-1-49-2。
② 李小江:《让女人自己说话:亲历战争》,三联书店2003年版,第248页。
③ 《中共山东分局关于山东妇女工作总结与今后妇女运动的新任务》(1940年),中华全国妇女联合会妇女运动历史资料室:《中国妇女运动历史资》(1937—1945),中国妇女出版社1991年版,第358—359页。
④ 晋察冀边区妇女抗日斗争史料编辑组:《烽火巾帼》,中国妇女出版社1990年版,第215页。
⑤ 中央妇委考察团:《对定襄妇救会工作的考察报告》1939年10月8日,晋察冀北岳区妇女抗日斗争史料编辑组:《晋察冀北岳区妇女抗日斗争史料》,中国老年历史研究会1985年版,第385页。

牙切齿的恨日本,盼'能人'出来抗日救民,打土匪扫除混乱局面"。① 无奈之下,老年妇女烧香念佛,听命于天。青年妇女则更痛苦万分,迷茫无奈。②

(二) 实际生活的困扰

一些妇女出于对实际生活的考量不愿进入战争与革命的场域。一般而言,贫农和壮年老年是不愿参加的。贫农误不起工,壮年老年因家务繁重不能参加。③ 也有些下层家庭妇女,很愿出来工作,并且工作能力都很强,但因经济条件的限制及孩子的问题,没办法出来工作。④

还有些妇女是因家庭的极力反对而不能参加革命。在当时,婆婆对媳妇的管教特别严。"儿媳妇和婆婆在一起时,即使听得狗叫,也不敢向窗外探望,也不敢随意讲话,一见工作同志去,婆婆连忙诉说:'你不用和他讲话,我的媳妇是傻子,不会讲话,甚也不懂。'但是等婆婆一出门,媳妇就悄悄地否认婆婆的话了,并且表示愿意和工作人员亲热。"⑤ 如在《康克清回忆录》中所提到的枣林村有个媳妇叫兰子,支前、做军鞋、学文化、参加妇女自卫队,事事积极。媳妇的婆婆封建脑筋,不许她外出工作,还常常打骂她。⑥ 赵

---

① 《晋察冀边区妇运发展概况》,晋察冀北岳区妇女抗日斗争史料编辑组:《晋察冀北岳区妇女抗日斗争史料》,中国老年历史研究会1985年版,第481页。
② 《冀中区八年抗战的妇运简史》,河北省妇女联合会:《河北妇女运动史资料选辑》第2辑,内部发行,1983年,第177页。
③ 北岳三地委:《三分区妇女运动概述》(1948年5月25日),河北省档案馆,档案号:78-1-49-2。
④ 晋西南妇委:《晋西南妇女工作总结报告》(1939年8月),山西省档案馆,档案号:A22-8-4-1。
⑤ 《一个妇女工作团的工作总结》,《抗战日报》1941年6月19日第4版。
⑥ 康克清:《康克清回忆录》,解放军出版社1993年版,第245页。

树理笔下孟祥英的婆婆更是较为典型的代表,当妇女干部去动员孟祥英时,祥英的婆婆反复强调:"'她不行!她是个半吊子,干不了!'""左说左不应,右说右不应,一个'干不了'顶到底。"① 面对动员妇女参加自卫队,民众更是坚决反对。有的说:"女人家舞枪弄棒,疯疯癫癫成何体统?"有的说:"大闺女、小媳妇成天往外跑,以后还管得了吗?"平山县回舍区任大娘家,两个儿媳妇都报名参加了自卫队,但公婆坚决反对她们出操训练。② 由于父母、丈夫、公婆、兄弟的阻拦,很多有爱国热情与热血的妇女最终也没有从家中走出来。妇女夹在干部与家人中间多很无奈,她们一方面想对新的组织、妇女群体一探究竟,另一方面又多对婆婆、丈夫有顾虑,所以"一叫开会,有的妇女就哭哩,心说不来吧,人家叫哩,家里老人骂哩"。③

即便妇女顶住各种压力走出家门参与到抗战支前的活动中,其生活中仍然存在着公婆与丈夫多方的限制,而且她们还要忍受着殴打、讽刺、谩骂与舆论的斥责。沁源一区园上村马玉英黑夜开会回家,丈夫闭门不开。④ 太行一个名叫韩珍的村妇在她的离婚诉状中这样说道:"民因参加妇救会不知受家庭几多苛待,甚至因参加妇救会议,曾有被公公刀杀之危险。"⑤ 在一份当地政府对她进行

---

① 赵树理:《孟祥英翻身》,师德清:《烽火太行半边天》,中央文献出版社2005年版,第158页。
② 《抗日战争时期河北妇女群众武装——妇女自卫队》,河北省妇女联合会:《河北妇女运动史资料选辑》第4辑,内部发行,1986年,第216页。
③ 张成德、孙丽萍:《山西抗战口述史》第2部,山西人民出版社2005年版,第85页。
④ 《沁源一区垣上村妇女运动简结》(1949年2月13日),山西省档案馆,档案号:A13-8-3-9。
⑤ 白朗:《乡村法案——1940年代太行法去政府断案63例》,大象出版社2011年版,第21页。

的笔录中,曾较为细致的记录下她因参会受家庭打骂的情形。为使当时的情景更加真实,我们尽量附上原资料。

> 后来就参加妇救会工作,他回来说哪个女的参加妇救会,用棒拳打我,我爬出院里,后来我翁翁从街拉回打我,我才解释说好话,打我下半截……第二天他回来说:"叫你去开你就去,你总是不好好和我过时光。"她说不叫我吃,打我。我时常是开会不叫吃,组长叫到小更儿家吃了些饭,送回我来,与我婆婆说开会误了很多工。四月又开会,回去骂了一顿,没有打。第五天又开会,回去用鞋打我,有黑青,小芳见来,我翁翁婆婆说:"他开会回来早就早吃,迟就迟吃。"完了赶六月从娘家回来开会,晚上他又打我来,别的没有,军队同志见来,拉开了,胳膊有黑青。又一次开会,李青叫去的,回来翁翁打我,男人不在,用绳打了我两下,有绳棱。村长杜景照、李青叫去开得,回来翁翁打我,她们都见伤痕来,以后开会人见过,五天上就好了……后来开会,我翁翁骂我,你不在伺候去开会,夜里我翁打我,背上有黑青……后来,雷英动员我,叫去开会,他见伤来。至此以后没有打。①

一个曾积极参与抗日战争的妇女在后来受访时说:"结婚后,婆婆不让我出门,更不叫我参加抗日活动啦,丈夫让我上党校去,我都没敢走,不敢出来。后来在村书记的说服动员下,我到了区上工作,可一回家,婆婆就骂:'一天吃了喝了不干活,吃了喝了满世界跑,白天跑,黑夜跑,一天这么男女混杂去'。"该妇女的婆婆还跟儿子告状,希望儿子可以教训教训这个不守规矩的儿媳。"婆婆对

---

① 白潮:《乡村法案——1940年代太行第去政府断案63例》,大象出版社2011年版,第25—26页。

丈夫说:'她黑间自己不在家呆,一宿一宿地不回家,黑间白日和男的一起混,开会点着小煤油灯,找个清静没人的地方,偷着、摸着开,这怎么了得。'丈夫劝说:'你别老说她这个那个的,她黑间白日不在家,是开会的,这个我不能阻拦呀,我也是干这个的,阻拦不行呀,你放心她不是那种人。'他娘一听就火啦,破口大骂,骂得蝎子晒盖(昏天黑地)。"①路南县政府驻路北办事处三区妇救会干部张桂芳,在婆家受尽虐待,生活艰辛、着实不易。妇救会主席听说此事后,就千方百计地动员她出来参加抗日。但不久,她婆婆找到妇救会,用甜言蜜语将她哄骗回家。回去后,就把她关起来,轮番毒打,再也不让她露面。这个刚刚呼吸到一点自由新鲜空气的弱女子重又陷入封建牢笼。②

妇女走出家门参与战争的阻力主要来自传统分工观念和角色定位。人们普遍认为,女人的位置应在家庭,而且也只有在这个空间才算是正常和安全的。③ 还有些妇女是对生活很满意且家务繁忙无暇出来活动。如栗城村的马闺女出嫁后家庭生活优良,夫妻感情和睦,婆媳关系融洽,她甚感满意。再加上有三个孩子,累得她无暇参加什么活动。④ 由上可知,出于对实际生活的考量,部分妇女不愿或不能响应革命的号召,参与到宏大的视域之中。

(三)恶劣的战时环境与谣言的影响

华北地区战时环境恶劣,一方面她们"对新旧军的区别尚不清

---

① 李小江:《让女人自己说话:亲历战争》,三联书店 2003 年版,第 247 页。
② 寿阳县妇女联合会:《寿阳县妇运史资料》(1937—1949),内部发行,1985 年,第 9 页。
③ 杜芳琴:《大山的女儿:经验、心声与需求——山区妇女口述》(华北卷),贵州民族出版社 1998 年版,第 13 页。
④ 《栗城村妇女问题调查》,山西省档案馆,档案号:A166-1-137-7。

楚"。加之过去旧军胡作非为,使良家妇女惧怕走出庭院。① 另一方面,战争的危险也让妇女恐惧不堪。特别是一些常受敌人威胁的游击区妇女生活不安定,抗日情绪十分低落。在冀中,五一大"扫荡"后,敌人加紧从政治与组织上摧毁中共的妇女团体,敌伪人员到村开大会疯狂叫喊:"谁要在妇救会就烧谁家的房子";不要妇女出门;不许三五人一起活动;更不许接待中共干部。还向各村要妇救会干部和会员的名单,搞"良民证",抓捕乡村妇女干部。② 恶劣的战时环境让没见过什么世面的乡村农妇畏惧不前。在丁玲的短篇小说《新的信念》开篇就对乡村妇女面对战争所产生的恐惧进行了感官性的白描:"那些女人的声音,分不清是号叫还是哭泣,正如深夜在荒山上徘徊的饿狼,一群群的悲哀地嚎着。紧缩的恐怖之感,压倒身上来。"③战争让女性骤然失去了安全感,并成为她们巨大的心理负担。再加之一些妇女在战争中经受的噩梦般的遭遇,更加剧了农妇对战争的恐惧。

谣言对乡村妇女走出家门也有着重要的影响。有的妇女受"妇救干部都是女红军,妇女自卫队就是女兵,将来要开到火线上去……"等言语的蛊惑,誓死不加入自卫队,甚至有个别妇女脱衣服拼命。④ 王林先生也曾描写了一个名叫刘淑清的地主家小姐因相信国民党的反共宣传,怕男女混杂开会,将来某日被"共"了而不

---

① 竹:《一个妇女工作团的工作总结》,《抗战日报》1941年6月19日,第4版。
②《抗日战争时期冀中九分区妇女抗日救国会的工作》,冀中人民抗日斗争史资料研究会办公室:《冀中人民抗日斗争资料》第14期,内部发行1985年版,第53—54页。
③《丁玲文集》第3卷,湖南人民出版社1982年版,第156页。
④ 岩:《晋察冀边区妇女群众武装》,中国妇女社:《中国妇女》第2卷第1期,《新华日报》1940年6月15日。

敢参加中共宣传的活动。①

恶劣的战时环境与谣言时刻侵扰着乡村女性的内心，带给了她们没必要的焦虑，消磨着她们应对战争的意志。无论根据地政权的政治与社会动员多么慷慨激昂、令人兴奋，战争和谣言笼罩下的女性表现出的则是消沉的意志和无奈的情绪。

（四）妇女工作者的负面影响

最初下到基层从事妇救会工作的都是些小知识分子或女学生，她们的穿着打扮、言行举止以及生活方式都与华北乡村民众的生活传统和习俗不相契合。从穿着上看，当时下乡的工作人员"大部分是穿着小群、大裤、短发，抹得脸上红是红、白是白，脚上还穿着半高跟鞋"。②也有的妇女干部下乡穿旗袍、穿洋裙、打旱伞的。③"群众见了远而避之，称之为'洋学生'，后一些时候，改穿了军装，群众称之为'女兵'。"④在言行上，她们说起话满口学生腔。⑤干部的浪漫举动尤其让群众难以接受。"有的不愿叫在他们家住，有的背后在嘲笑、谩骂"。他们因怕妇救会把他们的年轻媳妇或闺女拐跑了而疏远拒绝组织动员。若真有跑了媳妇的事，也都会首先迁怒于该组织。当时群众已对妇救会形成刻板印象，说她们"这一伙子疯疯癫癫的娘们，不是没爹没娘，就是挨打受气的！"⑥

---

① 《王林文集》第1卷，解放军出版社2009年版，第254页。
② 中共中央青委：《略谈青年妇女工作》，河北省档案馆，档案号：572-1-175-2。
③ 晋察冀边区北岳区妇女抗日斗争史料编辑组：《烽火巾帼》，中国妇女出版社1990年版，第13页；《黎城妇女工作简史》(1948年4月30日)，山西省档案馆，档案号：A1-7-10-2。
④ 中共中央青委：《略谈青年妇女工作》，河北省档案馆，档案号：572-1-175-2。
⑤ 晋察冀边区北岳区妇女抗日斗争史料编辑组：《烽火巾帼》，中国妇女出版社1990年版，第13页。
⑥ 中共中央青委：《略谈青年妇女工作》，河北省档案馆，档案号：572-1-175-2。

而且当时新提拔上来的基层妇女干部,未给民众留下好的印象。如左权县庵编村妇救会会长不仅不了解自我职责,还带头起坏的示范作用。① 干部形象不佳牵连组织声誉,"厌屋及乌"的恶性影响导致普通农妇大都不愿参加妇救会。有的甚至认为加入妇救会的"都是疯子"或都是"爹妈死得早""没管教"的,"好人家的妇女"决不能做此种"伤风败俗"之事。②

妇女不能或不愿走出家门,参加革命原因是多种多样的,她们之所以拒绝革命,并不能单纯归因于其无知或家庭的阻力。她们对现实生活以及参加革命的利益影响的考量也是重要因素。她们并非完全被动的群体,她们有着自我的认知与思考以及做出选择的能力。在这些妇女的心目中,参战与否不仅是革命行为,更是利益的衡量和比较。

第二节 差异性表现

女性并非一个同质的整体。面对生死存亡,她们有着不同的因应、选择与心理表征。当时,有着如戎冠秀、孟祥英、郝二蛮一样的女模范、女英雄。她们积极支前,送子送夫参军,誓死不嫁伪军,面对敌人的屠刀大义凛然。也有着一些消极应付革命,甚至拖后腿的"落后"分子。乡村妇女的百态,在无情的硝烟中混杂着人性、欲望、利益以及选择。

---

① 《左权第四区庵编村五年来妇女工作总结》(1942年12月),山西省档案馆,档案号:A166-1-137-1。
② 《抗日战争时期冀中九分区妇女抗日救国会的工作》,冀中人民抗日斗争史资料研究会办公室:《冀中人民抗日斗争资料》第14期,内部发行,1985年,第44页。

一、积极响应

（一）具体表现

由于残酷的战争环境和恶劣的经济条件，中共华北各根据地的部队普遍没有被服厂，更没有军鞋工厂。做军鞋、军袜和军衣便成为乡村妇女首要承担的支前任务。开始都是要求自愿做，后来鉴于战争的长期性和任务的艰巨性，便改为有计划地分派进行。一般而言，先是由区县、乡级妇救会作为任务下达给村妇救会，然后通过各村妇救会组织所有妇女进行缝制，并提出规格、质量要求和收交期限。妇救会也把组织发动妇女做军衣军鞋作为一项政治任务来抓，保证按时、保质、保量完成。例如，冀南二分区妇救会就规定每年每人做几双鞋、几双袜，做好后统一交到妇救会进行质量检查。① 在武乡县李荷香的回忆中也提到，当时检查很严格，"用上鞋的锥子往里一钩，看你做得好不好，里面是不是褙了什么。用锥子挑，有的用刀剁，看你做的鞋里是什么东西，钩出来要是草、纸袼褙一类的东西，还得补做。鞋做得好好的，交上去。做好，村里先检验了，区里县里也要检查了"②。由于此种工作在时间、质量、数量等方面规定较为严格的，加班加点、挑灯夜战在所难免，繁重的劳作也给部分承担此项工作的妇女留下了永远也磨不掉的印迹。不难看出，她们在战争中被组织起来后所做的一些工作和所起的作用"很像是女性传统的家庭作用的延伸，诸如吃喝拉撒睡；洗衣、救伤、宣传、征粮、扩红、支前、被服厂……即所谓'后勤'"③。但在

---

① 《抗日战争时期平山县妇女工作点滴》，河北省妇女联合会：《河北妇女运动史资料选辑》第 2 辑，内部发行，1983 年，第 284—285 页。
② 张成德、孙丽萍：《山西抗战口述史》第 2 部，山西人民出版社 2005 年版，第 82 页。
③ 李小江：《让女人自己说话：亲历战争》，三联书店 2003 年版，第 6 页。

这种特殊的生存环境中,她们不再是围着锅台转的家庭妇女,所付出的也不再仅仅是为了相夫教子;她们所承担的也不再只是家庭的责任,她们缝的衣、洗的被、做的鞋因受益对象的改变和扩大而增加了更多的政治和社会含义。

除了这些类似庭院内的琐事外,华北乡村中被妇救会组织起来的妇女们还承担起站岗、放哨、破路、抬送伤兵、坚壁清野、掩护抗日工作人员等任务。当时许多地区的妇女,已切实地代替了男子,从事站岗放哨的工作,并且责任心普遍较强。如在献县的妇女中,"健康的老壮年站岗、盘查行人,没有通行证者领到区公所,叫男自卫队帮助审讯"。① 有的村还设有妇女锄奸小组,承担清查汉奸、特务与叛徒的任务。如宛平县金鸡台村妇女除奸组就以姐妹关系清查出从房山西北部的大安山派到内地来的女特务。② 许多"三寸金莲"还奔波于烽火和硝烟中,做着情报传递、破路、送公粮、坚壁清野、护送伤员等工作,甚至还拿起武器打击敌人。其中事例比比皆是——在武邑县北区,就有 60 多岁的老太婆到敌区送信;③武乡县凹窑科村的姑娘张月梅从 1942 年起就当地下交通员,以女扮男妆来递送情报;④晋县妇救会自动发起破路,造成破路热潮;⑤献县在组织妇女参加破路运动时,一般长达 20 来天,男女分工协

---

① 中共中央妇联会:《献县妇女工作简史》(1948 年 9 月),河北省档案馆,档案号 572 - 1 - 180 - 11。
② 北岳区三地委:《三分区妇女运动概述》(1948 年 5 月 25 日),河北省档案馆,档案号 78 - 1 - 49 - 2。
③ 冀南区党委妇救总会:《冀南区参议会上妇女的活动》(10 月 15 日),河北省档案馆,档案号 25 - 1 - 320 - 3。
④ 韩国锋:《抗日战争中的武乡妇女》,师德清:《烽火太行半边天》,第 239 页。
⑤ 冀南区党委妇救总会:《冀南区参议会上妇女的活动》(10 月 15 日),河北省档案馆,档案号 25 - 1 - 320 - 3。

作,还开展男女竞赛;①南宫县妇救会员领导游击小组经常在城外扰乱敌人,②游击小组中的女组员也和男子一样去袭击敌人,还到敌据点内去扔手榴弹。③ 为了掩护抗日工作人员,华北乡村许多农妇还冒着生命危险当"堡垒户"。在艰苦的工作环境中,有的妇女为此献出了宝贵生命。如寿阳县的郭翠贞刚15岁便随姐姐参加了抗日工作。1940年2月,她和一批干部被派往辽县松树坪搞实验县的工作。4月的一个夜晚,开完会后由村警护送回老乡家睡觉,因风大天黑看不清路,翠贞失足掉在一户老乡的窑顶上,当人们发现时,已停止了呼吸,年仅17岁。④

华北乡村妇女在做这些支前援战工作时,经历了无数的困苦与磨难。既有物资匮乏所带来的无奈与绞尽脑汁,也有体力的不支与疾病的折磨,更有战火对生命的威胁。抗战时期,华北各根据地经济萧条,物资极度匮乏,支前所需资源多由妇女自己解决。许多经历过支前的妇女后来回忆起那段岁月时,都会或多或少提到,在缺少原材料的情况下如何做好工作的情形。其中,有的是"拿自己织的土布做。织下土布,从山里头拿些黑叶叶熬了,把叶子捞了,把土布染一下,就做鞋";⑤有的是"拆旧衣、洗旧棉花,把旧衣结实的部分剪下来,做成鞋面、鞋底,把洗净晒干的棉花打成夹支(做鞋的袼褙——引者加),经过细加工做成一双双'崭新'的鞋,交给

---

① 中共中央妇联会:《献县妇女工作简史》(1948年9月),河北省档案馆,档案号572-1-180-11。
② 冀南区党委妇救总会:《冀南区参议会上妇女的活动》(10月15日),河北省档案馆,档案号25-1-320-3。
③ 张文淑:《对一九四一年妇女工作的期待》,《新华日报》1941年1月17日,第4版。
④ 寿阳县妇女联合会:《寿阳县妇运史资料》(1937—1949),内部发行,1985年,第9页。
⑤ 张成德、孙丽萍:《山西抗战口述史》第2部,山西人民出版社2005年版,第86页。

上级"。①

然而,乡村妇女在残酷的战争中缝制军衣军鞋,不仅要面临布料短缺的问题,甚至还要冒生命危险。因为一旦被敌伪搜出这些衣物,就会以私通八路的罪名遭到逮捕、处死。② 在这种特殊的环境中,她们要时刻保持着高度的警惕,同时也要经受心灵和身体上的磨难。关于这些方面的战争体验在她们的回忆中也多次被提起:"那时候一说消息不好,你就得赶紧走。现在的人受什么罪?(我们受了)那么多罪,(我们)野地里睡了多少?"③"怕有日本鬼子、汉奸看见,暴露了。黑介(夜里)把这窗户搭上被子,怕有了灯明,搭上被子。"除了这些庭院内的工作需要承担高风险外,她们被妇救会直接拉入战争场域后所从事的工作危险性更高。一个小脚妇女在回忆起抗战时期交公粮的经历时说:"有一回,过铁道让敌人发觉了,一扫射,这个也'爹呀',那个也'娘呀'。妇女们胆量小多喽,本身跟男的就不一样,净是哭的呀,狼哭鬼叫的呀。我说忙别嚷了,忙别嚷了,一嚷暴露了目标,着(招)机枪给射喽!忙着跑过去了。喘得这心慌,这处都痛呀(用手指肋下)。"该妇女还谈到"我那心口痛就是那么落下的,(流泪)要不说革命不容易。那天去送粮,黑间痛起来,哈儿界哪里有医生呀,没有介痛死呀,痛得真是没法呀,我也走不了啦,我也活不了啦,赶回来再慢慢找我吧。住人家的那个老汉们,跟她媳妇说,给她一点药吃,着他那大烟熬了一点儿水喝,敢情哈大烟呀,止住痛啦。"④平山县的自卫队队员"每次

---

① 平西抗日斗争史编写组、中法大学校友会编委会:《平西儿女》,内部发行,1986年,第155页。
② 李小江:《让女人自己说话:亲历战争》,三联书店2003年版,第261页。
③ 张成德、孙丽萍:《山西抗战口述史》第2部,山西人民出版社2005年版,第86页。
④ 李小江:《让女人自己说话:亲历战争》,三联书店2003年版,第263、266页。

到敌占区背粮都要蹚水过河,冬季河水结冰后,每过一次河,队员们的身上都被冰块划地血淋淋的。为防止皮肉受伤,后来便穿单衣,可是过河后一上岸衣服便和皮肉冻在一块了"。①

同样的工作,同样的人,却在不同的场域承担着更大责任。被男性讥为"只会做这个"的妇女被拉进了舞台中央,用她们唯一的本领支援革命,并以无私的奉献助推抗战的进行。

(二)原因分析

如上所述,拉近镁光灯中心的妇女拼命地加班加点,忘我的挑灯夜战,做出了"咱们的鞋和袜,还有衣和穿"来支援抗战。那么是什么因素使得乡村农妇愿意支持中共的战争行为?难道拥护战争会给她们带来好处或改变她们的权利地位?

1. 同情与感恩的心理

很多妇女是怀着对八路军的同情及感恩心理投身于抗战事业之中。她们深情地说:"部队比咱还苦……有一分钱也愿意给部队用了……部队这么苦,整天子母弹(子弹)在头上啊,子弹又不长眼,说不定哪时就被打死了。就是为这些事,咱的部队忒苦了!"②"八路军给我们带来了幸福,带来了光明。你说,咱不革命谁革命?咱不拥军谁拥军?八路军为咱把生命都豁出去了,难道咱们还能看着他们负伤难过而不管吗?"③"你们风来雨去,吓死吓活的,还不是为了俺们吗?我替你们做点事儿,还不是应当的?"④"这是为咱

---

① 《抗日战争时期平山县妇女工作点滴》,河北省妇女联合会:《河北妇女运动史资料选辑》第2辑,内部发行,1983年,第269页。
② 李小江:《让女人自己说话:亲历战争》,三联书店2003年版,第495页。
③ 郝雪廷:《拥军模范胡春花》,山西省武乡县妇女联合会:《武乡妇女运动史料选编》第1集,内部发行,1983年,第150页。
④ 《拥军模范耿大娘》,晋察冀北岳区妇女抗日斗争史料编辑组:《晋察冀北岳区妇女抗日斗争史料》,中国老年历史研究会1985年版,第562页。

八路军。要不是八路军,日本人三天两头来村里,光跑,跑呦,黑天半夜就跑,到外边地里睡觉去。八路军来了就不往外跑了。"①"我一向就爱八路军,人家和咱孩们不是一样吗? 不是为了抗日,人家出来做甚哩!"②"八路军领导咱们过了好日子闹好翻身这一点永远忘不了。能在别地方打了胜仗,咱这里就更保险。""人家男人儿子好比咱家人一般,前线流血拼命咋能做点这算啥。咱要有个人在外面,还不是一样吗?"③在赶制军鞋时,临县一名叫赵玉梅的妇女手上起了泡,仍不肯休息,说:"眼看天气交秋了,鞋子还在我手里,要不赶紧做好,军队冻着脚能打仗吗?"④桃城刘来张的妻子做的军鞋,帮和底又厚又结实。问及她为什么如此时,她说:"抗日军在前方辛辛苦苦打鬼子,作鞋不能昧着良心。"⑤

《中国震撼世界》一书记载了一个名叫金花的农妇,当中共的革命改变了她的生活后,她积极参与到中共革命之中。⑥ 虽然书中所讲述的故事并不是发生在抗日战争期间,但这样的女性在此时期一样存在。如安国县孟岗村的李秀荣,由于家境贫困,11岁就当了童养媳,整天挨打受气。"七七"事变后,妇救会的同志进了村,帮助她离了婚。从此她走上了革命道路,后她担任区妇救会主任,掩护干部,带领妇女支前,出生入死,工作很出色。⑦ 虽然她们大多

---

① 李小江:《让女人自己说话:亲历战争》,三联书店2003年版,第310页。
② 皇甫束玉:《"八路军的母亲"——记拥军模范裴乃秀和陈改改》,师德清:《烽火太行半边天》,中央文献出版社2005年版,第205页。
③《陵川县附城区后山村妇女工作调查》(1948年8月10日),山西省档案馆,档案号:A1-7-8-3。
④《临县妇女热烈拥军加紧精制军鞋》,《抗战日报》1943年9月14日,第2版。
⑤《东西南北 做军鞋不能偏心》,《新华日报》1944年1月21日,第4版。
⑥ [美]杰克.贝尔登著,邱应觉译:《中国震撼世界》,北京出版社1980年版。
⑦ 王又新:《安国县抗日时期妇女工作回忆》,冀中人民抗日斗争史资料研究会办公室:《冀中人民抗日斗争资料》第14期,内部发行,1985年,第96页。

数不能上战场和敌人直接搏斗,但多曲线救国"送儿子上战场杀敌人,搞生产、做军鞋,照顾伤病员,慰问子弟兵,把全部身心投入到抗日的洪流中"。① 因此,在当时涌现出了众多像戎冠秀一样的妇女英雄、模范。这些在战争视域中怀有感恩与同情心理,积极表现的乡村妇女为抗战的最终胜利做出了重大的贡献。

2. 从未有过的欢愉

随着妇女们的生活空间不断扩展,其传统的性别角色也逐渐得以改变。战争、革命以及妇女组织给长期沉寂于传统生活模式的华北妇女带来了从未体验过的欢愉,让许多以家为中心的妇女开始体验到群众聚集的魅力,使得她们平静的生活出现了些许涟漪。很多人对妇救会所组织的类似传统性别承担的支前工作持一种积极和愉悦的态度。在访问那些经历过抗战的妇女时,很多老人都表达了这样的体验:"愿干,高兴着哩。你说那会儿,心真齐呀,你说吃不上、穿不上,那时候真是积极呀,一心埋在工作上,不图钱,不图利。你说做起那军衣、军鞋,你说也不困,你说也不累,那时候怎么干活也有精神,比干自个的活兴致大多啦。"②"她们每次交活时都高兴地说:'子弟兵穿上我们做的鞋狠狠打鬼子,也算我们为民族解放事业添了一份力量。'"③至于问到这些经历过烽火岁月的妇女:"那时候你都咋想的呀?""也没有钱什么的,你们没怨言吗?"她们激情地回答道:"为救国哩,不是老宣传救国呀,抗日救国。俺们那时在裤衩上绣上字,还有'抗日救国''战争到底''彻底

---

① 冉淮舟、刘绳:《奇特的战场——晋察冀抗战史话》,天津人民出版社 1990 年版,第 250 页。
② 李小江:《让女人自己说话:亲历战争》,三联书店 2003 年版,第 263—264 页。
③ 左璐:《抗日战争中的青年工作和妇女工作》,平西抗日斗争编写组、中法大学校友编委会:《平西儿女》,光明日报出版社 1986 年版,第 154 页。

杀敌'。""吃的也是自个的,一分钱也不挣,什么怨言也没有,就是一心抗日,送公粮回来,轻巧了,赶走的这村边大场上,还唱着。"①可见,从传统氛围中走出来的女性,在参与革命、战争的政治活动中体会着一次次相聚的欢愉。

妇女投入战争、参加组织,摆脱了传统的孤立地位和意识到了集体的力量。"同龄人之间,同性之间乃至异性之间的交往与互动前所未有地加强了,……这种集体的活动对于女性而言有如'革命的庙会',它能够带来节日的气氛和开放的感受。"②记录那个时代女性的一些文学作品也有同样的描述。如孙犁的《荷花淀》、刘白羽的《孙彩花》、草明的《新嫁娘》都展现了民族战争给乡村农妇沉闷的生活带来了生机与希望,让她们从混沌麻木的人生状态中警醒,给其人生增添了活力与光彩。③

正是抱着对中共和八路军的同情与感恩之心,在体会着前所未有的欢愉时,华北乡村很多妇女涌入了抗战支援前线的热潮,积极参与其中。她们从庭院、锅台走向了更广阔的社会活动空间,承担起更丰富的社会职责,扮演着传统妇女从未有过的社会角色,感受着传统妇女从未有过的光荣。

二、消极应付

以往的研究多忽视妇女群体内部的这种差异表现,主观将她们看成无差别的统一体,且多持慷慨激昂的官方论调,强调女性无惧无畏的民族形象。此种表述,既不能很好地还原历史,更不能凸

---

① 李小江:《让女人自己说话:亲历战争》,三联书店 2003 年版,第 264、267 页。
② 王政、陈雁:《百年中国女权思潮研究》,复旦大学出版社 2005 年版,第 293 页。
③ 刘传霞:《1931—1945:性别视野中的抗战叙事》,《贵州大学学报》2004 年第 5 期,第 109 页。

显人性的复杂、战争的残酷以及中共革命的困难。

（一）具体表现

抗战时期不是所有妇女都拥护中共八路军的领导,也不是所有的妇女对抗战事业都热情似火。有些地方地主阶层的中老年妇女对八路军是极度愤恨与不满的,她们主要是怕失去了"江山"。"共产党、八路军搞平分,他房子也强,地也多,怕被平分了。赶做鞋的时候,有的用夹纸片,用油纸板绞底子,一撅就能撅两截。"①还有的在鞋底里垫进玉米皮之类的,以图蒙混过关。②

的确在当时,有很多英雄式的母亲与妻子,她们抱着"有国才有家,打走日寇才能过太平日子"的信念,送夫送子参军。她们牺牲小家保护大家的赤子之心会永远被历史铭记,但也有许多妇女因为丈夫儿子要参加抗日军而伤心欲绝、百般阻拦。如1944年,莒南县扩军。某区党员刘纪湘表示坚决拥护,在扩军大会上报了名。他妻子很生气,当妇女识字班干部去她家动员时,刘的妻子哭闹不休说:"光荣俺不要!"将前来做动员工作的干部赶走。③

面对支前的动员,有的妇女说:"几年没吃的饿死人,还要给做鞋,我就不做!""没吃的把发的做鞋布卖了也可吃两天!"④有的妇女在顽固分子挑拨下,以假怀孕作为借口,不做妇救会分配给的鞋子,说是产前产后要休假五个星期。⑤ 在具体支前工作中,消极应

---

① 李小江:《让女人自己说话:亲历战争》,三联书店2003年版,第262页。
② 妇女组:《抗日战争中冀中六分区的妇女工作》,冀中人民抗日斗争史料研究会办公室:《冀中人民抗日斗争史料》第14期,内部发行,1985年,第24页。
③ 滨海县莒南县委:《关于拥军参军工作具体总结》(1944年5月),河北省档案馆,档案号:245-1-18-1。
④ 《偏左军鞋没做好 女特务从中破坏》,《新华日报》1943年11月1日,第2版。
⑤ 《全面彻底的实现双十纲领》,魏宏运:《晋察冀边区财政经济史资料选编》(总论篇),南开大学出版社1984年版,第389页。

对的现象也的确存在。有些妇女不愿多拿东西,有些干活不经心,认为是公事,粗针粗线、草草率率应付一下即可。见正在做鞋妇女有的则说:"做那么好干啥!做好了,今后还要你做,就没个完;如做不好,他们就不会叫再做了。"做鞋有政府规定的尺码,但有的妇女说:"脚还能一般大,有大有小的吧,应付了就是吧,何必那么认真呢?"①因此换布、偷布、以旧充新、以次充好、交坏鞋等不良现象在华北各地不断发生。

除了做军鞋上有抵抗情绪外,在其他支前方面一些妇女表现也不如政府所愿。如平山县部分妇女不愿意让军队暂住,不愿借给他们生活用具,派饭时故意做差做坏,有的甚至不让伤员吃饱。②再如1940年"三八"节白文镇召开妇女大会,很多妇女们献出手镯、耳环等银器,其中有自愿的,也有强迫的。在百团大战时,很多伤兵被送到该地,当时政府号召妇女洗衣、抬担架、募捐白面和香烟等物品慰劳伤兵,有些妇女并不心甘情愿,而是在无奈之下才做的。③当时华北各根据地参加妇女自卫队的队员替男人站岗放哨,还是很形式的,同时也是被动的。队员们都认为是支差,所以工作不是很认真。如平山县北庄村某富农妇女开始让她站岗时,她便找人代替,后来经不断说服走出家门站岗放哨,但仍是有时间就往家里跑,或者是低头不敢见人。开始工作同志也不难为勉强她,以

---

① 《偏左军鞋没做好 女特务从中破坏》,《新华日报》1943年11月1日,第2版。
② 《行唐戎冠秀运动 已获初步成绩 平山检查戎运缺点》,《晋察冀日报》1944年9月28日,第2版。
③ 中共中央妇联会:《晋绥临县五区白文镇抗战时期妇运概况》(1948年9月),河北省档案馆,档案号:572-1-180-9。

后就更习以为然了。①

(二) 原因分析

战争的残酷性使乡村妇女不得不远离战争,她们不愿意送子送郎上前线,不愿意让战争夺去他们的生命,不愿意当儿子和丈夫离开家后,自己孤苦伶仃、担惊受怕。此外由于乡村妇女所持有的"嫁汉嫁汉,穿衣吃饭"的观念,对男人依赖程度较高,怕男人走了自己生活不了,因此很多妇女面对中共的参军动员始终持拒绝的态度。再加上几千年来"好铁不打钉,好人不当兵"的传统观念影响,以及人们对能否打败拿洋枪洋炮的日本人持怀疑态度,所以有的妇女明知家里有符合参军标准的成员也不动员。即便是在中共的影响下,捍卫国家民族的意识虽已在妇女身上初见端倪,但这种考虑和担忧并不是处处主导着她们,因为每个个体的生命和生活还有民族、国家以外的考量。为了丈夫、儿子、家庭的完整,她们宁愿背上"落后分子"的"骂名"。鉴于此种情形,各级政权在扩军的过程中围绕着拥军参军的主体建构了一套包括"宁为抗日阵亡战士的寡妇,不作逃避兵役懦夫的娇妻","宁为死英雄的孤女,不作活汉奸的掌珠","宁愿儿孙当兵役入伍去尽忠","不愿儿孙逃避兵役来尽孝"在内的新的气节理念体系,并在向妇女灌输过程中不断强化。②

对于支前,乡村妇女不积极响应反消极抵抗,主要还是源于"私"的本性。费孝通认为:"中国乡下老最大的毛病是'私'。说起私,我们就会想到'各人自扫门前雪,莫管他人屋上霜'的俗语。"③

---

① 平山县政府:《平山妇女工作考察材料》(1940年3月20日),河北省平山县档案馆,档案号:4-1-76。

② 冀南区党委妇救会:《妇女救国会第一届代表大会常委会对今后妇女工作的意见》(1939年10月20日),河北省档案馆,档案号:25-1-320-2。

③ 费孝通:《乡土中国》,三联书店1985年版,第21页。

乡村妇女本性中"私"的成分囿于其生活空间较为狭小的限制则表现得更为浓烈。就算战火已烧到家乡,她们也不可能在短时间内去做违背原本生活信条的事情。她们的觉悟还尚未突破"私"的界限,到达"公"的境界。而且从社会心理层面上来看,需要和利益是构成态度的最主要因素。而彼时有些乡村妇女在革命与战争的参与中却嗅不到满足自身之所需。

抗战初期,中共对华北乡村大部地区的妇女动员是有成效的,很多妇女积极投入到支前工作中,但并不是所有妇女都会从一而终地忘我付出和奉献。其间也有人因经济、干部动员方式、战争环境等多种原因而中途抛弃最初的使命背离革命。其主要原因是:"外来权力与广大农村社区的原有生活不相容,背离了原有农村权利文化的运作习惯,导致政府基层权力与农村社区民众的脱节,农民缺乏独立的参与社会活动的热情。"①具体表现如下:

第一,中共在做妇女工作时,没把参战与妇女的切身问题、民族解放与妇女解放联系起来,不能以当地妇女喜闻乐见的方式和例子来教育她们。总讲妇救会抗日、帮助军队缝缝洗洗那一套,不能把实际的问题灌输给妇女,来提高她们的认识。干部去做妇女工作和妇女动员的时候,"哪一件事、哪一句话,都得生生硬硬的与'抗日救国'联系起来"。② 妇女群众感到妇救会只懂得向她们要东西,从中无利益可得,妇救会与她们的实际生活是疏远隔离的。③在这种重复地、不断地为公家忙碌之后,妇女势必会产生厌倦心

---

① 李勤:《中国共产党与革命根据地的社会变迁》,《政党与近代中国社会研究——"中国政党与近现代社会的变迁"学术研讨会》2006 年,第 245 页。
② 中共中央青委:《略谈青年妇女工作》,河北省档案馆,档案号:572-1-175-2。
③ 浦安修:《妇救会经常工作》,河北省妇女联合会:《河北省妇女运动史资料》第 1 辑,内部发行,1982 年,第 16 页。

理。同时,不少曾踊跃捐献的模范村和模范人物后来在态度和行为上也归于冷淡。有的认为:"抗日不是短期能抗出去的,也该说说过日子的事情了。"领导对此却未引起注意,"总觉得群众虽困难,(但)参战动员也要做,这是群众应尽的义务"。① 因此很多干部把应该耐心的宣传动员工作变成了单纯命令的工作,造成有部分妇女把慰劳工作当作无可奈何的"应差事",怨言不断,"说以后要鞋袜告诉我们就好了,不必多开会了,免得麻烦"。② 河北清苑县的张景芝在回忆中提到:"那时候妇救会干部可敢干啦,黑界(夜间)送去那衣裳,她谁也不敢不做,那会儿带强制性的,不做也不行,这家做多少,那家做多少。……有的说,你给我送这么多,当下做不上了呀?我就说限你几天,做不上你晚上做,超过了也罚你。"③有一个被国民党逮捕的妇救会长,在受审时曾说:"我曾强拉人家三匹驴子,并且杀了一匹。"④

这种强迫摊派的现象所带来的结果不仅是怨声载道,随之而来的还有妇女强力的抵抗和懈怠。如鲁南发动妇女做的两万双军鞋,最终拖延了好几个月才得以完成。⑤ 当时有些地方反映:"穷的

---

① 田秀涓:《一九四三年前晋察冀农村妇女工作的初步估计》(1945年10月),晋察冀北岳区妇女抗日斗争史料编辑组:《晋察冀北岳区妇女抗日斗争史料》,中国老年历史研究会1985年版,第454页。
② 琴秋:《对于妇救会工作的几点意见》,中国妇女社:《中国妇女》第1卷第12期,《新华日报》1940年5月25日。
③ 李小江:《让女人自己说话·亲历战争》,三联书店2003年版,第262页。
④ 《"共匪"暴行骇人听闻 强迫妇女裸替慰劳》,《和平日报》1937年11月20日,《"共匪"问题》,台北"国史馆",档案号:026000003517A。
⑤ 《中共山东分局关于山东妇女工作总结与今后妇女运动的新任务》,中华全国妇女联合会妇女运动历史教研室:《中国妇女运动历史资料》(1937—1945),中国妇女出版社1991年版,第376页。

抗日抗不起,富的抗日不积极。"①根据地对此种局面也有所反思:"过去无限制的物质募捐,这对于支持长期的艰苦战争,对于根据地的建设是不利的。比如有些地方常常开会去动员群众募捐东西,这不只是加重群众的负担,我们应停止不必要的募捐。"②

第二,战时的华北根据地,一些地方由于对日军"扫荡"的警惕与准备不够,致使人力与物力均受到相当严重的损失。有一部分妇女在"扫荡"中,失去了丈夫和儿子以及完整的家庭和温馨的家园,不免要感到悲观失望。再加之民众生活困难,使得少数妇女感到无助。若在此种情境下仍要妇女无偿付出人力、物力、财力是非常困难的。在这种经济环境与生存条件下,不顾及乡村妇女实际生活状况而无节制地进行革命动员,其结果势必成效不佳。

妇救会在组织及动员上的偏差使得一些妇女很是反感。战争不会短时间结束,那么这种强迫式的会议和劳动仍要持续,她们原本以为逃脱了父权制家庭的管束,孰料又进入了一个更大、更强的约束之中。于是她们做起活来不再心甘情愿,甚至消极应付。我们尚且用"落后"二字来概括这个群体,但倘若从人性诉求的角度出发,她们远离战争与革命的种种行为及举动,也没有那么不可理解或是反动。尽管在一些档案中,或将她们的声音忽略不计,或将其污名化。但当通过对多方的资料仔细梳理,擦去历史的尘埃后,还能将"落后"作为她们的标签吗? 其实,她们只是历史场景中不同于主旋律的一个片段而已。

---

① 田秀涓:《一九四三年前晋察冀农村妇女工作的初步估计》(1945 年 10 月),晋察冀北岳区妇女抗日斗争史料编辑组:《晋察冀北岳区妇女抗日斗争史料》,中国老年历史研究会 1985 年版,第 452 页。
②《华北妇女运动的新方向》,《新华日报》1941 年 3 月 7 日,第 4 版。

三、趋利群体

对于这些消极应对的女性群体,中国共产党采取以下举措进行组织、动员,并试图让她们成为抗战的有效力量,具体而言一方面满足女性之需从婚姻家庭着手,改变她们切实的生活环境,争取她们所需的自由,保障她们该有的权益。另一方面,从妇女工作者的工作方式、态度着手,让组织动员的过程和手段更贴进于乡村女性生活。从这两方面入手,可令女性感受到积极参与革命,支持战争的切身之益处。此外,中国共产党对这个女性群体还做了思想层面的工作,利用妇女组织、黑板报、广播等载体向女性宣传抗战的深层含义。

在抗日战争期间,华北乡村除了有上述两个妇女群体外,还有另外一个妇女群体更值得我们关注。以往的研究完全将她们清除出历史的舞台,不见她们的身影。因为她们当时的所作所为已经超越了"落后"这个概念,她们趋利投敌,她们与主流叙事背道而驰,抗战时期一直提倡的"民族气节"对她们来讲没有什么实质性的约束力。学界当前对汉奸、日伪政权、特务等群体开始有所关注,且取得了有益探索。[①] 绝大多数学者关注的是对汉奸的惩治,[②]也有部分学者着眼于对汉奸人性的考察,如张同乐从"社会关系、人际关系和文化

[①] 王宏德:《华夏大地上的怪胎:中国抗日战争时期的伪军探究》,中国致公出版社 2018 年版。

[②] 赵华:《华北抗日根据地汉奸及其惩治问题研究》,硕士学位论文,山西大学 2005 年;翁有为:《抗日根据地民主政权惩治汉奸的立法和政策研究》,《中共党史研究》2006 年第 2 期;李小玉:《抗日根据地惩治汉奸研究》,硕士学位论文,天津商业大学 2016 年;吕迅:《抗日战争与国民党惩肃汉奸运动》,《社会科学研究》2019 年第 6 期;张雅倩:《从汉奸到战犯:二战后国民政府处置"台籍汉奸"的法律转换及争议》,《近代中国》2020 年第 1 期;

认同心态等方面,探讨了华北汉奸群体的复杂派系"①。其中亦有从性别切入,对汉奸群体多视角的探索。如侯杰、马晓驰以川岛芳子为个案,对战后惩治女汉奸的媒介话语进行了解析②;陈雁集中对关露和李青萍两位"女汉奸"进行了考察。③ 无论是对日伪政权抑或汉奸群体的研究,多集中于知识层或上层人士,基层或底层民众又是基于何种原因作出与"民族气节"严重不符的系列举动的呢?特别是女性,这值得历史学者去深谈。

(一)嫁伪军、嫁汉奸

抗战时期,某些妇女曾作出与民族气节不相符的行为举动。如一些妇女嫁汉奸、嫁特务、嫁伪军。博野县滑岗一个200来户人家的村子,16个妇女嫁伪军。④ 易县龙居村有8个青年妇女嫁给特务。⑤ 易县和徐定两县3个月内有5个妇女嫁给特务。⑥ 完县张洛开一家3个女儿都嫁了特务。⑦ 嫁伪军、特务的妇女中亦有干部在内,如北岳区相家庄妇救主任嫁给了特务。⑧

这些妇女选择嫁给民族敌对者的原因有以下几种。有的"纯

---

① 张同乐:《华北沦陷区日伪政权研究》,三联书店2012年版,"简介"。
② 侯杰、马晓驰:《抗战后惩治女汉奸的媒介话语解析——以川岛芳子为中心》,《安徽史学》2019年第2期。
③ 陈雁:《性别与战争:上海1932—1945》,社会科学文献出版社2014年版。
④ 《冀中九分区妇女工作简单报告》,河北省妇女联合会:《河北妇女运动史资料选辑》第2辑,内部发行,1983年,第247页。
⑤ 《北岳区当前的灾荒和我们的斗争》,魏宏运:《晋察冀边区财政经济史资料选编》(农业篇),南开大学出版社1984年版,第723页。
⑥ 北岳三专妇联会:《三个月妇女工作总结》,河北省档案馆,档案号:78-1-50-1。
⑦ 完县三区妇女代表会:《四个月来妇女工作的检查》(4月5日),顺平县档案馆,档案号:10-47-1。
⑧ 《北岳区当前的灾荒和我们的斗争》,魏宏运:《晋察冀边区财政经济史资料选编》(农业篇),南开大学出版社1984年版,第723页。

粹为了吃喝玩乐与生活上的享受而嫁伪军者,这样的人占大部分"。而且她们都认为"嫁伪军是光荣,并不以为是耻辱,嫁伪军说是混官事哪"。① 有些乡村民众也不以自家闺女嫁伪军为耻,反以为荣。在某些村中还有此类民谣:"闺女闺女你快长,大喽嫁个日本大队长,高跟鞋咔咔响,坐汽车朝后仰,坐汽车又稳当,要花钱搭村长。"他们之所以持此种态度,主要原因是嫁伪军和特务会给他们带来切实的利益和好处。"如肃宁靠近河的城区嫁伪军者一人除十亩地的免征点";完县五区南街当时有几个妇女因钱财嫁给汉奸特务。该县个别已婚妇女"为了跟下沾点光"与伪军、特务搞起了男女关系。② 有的妇女因受过打击,为了报仇嫁给伪军和特务。还有的抗属嫁给伪军,一方面是自己寂寞难忍,需要慰藉;一方面是解决自己生活上的实际问题。③

对传统中国社会而言,婚姻不关乎政治、国族和政党这些宏大视角,根据陈顾远先生的研究可见:国人的择偶标准主要涉及族系和阶级,进而言之其根本考量点是利益。

(二) 女特务、女汉奸

除了婚姻层面的异样情形外,华北乡村女性在政治和革命领域也呈现出"超出"认知的历史画面。

不可否认,在战争中,超出"民族气节"范畴行事的妇女群体

---

① 《冀中九分区妇女工作简单报告》,河北省妇女联合会:《河北妇女运动史资料选辑》第 2 辑,内部发行,1983 年,第 247 页。
② 《中共完县青委会关于完县五区南街建团初步总结》(1948 年 12 月 9 日),顺平县档案馆,档案号:10-47-1;完县三区妇女代表会:《四个月来妇女工作的检查》(4 月 5 日),河北省顺平县档案馆,档案号:10-47-1。
③ 《冀中九分区妇女工作简单报告》,河北省妇女联合会:《河北妇女运动史资料选辑》第 2 辑,内部发行,1983 年,第 247 页。

是存在的,但她们所占比重并不大,而且她们并未形成掣肘革命向前推进的破坏力量。她们仅作为战争中妇女众相之一而存在。有经济学家称:"自我利益是人类行为的最根本动机。"①就彼时女性而言,"固有的民族意识尚未上升为近代民族国家的概念","战时立场其实是朴素而非自觉","很难理解民族生存与自我生存间的相互依存关系",②为此对自我利益的考量要远远优先于革命信仰与政治抱负。"逃亡""背叛""投敌"虽然不"体面",但尚不会上升到政治层面。同时,"自然经济的社会结构及其生存状态"令中国农民常有一种难以排解的狭隘和实用心理,③女性更是如此,"婚姻""生死""活下去"似乎更为关键。正如江沛教授所言:呈现民众的复杂"心性","比只强调民众反抗勇气的宣传性作品要真实得多,也令人信服得多。分析人性的弱点不能与投降、顺民简单画等号,追求真相的历史研究也不能与顺应民族注意情感的宣传相一致"。④

抗战中的华北乡村还有隐藏在人民群众之中的女特务和女汉奸。当时的这个群体主要由以下几种人构成:

首先,是乡村社会中生活作风不佳的"破鞋",敌伪利用她们来获取更多的情报。如在冀南"有些村子有坏女人被敌人收买,走据点跑岗楼,同时进行破坏村组织并作特务活动"⑤。高阳县延福村

---

① [美]尤里·格尼茨、约翰·李斯特著,鲁东旭译:《隐性动机:日常生活中的经济学和人类行为背后的动机》,中信出版社 2015 年版,"引言"XVI。
② 杨天石、黄道炫:《战时中国的社会与文化》,社会科学文献出版社 2009 年版,第 262 页。
③ 同上书,第 246 页。
④ [日]石岛纪之著,李秉奎等译:《抗日战争时期的中国民众:饥饿、社会改革和民族主义》,中国社会科学出版社 2016 年版,"以'心性'探索理解战时中国民众",第 2 页。
⑤ 冀南区党委妇救总会:《冀南妇救总会给各级妇女干部的一封信》,河北省档案馆,档案号:25-1-320-4。

和南庄村各有一"破鞋",给敌人送情报、抓捕干部,政府最终将这二人处以死刑。① 在邢台桃树坪村也有通敌的"破鞋"。②

其次,敌伪除了在民众内部寻找合适的女特务人选外,还自派女汉奸、女特务或建立反共组织打入人民内部进行破坏性活动。在反"扫荡"时,五台县敌人从据点内派出许多女汉奸,到各村找妇救会干部去开会,并大肆造谣:"现在边区毁灭了,八路军垮了,咱们该归大皇军领导了等无耻谬说。"敌伪在五台、定襄等地,还组织有"反共青年团"和"和平救国会",拉拢少数上层妇女,专门挑拨各阶层妇女的关系,破坏妇女统一战线。③ 在山西潞城,敌伪组织了"妇女防共团",还组织妇女参加会门、道门,利用亲戚关系秘密动员根据地妇女到敌据点受训,回来后当神婆,破坏工作。另外在有的村子还建有名为"妇女支部"的特务工作组织,拉拢妇女,收集情报。④ 在定襄,敌寇利用少数叛徒,组织所谓"政治宣传队",到各村去开"妇女大会",企图用她们的行动,来影响广大妇女。⑤

妇女是个具有多面向的群体,在民族战争中,她们当中有英雄、有模范,也有不愿支前、为了钱财嫁汉奸、意志薄弱出卖革命

---

① 王又新:《安国县抗日时期妇女工作回忆》,冀中人民抗日斗争史资料研究会办公室:《冀中人民抗日斗争资料》第 14 期,内部发行,1985 年,第 117 页。
② 晋冀豫区妇总会:《一年来妇女工作总结报告——1941 年 8 月—1942 年 5 月》(1942 年 7 月 15 日),山西省档案馆,档案号:A1-7-4-13。
③ 木田:《在敌寇摧残中进展的一专区妇运》,晋察冀北岳区妇女抗日斗争史料编辑组:《晋察冀北岳区妇女抗日斗争史料》,中国老年历史研究会 1985 年版,第 412、413 页。
④ 晋冀豫区妇总会:《一年来妇女工作总结报告——1941 年 8 月—1942 年 5 月》(1942 年 7 月 15 日),山西省档案馆,档案号:A1-7-4-13。
⑤ 木田:《在敌寇摧残中进展的一专区妇运》,晋察冀北岳区妇女抗日斗争史料编辑组:《晋察冀北岳区妇女抗日斗争史料》,中国老年历史研究会 1985 年版,第 413 页。

的"叛徒"、"民族败类"。我们不能忽略妇女群体之间的多样性与复杂性,而人为地将她们看作是同质化的统一体。她们有着不同的利益诉求与不同立场的考量,她们对民族国家有着不同的心态。江沛教授曾有过这样的发问:"日前不少抗战史著作,只有各方政治家的政治博弈,只见几方军队的狼奔豕突,民众只是战争的配角,问题在于数亿民众如何生存于战乱间,如何理解战争及思考生存之道?"①对女性战时不同群体的白描,可作为对此问题的一个解释。

第三节 性:贞节的隐喻

一、被强暴的女性

在硝烟滚滚的战火中,女性的生命被烙下了难以抚平的烙印,她们中不少人在战争中失去了家人、失去了家园、失去了原本稳定的生活,更不可避免地失去了身体与原本属于私人领域的性,遭到了来自民族侵略者的性侵犯与性暴力。

(一)妇女被强暴的事实

在根据地史料的记载中,乡村妇女被日军强奸、轮奸为数甚多且情节令人发指。我们尽量以原始资料来控诉侵略者犯下的滔天罪行。冀南"各大据点之妇女被敌人强奸的事很平常,故凡据点之良家姑娘轻易不敢出门露面,至于小据点中则尤其严重。例如冀南大营据点,听说大营没有干净人,好人不敢进去,其严重者的能

---

① [日]石岛纪之著、李秉奎等译:《抗日战争时期的中国民众:饥饿、社会改革和民族主义》,中国社会科学出版社2016年版,"以'心性'探索理解战时中国民众",第2页。

到此程度,敌人据点附近村庄被强送花姑娘"①。武乡的敌人驻军地,"差不多每个妇女都被敌人强奸过,最多还有十来次的(如口口村、东村三妇女)。……依次轮流到敌人那里去"②。"在敌寇据点附近,妇女常遭到敌寇的奸淫。碉堡的敌伪军,强迫附近村里的青年妇女轮流值班,以洗衣为名,实则供日寇淫乐。日寇所至,小至七八岁的女孩,老至六七十岁的老妇,常常无一幸免。"③"每次敌人从敌占区被迫退出时,被强奸死了的妇女,以及因奸致病,卧床不起的妇女,每一村不知有多少。"④当时亲历者在后来回忆时说:"日本鬼子到盂县城,捉了20多名妇女,衣服全被剥光,日本人轮奸后,不让妇女穿衣服,往大街上赶。到街上妇女们羞得不愿走,结果日本人就用刺刀捅死一个,其余的妇女就在街上跑,日本鬼子在门口哈哈大笑。"平定县一名叫刘秀妮的妇女,被日本人轮奸后,四五个日本人还把她的腿每人抓一条,一分两半。⑤ 国民党的档案中也有此类记载:"民国二十七年十月十六日(1938年10月16日),敌石川部小山雄队,在曲周第五区刘村,将该村十余妇女,衣服剥下,强泄兽欲,奸后复驱妇女裸体游街,不从者以刺刀杀之,野蛮凶暴已达极点。"⑥

---

① 冀南区党委妇总会:《1942年妇女工作总结》(1942年12月22日),河北省档案馆,档案号:25-1-317-1。
② 晋冀豫区妇总会:《一年来妇女工作总结报告——1941年8月—1942年5月》(1942年7月15日),山西省档案馆,档案号:A1-7-4-13。
③ 晋察冀边区北岳区妇女抗日斗争史料编辑组:《烽火巾帼》,中国妇女出版社1990年版,第7页。
④ 瑶姑:《朱德夫人谈华北妇女工作》,山西省武乡县妇女联合会:《武乡妇女运动史料选编》第1集,内部发行,1983年,第31页。
⑤ 张成德、孙丽萍:《山西抗战口述史》第1部,山西人民出版社2005年版,第51、50页。
⑥ 《河北军民抗战事迹》,台北国民党党史会,馆藏号:515/317。

（二）妇女群体的多样性

面对异族的性侵犯、性暴力,妇女的反应也是复杂多样的。有的在被性侵前由自己或他人先行结束自己的生命,如"忻定某村十个青年妇女集体反抗敌人奸淫,敌人追到沟边,她们手拉手跳沟,誓死不屈"。① 武乡东型唐村某老太婆在转移时"不幸遭遇了敌人,强奸的威胁使老太婆失去了母鸡护雏的能力,忍心的将两个亲生的爱女,推下数丈高的山崖"。② 安新大杨村一姑娘被捕,在被带到据点去的路上就跳井死了。③ 有的在被性侵犯时想方设法与敌搏斗或与性侵者同归于尽。如安新县武门村的一18岁的青年妇女被敌人堵在家中,她用剪刀与敌人拼死被杀。该县喇喇地村一15岁的女青年,在一次扫荡中被鬼子堵在屋里,她与其父二人将鬼子砍死。④ "平顺妇女李生泽宁死不受敌辱,拖住一敌滚下山底。"⑤ 定县黄岩村一个妇女被敌抓获,誓死抵抗敌之强奸,以盆碗击打敌人,被敌刺死。⑥ 有的妇女在遭遇性侵后就自杀了。在广袤的华北乡村,"这些温良的女性,一向被教育着要象〔像〕保重自己的生命一样来保重自己的贞操,一旦被辱,许许多多妇女都羞愤的投井跳

---

① 晋察冀边区冀晋二专区:《一九四四年妇女工作总》(1945年3月25日),晋察冀北岳区妇女抗日斗争史料编辑组:《晋察冀北岳区妇女抗日斗争史料》,中国老年历史研究会1985年版,第446页。
② 《慈母推爱女坠崖 敌寇淫威过于猛虎》,《华北日报》,1942年3月25日,第4版。
③ 《冀中区八年抗战的妇运简史》,河北省妇女联合会:《河北省妇女运动史资料选辑》第2辑,内部发行,1983年,第184页。
④ 王瑛璞:《抗日战争时期冀中九分区妇女抗日救国会的工作》,冀中人民抗日斗争史资料研究办公室:《冀中人民抗日斗争史料》第14期,内部发行,1985年,第61页。
⑤ 《平顺妇女李生泽宁死不受敌辱 拖住一敌滚下山底》,《新华日报》1942年7月3日,第4版。
⑥ 魏宏运:《抗日战争时期晋察冀边区财政经济史资料选编》(总论篇),南开大学出版社1984年版,第507页。

池自杀了。曾有这样的悲剧:在晋城阳城间沁河边小村里有一家,九口人,两个年轻的姑娘,敌人到这村来时,一家人眼睁睁看着两个姑娘都被敌兵强奸了。事后少女们羞愤寻死,一家人也痛不欲生了。趁黑夜,全家人手挽手,开开门跳进门前新涨的河水里。另外在高平附近一个区里就有八个女同胞被强奸,在强奸之后,折下玉米秆子从下部捅入腹内"。[①] 在笔者对一位现年已过八旬的农村妇女做的采访中,该妇女也提到了类似的事件。这个被访者的隔壁村有一位妇女遭到了日军蹂躏,她觉得羞愧难当,最后以绝食的方式结束了生命;李小江的《亲历战争》中,一位口述者也讲述了类似的故事:"有一个妇女,她是桃峪村的,让那些(人)撕了衣裳,她吃了那些人的亏,又害怕,又觉得不好,后来就得病死了。"[②]还有的妇女因强势拒绝敌人的强奸行动而被杀害。"民国二十七年(1938年),敌驻邢台。中岛部队之士兵,每日三五成群,到城附近村庄肆行奸淫,是年二月中旬夜间,有敌寇一名,至李家村,跳墙到赵李氏家,持刀恫吓,迫向强奸,妇狂呼,竟不得逞,敌兵怒,以刀刺之,头部受伤,霎时毙命。"[③]

然而,多数遭遇日军性暴力的妇女并没有选择走上自杀之路。一些被奴役起来当慰安妇的妇女为了存活下来想尽办法。如一妇女所说:"在可能的情况下和日本兵周旋,保护自己的身体。同时尽量争取送饭人的同情,吃好饭,才能有精力保养自己的身体。日本兵来的时候,我只能笑脸相迎,能躲的就躲,能哄的就哄,弄得日本兵有气不好发。"面对死亡,她们不是期待与淡然,家庭是他们最

[①] 瑶姑:《朱德夫人谈华北妇女工作》,山西省武乡县妇女联合会:《武乡妇女运动史料选编》第1集,内部发行,1983年,第31页。
[②] 李小江:《让女人自己说话·亲历战争》,三联书店2003年版,第495页。
[③]《河北军民抗战事迹》,台北国民党党史会,馆藏号:515/317。

大的牵挂。一个充当"慰安妇"的妇女,被关押期间因天气寒冷感觉到快到被冻死时,"就害怕起来,毕竟才十几岁,还想活下去,无论多么艰难,都不愿这么早死,家里还有爹妈和弟弟妹妹这时候觉得特别想念她们"。当她们充满恐惧、再无活下去的信心时,她们又想到了家人。如一妇女所说她担心的是:"不懂事的儿子和刚刚两个月的小女儿,如果死了没有人来养活他们。还有年迈的母亲和远在前方打仗的丈夫,我也不能抛下他们,自己去死。"面对心爱的人因玷污的身体而抛弃自己,娶他人为妻时,被侵略者强奸的妇女"真的想到死了算了,但是又想到苦命的父母亲一辈子就我一个孩子,看作掌上明珠,要是一死了之,两个老人也就活不成了"[①]。她们所展现给我们的是在生死面前,为了家人,贞节成了暂时可以忘记与忽略的道德符号。活着才能让生命得以延续。尽管在此后的生活中,这段经历让她们倍感屈辱,成了其挥之不去的梦魇,失去了像正常人一样过生活的机会。她们被丈夫或心爱的人抛弃,屡遭乡民白眼和非议,但她们仍残喘生存着,将这段历史埋藏心间,不再提起。

一些历史学者提议:我们更应该关注战争文化影响下人的明显或潜在的心理变化与异常。日本精神医学家野田正彰从精神医学的角度对日军士兵群体的心态进行了分析,江沛教授探讨了1941—1942日伪势力在华北地区开展"治安强化运动"中日军、伪职人员、平民及抵抗力量的心态。[②] 对上述女性反馈与态度的梳理亦可看作是对她们战时心态的一种观察。对她们心态的分析,有

[①] 张双兵:《炮楼里的女人——山西日军性奴隶调查实录》,江苏人民出版社2011年版,第28、30、37页。
[②] 杨天石、黄道炫:《战时中国的社会与文化》,社会科学文献出版社2009年版,第245—246页。

利于还原历史,有助于"逐渐消解民族主义、国家主义意识等政治性因素对中日战争史研究所产生的扭曲影响"。①

二、作为民族贞节隐喻的性

（一）政治体系中的性纯洁

在中国,纯洁的女性身体自古就是民族纯洁的隐喻和转喻。一个被日寇强奸的身体,可以看作是对男权社会中私化或物化的女性的侵犯,也是对中国性文化中纯洁性观念的破坏,在某种意义上还象征着被践踏的中华民族。女性的身体在民族解放战争中被看作为战场的一部分,"侵犯民族主义或自主性与强暴女体之间、占领土地与占领妇女子宫之间,似乎可以画上一个等号。换句话说,入侵者强行对'它者'领土的'进入'可以理解为一种'阳具'的霸权行为"。②

在根据地的宣传体系中,女性的身体从某个男人、家庭乃至家族的财产,变成了民族神圣不可侵犯的领土和革命集体的财产,甚至是反侵略斗争的工具。为了保护民族的贞节,对性的保护就极其必要。"面对日寇的烧杀掳掠,根据地号召妇女们以身体和生命来维护民族气节。如开展'一把剪刀'运动,要求妇女们怀揣一把剪刀,以备与敌遭遇时殊死反抗。"同时,在根据地的意识形态中将妇女嫁汉奸、嫁伪军的行为看作是"辱没祖先最下贱的非人行为"。③

面对根据地妇女为吃穿嫁汉奸或伪军的现象,各基层政权对

---

① 杨天石、黄道炫:《战时中国的社会与文化》,社会科学文献出版社2009年版,第246页。
② 陈顺馨:《强暴、战争与民族主义》,《读书》1999年第3期,第21页。
③ 白蔚:《女性的阶级角色与性别角色》,《2009年中国社会学年会"中国社会变迁与女性发展"论坛论文集》,第11页。

广大妇女进行民族气节教育,教育她们:"'不要忘掉自己是一个中国人,与敌伪结婚就是失掉民族气节';'要做一个好的中国妇女,不做坏事'。""讲明国际、国内形势,指出最后的胜利是我们的,日本鬼子、伪军是没有前途的,他们的日子长不了。""不许出来搞伪'妇女会'和伪'妇女自卫团';不许妇女与伪军结婚。"教育的方式主要有四种:一是找她们个别谈话,二是通过她们的亲属和朋友做工作,三是抓住典型在广大妇女中进行教育,四是政府采取必要措施给以处罚。①

(二)基层社会对性纯洁的认知

当时,一些妇女面对敌人的强暴采取与敌拼死搏斗的方式,也有一些妇女对嫁汉奸、嫁伪军表现出了积极反对之姿态。对此,根据地当时的官方资料着墨较多,且多持肯定或褒扬态度。但妇女奋死拼杀保卫身体的贞节,到底是受到了中共带有民族意味的宣传的影响,还是受传统的贞节观念的左右,需深探。晏阳初曾道:"几千年来,中国人所怀抱的观念是'天下',是'家庭',近代西方的民族意识和国家观念,始终没有打入我们老百姓的骨髓里。"②

在乡土社会中,男性为社会的核心,女性则为物质化的私有物,同时也是传统道德的附属品,③对于那些被日军强暴的妇女的审视仍然是一种传统道德范围的批判。由于她们的身体被蹂躏了,身体不再纯洁,所以她们最终自杀也无可厚非。妇女们用死亡

---

① 王瑛璞:《抗日战争时期冀中九分区妇女抗日救国会的工作》,冀中人民抗日斗争史资料研究办公室:《冀中人民抗日斗争史料》第14期,内部发行,1985年,第61—62页。
② 晏阳初:《农民抗战的发动》,《大公报》(长沙)1937年10月11日。转引自:杨天石、黄道炫:《战时中国的社会与文化》,社会科学文献出版社2009年版,第267页。
③ 杨天石、黄道炫:《战时中国的社会与文化》,社会科学文献出版社2009年版,第255页。

找回了作为女人的最后一点尊严,洗清了她们身体被强暴留下的"污点",她们的死亡之举为乡土社会、传统道德所尊敬与赞美。

古语有言:"饿死事小,失节事大。""一般父系家庭结构,在性方面是男性至上的,为维护男性的权益和血统的纯正,对女子的贞操要求比较严格。"①虽然乡土社会对此并没有严格的界定,但从传统女性身体观念来看,被侮辱的妇女之躯体象征着男性尊严和名誉遭到侵犯。妇女贞操观念在农民道德中仍然是根深蒂固的,违背了它,可能会摧毁整个乡村的人际关系结构。② 因此抗战时期,对很多男人来说,相较于妻子或女儿被日本兵杀害而言,他们更恐惧家中的女性成员被日本人强暴。在很多反映当时生活、社会面貌的小说中都有较为详细的记述。孙犁在《荷花淀》中塑造的水生在临行前嘱咐妻子最重要的是"不要让敌人汉奸活捉的。捉了要和他们拼命"。孙犁在描写完水生的这句嘱托后,自己又写道:"这才是最重要的一句,女人流着眼泪答应了他。"③

可见,虽然战争在一定程度上打破了社会上某些两性关系的藩篱,女性在婚姻与战场上也享有了更大的自主性空间,但旧有的性别意识与性别观念仍根深蒂固留存在人们的脑海中。将女性身体与民族纯洁的连接,一方面可以使男子产生一种未能克尽保家之责的内疚感,另一方面也可以引发一种男性自我以至民族被侵犯的仇恨感,从而最终引导他们进入战争。

---

① 张鸣:《乡土心路八十年:中国近代化过程中农民意识的变迁》,上海三联书店1997年版,第35页。
② [法]朱莉亚·克里斯蒂娃著,赵靓译:《中国妇女》,同济大学出版社2010年版,第112页。
③ 孙犁:《荷花淀》,人民文学出版社1985年版,第12页。

（三）妇女的自我反馈

当时也有很多妇女自主提出不愿嫁汉奸，已嫁者也愿与原夫离婚。如武乡某村闺女跑到抗日县政府，说汉奸抢着要娶她，她死也不愿意，便跑到根据地，请政府给她想办法。① 黎城县东关村杨守源之女以身为汉奸之未婚妻为耻，故蛰居家中不愿见人，并一再要求其父向政府代诉，解除婚约。② 灵丘县一姑娘抗战前曾与李某订婚，后李某做了汉奸，屡次写信要求与她结婚，并唆使他人对其进行威逼利诱，都未生效。某日，她到某村串亲戚，不幸被敌人的一个翻译相中，她又把那个翻译羞辱一顿。终致使翻译恼羞成怒，带兵硬抢，无奈她逃到根据地。③ 易县八区西高士庄村赵香兰因父母贪图钱财，被卖给一个特务，没几日她又跑回家中，并称："我是中华民族有血有肉有骨气的优秀女儿，我决不能给汉奸特务做老婆，我宁愿在家里受苦，也不愿在敌占区受气！"④邢台县五区草峪村张桃仁得知在外参军的丈夫当了汉奸后非常气愤，当即向县政府请求离婚。⑤

至于一些妇女对嫁汉奸的抵制和与汉奸、伪军解除婚约的因素也是多重的，除了中共对民族贞节的倡导外，在婚姻条例中规定的可以和伪军、汉奸离婚也是应当考量的原因之一。⑥ 有些妇女的

---

① 《水贞姑娘有志气 宁死不做汉奸妻》，《新华日报》1942年9月21日，第4版。
② 《黎城杨氏女拒作奸人妇》，《新华日报》1942年5月11日，第4版。
③ 《灵丘某姑娘誓死不嫁汉奸》，《晋察冀日报》1943年1月7日，第1版。
④ 《赵香兰有志气 不给特务当老婆》，《晋察冀日报》1943年6月20日，第4版。
⑤ 《张桃仁请求离婚 羞为伪军妻 政府批准》，《新华日报》1942年12月8日，第4版。
⑥ 《晋察冀边区婚姻条例草案》："夫妻双方之一方有下列情形之一者，他方得向司法机关提出离婚，经审查属实后，依法离婚：一、充当汉奸或有危害抗战行为者"；《晋察冀边区婚姻条例》："夫妻之一方有下列情形之一者，他方得向司法机关请求离婚：一、充当汉奸者"；《晋冀鲁豫边区婚姻暂行条例》："夫妻之一方有下列情形之一者，他方得请求离婚：七、充当汉奸者。"

确会将丈夫是汉奸作为理由,堂而皇之向政府请求离婚,但其真实意图却有其他。如晋冀豫区和西某村一位村妇状告外出的丈夫是汉奸,要求离婚,但其夫并不是汉奸,在离婚后男人回来了,政府只好再判她复婚。① 此条史料虽然不能推断出该妇女要求真正离婚的原因,但可看出带有明显政治意味的法律条例成了妇女达成某种目的的凭借。

小　结

20世纪三四十年代,随着战争不断浸入华北乡村,生长于斯的农村妇女被无情地拖入残酷的战火之中。战争对于她们不再仅是一个事件或一个时段,而成了她们的生活内容与生存背景。② 在战争这种特殊情态之下,不同的妇女群体有着不同的抉择、动机和顾虑。

积极参与革命的妇女群体面临日益恶化的战时环境,满怀同情心理与感恩之情,逐步走出狭小的庭院,进入宏大的战争场景。尽管在这个过程中她们仍受着传统与旧有习俗之困扰,但她们不再是默默无语之"内人",在社会上、家庭里也开始展现其风姿,在经历了无数的艰辛与危险后开始感受参与革命和集体生活带来的从未有过的欢愉。消极应对甚至叛敌的妇女群体在权衡自我利益后,选择了另一种应对革命与战争的方式。

在战火纷飞的年代,女性身体的"圣洁"呈现出真实与隐喻两

---

① 晋冀豫区妇总会:《一年来妇女工作总结报告——1941年8月—1942年5月》(1942年7月15日),山西省档案馆,档案号:A1-7-4-13。
② 李小江:《让女人自己说话:亲历战争》,三联书店2003年版,第3页。

种截然不同的景象。在革命的话语体系中,妇女的身体以保持民族气节的名义被征用,它们被隐喻为民族纯洁的符号。从中共的认知体系中可以清晰地发现,妇女身体的圣洁不再单单属于某个具体的男人、家庭和家族,而是升华为集体、民族与国家神圣不可侵犯的一部分。然而,在现实的生活场景中,受传统贞节观念的影响,被玷污的身体在乡土社会的民众看来并不是民族的纯洁性遭到了践踏。与此同时,遭受侮辱的女性身体的消逝也并不是对民族的一种祭奠。

在民族战争视域下,剥离"政策—效果"的"外衣",解构附加在农妇身上的民族主义,展现给我们的不是铁板一块的同质性的妇女群体,不是飘扬着妇女解放大旗的激昂场景,也不是妇女群起响应的激情镜像,更不是妇女解放一帆风顺、毫无阻碍的美好画面。在这幅巨大的战争画卷中,中共革命的复杂性、妇女群体的立体性以及乡村社会的真实性相互交织、错综复杂。我们只有拨开历史的层层迷雾,透过喧嚣繁华的历史表象,才能得以认识它、理解它。虽然不能让这群曾经作为历史亲历者的妇女发声,言尽她们生命的酸甜苦楚与五味杂陈,但仅希望用文字让世人知道她们的多元与立体以及她们在战争中的无奈与悲凉。

第六章　阶级、革命与性别：土改中的妇女

目前学界对于土改研究众多,但对运动期间妇女的关注不多,且既有研究多侧重于妇女对土改积极参与单层面的描述,忽视了乡村社会中妇女的心态、行为及其与土改之间的互动关系,并没有把妇女参与土改的复杂性展现出来。① 王克霞对沂蒙地区土改中的女性进行了细致的考察,并认为"长期以来的社会性别分工使农村妇女自己自觉地将政治排除在生活之外,使之表现为对各种政治活动的冷淡。……沂蒙根据地妇女逐渐从被动转变为积极主动参与土改"②。我们认为在前人研究的基础上,基于史料,从女性土改中的心态、动机、性别关系等方面入手,尝试对土改中女性的研究做一些突破。

---

① 王锦辉:《1947—1949 年土改中农民政治参与的透视》,《中国延安干部学院学报》,2009 年第 9 期;王克霞:《翻身与翻心:土改中女性的双重体验——以沂蒙地区为例》,《兰州学刊》2012 年第 4 期。
② 王克霞:《翻身与翻心:土改中女性的双重体验——以沂蒙地区为例》,《兰州学刊》2012 年第 4 期,第 107 页。

第一节 妇女参与土地改革的复杂性

一、参加土改中的活动

在参与性别上,由于土改的任务和战事环境的客观需要,男性农民自然成了土地改革中的主角,但妇女的广泛参与也是活动的一大特色。在组织群众中,共产党认识到发动组织妇女的重要性,目的在于解决人力缺乏的困难。但华北乡村农妇是否如中共所愿,积极参与其间呢?她们有何种顾虑?中共面对她们的种种担忧又如何应对?农妇缘何进入中共的革命视域?在其中表现如何?又缘何退出消逝?

若按常规逻辑推断,既然抗战时根据地已做了大量的动员女性工作,土改时期动员妇女参加即便谈不上畅通无阻,那也应是阻碍不频。但事实并非如此,土改伊始,动员妇女工作便障碍重重。究其原因,主要有以下几点:第一,战时根据地的动员具有明显的临时性,且干部在具体执行中多采用突击之式,工作流于表面和形式,缺少深入与细致的环节,以致工作长久性不足、稳定性欠佳。很多曾受革命影响的妇女和家庭并未改变固有的观念,当革命再度到来需要他们的努力与付出时,犹豫、迟疑在所难免。第二,抗战结束后,华北一些乡村由游击区、敌据点变为中共的控制区。生活在这些区域的民众尚未接受革命的洗礼,中共开展妇女工作势必步履维艰。时效性的缩短与区域性的扩大,都使得中共妇女工作不得不从头再来。

(一)顾虑重重

中共作为一种新的力量进入华北乡村,其所宣传的革命意识形态在很大程度上是外在于乡村社会的,它和草根社会原有的理念形态秩序大相径庭,两者之间必然会有一些缝隙。妇女所产生的顾虑也是缘于此种革命与传统之间的沟壑。

1. 顾虑的具体表现

(1) 家庭阻挠

妇女本身特别是年青媳妇对家庭的束缚深感愤懑。当中共动员时,她们多愿意参加土改、参加社会活动来摆脱家庭束缚,争取自由。但怕婆婆或丈夫不同意而影响家庭关系的和睦。① 毕竟对她们来讲,宁可要被奴役的和平,也不要充满危险的自由。尽管她们体验了抗战时期妇女动员,但在当时部分解放区域,特别是新解放区,有的男性农民和婆婆还是限制媳妇参加社会活动,主要是怕"媳妇开会懂了道理,反抗家庭的统治,今后就不好管束了";②"怕妇女翻了身要和自己讲平等";也有个别的怕"妇女出去开会能力大了闹离婚";③还有的怕"不干活,不孝敬老人了"。④ 他们这些不安仍源自传统将女性,特别是年轻女性限定在庭院之内的生活结构,当新的势力想打破这一固化的模式时,困难重重。

由于上述担忧,"有的媳妇来开会婆婆屁股后跟随,对讲个问题不等媳妇开口婆婆就跟工作人员说:'她年轻哩,能通啥。你们都看着办吧'"。最典型的是左权县马厩村村支书郝香山的母亲不但不让儿媳参加妇女会议,连儿媳和女干部坐一坐,她都立刻借故

---

① 《十分区汾城妇女工作点滴材料》,山西省档案馆,档案号:A12-8-5-7。
② 《韩洪宾同志在地委妇女工作干部会上关于中央目前解放区农村妇女工作的决定的传达》(1949年2月21日),山西省档案馆,档案号:A36-1-8-3。
③ 《在赵县农民代表大会上的讲话》,河北省档案馆,档案号:22-1-50-3。
④ 《冀中妇女工作情况的汇报》,河北省档案馆,档案号:3-1-61-3。

将媳妇叫走。① 即便是婆婆丈夫同意媳妇外出活动开会了,回去后要么刨根问底质问媳妇,要么处处为难媳妇。如和顺县东关村的小婵开会回去后,婆婆非打破砂锅问到底。② 冀南西南庄前街干部李振海的妻子识几个字很愿意出来参加工作,可是怕婆婆阻挠。在训练班学习时,婆婆去找她,她只参加了一天训练班就再不敢踏进训练班半步。后得知,主要是她婆婆阳奉阴违,处处刁难令她痛苦不堪。③

男性农民受乡村社会传统性别观念的影响,多轻视妇女。当动员妇女参加贫农会时,部分男性农民说:"老婆们顶球的事,妇女们开会也是聋子的耳朵"④;"她还来吗! 我代表了就行了";"俺家那口子顶不了事,来不来没用"。⑤ 平山县孟家台村贫农团成立时,妇女团员只有17名,贫农张献明的妻子想参加,被丈夫痛斥:"你们孩孩娘儿们能办啥事,参加什么会!"⑥此种情景在当时创作的文学作品中亦能得到反映。如在《太阳照在桑干河上》,侯效全对他老婆说:"唉,一个妇道人家,老也老了,还爱打听,咱说就不关你的事。还吵着要去开会,也不管自个听不听得懂,顶不顶事。还是守点本分,少管闲事吧。"⑦

有些男人阻止自家女人外出参加社会活动,还出于对女人抛头露面和有伤风化的担心。沧县高庄子组织贫农图时,妇女们都

---

① 《左权马厩村典型调查材料》(1948年8月23日),山西省档案馆,档案号:A1-7-8-6。
② 《和顺东关妇女典型材料调查》(1948年8月15日),山西省档案馆,档案号:A1-7-8-5。
③ 冀南三地委:《妇女的作用》,河北省档案馆,档案号:33-1-7-4。
④ 《妇联妇女工作总结报告》(1948年),山西省档案馆,档案号:A47-1-119-1。
⑤ 《献县三区怎样发动妇女的?》,《晋察冀日报》1948年1月25日,第1版。
⑥ 《发动妇女办法》,《晋察冀日报》1948年3月8日,第2版。
⑦ 《丁玲文集》第1卷,湖南人民出版社1982年版,第348页。

不肯参加,虽经再三发动也组织不起来,后调查发现主要原因是"妇女怕男人和男人不让女人出头的心理"。① 即便是一些已参加革命工作的男性干部也不愿叫自己家里的妇女参加会议,"说是怕学坏"。② 一个贫农团代表的女人,某日在街上闲逛时,听见关于"平分时男女老少一人一份"的议论后,为之着迷。她丈夫见此说:"家去看门去吧!"她一面走着,还小声地问他男人:"家走了还回来不?"那男代表就使了个眼色,小声说:"甭来了!家里没人行吗?"③ 有的男性农民为了不让自家女人参加贫农团甚至不惜提高她的阶级成分。④

即便农妇突破男人与婆婆所设的层层障碍参与到土改中,也仰其鼻息,自由大打折扣。房山八渡村贫农团员李旭君见到自己的老婆诉苦,听到最后他恶狠狠地说:"我是更苦呀!"他老婆为此就不敢往下诉了。有的男子见到妇女夜间去开会便讲:"你开个会孩子吱哇乱叫,人家顾的听会啊,还是听你娘们的呢?"还有的男人开会回到家里就愤怒讽刺地说:"开会就开饱了,还吃饭干什么?"该村的李旭仁见他女人要去地富家里拿东西,马上就拉着不让去。⑤ 男人的种种限制让妇女有话不敢说,主要是"怕给男人惹事",⑥也"怕一说不对被男人们碰回来"。如晋察冀边区某县下庄

---

① 《沧县新区高庄子打破障碍和顾虑后以苦引苦发动妇女》,《晋察冀日报》1948年1月22日,第1版。
② 《平山二区妇女代表会》(1948年3月5日),河北省平山县档案馆,档案号:3-1-26。
③ 《青县东马桥村农民懂得要发动妇女》,《晋察冀日报》1948年1月25日,第1版。
④ 获鹿县委:《获鹿土改初步总结》(1948年4月12日),河北省档案馆,档案号:520-1-597-3。
⑤ 北岳三地委:《三分区妇女运动概述》(1948年5月25日),河北省档案馆,档案号:78-1-49-2。
⑥ 《下庄等地的妇女为什么发动不起来》,《晋察冀日报》1948年2月20日,第1版。

村梁存姿说:"我们还没有说完,就被男人们碰回来,咱就再不说了,谁丢那人去。"①

乡村妇女由于生理属性的限制,对家庭经济方面贡献不大,导致她们多隶属、仰赖于家庭。同时,丈夫和公婆也将此种经济附属关系内化成一种观念,将她们看成家庭财产与安全的一部分。当妇女从家庭中走出进入公共领域时,他们深觉整个家庭都受到了威胁,势必会引起诸多不满。

(2) 自我轻视

在男权社会中,女性的地位与最终的命运始终取决于家中的男子,长期的封建因袭也造成了女性骨子里对男性的依赖以及对自我能力的否定。她们一般认为穿衣吃饭才是自己的事,其他别的事由"当家的"即男人做主,自己无能力也无权力去"指手画脚"。面对干部的动员,有的说"咱这皮嘴葫芦,不会绕,不能□";"咱婆娘们,还能掌了个权?"②有的说:"我还来吗?他(她丈夫)一人不行吗?"③有的认为"娘们什么就靠男人的意见办吧"。④ 还有的老年妇女说:"我们老婆子又不会说不会道的,开会做什么,又走不动路,叫我们老顽固干么去?"⑤即便参加了活动,由于自我轻视,很多妇女也游离于活动之外。有些妇女们在大会上害羞不敢发言,又"觉得自己穿的衣服太烂怕人笑话"。斗争地主时又怕表现不如男

---

① 《下庄等地的妇女为什么发动不起来》,《晋察冀日报》1948年2月20日,第1版。
② 《长治五坊村妇女运动材料》(1948年4月22日),山西省档案馆,档案号:A1-7-10-1。
③ 《献县三区怎样发动妇女的?》,《晋察冀日报》1948年1月25日,第1版。
④ 《妇联妇女工作总结报告》(1948年),山西省档案馆,档案号:A47-1-119-1。
⑤ 北岳三地委:《三分区妇女运动概述》(1948年5月25日),河北省档案馆,档案号:78-1-49-2。

子,都沉默不语。① 有些妇女在诉苦时,只痛哭不发言。如一个妇女对别人说:"咱不会说啥,人家叫了咱,也不能不去了,去了咱一后晌也没敢吭。"②从她们的诉说中,我们看到的是她们不得已而为之的无奈与不安。在丁玲长篇小说《太阳照在桑干河上》也有类似情节的描述:"男人们都在骂妇女落后,可是妇女呢,总说'咱不知道嘛!咱听不精密。'开会的时候,谁也不张口,不出拳头。"③

传统社会"三从"之德已让很多妇女失去了在公的领域表达诉说的欲望,她们面对外面的"世界"时不自信也无耐心。即便许多妇女经历了抗战时期的妇女运动,但战时妇女工作的临时性与紧迫性并未对她们产生根本性的影响。在她们狭小的生活圈中,男人因身体较适于从事农业社会的经济生产而成了家庭生存的主要支柱,"男人是天"的观念更被她们奉为圭臬,她们也就逐渐丧失了正确评估自我的能力。

(3) 怕得罪人、怕变天

乡村社会多为熟人社会,"不得罪人"是乡土民众为人处世的基本原则,而农妇又是此处事之道的最佳践行者。有的说:"不用给人家提啦。招呼人家斗争咱,门口拾道的提了意见出门怎见人家呢?"④有的说:"邻居家居□,抬起脸来就别见,怕怎么见哩,不笑不说话不要惹人。"⑤有的说:"唉,说句得个甚,这个的事情惹人把

---

① 《下庄等地的妇女为什么发动不起来》,《晋察冀日报》1948年2月20日,第1版。
② 《田二庄发动妇女经验:根据妇女要求特点 耐心教育具体发动》,《人民日报》1948年4月5日,第1版。
③ 《丁玲文集》第1卷,湖南人民出版社1982年版,第277页。
④ 《长治二区信义村土地改革运动中发动妇女情况》(9月24日),山西省档案馆,档案号:A1-7-14-12。
⑤ 《五区皋落村妇女发动典型材料》,山西省档案馆,档案号:A1-7-5-5。

或的,说起来三天也说不完,说了也不顶事。"还有的说:"咱经常和人家一块,惹下人家,想问人家要些借些东西也要不出来。"① 如冀中某村李桂芳的婆婆不赞成儿媳妇参加贫农团并且和地主还经常有往来,她常骂桂芳:"又耽误活,又得罪人";"整天家在贫农团,那是分来的那东西?净得罪人!"② 女性怕得罪人的思想体现了乡村社会社会关系的另一番景象:人情伦理的重要性。村民的功利性考虑会置于道德和感情因素之上,他们会依据意气、道德准则、理性计算等来行事,这从另一侧面印证了乡村社会的复杂与多面。中共也试图批判甚至颠覆这种传统的乡村社会关系网络,建构一种新型的符合革命需求的关系模式。

由于华北20世纪初期政权交替频繁,大部妇女都有担心变天的思想,即"风险顾虑"③。所以"分上的果实都不敢穿,存起来,怕将来复了天,好再给人家"。④ 在斗争地主时因变天思想的存在,有许多顾虑。如皋落一部分青年妇女将该村恶霸妇女打了一顿,干部中老年妇女不同意。横张小老婆50余岁,开完会去该地主家中安慰;另一个名叫安首志的妇女说:"现在社会就这样不好呀,将来换了社会,年轻人小,缺守份,不知道怎死呀。"⑤

（4）良心命运思想

李放春的研究显示:从当时的公开报道或内部报告时不时地

---

① 《武乡群运中妇女发动情况》(1947年3月26日),山西省档案馆,档案号:A1-7-5-4。
② 《李桂芳欢喜了》,《冀中群众报》1948年1月16日,第2版。
③ 李放春:《苦、革命教化与思想权力——北方土改期间的"翻心"实践》,《开放时代》2010年第10期,第6页。
④ 《长治五坊村妇女运动材料》(1948年4月22日),山西省档案馆,档案号:A1-7-10-1。
⑤ 《五区皋落村妇女发动典型材料》,山西省档案馆,档案号:A1-7-5-5。

传出"翻身是亏良心"之类的历史杂音。他文章中提到了一则十分有意思的史料:1947年夏,一位中共高级官员在讲话中曾抱怨道:"政府将土地给予农民是很简单的事,但有些思想顽固的农民就拒绝接受分给的土地。"①妇女中也普遍存在着良心命运的思想,因此在运动中表现不积极,不愿开会。有的说:"请讲良心吧,咱可不要坏了良心,咱不去。"②在诉苦与斗争地主时,此种顾虑在妇女身上表现得更为明显。如昔阳县皋落村,有些积极份子在会上指出地主是剥削者,一个老年妇女不同意,即骂道:"你们这些小缺寿才是个杂种哩,咱们家是贫哩过,人家富是命好,咱受穷是抬〔胎〕带来的啦。财主们命好,是老天爷给了哩。总要说是人家剥削咱来。"她的这些话完全为村中中老年妇女接受,"她大娘说这话很对,这才是实话哩";"谁不想好些哩,因为那是命哩";"命里河中死,井里淹不死";"剥削咱经济受苦是想赚钱哩,和地出租是想种人家地哩"。她们认为自家穷富和地主无丝毫关系,只是"命穷"而已。相反她们提此种意见的人没良心,仅是不想受苦"想斗争吃饭哩,想斗争发财哩"。③ 又如沁源县水峪村贫雇妇女第一天斗争富农雪海瑞的女人时,"老婆们讲良心有些思想顾虑不敢诉苦"。④

土改中如何启发与提高乡村女性的"觉悟",突破"良心""天""命"等思想,并通过调整革命与家庭、乡村社会的关系将女性群体

---

① 李放春:《苦、革命教化与思想权力——北方土改期间的"翻心"实践》,《开放时代》2010年第10期,第6页。
② 《长治五坊村妇女运动材料》(1948年4月22日),山西省档案馆,档案号:A1-7-10-1。
③ 《五区皋落村妇女发动典型材料》,山西省档案馆,档案号:A1-7-5-5。
④ 岳北妇联:《岳北妇女运动开展情况的总结》(1949年),山西省档案馆,档案号:A13-8-3-1。

充分发动与调动起来,就成了共产党领导农民"翻身"的关键一环。

2. 中共解决顾虑的方式

面对妇女中存在的这些顾虑及妇女动员难的情形,中共从以下几个方面着手发动妇女:

(1) 从家庭着手

抗战初期,各根据地因激进的革命手段造成家庭与政权间的矛盾与对立让人记忆犹新。为避免此种情况,在此后的革命进程中,各根据地将注意力放在如何在维护革命利益最大化的前提下也保证传统家庭的稳定。在土改期间对妇女的动员,中共仍延续稳健的家庭政策,其方式是以教育说服为主,斗争为辅。

首先向男代表、男农民进行宣传教育,讲明男女两性都处于同一阶级,性别之间的矛盾不是阶级矛盾,性别之间的斗争更不是阶级斗争。只有在女人提高认识、积极支前、治理好家务、夫唱妇随时,男性才能进步。同时明确告诉他们不应惧怕男女之间的平等,以此打通贫农团、新农会男团员、男会员的思想,叫他们多和自己爱人沟通交流,在形成一定基础后,或由妇女工作者去动员吸收,或由他们自己动员自家女人参加贫农团。如邯郸县东大慈村通过此种方式吸收妇女贫农团团员,成效显著。[①] 望都县三堤村在此基础上,还教育男性农民让他们帮助妻子解决生活中的实际困难,后来该村贫农团女团员数在很短时间内就增加了30多个。该村村民赵进喜不但动员他妻子参加了贫农团,而且还动员

[①]《在赵县农民代表大会上的讲话》,河北省档案馆,档案号:22-1-50-3;冀中八地委:《平分广播》25(1948年3月15日),河北省档案馆,档案号:11-1-22-24;冀南三专署:《东大慈工作组妇女工作材料报告》(1948年5月7日),河北省档案馆,档案号:35-1-141-5。

她诉苦、斗地主。① 或通过农会会员组织家庭诉苦,发动家中妇女。这种方法最适用于新解放区。② 在对男性农民进行教育时,除了动员自家女人参与到土改运动的内容外,还进行反家暴的宣传。其次是召开婆婆会或家长会来对婆婆进行教育,做通她们的思想,向她们说明,动员媳妇开会是为教育其懂道理,鼓励媳妇生产是为发展家庭经济,不是挑动她们与老年生气,并提出"老爱小,小敬老"的口号,保证家庭和睦。③ "家庭"由最初被革命的对象,变成了革命所依赖的对象。顺应和满足家庭的传统及生活实际之需,成为革命的重点。

(2) 增强自信心

鉴于妇女自我轻视,中共还着手从提高妇女自身觉悟出发增强其信心。首先通过反复启发教育来提高妇女的自信心,教育她们懂得自求解放的道理,克服自我轻视、依赖男人的毛病。如从妇女日常生活出发,寻找并宣传勤劳节俭会过日子的妇女典型来教育妇女,让她们了解自我优势以及社会轻视妇女原因之所在。④ 其次,通过提高妇女公共事务的参与度来增强她们的自信心。其主要表现是:把妇女组织起来后,最大限度地发挥她们的力量。如在斗争地主时,让妇女单独讨论怎样诉苦与斗争的方式、程序、人员等;在讨论搬石头时,也让她们单独讨论,提出她们的意见;在追浮财时,将她们划分成多个小组轮流去做。这样一来,不但提高了妇

---

① 中共中央妇联会:《北岳望都三堤村妇女工作典型总结》(1948 年 9 月),河北省档案馆,档案号:572-1-180-7。
② 《解放区新沧青发动妇女的经验》,《晋察冀日报》1947 年 8 月 16 日,第 2 版。
③ 《张达工作组发动与组织妇女的经过》,河北省档案馆,档案号:33-1-77-7;《冀中妇女工作情况的汇报》,河北省档案馆,档案号:3-1-61-3。
④ 《十分区汾城妇女工作点滴材料》,山西省档案馆,档案号:A12-8-5-7。

女的工作能力,也使她们树立了妇女也能当家做主以及和男人们一起办事的信心。① 提升女性自信心的过程更像是对该群体革命教化的实践以及启发该群体革命自觉的重要路径。

(3) 提高阶级觉悟

乡村民众是按照群落和亲族关系,而不是按官方的阶级划分看待他们自己的。② 因而华北乡村传统妇女生活中是没有阶级概念的,所以当各根据地进行土改之初,很多妇女面对中共的斗地主与诉苦动员时,表现出了拒绝之态。有的说:"过去的事啦,拉倒吧,把人家弄穷了,咱也富不了。亏已给吃啦,提那做甚呢?"③有的说:"咱也没受过什么苦处,就是穷!"④至于殴打地主,更是无人敢打。在吊打起地主时,很多妇女都表示同情。如在长治县五坊村吊打地主王志凤老婆时,许多妇女都因可怜地主流下了眼泪。⑤ 面对此种情形,培养提高妇女的阶级觉悟势在必行。

中共培养、提高妇女阶级觉悟,增加对地主仇恨的方式主要是诉苦,即"将个体的身体之苦和精神之苦转变为阶级剥削和压迫的痛苦,从而激发阶级仇恨和阶级意识"。通过诉苦、倒苦水等将农民的阶级意识挖掘出来,"通过苦难的归因完成革命的任务"。⑥ 具

---

① 北岳三地委:《三分区妇女运动概述》(1948 年 5 月 25 日),河北省档案馆,档案号:78-1-49-2。
② [美]弗里曼、毕克伟著,陶鹤山等译:《中国乡村,社会主义国家》,社会科学文献出版社 2002 年版,第 124 页。
③《长治二区信义村土地改革运动中发动妇女情况》(9 月 24 日),山西省档案馆,档案号:A1-7-14-12。
④《沧县新区高庄子打破障碍和顾虑后以苦引苦发动妇女》,《晋察冀日报》1948 年 1 月 22 日,第 1 版。
⑤《长治五坊村妇女运动材料》(1948 年 4 月 22 日),山西省档案馆,档案号:A1-7-10-1。
⑥ 郭于华:《倾听底层:我们如何讲述苦难》,广西师范大学出版社 2011 年版,第 5—6 页。

体来说就是用妇女所遭受的苦难来激发她们的愤恨之情与斗争的勇气。如强调妇女因受地主压迫而生活惨痛的情形,如卖儿卖女、家庭不和、夫妻不睦等。在引导妇女诉苦的过程中,加上提问一些诸如"地主的女人不劳动为什么过好光景,咱们说明这里的受为甚常少吃没穿"之类的问题,以图打破命运思想。[①] 并抓住地主对妇女侮辱的典型事例,深入动员。各地经验证明,在妇女中最容易开展诉苦,因为她们对一生所受点滴之苦都记忆深刻,"身体之苦"和"心灵之苦"构成了她们的日常生活[②],所以往往能成为诉苦运动中的主力和先锋。启发诉苦、找穷根和诉苦比苦的方式在一定程度上提高了妇女的阶级觉悟,成为一种较为可行的方式。虽然苦难作为推翻旧社会的革命力量这一引擎已被启动,革命干部试图"将农民在其生活世界中所经历和感受的'苦难'归结并提升为'阶级苦'的过程"[③],但阶级作为一外来词汇并不完全为以血缘关系主导的乡村社会所接受,革命试图在较短时间内击碎姻亲和宗族的愿望可望而不可即。

(4) 积极分子带头

土改中,延续在生产中使用的"塑典立英"的方式,在妇女中寻找积极分子,让她们起带头作用。通过这些妇女中的积极分子,教育和带动落后的妇女参加活动。

首先,发动经受苦难时间最长的老年妇女,让她们起骨干带头作用来影响其他青年妇女。如干部到了青县泊渡口村,先从青年妇女入手,但她们大多选择远而避之。后变换动员对象,先与敢在

---

① 《十分区汾城妇女工作点滴材料》,山西省档案馆,档案号:A12-8-5-7。
② 参见:郭于华:《倾听底层:我们如何讲述苦难》,广西师范大学出版社2011年版,第5页。
③ 郭于华:《倾听底层:我们如何讲述苦难》,广西师范大学出版社2011年版,第35页。

外抛头露面的老年妇女闲谈,做调查河动员工作,后该村一夜即有7个老年妇女参加了农会。① 冀中大城县流源村李凤牛的母亲被地主压迫一辈子,在诉苦会前两天,她就联络了38个妇女和80多个贫苦农民,后被群众选为诉苦带头人。②

其次,寻找正派的青壮年贫雇农阶层的妇女,借助她们的经济处境来影响其他乡村妇女。在平分中冀中三区区长程建如在某村领导工作时,先找当地的党员干部介绍了几个贫苦正派的妇女,利用她们串联开展工作。③ 建国县十区在群众翻身运动中,发现了7个出身贫雇农阶层的妇女,在斗争地主前,东走西串联合起全村200个妇女,一同参加了斗争。④

最后,找苦难多的妇女。清沧新解放区的妇女,旧思想浓厚,最初见了工作队的同志就往家跑,很难接近她们,后来干部先找了个受苦难最多的妇女去接近。在青县某村,工作队发现某佃户老婆所受之苦最多。因借地主钱还不起,她一家三人被逼死。干部找到该妇女,用她的经历来启发教育她。在听了干部的讲述后,她痛哭流涕,发誓追随革命的步伐。在她的带动下,村中8户人家的妇女都被发动起来了。⑤

"创典"的形式有二:一是在群体中选取表现最好的,并以此作为标杆供其他群体成员学习;二是创典者事先制定标准,符合标准者即为典型。相比前者,第二种政治意味较强,创典者往往将主动

---

① 《解放区新沧青发动妇女的经验》,《晋察冀日报》1947年8月16日,第2版。
② 转引自:罗平汉:《土地改革运动史》,福建人民出版社2004年版,第111页。
③ 冀中区党委妇联会:《平分中妇女工作主要的经验教训》,河北省档案馆,档案号:3-1-364-2。
④ 《建国十区妇女 斗争中打了先锋》,《晋察冀日报》1947年1月15日,第2版。
⑤ 《解放区新沧青发动妇女的经验》,《晋察冀日报》1947年8月16日,第2版。

权牢牢把握于自己手里,其目的是以点带面,达到的政治目标。

(5) 解决实际需求

乡村妇女是典型理性小农的代表,实践中也逐渐意识到对这群农妇大谈未来国家建设与民族建构是不切实际的。她们所需要的是切实和可见的利益,只有满足了这些需求,她们才有可能参与到革命之中,中共开始以此为切入点进行动员工作。特别是老年妇女"对鸡呀、笤帚苗呀是最爱惜的东西",根据她们这个心理,追浮财时先把地主的这些东西弄出来,分给她们,她们的情绪随之提高。根据建国县和河间县的经验,这种方式确实是成功的。如建国七区干部分给一个年过八旬的老妇100斤粮食和一条裤子,她深表感谢不尽。① 当妇女对家庭经济贡献仍处劣势之时,"嫁鸡随鸡,嫁狗随狗"等旧观念也依旧大行其道,妇女多认为:"吃人家,喝人家,不听人家的怎么办?"她们多已将自我物化。但当听到《土地法大纲》规定土地每人一份时,有些妇女欣喜万分,以为获得了改变命运的机会,遂积极行动起来。② 如建国县丰尔庄小菊的母亲说:"俺小菊娶时,俺培(陪)送他两炕沿,这会有地陪送他几亩地",欢喜极了。③

除了满足妇女在物质层面的需求外,在组织形式、开会时间和纪律上,也充分将妇女的特殊性考虑进去。在组织上,妇女单独编组,发言多没顾虑、不拘束,依靠思想逐渐消失。在时间上,为了照

---

① 冀中八地委:《平分广播》25(1948年3月15日),河北省档案馆,档案号:11-1-22-24。

② 北岳三地委:《三分区妇女运动概述》(1948年5月25日),河北省档案馆,档案号:78-1-49-2。

③ 中共中央妇联会:《北岳望都三堤村妇女工作典型总结》(1948年9月),河北省档案馆,档案号:572-1-180-7。

顾有孩子的妇女,多将妇女的会议安排在白天,而且要求少开大会,多开"炕头"小组会。同时考虑到妇女家务繁重,所以不强调到会的准时性与参会的完整性。在会议纪律与妇女参会表现上,要予以宽容的态度。经过这样发动后,三堤村妇女有229个参加了新农会,妇女队伍得以壮大。①

各根据地通过以上几种方式,解决了妇女的顾虑和生活中的实际问题,进而发动起了更多妇女参与到土改热潮中。

(二)妇女表现的差异性

乡村妇女是一个有差异性的群体,她们面对中共的组织与动员有着多样的考量与反馈,也在用自己特有的方式回应革命带来的不适。根据现有史料可见:有的妇女响应中共的号召,积极涌入革命的视域;有的妇女始终无动于衷,在革命之外徘徊;还有的妇女虽然已有了革命的行动,但这些行动未必都符合话语要求;甚至有的妇女因多种原因退出了革命的场域。

1. 积极涌入的动机

一些妇女在中共的教育、鼓励及群体效应的影响下,积极涌入中共革命的视域,她们的觉悟不断提升,阶级意识不断增强,在运动中敢于采取行动、表明立场。如长治二区信义村贫农翠林媳妇斗争初期不愿意打人,认为自己受的是该村地主的气,和别村地主无关。经过几次斗争和会议后,才知道"各处老财一样压迫人,到处穷人一样受压迫,天下农民是一家,在娘家受的气,就可以在婆家出一出",后来也敢动手打地主了。该村贫农贵则家媳妇说:"我的娘家、婆家都是新翻身,去年今年斗争时我都参加了,但在去年

---

① 中共中央妇联会:《北岳望都三堤村妇女工作典型总结》(1948年9月),河北省档案馆,档案号:572-1-180-7。

参加斗争时我只开会不骂人也不打人,那时我去也不懂,参加斗争了会后我才了解到,地主到处剥削人应该斗争,故在大会上,他一不说老实话我就打他一顿。"①在中共宣传下,乡村妇女也被振奋起来。如天镇县新平堡镇一个座谈会上,47个妇女都愤恨地说:"我们有喊不清的冤,说不尽的苦,共产党来了,仇终要报。"②

探寻上述女性积极表现的原因有如下几个:

（1）翻身分果实

一般而言,由保守转向激进一般需要两个动力,一是利益的驱动,二是外部力量的推动。物质利益是人们行为的重要驱动力,只有该方面的需求得到切实满足和保障,人们才会迸发出高昂的热情和冲天的干劲。③ 妇女正是在这种利益的驱动下才表现出了与过去截然相反的态度。如黎城二区北流村有22个妇女想翻身参加运动。(见表6.1)临晋县靳家卓实验村金平妈为要回自己房子愿加入斗地主的行列中。又如建国十区呼宋村郭得意之妻,听说别村妇女都翻身分东西了,便急着去找其他妇女,组织起来斗地主、分果实。④ 冀南永智县某村老寡妇张氏从亲戚家听说那里的穷人都分了地翻了身,她非常羡慕,天天盼望斗争来到她村。后来她联络了30余名妇女参加斗争。在斗争会上喊口号领导诉苦,成为分地运动的领袖之一。⑤ 涞源县一区曲村妇女在1948年5月复查

---

① 《长治二区信义村土地改革运动中发动妇女情况》(9月24日),山西省档案馆,档案号:A1-7-14-12。
② 《天镇新平堡清算中 妇女们也积极参加》,《晋察冀日报》1946年2月8日,第2版。
③ 李勤:《中国共产党与革命根据地的社会变迁》,《政党与近代中国社会研究——"中国政党与近现代社会的变迁"学术研讨会》2006年,第250页。
④ 《建国十区妇女 斗争中打了先锋》,《晋察冀日报》1947年1月15日,第2版。
⑤ 《打开封建的枷锁——中国解放区妇女在土地改革斗争中》,《解放日报》1947年3月8日,第3版。

中,搜地主女人夹带的东西,后被在分区土地会议上当作典型例子宣传、表扬,大大地激发了该地区各村妇女的积极性与斗争热忱。①《太阳照在桑干河上》水暖屯的妇联主任董桂花积极开会的根本原因也是对可能分到的土地的渴望与期待:

> 走,咱们去开会吧。今晚先去开农会,也听听人家是怎么闹的。咱们可不能不去,这回就是要把土地闹给穷人啦,咱们女人家也有份,穷人不去,穷人自己先闹不精密,事情就不好办啦,咱们走吧。

在她和丈夫因是否该积极参会产生争执时,又一次"暴露"了她积极的真实缘由。

> "哼,看你兴头的,"李之祥摆着副冷冷的面孔,谁也没惬着他,可是他总觉得心里不舒服。想说老婆一顿,也没有什么好说的,"赶明儿你就成天开会去吧。"
>
> "哼,你没有去?有不是咱爱去,还不是干部们叫的。"
>
> "啊!你也是干部嘛!咱看你能靠共产党一辈子,他们走了看你靠谁,那时可别连累了咱。"
>
> "哼,那时答应他们做个啥劳什子妇女主任,张裕民还给你说来,你又没说不赞成,如今又怪咱,咱横竖是个妇道,嫁鸡随鸡。咱穷人子过了一大截,讨吃到你们这搭儿的,再坏些又熬个讨吃,咱还怕?去开会还不是为了你?你今天也享有一二亩地,明天也享有一二亩地,要不是张裕民,春上你想借得到那十石粮食?总算有了几亩地种了,你就忘了秋后要填的

---

① 涞源县妇联会:《涞源县妇女工作总结》(1948年4月11日),河北省档案馆,档案号:520-1-251-12。

窟窿。土地改革又不会分给咱什么,好赖咱靠着你过日子,犯不着无头无脑生咱的气。"她吹熄了灯,赌气睡在炕那头不响了。①

她们对浮财是非常认真的,特别是对衣服、布匹、柜子和瓶子等东西,因为这些是她们的最喜爱也是最需要的。获鹿县暖水屯村的妇女主任董桂花在向工作队汇报时谈道:妇女对村子上的事情都不热心,唯独对分果实注意得紧,"不说张家分多了,就说李家分少了,要是自己多分得一把扫炕的扫帚都是欢喜的"。② 她们会想方设法得到并保护这些她们梦寐以求的物品。如获鹿一区栈道南沟村妇女追浮财时,工作极为细致,她们竟从一地主妇女裤裆里搜出几十万元钱及一些首饰。五区杜北村妇女在追浮财中与地主撕破脸皮,从一地主妇女身上脱下18件衣服,并从裤裆中搜出两升小米。③ 为了最大限度将地家东西挖出,一些地方的妇女们白天轮流看守动员地富女人叫她们往外拿东西,此工作收到了很大的成绩。为了保护她们辛苦之所得,她们对浮财看守极其严密。如盂县东白水村的赵艾妮不断地巡查,唯恐地富将浮财转移走了。④ 随着运动的进行,一些妇女对利益的追求渐现不理性之势,她们越来越不满足当前之所得,有的妇女始终认为自己尚未彻底翻身,封建地富仍未斗透,因此在斗争中表现得尤为积极。⑤ 她们

---

① 《丁玲文集》第1卷,湖南人民出版社1982年版,第338页。
② 同上书,第311页。
③ 获鹿县委:《获鹿土改初步总结》(1948年4月12日),河北省档案馆,档案号:520-1-597-3。
④ 《妇联妇女工作总结报告》(1948年),山西省档案馆,档案号:A47-1-119-1。
⑤ 运城地委办公室:《有关临晋县陶唐村妇工妇运的材料》(1949年),山西省档案馆,档案号:A36-1-8-1。

的革命热情因个人私欲的膨胀达到了前所未有的高度。

(2) 关心阶级成分

中共组织进入乡村后,阶级成了乡村民众生活不可或缺的因素。故妇女较为关心自我与家庭阶级的界定,更关心阶级背后所附着物质利益的分配。土改初期,有些妇女虽不愿开会,但又担心被划错阶级,迫于无奈参会,开会时佯装积极。鉴于此,左权县马厩村划阶级时,全村260多个妇女到会者达到80%以上。她们认为划阶级是件大事情,必须慎重。[①] 长治二区信义村的妇女也是如此,在划阶级时,她们对他人阶级成分漠不关心,若自己的划得不合理,多争论不休。特别是老年妇女,虽然她们一般记忆力不好,记不住划成分的标准,但她们心中多自有"小算盘",非坚持自己那套不行。[②] 有些地方连八十九岁的老人也都参加到革命之中,主要是怕划错阶级,把她当成地主对待。她们非常关心自己成分,若给她们错一点,她们都会哭闹不止。[③]

(3) 解决婚姻家庭问题

虽然根据地始终高举着"妇女解放""男女平等"与"婚姻自由"的大旗,但婚姻家庭对华北乡村妇女来说一直是个难以诉说的生命之难。特别是在妇女政策发生转向后,婚姻、革命及阶级三者相互缠绕,社会中给予其走出"围城"的道路已经不多,但开会、诉苦、斗地主却是难得的获得解放的机遇。一些妇女看到了改变命运的曙光,为了改变不幸的婚姻状况,积极参加组织与其中的活动。还

[①]《关于马厩村妇女划阶级的材料》(1948年5月9日),山西省档案馆,档案号:A166-1-137-9。

[②]《长治二区信义妇女工作调查材料》(1948年8月2日),山西省档案馆,档案号:A1-7-8-2。

[③]《左权马厩村典型调查材料》(1948年8月23日),山西省档案馆,档案号:A1-7-8-6。

有一些妇女很愿意通过参加贫农团的会议来解决她们自己的问题,还会因自己未收到开会通知而不悦。

一些妇女婚姻与家庭中的不幸在诉苦中得到了解决。如献县南赵庄土棍靳某之妻陈贵荣被虐待18年,身上常带着被靳某虐待的伤痕。后在该村斗争靳某时,陈贵荣提出离婚的请求,终跟靳某离婚。① 杜店青年妇女新爱,在会场气氛的激动下,当场要求与大自己20多岁的丈夫离婚,并得以批准。② 堤口妇女在诉苦大会上,妇女模范张秀珍诉说自己婚姻不幸之苦,后政府批准她离婚请求。③ 对这些在上述特殊环境中言说自己婚姻家庭的不幸妇女,她们所述到底是否真实,我们已无从考证。但不可否认,很多妇女抓住了这个剧烈变动下的机遇,希冀解决问题,改善生活状况。

(4) 报仇或报复

积极参与组织、开会、诉苦、斗地主等活动的妇女群体内部也有着不同的动机与思考,其中不乏为了报仇或报复而积极行动的妇女。深县张刘郭庄村的张树珍说:"一复查的时候,我早就憋着劲,要诉诉地主逼死俺娘的人命案。"④武城印庄18岁的李子莲过去被卖给60岁的地主刘富年为妻,生活痛苦不堪,曾被针刺钳拧,遍体鳞伤,她在诉苦中痛打其夫,以泄心中之仇。⑤ 冯村陈孟氏挽

---

① 《冀中广大贫苦妇女热烈参加土地改革 翻身后积极支援自卫战争》,《晋察冀日报》1947年1月20日,第2版。
② 《妇女诉苦斗争地主 积极进行查财并进一步闹出:婚姻自由男女平等》,《冀鲁豫日报》1947年5月21日,第2版。
③ 《东阿全县复查运动 妇女起的作用大》,《冀鲁豫日报》1947年8月8日,第2版。
④ 《深县张刘郭庄贫苦妇女走到头里闹翻身》,《晋察冀日报》1948年1月22日,第1版。
⑤ 《土改运动中晋冀鲁豫妇女觉悟提高》,《解放日报》1948年3月23日,第2版。

着婆婆陈氏与太婆婆李氏上台,她们控诉地主活埋陈孟氏的公公。婆婆诉说到伤心之处脱了鞋,用鞋痛打地主。陈孟氏自己从包中取出半截砖,与婆婆一齐殴打地主。① 手无缚鸡之力的妇女在诉苦斗争中找到了难以实现的报仇的机会。还有一些妇女带着报复的想法进入了革命的视域。如武乡一些青年妇女,一般想法是"参加运动是看□活,喊口号,打一打承机〔趁机〕暴服〔报复〕别人一下"。② 一般而言,民众一旦受到某种持续的刺激,他们的情感强度就会像不受控制的惯性运动一样,不断攀升。③ 在此种感情控制下的举动犹如离弦之箭,难以被限定在规定之内。曾经温柔、善良的女性在革命的激动下,在对利益强烈地渴求中,也变得狂躁、冷酷、血腥。苗长水、丁玲在各自的作品中都有这样故事情节的描述:

> 六月里复查刚开始时,妇女们还不敢下滑后,只有在地主家里当过丫头的、有仇有恨的才敢扇巴掌。不几天妇女们识字班姑娘们的积极性都鼓动起来,手底下也就狠了,一边斗争一边拿棍子石头砸,拿剪子戳。
>
> 不知谁出的主意,斗素盈这天在会场上支起了六个摊煎饼的铁鏊子,都烧红了,喊了没几声"打倒地主老婆"!就有两个妇女上来架住她的胳膊,又有姑娘们上来脱了她的鞋袜,不由她不走,大家齐心合力,她就上了这红鏊子,脚不敢着也得招,头三只鏊子是走下来的,后三只鏊子就是拖过来了,一时

---

① 《打开封建的枷锁——中国解放区妇女在土地改革斗争中》,《解放日报》1947 年 3 月 8 日,第 3 版。
② 《武乡群运中妇女发动情况》(1947 年 3 月 26 日),山西省档案馆,档案号:A1-7-5-4。
③ [法]古斯塔夫·勒庞著,佟德志、刘训练译:《革命心理学》,吉林人民出版社 2004 年版,第 4 页。

间鏊子上也冒烟,她那两只嫩脚上也冒烟,还是两只三寸金莲的小脚。不过这时的味道,还远不如一会儿拿铁锨烙她腚沟那味道难闻。

从鏊子上拖过来,她就瘫在地上,疼得两只小脚站也站不起来,藏也没处藏,倒是也顾不上害羞,只顾没命地磕头求饶:"翻身大姑奶奶! 翻身大姑奶奶们! 饶了我吧……"①

(5) 逃离苦闷的生活

20世纪二三十年代华北乡村妇女的生活空间十分有限。在1932年第6卷的《社会学界》中有一篇名为《一个村镇的农妇》的文章,对妇女的活动范围有着较为翔实的描述:

> 除了住娘家是远行外,平常农妇们很少出门,到别的地方去的。老农妇们常常是到邻家去谈天,中少年农夫们有的人家决不许他们出家门一步,以免有碍门风之事。贫一点的中年农妇们有时还可以去赶一赶集,不过家境稍微好一点的人,便以为妇人赶集是一件很不体面的事,所以也不能去。到秋天的时候,农妇们无论贫富,都得到农场——俗称之场院——去帮同料理收获的庄稼。所以总而言之,多半的农妇们,整日的只是在他们自己的家内转来转去,或到场院上去工作,这一点就是到邻居家去谈话。到邻家去,还得是老的作婆婆的才有资格。再远一点的,就是赶集住娘家了。赶集虽然得分身份,住娘家却是中少年的农妇们的特权。其实住娘家的还不到那里,全是邻村邻县的人。②

---

① 苗长水:《犁越芳塚》,作家出版社1991年版,第72—73页。
②《一个村镇的农妇》,《社会学界》1932年第6卷。

在这种一成不变、毫无波澜的生活圈里,华北乡村妇女世世代代地存活着,当革命的浪潮使平静的生活跌宕起些许涟漪时,一些妇女的内心开始躁动。在寂寞之心的驱使下,她们以革命的名义走出了家门。如武乡县一妇女很直白地承认她参会的原因是怕孤独。① 长治五坊村女党员秦某因男人不在家,她生活了无生趣,入党单纯是为了排解孤独。② 革命时期,中共组织妇女参加的一些活动为长期生活在苦闷之中的妇女提供了不一样的生活场景,她们很多人从中获得了前所未有的愉悦之感。

(6)家人的压力

家人给予的压力,在某种程度上也使妇女不得不做出符合潮流要求的举动。长治二区信义村发动妇女"放包袱"时,虽有一部分妇女因思想觉悟高把自己给地主存放的东西上交了。但大部分是因害怕出事和在家里男人们的威胁下拿出来的,如贫农秋孩家娘说:"咱不拿出物来怕受连累,挨斗争哩。"又如贫农秋成媳妇说:"给人家放了几个包袱让我男人把我骂了一顿。"一老太太说:"我是让俺孩子骂了一顿。"③涞水县白涧镇追浮财时,经过一天的酝酿,妇女们交出了些东西,干部即找每个当"防空洞的"人谈话。开始这些人只随便应付几句:"什么为了立功啦! 有什么是帮助贫民翻身啦!"后又进一步追问,才说出实情。如抗属张元的母亲说:"我不说出来将来老呀叫儿子知道了,他不孝顺,老了怎么办呢?"又如抗属刘

---

① 《武乡群运中妇女发动情况》(1947年3月26日),山西省档案馆,档案号:A1-7-5-4。
② 《长治五坊村妇女运动材料》(1948年4月22日),山西省档案馆,档案号:A1-7-10-1。
③ 《长治二区信义村土地改革运动中发动妇女情况》(9月24日),山西省档案馆,档案号:A1-7-14-12。

某某说:"我要不报,出来怕丈夫知道了后(和)我离婚。"①

与其说她们是在他人给予的压力下做出的不得已的抉择,不如说是对各方利益均衡考量后的最佳选择。在她们看来,夫妻、母子关系的融洽以及政治上的纯洁相较于钱财更为重要。事实上,虽然她们的行动符合当前政治与社会的需要,但背后之动机却各不相同。

(7) 其他原因

除了上述几种原因外,妇女积极涌入革命场域的原因还有其他。如有的是希望通过自己的积极参与来获得男女平等或者提高其在社会上地位的机会;(见表6.1)有的妇女希冀通过自己对革命的参与,来获得与丈夫和孩子团圆的机会;②还有些妇女是带着"不得不"的心态参与其中,如长治五坊村妇女主席对地主斗争很积极。"半夜睡不着觉,听着打钟就起来去了,没收地主的财产,但同样的不是思想发动,觉悟提高了,而是认为脸上有黑不起来干不行。"③有的怕不参加会被贴上"封建"的标签;有的认为不参加中共的革命组织与活动就好似低人一等。如《太阳照在桑干河上》中的顾长生的娘为了知道更多的信息、为了不落后于人,"不管开个啥会,她都想听听"。④

---

① 北岳三地委:《三分区妇女运动概述》(1948年5月25日),河北省档案馆,档案号:78-1-49-2。
② 《武乡群运中妇女发动情况》(1947年3月26日),山西省档案馆,档案号:A1-7-5-4。
③ 《长治五坊村妇女运动材料》(1948年4月22日),山西省档案馆,档案号:A1-7-10-1。
④ 《丁玲文集》第1卷,湖南人民出版社1982年版,第321页。

表 6.1 黎城二区北流村发动妇女问题分类统计表

项别 数目 类别	成分				年龄			
	贫农	新中	旧中	富中	青年	壮年	老年	合计
为翻身		16	6		7	7	8	22
男女平等		42	41	1	28	33	23	84
社会上有地位		8	1		6	3		9

资料来源:《黎城二区北流村妇女工作调查材料汇集》,山西省档案馆,档案号:A1-7-8-4。

在可见与不可见的利益的驱动下,一些乡村妇女积极主动打开革命之门参与其中。正如本课题一直强调的:妇女是多样的、复杂的,不同的妇女对革命的态度及是否参与革命也是繁杂的。有的经过教育与锤炼,带着各自的利益考量振臂一呼,涌入革命的洪流;有的却对动员置之不理;还有的消极应付革命附加的重任;更有甚者因对获利不满而退出革命的宏大场域。

2. 消极应对的具体表现

(1) 根本未进入革命视域

尽管根据地通过不同的方式来动员、教育、号召妇女作为一种必要的力量出现在土改运动之中,但不得不承认的是:一些乡村妇女根本未曾进入。如左权马厩村在土改全面进行之时,仍有 83 个妇女游离于革命场域之外。(见表 6.2)黎城二区北流村有 79 个妇女没有加入土改中的任何组织。① 陵川县附城区后山村有 160 个妇女没有参加农会。(见表 6.3)长治二区信义村一直从未开过会的妇女有 19 个。(见表 6.4)盂县前元吉村自贫农团成立后,该村妇女从没开过会。②

---

① 《黎城二区北流村妇女工作调查材料汇集》,山西省档案馆,档案号:A1-7-8-4。
② 《妇联妇女工作总结报告》(1948 年),山西省档案馆,档案号:A47-1-119-1。

即便有些妇女参与到土改运动之中,但她们在运动中的表现也并非都如报告中所总结的那般。首先从数字来看,并非参与活动的妇女都很积极,有的妇女在运动之中的表现只能用"平常"二字来概括。(见表 6.5)而且,并不是曾经展现积极之姿的妇女都会一直保持革命的热忱。如献县妇救会会员都积极参与到民生斗争之中,但当这一革命浪潮消逝后,她们的热情也随之消失。①

表 6.2　左权马厩村未参加运动妇女人数统计表(单位:人)

说明	老年	中年	青年	共计
新中	6	4	6	16
贫农	3	4	3	10
中农	19	19	19	57
合计				83

资料来源:《左权马厩村典型调查材料》(1948 年 8 月 23 日),山西省档案馆,档案号:A1-7-8-6

表 6.3　陵川县附城区后山村农会组织情况统计表

性别	人数	成分							未参加男女人数			
		新中	中农	贫	富裕中				新中	中农	贫	富裕中
男	258	94	117	28	14	49	140	54		7	36	43
女	235	82	118	27	8	74	121	34	30	15	35	80
统计	488	176	235	55	22	123	261	88	30	22	71	123
备考	不参加农会的原因:有的是在过三青团国民党的。有的是因与地富没割断关系。有的是残废,妇女们因为男人有问题未加入会的。											

资料来源:《陵川县附城区后山村妇女工作调查》(1948 年 8 月 10 日),山西省档案馆,档案号:A1-7-8-3。

---

① 中共中央妇联会:《献县妇女工作简史》(1948 年 9 月),河北省档案馆,档案号:572-1-180-11。

表 6.4 长治二区信义妇女支前原因调查表

积极的原因(四十四人统计)	不积极的原因(四十人统计)
1. 过去土改积极分子觉没八路军没今天生活十三个	1. 娘家斗争不满四个
2. 翻了身并不是积极分子四个	2. 本家斗争不满四个
3. 孩子、男人参军爱护军队六个	3. 参军不满四个
4. 当妇女干部不得不起模范的三个	4. 打倒神婆不满一个
5. 青年热情愿做八路未能自由的九个	5. 有干部抗属仗凭六个
6. 积极表现中农怕斗争的九个	6. 受过剥削打击二个(原来好)
	7. 一贯不开会不懂道理的一九个

资料来源:《长治二区信义妇女工作调查材料》(1948 年 8 月 2 日),山西省档案馆,档案号:A1-7-8-2。

表 6.5 左权马厩村土改运动中妇女表现平常人数的统计

说明	老年	中年	青年	共计
新中	13	24	13	40
中农	14	31	19	64
贫农	14	15	11	40
合计				

资料来源:《左权马厩村典型调查材料》(1948 年 8 月 23 日),山西省档案馆,档案号:A1-7-8-6。

(2) 参与运动不积极

从妇女在土改运动中的具体表现更可清晰看出妇女群体在土改运动中的差异之所在。除了表现平平的妇女外,还有为数不少的落后分子。(见表 6.6)妇女在土改运动中的落后表现主要有以下两种:开会不主动和斗争地主不积极。

表6.6 左权马厩村土改运动中女落后分子人数统计表

说明	老年	中年	青年	共计
新中	5	5	2	12
中农	6	9	4	19
贫农	3	3	2	8
合计	14	17	8	39

资料来源:《左权马厩村典型调查材料》(1948年8月23日),山西省档案馆,档案号:A1-7-8-6。

当时很多妇女不愿开会,主要原因有以下几个方面。

第一,会议本身与自身利益产生冲突。有的因家庭生活所累,频繁且长时间的开会让她们颇感厌烦。有的妇女认为开会耽误生产,特别是那些专以纺织维持生活的妇女,感觉经常性的会议影响劳作,因此极不愿开会。还有的妇女因开会时间过长而心生不满。如《太阳照在桑干河上》顾长生的娘"老早就不愿意听了,她要出去,羊倌老婆不准许,后来有个娃娃哭了起来,他妈抱着他硬要回去,顾长生的娘也帮着她说:'开会,总要大家情愿嘛,还能强迫人!这可把人憋死了,我五十岁了的老太太,露水都打湿了衣服,着了凉生病谁管呀!'"[1]

第二,妇女参加运动的动机不纯。榆社县桃阳村二货家女人在未加入农会前,积极要求加入,但一旦加入后,在工作上就不积极了,检查思想动机是:"未入前,认为别人都入了,自己进不去,怕人说不好,参加后又认为对自己没什(么)利益,参加不参加都可以。"[2]有的

---

[1]《丁玲文集》第1卷,湖南人民出版社1982年版,第330—331页。
[2]《榆社县阳桃妇女调查资料》(1948年11月14日),山西省档案馆,档案号:A1-7-8-7。

中老年妇女开会积极是急于清楚知晓自家的阶级成分,但在得知自家成分后也便放心了,开会也就不愿意去了。不仅如此,还常对青年妇女的行动表示不满。① 有的妇女根本不清楚参加组织的目的,更不了解参加会议的必要性。如左权县马厩村牛小三老婆因根本不知参加平农团的原因而不愿去开会,贫农团妇女代表到她家通知,她不但不表示感激,反对代表进行辱骂。②

第三,家人及社会压力使妇女积极性减退。"牝鸡不司晨""女人不是人"等观念在华北乡村坚不可摧,家庭多对积极参加社会活动的妇女不满。如长治信义二区改弟只要开会回家迟些,婆婆就又摔又骂,改弟总是被气得茶饭不思,慢慢的劲头也就小了。同村的冬梅开会回去,婆婆也总是埋怨:"成天开会,指望开会吃饭哩,误工了生活顶什事?"家庭的阻碍多使妇女止步不前。妇女自身觉悟也较低,对积极的人不但说三道四,还多不服从领导。因此,很多妇女干部工作情绪愈加消沉。如该村孟成媳妇,根本不敢承认自己是积极分子,认为当干部误工、挨骂,费力不讨好,且没什么好下场。③

在斗地主时,有的妇女因情面与变天思想,怕得罪人,始终不积极。在黎城二区北流村因这个原因,斗地主不积极的妇女有26人。④ 完县北城妇女代表对强势动员她们斗地主的区干部抱怨道:

---

① 北岳三地委:《三分区妇女运动概述》(1948年5月25日),河北省档案馆,档案号:78-1-49-2。
②《关于马厩村妇女划阶级的材料》(1948年5月9日),山西省档案馆,档案号:A166-1-137-9。
③《长治二区信义妇女工作调查材料》(1948年8月2日),山西省档案馆,档案号:A1-7-8-2。
④《黎城二区北流村妇女工作调查材料汇集》,山西省档案馆,档案号:A1-7-8-4。

"你在这里作你自己,敢子(敢情)不怕,中央来了你们背起被子跑走了,我们没有办法啊。"北城附近有六七个此类村庄。① 有的妇女因被物质利诱或威胁而不敢积极。长治二区、四区,潞城五区,都曾发生过被斗地主或地主家的女人用"变天""良心""小恩小惠"等方法威吓、蛊惑、收买妇女退出妇救会。这些被收买或遭恐吓的妇女还背着男人偷偷给地主交地租、送礼、替出负担、隐藏财物。潞城王村政治主任的老婆被地主以"变天"思想相威胁,还不敢告诉其夫。② 还有的妇女本身与地主仇恨不大,不愿参加斗地主,更不愿当众殴打地主,深感平分应是最佳选择。③ 有的不但不动手打地主,还会因地富被斗而难过。黎城五区王家庄妇女在斗争中始终未动手打过地主。④ 再如完县手城一个代表的母亲,见到地主被斗,她比地主哭得还厉害。该地区有的妇女在加入贫农团后,还暗地给地主通风报信或当防空洞。⑤

在革命宏图中,普通农妇根据自我利益最大化的原则作出了接受与排斥、积极与消极等不同的选择。英雄、楷模、积极响应中共号召的妇女固然存在,但徘徊、犹豫、消极应对等对立群体也不应被忽视。"每个人的历史都弥足珍贵,每个人的历史都不应遗忘。"⑥

---

① 《完县四个月来妇女工作检查和今后工作意见》,河北省顺平县档案馆,档案号:10-47-1。
② 《发动落后团结全体农民的基点经验》,《新华日报》1947年2月19日,第4版。
③ 《长治二区信义村土地改革运动中发动妇女情况》(9月24日),山西省档案馆,档案号:A1-7-14-12。
④ 黎城五区:《妇女工作概况》(1947年3月3日),山西省档案馆,档案号:A1-7-5-2。
⑤ 《完县四个月来妇女工作检查和今后工作意见》,河北省顺平县档案馆,档案号:10-47-1。
⑥ 郭于华:《倾听底层:我们如何讲述苦难》,广西师范大学出版社2011年,第7版。

3. 退出革命视域

妇女们带着得到种种利益的幻想参加到了土改大潮之中,然而并不是所有的妇女都能持续拥有进行革命的热情与激情,将革命进行到底。究其原因,主要有以下两方面:

(1) 利益未得到满足

一些妇女因所期待的利益没得到满足而心存不满,终退出革命的视域。如晋城黄委村一个 46 岁的贫农妇女,因生活难以维持及夫妻感情不睦向妇女主席提离婚,妇女会主席未理会她,在动员诉苦时该农妇不予理会。① 还有一部分妇女单纯的经济观点——为分东西参加组织。若物质利益得不到满足,便松懈不前。有的妇女说:"现在贫农团喊开会我就胳膊痛。"因为"去年划了一次阶级,现在把地富划完了,杀人落了两手血,什么也得不到"。完县北城妇女代表,过年时曾向干部索要衣物和钱财,因未分到,工作上便很泄劲,还有的为此申请退出贫农团。一妇女代表说:"开斗地主,还不如纺一冬线子。若纺一冬线,还能买一身衣服。"②有的妇女组织也就此垮台。还有的妇女因争抢果实而不团结。如定县东汶村一中农妇女说:"你们贫农分了果实呀!你们去干吧,有俺们什么事。"该阶层一些曾表现积极的妇女日渐消沉。③ 很多妇女曾因物质方面的所得而愿接受革命的洗礼,顺应革命之需,但也是这种利益心理的作祟又使一些妇女退出了革命的视域。

---

① 《晋城妇女工作的几点材料》,山西省档案馆,档案号:A12-8-5-3。
② 《完县四个月来妇女工作检查和今后工作意见》,河北省顺平县档案馆,档案号:10-47-1。
③ 中共中央妇联会:《平分以来定县妇运总结》(1948 年 9 月),河北省档案馆,档案号:572-1-180-6。

（2）他人的打击

妇女进入革命宏图的动力原本就是受限的，她们急需来自男人、家庭、干部的鼓励来获得自信与对自我的认同。然而因乡村社会长期受制于传统的社会性别习惯，革命中男人、婆婆、干部成了带给妇女无穷阻力的主力军。在这种层层的限制与打压下，妇女只能选择退出公共领域，继续回归到那个狭小的"私"的空间。如临县靳家卓村贫农王堂子女人参加贫农团后斗争地主很积极，因诉苦清理财产时打了地主两个耳光，回家后被丈夫虐打，吓得她再也不敢去开会。① 饶阳县南流满村贫农团，有什么事都只是男人在一起商量。妇女若说不对了，男的就说："'你们妇女可知道什么！'闹得妇女越来越没劲。"男性农村的此种态度对妇女情绪影响很大。②

土改运动中，参与期间的妇女行动具有多样性，对革命的内在思考具有复杂性。我们不仅要展现她们在革命活动中的群生众相，更需深探诸多选择背后的根本诱因。唯有如此，才能改变根据地妇女"他者"的地位与受害者的形象等固有认知。

二、妇女之间的矛盾

土改期间，性别、阶级与革命三者紧紧缠绕。我们需要考察的层面大致有以下两个：阶级中的性别与性别中的阶级。妇女作为性别的一个属性，它不是同质的，是有差别的，也是充满着矛盾与冲突的。妇女之间的问题也应作为土地改革中的重要一环进行考

---

① 地委办公室：《临晋县靳家卓实验村妇女工作点滴》（1949年），山西省档案馆，档案号：A15-7-1-4。
② 《南流满贫农团 女团员比男团员多 小看妇女的人脑筋转变了》，《晋察冀日报》1948年1月22日，第1版。

察,普通妇女之间的矛盾又因年龄与阶级可分为:青年与老年;贫雇农与中农。

"在中国的等级秩序中除了性别还有辈分年龄等等因素在交叉起作用,这意味着在同等社会阶层中女性并非总是处于卑者的位置上。"①在普通妇女之间,因年龄、阶层以及一些过往纠纷或因利益分配不均等原因也存在一些矛盾和冲突。

如有的地方在发动妇女时并没把老年妇女当成发动对象,而是将她们与青年妇女对立起来,将其也当成了革命对象。干部召开老年妇女会的目的,不是为提高她们的觉悟,而是单为发动青年妇女扫除障碍。虽然此后纠正了青年路线,但又走上了老年路线。由于干部所设定的此种动员方式,以至于青年和老年之间产生隔膜。"青年看不起壮老年,嫌她们脏,有孩子,啰唆等。壮老年嫌青年好笑,作风不好等。"②深县十区在纪念三八节时,青年妇女不露面,不参加会议。一些老年代表欢喜地说:"这次三八可该着咱们纪念了,过去净是闺女子们的纪念。"青年反驳道:"纪念去吧,咱们不管。"老年又说:"没有她们也是一样的纪念。"这时青年们组织了新的妇救会并选出了主任。老年扭秧歌,青年站在一边哈哈大笑,气得老年说:"青年知道什么? 到了一块不是打就是嘻嘻哈哈。真叫人不待见! 什么事也办不好。"青年说:"老婆子们唠叨的不行,哩哩啰啰的多么烦气,谁给她们在一块?"③

有的妇女在思想上,对妇女解放存在错误认识,认为解放即可

---

① 王政:《越界:跨文化女权实践》,天津人民出版社2004年版,第176页。
②《完县四个月来妇女工作检查和今后工作意见》,河北省顺平县档案馆,档案号:10-47-1。
③ 冀中区党委妇联会:《平分中妇女工作主要的经验教训》,河北省档案馆,档案号:3-1-364-2。

为所欲为,抛弃尊老敬长的传统美德。安国县北流罗村一青年妇女打骂婆婆;灵寿县马家庄一青年寡妇对婆婆处处不满,轻则不让吃穿,重则打骂;藁城县马庄村来麦之妻也常辱骂婆婆。① 皋落的王艮娥是个小知识分子,她在家说一不二,还让婆婆给她当仆人。年轻妇女对妇女解放与自由的错误认知令大部分中老年妇女存在着一种"赶不上、吃不开"的思想,认为过去作媳妇时受婆婆的气,好不容易"千年媳妇,熬成婆",但世道变了,"八路军来了解放妇女",媳妇们都比以前厉害了。她们饭也不管,家务不做。稍不如意就告到妇救会,要反"老顽固"。② 婆媳关系反倒置,婆婆的绝对权威逐渐丧失。面对此类问题,中国共产党各级根据地政权一直将维护传统家庭关系作为开展各项妇女工作的基本出发点,基层社会的此类问题在这一基点的引导下并未进一步恶化。

土改运动中,贫中农妇女间也存在着不团结现象。运动之初实行的是贫雇农路线,中立中农,影响了贫雇农与中农间妇女的团结。如夏县在贫雇路线以前妇女参加妇救会活动的很多;贫雇路线开展后,富裕中农和中农都不让参加,即便允许,中农妇女也因怕被斗争而拒绝。祁家河妇救会主席王福姐、常委范林都是因中农成分而不能参会,贫雇农妇女掌权。有的妇女还趁机让中农妇女为自己无偿纺花,纠偏时中农妇女又以此讽刺打击贫雇农妇女。③ 长治二区一些村庄在贫雇路线大行其道时,对中农妇女在组

---

① 冀中九地委:《范同志在北都妇女区干部座谈会上对妇女工作的报告》(1947年),河北省档案馆,档案号:14-1-25-6。
② 《五区皋落村妇女发动典型材料》,山西省档案馆,档案号:A1-7-5-5。
③ 《有关晋绥11分区妇女工作材料》(1949年),山西省档案馆,档案号:A36-1-8-2。

织中排挤,在生产上打击。① 贫雇农妇女与中农妇女另一个主要矛盾点集中在成分的划分上。中农有的嫌被订的成分过高,认为贫农是主谋。特别是在浮财因阶级分配不均时,她们更是对贫农有意见。②

妇女在革命中的表现是多样的,她们不是革命开始后便一路高歌勇进的猛士,也不是脱离原有生活圈子、价值观念与认知体系的超脱的革命者。她们是理性的、实际的、依托于现实生活的,无论革命与否都是依自身利益的考量做出的选择。而且性别之间也并不是牢固、无懈可击的,她们彼此因利益与诉求的不同也表现出差异性。

第二节　革命与阶级中的性别

通过上述史料的爬梳,妇女内部的阶级差异较为突出,即"性别中的阶级"。"我们需要正视妇女内部的阶级差异,正视妇女运动的多元性——社会基础的差异。正视阶级性并以劳动妇女作为自己的社会基础,这是中国共产党妇女运动最宝贵的历史经验。"③与此同时,我们更需关注另一维度——"阶级中的性别",换而言之阶级解放中的性别解放。在研究过程中,我们始终秉持着女性具有主体性这一个核心理念,发现妇女即便突破了"受害者"形象,当她们作为性别的主体置身于阶级时,性别在与阶级互动中的表现。

---

① 《长治二中妇女工作材料汇集》(1949年1月12日),山西省档案馆,档案号:A1-7-14-2。
② 《完县四个月来妇女工作检查和今后工作意见》,河北省顺平县档案馆,档案号:10-47-1。
③ 宋少鹏:《妇女运动中的性别与阶级》,《妇女研究论丛》2012年第1期,第49页。

一、诉苦：妇女作用凸显

对过往苦楚的诉说是妇女在土地改革运动中参与最多的一项活动,各地政权也需要她们参与其中。

(一)调动民众情绪

由于大多数妇女具有感情丰富和记忆细腻的特性,各地政权试图通过妇女在诉苦中声泪俱下的表现来塑造一种诉苦的环境,启发男性农民的阶级觉悟,调动他们对地主的仇恨之情,进而达到阶级斗争的目的。如汾城某村妇女诉苦诉到伤心处连哭带打气得昏过去,刺激了全体农民复仇的怒火。[1] 贫苦妇女特别是老年妇女,对地主恶霸的压迫最感伤心,记忆最为细腻,也最易动情啼哭,表现得有情有节、有骨有肉,因而诉苦中最易感动农民,也最易激发他们诉苦复仇的情绪。临榆林母村恶霸李向辰家中私立法堂,调戏强奸、霸占残害妇女,对群众百般侮辱和敲诈。在清算其20年血债时,周围十多村男女老少,千余人都赶来了。妇女们在大会上痛哭流涕地诉说,说得愈伤心,人们的仇恨愈深,斗争就愈热烈。[2] 但很多地方动员妇女诉苦不是为了提高她们的阶级觉悟,而是利用她们富有"煽动性"的诉苦使会场热闹起来。当她们的诉说未起到预想的激愤情绪作用时,也会为此受到惩罚。如晋城常庄在斗地主时,以老太太说了个"不要打他,叫他说",被村干部责骂,还被剥夺了分果实的权利。[3]

妇女对痛苦的诉说多作为一种仪式化与具有表演性质的活动

---

[1]《十分区汾城妇女工作点滴材料》,山西省档案馆,档案号:A12-8-5-7。
[2]《冀东六十万妇女热烈参加土地改革》,《晋察冀日报》1947年3月8日,第2版。
[3]《晋城妇女工作的几点材料》,山西省档案馆,档案号:A12-8-5-3。

而存在,她们诉说的具体苦难并不重要,只要诉说形式与性质符合革命之需,即被鼓励与表扬。她们多像在演戏,演一出用眼泪换取革命同情的大戏。

(二)转移家庭矛盾

在发动妇女诉苦中,中共对妇女诉苦的环节和方式进行了技术层面的规训。如北岳三分区提出:

> 让妇女诉苦要注意,第一不要怕妇女啰唆、妇女诉苦来往往扯得很远,容易受到其他人的讨厌,甚至当场组织,在领导上应及时教育逼人耐心听,要表扬妇女诉苦,妇女可单独开会诉苦,做准备,然后再男女混合诉苦,如宛平桑峪村贫农团是那男女混合编的,一开会总是男的叭啦叭啦的说一套,闹的妇女们什么也没的说,主席一拍:"你们妇女也要说说呀!"妇女回答说:"我们会说什么?"后来把妇女们单独召开会,男的一块,女的一块,然后再开大会,妇女们的意见就发挥出来了,老年妇女也都积极的参加会议了。第二要向妇女们说明,过去受苦是旧社会给的,有苦就要说,揭破妇女诉苦怕人家笑话的思想。第三,妇女诉了苦要及时提高一步,把妇女本身的痛苦,变成对地主阶级旧社会封建礼教的仇恨,而自觉地起来反封建斗争,否则妇女把命根归咎于:命不强,没有修下一个好男人的过。这种宿命思想,不打破,便无法使妇女充分发动起来。第四,对不同的要用不同的办法,启发其诉苦,提高其觉悟。①

中共将女性动员起来和男性农民一起打倒共同的敌人,而不

---

① 北岳三地委:《三分区妇女运动概述》(1948年5月25日),河北省档案馆,档案号:78-1-49-2。

第六章 阶级、革命与性别：土改中的妇女　　363

是向男人发起斗争，引起性别内部的矛盾。且始终坚持从家庭和睦的精神出发，并认为一切违反这个原则的做法都是不利于农民团结的。尤其是北岳三分区在发动妇女诉苦中所提的第三条，在华北各根据地也普遍被运用，主要意图在于：将内部矛盾转变为阶级矛盾。在阶级转化与教育中，在妇女身上逐渐完成了从技术规训到自我规训。

如安泽县和川村在动员组织妇女参加运动时，通过在妇女座谈会、小组会上开展"和地主女人比生产、比劳动、比生活""从地主吃喝中找穷根"等活动，一方面解决了她们的良心命运、"没福气"等思想问题，一方面明确和启发了她们对地主的仇恨。在多种启发阶级意识、培养阶级觉悟的活动中，妇女逐渐被动员组织起来。① 皋落部分青年妇女在诉苦中诉说自己在家庭中的遭遇、不幸及不给衣吃等问题，干部将这些家庭内部的问题引到地主身上，如说："咱家庭过去不能吃穿不是家庭问题。"让妇女们逐渐产生以下想法："咱们家没吃、不给穿，是由于地主阶级剥削穷人穷了得，咱受家里气，是地主给造下哩。"② 在对此种意识不断被强化后，妇女自己都认同了革命的叙述，即："妇女的苦是地主给的，不能把罪恶追到男人和公婆身上去。"如冀中八地委一老年妇女诉苦时，"说了个命穷"。大家都说"你说的不对，不是命苦，是他妈地主要的咱"，"共产党是救命恩人，我死也忘不了共产党"。③ 马厩村新中农福梅说："汉们受罪老婆同样受罪，老婆们比汉们受罪还厉害，俺汉给人

---

① 岳北妇联：《岳北妇女运动开展情况的总结》（1949年），山西省档案馆，档案号：A1-3-8-3-1。
② 《五区皋落村妇女发动典型材料》，山西省档案馆，档案号：A1-7-5-5。
③ 冀中八地委：《平分广播》25（1948年3月15日），河北省档案挂，档案号：11-1-22-24。

住了一辈长工,我给人家做了一辈子饭,凡是人家老财们就都会压迫人、使唤人,凡是穷人家们都是受人熬,被人看不起来。"①这样成功地将矛盾转移,一方面增加了土改的力量,另一方面又减少了运动中所产生的内部的阻力。

(三) 利益分配不均衡

在土改运动中,主要是利用妇女诉苦所产生的热烈气氛来激动男性农民的内心。但妇女诉苦之后,所做与所得相差甚远。有些地区没有很好地发动妇女,提高她们的阶级觉悟与政治觉悟。往往是诉苦后,村干部就不再动员妇女,"妇女自己也认为翻身就是个这吧"。② 有些地区则单纯以经济利益发动妇女,利用她们参加斗争,斗争过去了,即对她们不管不问,致使她们情绪低落,对领导不满。在座谈这个问题时,和顺东关的王小妮说:"人家干部对妇女就是利用啦,斗地主时叫妇女又打又烫。到分果实时,就没有妇女们的事? 连放果实的地方也不叫去了。"吕三妮说:"过(去)分果实时,妇女们连看也不叫,咱去看了,干部们说丢了果实你负责?"③冀南南北村在斗争中,都是妇女带头诉苦、挖浮财、没收东西,每次做总结工作也都是女积极分子起带头作用,但分果实时就没有她们了。④ 晋城黄委村一个妇女被强迫参加诉苦与斗地主,但该村政治主任认为她诉苦内容与当前形式不符,所以未给予果实的分配,就连后来分给她的一床棉被都是同村两个妇女用眼泪换来的。

---

① 《关于马厩村妇女划阶级的材料》(1948年5月9日),山西省档案馆,档案号:A166-1-137-9。
② 《晋城妇女工作的几点材料》,山西省档案馆,档案号:A12-8-5-3。
③ 《和顺东关妇女典型材料调查》(1948年8月15日),山西省档案馆,档案号:A1-7-8-5。
④ 冀南三地委:《妇女的作用》,河北省档案馆,档案号:33-1-7-4。

中山凡上村有几个贫雇农妇女参加斗争会,村干部虽时常分给她们一点果实,但认为"不论什么给她们一点就对了",对她们也不进行什么教育与组织。该村吴从柱老婆很穷,在斗争中分了一点果实,没几天就吃完了。村干部为此认为她不会持家,遂看不起她。①

革命获利后,她们很多人都是忙碌后无丝毫收获。而且一般而言,分配果实时多以家庭为单位进行,妇女常分不到任何东西。干部和家庭都认为这东西就是男人分的,与女人无关。群众基础较好的村,妇女还可通过提些意见分得一些小东西或少量的钱,因而她们的斗争情绪很高。一般的村庄,只有寡妇和当家女人可直接分得一份果实。② 由于果实分配中的此种问题,妇女与家庭之间矛盾频出。如沧县南北村皮景花一女积极分子,出于自己长期开会、耽误赚"体己"的考虑,偷拿了分给家庭的果实,后被家里发现、责骂,不得已又将偷拿的部分退回。③

土改诉苦中,妇女作为一个不可或缺的革命力量而存在。在群体无意识中,贫苦的政治内涵愈加多元与丰富,在政党的指导与帮助下,她们自然而然地完成了对自我的规训。自此,妇女被一步步拉入革命与阶级的视域。

二、地主女人的婚姻与性

(一) 主动与被动之分

国共内战时期,地富成分的妇女离婚数量大大增加。襄垣县1947年所统计的离婚妇女中,地主阶层妇女提出的有174件,富农

---

① 《晋城妇女工作的几点材料》,山西省档案馆,档案号:A12-8-5-3。
② 岳北妇联:《岳北妇女运动开展情况的总结》(1949年),山西省档案馆,档案号:A3-8-3-1。
③ 冀南三地委:《妇女的作用》,河北省档案馆,档案号:33-1-7-4。

成分的妇女提出的有75件,占妇女提出离婚总案件(400件)的62%。① 有的是因对婚姻不满,在运动中提出离婚。如平山县南后殿村的李拴秀说:"我的婚姻是父母包办的,婆婆家是一个地主,我要离婚。"② 有的是以改嫁农民改变身份来逃避斗争。如平鲁二区侯家村地主田配兴女人,自男人逃跑后,拉拢干部及贫苦群众,企图逃避清算。③ 保德县郭家滩年逾40的地主女人徐寡妇,为抗拒土地改革,逃避群众清算,倒贴了3斗小米与本村贫农马侯儿结了婚。④ 临县李家沟村贫农李碰儿,经过农会主席任贵胜介绍,娶陈家梁的一寡妇为妻,这女人曾是该村恶霸刘友在的婆姨,守寡十来年,为逃避清算改嫁。⑤ 潞城县东关二十八九岁的农民付大雪和一个地主兼汉奸的女人结了婚,这女人也是因害怕被斗才"下嫁"。⑥

自古以来,"手无缚鸡之力"的妇女都不是只会被动承受、听天由命的"弱势"群体,她们会采用各种手段来达成目的。婚姻也常被她们作为应付突发状况,避免身体与财产少受冲击的主要形式。

性,对妇女来说,除了生理需求之外,既是获得物质利益的"商品",又是满足精神需求的"凭借"。革命中,妇女的性又被增加了另外一种功能,即在阶级斗争中保护自己和家人免遭斗争以及自家财产免遭分割。如张庄的赵春娥出身富农,为了避免挨斗,赵就

---

① 转引自:王荣花:《中共革命与太行山区社会变化的变迁(1937—1949)》,博士学位论文,河北大学2011年,第249页。
② 《平山二区妇女代表会》(1948年3月5日),河北省平山县档案馆,档案号:3-1-26。
③ 《地主的女人没人要》,《晋绥日报》1947年9月15日,第2版。
④ 《退伍军人李生元 包庇地主欺侮妇女 群众撤销其优待米》,《晋绥日报》1947年12月28日,第2版。
⑤ 《目前农村婚姻现状中的几个问题》,《晋绥日报》1948年3月9日,第4版。
⑥ 《潞城县一年来婚姻问题和解决情况》(1949年1月12日),山西省档案馆,档案号:A1-7-13-3。

去找几个"吃得开"的年轻干部,同他们乱搞,还被他们拉入党内。后来她自己也承认,入党和一些主要干部乱搞男女关系,都是为了保护她父亲的财产。同村一地主家的儿媳为了让家中年轻雇工替她藏衣服和值钱的东西,不惜与他发生肉体上的关系。① 革命中,女性的性被当成一种资源来高效地使用,而她们自己也多心甘情愿将"性"工具化。

在革命尚未根本性地变革乡村社会秩序与经济时,传统社会中的妇女被物化的命运仍在继续。土改中,地富阶层妇女的身体与婚姻承担着多种使命与任务,一些穷途末路的地主为了逃避斗争打击,把女儿嫁给共产党的干部或农民,她们的家庭将维护家庭与保护家人安全的重担托付在她们柔弱的肩膀上。汝长治县杨堡村地主朱某,提出将其女人给村长之弟为妻,企图隐藏他的财物,但最终被当众揭发。② 丁玲长篇小说《太阳照在桑干河上》地主钱文贵,把儿子送去参加八路军是为了获得军属之名,而他最重要的举措,是把女儿嫁给村治安员。他不仅仅用他自己的女儿施美人计,还通过鼓励侄女和农会主任恋爱来强化他的美人计效应。③ 革命中,女性的身体不可避免地被物化,它们像"商品"一样,从一个阶层流向另外一个阶层。"妇女在中国革命中从一开始与其说是作为革命主体来行动的,毋宁说是作为革命的目标和战利品而在场的。"④

---

① [美]韩丁:《翻身——中国一个村庄的革命纪实》,韩倞译,北京出版社 1980 年版,第 186、204—205、418 页。
② 《长治少数不法地主图以金钱女人分化干部与农民团结》,《晋绥日报》1947 年 2 月 18 日,第 3 版。
③ 葛红兵、宋耕:《身体政治》,上海三联书店 2005 年版,第 133 页。
④ 朱晓东:《通过婚姻的治理——1930—1950 年革命时期的婚姻和妇女解放法令中的策略与身体》,《北大法律评论》2002 年第 2 期。

由于自我知识和素质的限制,中共对乡村干部的教育与规范的程度较低,掌权后的自我膨胀及权力不受监督状况,加上在革命中对地富阶层的极度贬低,使其敢于随意强奸妇女。

(二)改嫁后的问题

当这些地富的女人与农民结婚后,多数担心会被退婚或遭阶级斗争而隐忍,家庭较为和睦。但也有些妇女因受结婚动机、生活习惯等多方面因素的影响,而家庭不睦,一些地富女人在生活中糟蹋、浪费粮食,也让一些男性农民背负着沉重的经济负担。再甚者,女人逃跑或与原夫复婚,更使他们生活雪上加霜。

1. 夫妻不睦与经济困难

部分贫雇农与地富阶层女人结婚后,夫妻关系不睦是他们必须要面对的问题。这两个群体在生活背景与经济状况方面存在较大差异,再加上前期感情积累比较薄弱,婚后的夫妻不和也就成了常态。如榆社城关有个特务地主的女人,在丈夫被群众打死后,经过村里人介绍,嫁给农民刘二则为妻。自嫁后,其夫对她很好,但她不愿与夫发生性关系。经妇救会多次斗争与教育,女的表面承认错误,实际仍不改正。弄得刘二则这个翻身农民,一天到晚愁眉不展。① 女性,特别是地富阶层的女性,在当时大革命背景中以"弱者"的形象出现,然而她们并非毫无还击的能力。这些女性充分利用"弱者的武器",即"以低姿态的反抗技术进行自卫性的消耗战,用坚定强韧的努力对抗无法抗拒的不平等"。② 她们日常的反抗形式主要以不生产、不劳动、不从事家务活动、浪费粮食、性乱等呈

---

① 《找对象也要看阶级》,《人民日报》1947 年 8 月 28 日,第 4 版。
② [美]詹姆斯·C. 斯科特著,郑广怀、张敏、何江穗译,郭于华、郇建立译校:《弱者的武器》,凤凰出版传媒集团 译林出版社 2007 年版,"简介"。

现,终致家庭不睦、经济困难。如晋绥边区一名为碰儿的贫农娶了一地主女人,该女人嫁后不担水、不推磨,还经常辱骂碰儿,他们之间毫无夫妻感情。① 60多岁的高如金,在高邑县解放以后与一个是斗争对象的女人结婚。婚后,该女人从未和高过正常的夫妻生活,她带来的两个小孩也对高不理不睬。生产的粮食也全部被她败光了,令高无比惆怅。② 某村40岁的孔奉林,家中薄地八亩,自小放羊,后娶斗争对象的女人为妻。该女人不但把孔的工资全部吃光,还不顾家庭劳作,常在外闲逛。由此,夫妻二人感情不佳。③ 西京村雇农乔喜30多岁仍未婚,后娶地主寡妇为妻。该女人到乔家后,好吃懒做。这女人因曾和警察乱搞,身染杨梅,也终传染给乔。④

2. 农民鸡飞蛋打一场空

婚后感情不睦及经济上的危机已让贫雇农家庭苦不堪言,地富女人提出的离婚和逃跑更让他们深感"鸡飞蛋打一场空"。昔阳乱思村6个地富妇女和农民结婚后不久便要求带地离婚,并与原夫复婚。⑤ 内邱二区北永安村刘仁义与地主刘天恩的老婆结婚。结婚时,果实被用掉了一大半。结婚后,女人生活不节俭,常用果实买挂面和馒头等精粮,还瞒着丈夫给她以前的家人送去。待该女人养好伤后,带着新做的衣裳,拿着干粮和路费,以走亲戚的名义去了石门。仁义终落了个"鸡飞蛋打一场空"。武安县小寺堂村

---

① 《目前农村婚姻现状中的几个问题》,《晋绥日报》1948年3月9日,第4版。
② 《地主女人心没变 和她结婚吃大亏》,《人民日报》1948年2月15日,第1版。
③ 同上。
④ 《不要和地主女人结婚》,《晋绥日报》1947年9月28日,第2版。
⑤ 《县妇委书记会议向妇委的报告》(6月9日),山西省档案馆,档案号:A1-17-13-11。

民兵队长和地主女人结了婚,结果该女人把他分的果实和衣物都拐走了。①

3. 包庇地主

最初,各地政权和社会组织对于地富阶层的女人嫁给贫雇农或贫雇农出身的军人与干部是持支持的,一方面可以安抚无钱娶妻的贫雇农,另一方面可以保证乡村社会的稳定。但这些男性贫雇农与地富女人结婚后,又出现了所不希望出现的景象。"某些干部由于选择对象不慎及政治机关批准时考虑不周,致有的和地主女儿或离婚媳妇结婚,糊涂了阶级观念,甚或丧失阶级立场,为斗争对象打掩护,变成地主'防空洞'。有的借'照顾军',正面、侧面、直接、间接地反对土地改革,甚至进行'倒算'活动,压迫农民。有的与有恶疾女人结婚,影响身体。"②如兴县五区白家里贫农任继秀娶地主女人后被拉垮;姚家会村有五六个贫雇农积极分子,娶了地富女人后,"开会也吼不来了,消极下去"。③林县王墓村汉奸彭青昌的儿媳离了婚,村长不管她是不是汉奸老婆,有没有问题,就强迫她和自己结婚。结果彭青昌利用他儿媳妇关系,将村上公章偷出,开上路条盖上章,偷跑了。④ 左权三区个别村干部、翻身群众和荣退军人,娶上地主女人后,多方包庇地主。温城地主家女人,嫁给某荣退军人后,既不支前也不参加集体生产,无人敢惹。群众反映说:"新旧社会,人家都吃得开,旧社会当地主欺侮穷人,现在仍

---

① 《地主女人心没变 和她结婚吃大亏》,《人民日报》1948年2月15日,第1版。
② 《军区政治部发布决定干部不准与地主妇女结婚》,《人民日报》1947年8月28日,第2版。
③ 《目前农村婚姻现状中的几个问题》,《晋绥日报》1948年3月9日,第4版。
④ 《包办婚姻不许自由强娶汉奸家女人出了问题》,《新华日报》1948年1月27日,第1版。

然威风";(这些地主女人)"在嫁给村干部和群众的前一个月还是地主阶级——群众的敌人,马上结婚成了亲人"。另外,令人难以想到的是住桐难镇某工厂一工人,娶了个地主家的闺女。在复查运动中,发现她有问题,但因嫁给工人,不但不低头,反理直气壮。群众打了她几下,便闯下了祸。夜间,她男人率十来个工人,将对妻子"出言不逊"的群众痛打了一顿。①

生活压力的不同导致男性农民与地富女性之间对生活的态度迥异,加之这种婚姻多因慑于政治而勉强结合,感情基础很不牢固,地富妇女便提出离婚或逃跑来摆脱困境。男性出于维护家庭成员权益的责任感以及娶妻不易所带来的恐惧感,迫使他们做出了一些有违革命目标的行为。

(三) 阶级与婚姻的缠绕

各地政权都对那些因不同阶级结合而出现的问题颇感苦恼,开始寻找应对的方式。如晋冀鲁豫军区政治部为克服此种恶劣现象,特作如下决定:"全体干部一律不准与斗争对象(地主恶霸土豪劣绅等)的妇女或其离婚媳妇即伪属女人结婚,各级党委政治机关特别是组织部门同志,在考虑处理婚姻问题时,思想上更要明确这个观念。已入伍的或住我军学校的斗争对象成分的女子或伪属,其思想上如未改造,还未抛弃起原来阶级立场时,亦一律不准与其结婚。已结婚者应严格审查有关政治问题,如有责可强制其离婚。自该决定颁布之日起,再有此种事情发生,要追究本人与批准机关责任。"②冀热察区党委组织部、军区政治部规定:"(干部)绝对禁止

---

① 《和地主女人结婚就是与封建处亲戚》,《新华日报》1947年4月15日,第2版。
② 《军区政治部发布决定干部不准与地主妇女结婚》,《人民日报》1947年8月28日,第2版。

与当地地主富农之女儿结婚(已是共产党员而参加工作者例外)。""凡过去与地主富农女儿订婚与结婚者,地方需经县以上党委审查,部队须经分区以上政治机关(或师政治机关)审查,如发现有政治问题者,一般的均与其退婚或离婚。"①晋绥边区农民临时委员会在《告农民书》中明示:"彻底打垮地主阶级之后,各地农民应当连续监视地主和其他坏分子的活动,严防地主和其他坏分子使用美人计和别的方法破坏、捣乱。我们主张农民、退伍军人、公家人,暂时不要和地主女人结婚。已经受了地主利用,和地主女人结了婚的,他应当对群众表明态度,如果妨碍彻底平分土地,大家应当督促他宣布离婚,如果他不听,由群众处罚。"②太岳区共产党委员会在1947年8月11日发表了《为堵塞地主阶级防空洞的四项决定》,其内容中有一条规定:严禁党员干部与地主女人、女儿结婚,已结婚者应严格审查其有无政治问题,如有则可强制离婚。③

婚姻——原本受经济与身份等"门第"观念影响的社会行为,也逐渐因革命与阶级的介入有了政治的内涵,阶级与婚姻从此时起就开始纠缠不清。此后有不少男人、女人都以"阶级"为借口提出离婚。如涉县四区台村民兵指导员李张亭在思考自己婚姻时有这样的感触:"阶级不一样,说话也不一样,咱自己是个干部,和地主闺女结婚才丢人哩。"他就提出坚决离婚。张亭到了区上说:"我

---

① 《冀热察区党委组织部、军区政治部关于干部婚姻问题的决定》,河北省妇女联合会:《河北妇女运动史资料选辑》第3辑,内部发行,1983年,第278、279页。
② 《晋绥边区农会临时委员会告农民书》(1947年9月24日),中国的土地改革编辑部、中国社会科学院及经济研究所现代经济史组:《中国土地改革史料选编》,国防大学出版社1988年版,第426页。
③ 转引自:《民国时期婚姻中的"私事"与社会干预——以〈人民日报〉(1946—1948)的婚姻报道为例》,《西北师范大学报》2006年第4期,第34页。

是干部,不和地主女人结婚,人家和咱阶级不一样,非离不行。"那闺女说:"我坚决转变,我给你找几个保人,咱还是结婚吧。"张亭说:"屎!地主永远没转变,任凭你现在说的天花乱坠,地主们心里是有老底哩,多会也和我们穷人不一心。"后来区公所就批准解除婚姻。① 其实这个离婚案件,从始至终,张姓农民都未提自己离婚的真实原因,"阶级"是唯一的理由,也是唯一符合话语体系的理由。这桩婚姻最终走向尽头的真实原因,今天我们已经无从知晓,但婚姻关系的解除到底和阶级有何种关系是仍值得深探的。

婚姻与恋爱,自古不是青年男女的私事,国家与社会的意志一直镶嵌其中。当婚姻与阶级紧密联系时,民众的择偶观念也有了一定的变化。如霸县李庄一个老太太说:"过去给闺女找婆家,先问有多少东西,这时不用结记这个了,那村也没有穷人了。现在给闺女找婆家,得先问问是不是农会会员,不是会员的就不是好人。"②民众已经完全接受阶级观念,并且将阶级与人品和人性画上了等号,阶级甚至成了衡量一个人"好"与"坏"的标准。因此,不得不承认,在乡村社会中,对"阶级"观念的渗透是成功的。

此时的婚姻处于一种极为尴尬的境地,理想的婚姻不再是"门当户对""男才女貌"与"自由结婚",而是阶级至上。这种婚姻模式持续至20世纪八九十年代。建国后曾发生这样的案件,某村地主的女儿欲与中农的儿子结婚,农会拒绝发结婚证,后告到司法机关,给出的解释是:"土地改革期间,为了纯洁农民内部,防止地主钻空子破坏,期间得由农会动员雇中农成分的男子暂不和地主家

---

① 《李张亭坚决不和地主闺女结婚》,《新华日报》1947年10月9日,第3版。
② 《霸县四万农民卷入复查 贫农掌权农会威信高 闺女出嫁不问富 单看是否农会》,《晋察冀日报》1947年8月31日,第2版。

庭的女儿结婚。"①地主家的姑娘因其所携带的政治与阶级标签,连婚嫁都受到了影响。她们似乎才是这场革命中最大的受害者,因为当时社会中女性的阶级的归属是以家中男性为标准和依据的,她们本身并不具有划分阶级的"本钱"。如《中国乡村,社会主义国家》一书提到嫁到五公村的妇女范淑芳划分阶级的矛盾问题。"在五公,范淑芳被划为阶级敌人,因为她是地主家属。可回到范苑村家中,她确是受党保护的烈属,她的大哥在饶阳第二区党组织工作,对一个妇女来说,村社和血缘共同决定着她的阶级成分。"②

第三节 翻身与翻心的再考察

"翻身"与"翻心"是在土改史料中最常见的两个具有革命意义的词汇。本书对于妇女"翻身"的描述,主要限制在土地问题上,其他权利方面的"翻身",在前面的章节已经展开说明。在经济条件、社会环境、政治制度尚未发生根本性变革的乡村社会,妇女在婚姻、家庭、教育、参政方面的权利拥有也就不会发生质变。乡土农妇到底是否拥有土地权利了呢?在这个权利获得的过程中又遇到了什么阻碍呢?妇女如何认知该权利的拥有呢?至于"翻心",主要是对中共的认同及对中共战争的支援等方面。

---

① 葛红兵、宋耕:《身体政治》,上海三联书店2005年版,第134页。
② [美]弗里曼、毕克伟著,陶鹤山等译:《中国乡村,社会主义国家》,社会科学文献出版社2002年版,第130页。

一、翻身：土地权利的拥有

（一）男人的态度

在传统中国社会中，女性并无拥有土地的权利。因此，当根据地将土地作为一种新的权利分配给乡村农妇时，给乡村社会带来了不小的波澜。

对普通的男性农民而言，出于对实际生活的考量与以往生活经验的积累，他们对《土地法》中规定的男女一份地像对《婚姻法》中规定的妇女离婚自由一样仇恨，他们怕女人离婚后将属于她的那份土地带走。和抗战伊始因婚姻问题造成的男女不睦与家庭不和一样，给予女人土地所有权也造成了同样的矛盾。有的认为："给妇女分一份是共产党为了提高妇女，给妇女霸财产哩。分一份就是挑拨分家，分一份她自己种去"；①"她种上地她吃，咱种咱吃"；②"叫她们下地自己劳动去，男人不管"。③ 还有的男人反映："还得分家喱。"④家长更是不同意女人分地。如和顺东关的李政莲说："我有六个女儿，每人带一份，就带光了。"女孩多的家庭更感到养女孩亏本。⑤

乡村社会的男性对妇女土地权利拥有持上述态度的主要原因是：倘若妇女真正实现了对土地的掌控，传统的社会性别制度也即

---

① 《安阳观合镇处理妇女地权的经验通报》（1949年3月14日），山西省档案馆，档案号：A1-7-14-8。
② 《黎城二区北流村妇女工作调查材料汇集》，山西省档案馆，档案号：A1-7-8-4。
③ 太行三地委：《三八节以来城关妇女的生产文化活动情况》（1949年），山西省档案馆，档案号：A4-7-6-8。
④ 《黎城二区北流村妇女工作调查材料汇集》，山西省档案馆，档案号：A1-7-8-4。
⑤ 《和顺东关妇女典型材料调查》（1948年8月15日），山西省档案馆，档案号：A1-7-8-5。

将会被打破。传统中国社会,土地占有不仅将富裕户同贫困户区分开,而且也将一户之内的男女区分开来了。这是中国父权制话语的重要组成部分。① 土地在性别间的再分配,意味着男性主导的父权制度也将要受到威胁。同时,也给男性农民的婚姻制造了诸多问题。

(二) 妇女的态度

乡村妇女对这项新权利的给予,有着不同的态度与利益的考量。部分妇女认为土地权的获得意味着男女平等的实现、家庭地位的提高以及生活境遇的改善。如有的说:"咱们妇女既然是比男人更受压迫,那就更应当积极起来当家作主,争取自己分的一份土地,特别是土地所有证能写上自己的名字";"咱们有一份土地,就不光靠男人活啦,谁有了也不顶事,爹有娘有不如自己有";②"过去妇女没有土地,在家里受刻薄,要是生开气,男人骂你瓜,你娘的吧。现在有一份土地,他不敢这样骂了,妇女们以后说话也硬气了";"谁也愿意把土地证写上自己名,今后吃着也有势";③"咱们妇女过去是空提高,房地都是男人的,人家想卖就卖,还不叫真提高,以前妇女是嫁人吃汉,现在就是吃咱自己的一份";"有了土地的妇女就有了自己权利";"执行了土地法大纲,男女各有一份以后男人出了事也不能把女人的卖了";④"离婚的话,咱就没有土地了,这回总的给我分些哩";"我和俺男人离了婚,没给我些土地这回也得给

---

① [美]宝森著,胡玉坤译:《中国妇女与农村发展:云南禄村六十年的变迁》,江苏人民出版社 2005 年版,第 85 页。
② 《关于马厩村妇女划阶级的材料》(1948 年 5 月 9 日),山西省档案馆,档案号:A166-1-137-9。
③ 《黎城二区北流村妇女工作调查材料汇集》,山西省档案馆,档案号:A1-7-8-4。
④ 《和顺东关妇女典型材料调查》(1948 年 8 月 15 日),山西省档案馆,档案号:A1-7-8-5。

我分些哩！"①

然而,当时并不是所有的妇女都对土地有迫切的要求,有的妇女持有"叫我带,我就带,不叫带就拉倒"的思想。② 特别是老年妇女,"就那样吧！一辈子啦,就是那一碗油伙吃吧,分什么你我";③"哼！妇女分一份,她能种了？"长治二区信义村一寡妇改嫁准备带她自己的那份土地,老年妇女都不同意说:"江山倒了。"她们对姑娘出嫁带地更是不满,"嫁了姑娘还要贴土地吗？"家庭关系和夫妇关系较好的妇女也反映说:"好好一家人,分什么呢？"④还有的妇女考虑到自己耕种能力有限,特别是当男人撇下"分一份,你种你的吧"之类话语时,更感绝望,因此极不愿拥有一份土地。她们认为这个规定,"好是好,就是愁种不了,还得依靠男人过时光"。⑤ 如和顺东关的彭某说:"分下土地,就怕上地哩！和男人各种各的。"⑥还有些妇女恐惧地说:"提高妇女叫担大肥啦,这不是捉哄人啦";"俺不解放,俺也不要地";⑦"从前没一份地,也活过来啦！"⑧中共的婚

---

① 《榆社县桃妇女调查资料》(1948 年 11 月 14 日),山西省档案馆,档案号:A1-7-8-7。
② 潞城县委会:《潞城县关于妇女地权问题的思想调查》(1949 年 7 月 20 日),山西省档案馆,档案号:A1-7-14-13。
③ 《黎城二区北流村妇女工作调查材料汇集》,山西省档案馆,档案号:A1-7-8-4。
④ 《长治二区信义妇女工作调查材料》(1948 年 8 月 2 日),山西省档案馆,档案号:A1-7-8-2。
⑤ 《安阳观合镇处理妇女地权的经验通报》(1949 年 3 月 14 日),山西省档案馆,档案号:A1-7-14-8;《潞城二区靳村妇女工作调查材料》(1948 年 8 月),山西省档案馆,档案号:A1-7-8-1。
⑥ 《和顺东关妇女典型材料调查》(1948 年 8 月 15 日),山西省档案馆,档案号:A1-7-8-5。
⑦ 《对当前发动妇女参加生产的建议》,《新华日报》1949 年 5 月 13 日,第 2 版。
⑧ 《榆社桃杨等村 发动妇女参加农业生产的经验》,《新华日报》1949 年 5 月 28 日,第 4 版。

姻法令对妇女离婚后地权的拥有有明确的规定,但妇女离婚时,一般只希望离得痛快些,对土地要求并不明确。有些妇女为了顺利解除婚姻关系,甚至愿倒贴些东西给男方。左权二区22个请求离婚的妇女中,只有一人要求带地。①

妇女对土地权利的拥有在华北乡村前所未有,不仅男人对此恐惧不堪,就连享受权利主体的妇女也多忧心忡忡。又面临着婚姻革命进行之初,因女性抵抗,政策难以下达的局面。但若在经济环境与社会制度尚未发生根本性变革的乡村社会,强行让民众接受对妇女新权利的赋予注定进退维谷。

二、翻心:妇女群体的差异性

以往关于乡村妇女参与土改的研究,多认为国共内战时期,共产党领导的土改运动,对农村妇女来说不仅是经济意义上的"翻身",更使得她们的心理发生了较大的变化,发生了一次"翻心"的化学反应。此种反应的发生都缘于她们分得了土地,大大提高了她们行为的自觉性,她们试图通过为战争提供人力、物力及财力方面的帮支援来表达对中共的感激之情。②

的确,革命后一些乡村妇女用共产党的词汇"翻身"与"解放"来表述这类正面体验的内心感受。经过土改,妇女获得了衣服、农具、土地等实用性的物资。正是由于这些实际利益的获得,她们逐渐认同中共,这种感激在她们的话语中体现得尤为突出。如壶关一76岁的妇女,曾靠讨饭生活,后翻身。群众举行翻身大游行时,

---

① 《县妇委书记会议向妇委的报告》(6月9日),山西省档案馆,档案号:A1-17-13-11。
② 王士忠:《土改时期沂水县妇女社会心理与行为变化》,《中华女子学院山东分院学报》2007年第2期;王克霞:《翻身与翻心:土改中女性的双重体验——以沂蒙地区为例》,《兰州学刊》2012年第4期。

她穿着分到的新衣,坐着大车高喊:"毛主席领导我们翻身,在活着时有吃穿,死了还有送老衣。"①实际而言,乡村妇女对共产党的认识仅限于"八路军"与"毛主席",而且对八路军的印象比对党深刻。② 有的妇女知道"共产党是为穷人",还有的知道"共产党主张男女平等","但对共产党的领导认识不清楚","很多妇女还不知道毛主席是干什么的"。③ 虽然她们对党的认识并不全面,但在物质利益的刺激与集体氛围的熏染下,她们认为:"八路军解放了她们,又领导翻身";"没有毛主席八路军,大家也翻不了身"。④ 很多妇女都要求入党,以表达感激之情。如宛平县上清水村一贫妇要求参加共产党时说:"参加共产党,让我怎样我就怎样。"再如北岳区某村的林红香说:"共产党来了,我们有了房子、地,我儿子是共产党员,当了五六年八路军了,我这辈子真是和共产党一条心了,再也不能有两条心了。"有个别老年妇女也要求参加共产党,如涞水河东村与蓬头村都各有一老妇要求入党。其中一老妇在大会上遗憾地说:"翻了身、有了房、有了地、有了牲口,就是没有参加共产党。"⑤

乡村妇女感恩中共的方式不单单体现在口号的呼喊上,她们

---

① 壶关联合办公室:《壶关县一九四七年在每个运动中妇女活动简述》(1947年3月22日),山西省档案馆,档案号:A1-7-5-3。
②《陵川县附城区后山村妇女工作调查》(1948年8月10日),山西省档案馆,档案号:A1-7-8-3。
③ 中共中央妇联会:《献县妇女工作简史》(1948年9月),河北省档案馆,档案号:572-1-180-11。
④《陵川县附城区后山村妇女工作调查》(1948年8月10日),山西省档案馆,档案号:A1-7-8-3。
⑤ 北岳三地委:《三分区妇女运动概述》(1948年5月25日),河北省档案馆,档案号:78-1-49-2。

还以实际行动向中共表决心。如许多妇女积极烈参加支援战争的后勤工作。1947年入冬以后,山东各地妇女共缝制棉军装上万套,军鞋上万双;临沭埠子村妇女自动领做棉衣131套,15岁的小姑娘和60多岁的老太太都争着日夜赶制,不到两天便全部完成。① 虽然她们很多人过去对做军鞋和交布都是应付差事,质量上远不及给自己做得好。但土改后,在完成这些支前任务时,极为用心。劳军与看护伤员在一些地区已成为妇女的光荣任务。清苑妇联主任带领村干部守候伤员,彻夜不眠。很多村的妇女还给前线子弟兵写信,做慰问袋。任丘李家边村青年妇救会成员还自出经费购买原料,给前线战时缝制手绢。妇女们除了完成这些类似庭院事务后,还承担起了原本属于男性的工作。如冀中各地的妇女自卫队一般已恢复,送信、站岗放哨都奋勇争先,肃宁22个村的妇女还参加了破路。②

妇女翻身后热烈支援自卫战争,母亲送儿、妻子送郎上战场的动人故事不胜枚举。在扩军中,临漳四区送郎送子参军的有百余名。如郭小边村康生的母亲翻身后送独生子参军,当时她已50多岁,在大会上说:"毛主席叫翻了身,报恩打老蒋,甘心情愿叫儿子参军。"③胶东五龙县妇女送子参军者有104名。山东临沂某村两妇女亲自把儿子送到部队,再三叮嘱:"好儿子去吧,不和平别回来。"④冀中三邱村路大娘的两个儿子先后在作战中牺牲,她又动员第三个儿子参军,不幸又壮烈牺牲。这位老太太对国民党军队的

---

① 《解放区千百万妇女投入土地改革运动》,《晋察冀日报》1947年2月18日,第1版。
② 《冀中广大贫苦妇女热烈参加土地改革 翻身后积极支援自卫战争》,《晋察冀日报》1947年1月20日,第2版。
③ 冀南三地委:《妇女的作用》,河北省档案馆,档案号:33-1-7-4。
④ 《解放区千百万妇女投入土地改革运动》,《晋察冀日报》1947年2月18日,第1版。

仇恨更深了,她还以"有共产党就有咱穷人,没了共产党就什么没有了"的话鼓舞她丈夫积极参加村里的工作。①

尽管史料中有大量的此类的记述,这些表面热闹的背后是什么动机呢?可以肯定的是,绝非全部的农妇都因分配获得了物质利益,便无怨无悔的支援战争和大公无私的奉献丈夫和儿子的生命。一般而言,中贫农妇女对中共很拥护。地富阶层的妇女面对反压迫与提倡男女平等,积极拥护;但当"反到自家封建剥削时",则表示强烈不满。② 由此可见,妇女持何种态度,多取决于利益之所得。黎城二区北流村所做的统计也可以略窥一二。该村妇女对中共一般是满意的,"认为共产党来领导,能说话,没地主压制",但对过于频繁的会议又表现得不积极,有一妇女甚至认为这些会除了误工外,别无他用。其中有两个中农妇女在被划错成分后,心存不满,纠正后即转变态度。

通过对当时多数妇女积极入党的动机经细致考察后发现,其中虽不乏"被迫"加入的妇女,但她们加入这个新进入乡村社会的组织,主要还是出于满足自身利益的考量。如潞城二区靳村王引弟因和丈夫关系不是很好,为了不受气而选择入党;该村的王尽楣因婆媳不和,也是为了改善家庭地位而要求入党;陈金花则是为了翻身发财;贾兰则为了当干部;③榆社县桃杨村周粉莲入党动机是追求男女平等、婚姻自主以及摆脱家庭束缚;改花是为了离婚、男

---

① 《冀中广大贫苦妇女热烈参加土地改革 翻身后积极支援自卫战争》,《晋察冀日报》1947年1月20日,第2版。
② 中共中央妇联会:《献县妇女工作简史》(1948年9月),河北省档案馆,档案号:572-1-180-11。
③ 《潞城二区靳村妇女工作调查材料》(1948年8月),山西省档案馆,档案号:A1-7-8-1。

女平等以及提高家庭地位;①潞西某支部的申莲秋和王东梅都是为了反对家庭压迫而加入共产党;②黎城二区北流村妇女党员中6个入党都是为了找"依靠"。③ 在自我利益实现过程中,部分女性逐渐形成了对新革命政权的感恩情怀与政治认同。但不可否认,当急需女性支前与援战时,该群体亦存在部分选择逃避的情况。

农妇除了因自私的特性而影响对战争的支援外,生性胆小和生理上的特殊性也在一定程度上成了阻碍其积极表现的因素。涞源县拥军支前时,几个妇女骨干分子非常活跃,但当她们慰问伤员时,面对眼前血肉模糊的伤口她们都害怕了,不敢上前。也有妇女因害羞,连喂鸡蛋也不敢到伤病员跟前去,只是远远得递过去。④在招待伤员时,有的嫌脏而拒绝。如平定辛庄村一个老妇,看见这些伤兵时,觉得脏的不行,就坐在一边呕吐不止,不愿招待。

呈现上述"负面"的历史史料,其主要目的并非批判女性群体或反映历史的非正常面向,而是从整体呈现与凸显革命中女性的真实历史画面。总体来看,土改中妇女的"翻身"与"翻心"只是相对而言的翻转,是在经济体系与性别制度允许范围内的翻转。

小　结

土地改革是中国共产党在乡村开展的一场社会动员,在这一动员中,广大乡村女性的身影得以呈现,她们"以独特的方式参与

---

① 《榆社县桃阳妇女调查资料》(1948年11月14日),山西省档案馆,档案号:A1-7-8-7。
② 《潞西支部总结》,山西省档案馆,A188-1-18-6。
③ 《黎城二区北流村妇女工作调查材料汇集》,山西省档案馆,档案号:A1-7-8-4。
④ 涞源县妇联会:《涞源县妇女工作总结》(1948年4月11日),河北省档案馆,档案号:520-1-251-12。

并完成土改"。① 土改图景中的妇女是多元的,虽然"阶级"已经客观上成为她们生活中的重要组成部分,但阶级的理念并未成为她们革命的主要动机与动力。无论革命与否,她们始终坚持的是生存伦理与经济范畴内的"安全第一"原则。由此可知,她们并非无知,更不乏能动性。她们虽然被动,但始终以自己可以使用的方式与方法来应对外在革命与"阶级"带来的不适,且不断调试寻找最佳状态。

中国共产党领导的土地改革,既是一场经济变革,更是一场广泛而深刻的社会变革。革命过程中,各地政权一直强调的对妇女的发动和对妇女权益的保障。土地的分配、婚姻政策的贯彻、政治权力的赋予等,从经济、婚姻与政治多层面将新的性别观念、新的社会规范与新的风气风俗逐步融入进了乡土社会。女性毫无疑问在此过程中受益颇多,她们中很多人勇敢地走进了劳动生产与政治革命的宏大视域,她们在土改中发挥了重要作用。同时,在乡村社会性别制度尚未发生根本性变革之际以及在革命与战争非常态的环境里,"性别"与"阶级"所产生的化学反应十分复杂,一些关于性别的问题在此时尚未得到彻底的解决。

---

① 王克霞:《翻身与翻心:土改中女性的双重体验——以沂蒙地区为例》,《兰州学刊》2012年第4期,第207页。

第七章　组织与性别:参政①中的妇女

参政是妇女解放与否的重要标志,中国共产党第二次代表大会上通过了《关于妇女运动的决议》,其所指定的具体奋斗目标,无一不是为了争取妇女的基本权利,包括帮助妇女获得普选权及一切政治上的权利与自由。② 1927 年第一次国共合作失败后,中共的战略方向逐渐转入农村,从此揭开了在革命根据地内妇女参政运动的序幕。此后,该运动呈直线上升的趋势,随着抗日根据地与解放区的开辟,妇女参政运动日臻成熟。③

华北乡村的农妇在战争与革命的契机下,也拥有了这项全新

---

① 妇女参政的定义,一般包括广义和狭义两部分。广义的参政是指妇女参与国家政治。它适合于一切情况的妇女参政要求,包括不同方式、不同特征、不同内容的爱国和革命活动。狭义的参政则专指妇女参与国家政治事务的管理,及要求近代民主政治下的妇女选举权和被选举权,包括出任政府官员、选举政府官员等。这里所指妇女参政权,主要是狭义的妇女参政。(梁景和:《现代中国社会文化嬗变研究(1919—1949)——以婚姻、家庭、妇女、性伦娱乐为中心》,社会科学文献出版社 2013 年版,第 333 页。)

② 郑永福、吕美颐:《近代中国妇女与社会》,大象出版社 2013 年版,第 63 页。

③ 梁景和:《现代中国社会文化嬗变研究(1919—1949)——以婚姻、家庭、妇女、性伦娱乐为中心》,社会科学文献出版社 2013 年版,第 349 页。

的权利,她们肩负责任与使命走出家门,有的妇女已经走进了"公家单位"当干部。妇女参政到底意味着什么?她们走出家门的意义为何?她们是否变成了新的女性?她们是否逃脱了传统父权的束缚?只有解答完这些问题,才能清晰组织与性别的关系。

第一节 妇女干部的涌现

本书中的妇女干部主要包括两个群体,一个是妇救会组织中的妇女干部,另一个是党政机关组织中的行政干部。

一、做妇女工作的妇女干部

(一)妇救会的广泛建立

抗日战争爆发后不久,中共中央将动员妇女力量参加抗战,争取抗战胜利作为妇女工作的基本任务,为了最大限度地组织团结广大妇女群众,成立一个有效地领导各界妇女参与抗日救亡的组织就成为当时妇女工作的重点,于是"在敌后方、大后方、在各个边区、在游击区广泛地组织了各阶层妇女联合的妇女团体——妇女救国联合会"。[①]

华北各县、区、村也纷纷成立了妇女抗日救国会。广义而言,该地区妇救会建立形式主要有两种:自上而下与自下而上。自上而下,即先建立县区级妇救会,再组建村级妇救会。自下而上即反之。如1937年秋,"以田冀同志为代表,并由张文淑、陈静汝等同志参加组成了平山县妇救会筹委会。经过一年的宣传组织工作,

---

[①] 琴秋:《对于妇救会工作的几点意见》(1940年5月25日),中华全国妇女联合会妇女运动历史教研室:《中国妇女运动历史资料》(1937—1945),中国妇女出版社1991年版,第465页。

县辖各区也都成立了妇救会筹委会,不少村庄的妇救会组织也相继建立"。① 1938年春,冀中九分区各县成立了妇女抗日救国会,拟定了妇女抗日救国的简章。此后普遍建立了县、区、村妇救会。② 冀中六分区1938年上半年在党的领导下,先后成立了县、区妇女抗日救国会。1938年年底,村级妇救会也大部建立起来。③ 饶阳县也是在先成立县区级妇救会的基础上,既而成立村级妇救会。④ 冀察晋、晋东南和晋西北等地的妇女救亡组织,都是在行政力量的帮助下自上而下地组织起来的。而晋西南是先有村区的组织,然后自下而上地产生县级妇救会。⑤ 安新县也是在成立村妇救会的基础上,建立起区和县级妇救会。⑥

在中共有力的组织下,妇女救亡组织在华北地区普遍建立起来了。1938年10月,北岳区县妇救会28个、区妇救会154个、村妇救会13035个;⑦1939年冀中区成立了29个县妇救会、146个区妇救会、1400个村妇救会,拥有会员15万余人;冀西定县194个村

---

① 《抗日战争时期平山县妇女工作点滴》,河北省妇女联合会:《河北妇女运动史资料选辑》第2辑,内部发行,1983年,第262页。
② 《冀中九分区在抗日战争中各级妇女组织的建设情况》,河北省妇女联合会:《河北妇女运动史资料选辑》第2辑,内部发行,1983年,第228页。
③ 王瑛璞:《抗日战争时期冀中九分区妇女抗日救国会的工作》,冀中人民抗日斗争史资料研究会办公室:《冀中人民抗日斗争资料》第14期,内部发行,1985年,第20—21页。
④ 《饶阳县妇女抗日斗争纪实》,冀中人民抗日斗争史资料研究会办公室:《冀中人民抗日斗争资料》第14期,内部发行,1985年,第92—93页。
⑤ 吴平:《抗战两年来的华北妇女工作》,晋察冀北岳区妇女抗日斗争史料编辑组:《晋察冀北岳区妇女抗日斗争史料》,中国老年历史研究会1985年版,第366、367页。
⑥ 王又新:《安国县抗日时期妇女工作回忆》,冀中人民抗日斗争史资料研究会办公室:《冀中人民抗日斗争资料》第14期,内部发行,1985年,第82页。
⑦ 《晋察冀边区妇运发展概况》,晋察冀北岳区妇女抗日斗争史料编辑组:《晋察冀北岳区妇女抗日斗争史料》,中国老年历史研究会1985年版,第482页。

中,便有183个村有妇救会;唐县全县有223个村成立了村妇救会;晋东南各县妇救会普遍成立,也拥有10多万的妇女会员;晋西北有确切统计的县妇救会11个,会员约6万人;晋西南各县妇救会已普遍成立,区妇妇救会也已广泛地建立。为了统一妇女运动步骤,推进妇女工作的发展,晋察冀、冀中、冀南、晋东南、晋西北和晋东南自1938年起还先后成立了总的领导机构——各区妇总会。①

(二)妇女干部的群体构成

在妇女组织广泛建立的基础上,涌现出大批妇女干部。妇救会组织中的妇女干部主要包括县区级妇女干部和村级妇女干部。因级别的不同,妇女干部的群体构成也有所不同。

1. 村级干部

在华北根据地,囿于环境、眼界、传统以及战争形式等多方面影响,村级妇救会干部不易寻觅。有的是妇女自己不愿干,无论如何动员都不见成效;有的是想参加革命工作,但因受家庭的束缚不敢轻举妄动;有的肯外出工作,但因生活作风不佳,在群众中威信不高。

华北根据地村级妇救会干部产生的方式大概分为以下几种:在没有党组织的村庄,多是经农会主任和村长研究推荐出妇救会干部,然后在大会上提名通过。在已建立党支部或有党员的村庄,由区妇救会的党员干部持区委介绍信,进村后先找党支部或党员了解该村妇女的大概情况,大致确定干部对象。此类村庄,大多情况下,由村党支部的妇女成员出任村妇救会主任。在既没成立妇救会又没党支部的村庄,是先建立妇女识字班,在识字班学员和女

---

① 吴平:《抗战两年来的华北妇女工作》,晋察冀北岳区妇女抗日斗争史料编辑组:《晋察冀北岳区妇女抗日斗争史料》,中国老年历史研究会1985年版,第366、367页。

教师中挑选妇女干部。经过个别谈话、进行了解、培养教育等一系列程序后,再在全村妇女中酝酿,选为村妇女干部。

那时的村妇救会干部大多是性格倔强、作风泼辣、有威信的中年妇女,而且多是村中非常风流、作风不检点的女性。(见表7.1)在抗战之初,这些生活作风并不为乡村社会所接受的早期的基层妇救会干部,对于中共在乡村社会所进行的妇女工作的确起了不容忽视的作用。尤其是中共通过她们"将'男女平等'、'妇女解放'等名词传播于农村,使之影响了一般妇女"。但在妇救会的发展过程中,这些妇女违背传统道德的行为及作风也加剧了人们的误解。① 有些地方的村长为了应付差事,就用钱把这些作风不良、敢说敢干的妇女送去受训,这些人受训后,有的进步很快洗掉了旧的习气,但大多数还带着过去生活的痕迹,这使得一般妇女对于"不正经"的妇救会主任多敬而远之,结果只有重新改选。② 例如,北岳区望都三堤村指定的5个妇女干部,其思想和生活作风都不很正派,在群众中影响极坏,老实群众都不愿让家里的妇女出来,主要怕染上坏风气。③

---

① 浦安修:《五年来华北抗日民主根据地妇女运动的初步总结》,山西大学晋冀鲁豫边区史研究组:《晋冀鲁豫边区史料选编》第2辑,内部发行,1980年,第189页。
② 《定县的妇女运动》(1939年8月17日),晋察冀北岳区妇女抗日斗争史料编辑组:《晋察冀北岳区妇女抗日斗争史料》,中国老年历史研究会1985年版,第359页。
③ 中共中央妇联会:《北岳望都三堤村妇女工作典型总结》(1948年9月),河北省档案馆藏,档案号572-1-180-7。

表 7.1　献县七区石瞳村妇女干部表

姓名	年龄	成分	职别	特点
井□□	老壮年	贫农	主任	会说,男女关系不好
赵□□	老壮年	贫农	副主任	不怕人,常拾粪,男女关系不好
朱运田	壮年	贫农	委员	能说,寡妇,生过私生子
周显明	老壮年	贫农	委员	能说,男女关系很乱
赵花旦	老壮年	贫农	委员	男女关系乱

资料来源:中共中央妇联会:《献县妇女工作简史》(1948年9月),河北省档案馆,档案号:572-1-180-11。

1939—1941年,华北根据地基层妇救会进行了两次大整顿。整顿原因,一是由于一些村妇救会建立时,组织没有掌握在正派人手中,一些不三不四的"女光棍"或"烂菜花"式的妇女大行其道。二是有的村妇救会内干部不团结,没有真正起到骨干与带头作用,正派妇女不敢出来工作,妇女工作进展缓慢。三是在敌据点附近的村庄和据点内的一些妇救会干部不敢出来工作,有的躲到亲戚家,有的出嫁,致工作垮台,无人负责。① 华北乡村许多妇救会将整顿和改选组织作为工作的第一步,以此来做出顺应传统、尊重习俗之姿态。尽管在传统的华北乡村中,两性关系较为宽松,但"破鞋"仍不为人们所认可。于是,华北各根据地的许多妇救会将洗刷和改造组织中的"破鞋"作为一项指示而提出:"要拒绝吸收为群众所仇视的'破鞋'参加(妇救会),以争取社会人士的同情与赞助。经过多方教育后,妇女对'破鞋'有了初步的认识与转变,可个别吸收

---

① 王瑛璞:《抗日战争时期冀中九分区妇女抗日救国会的工作》,冀中人民抗日斗争史资料研究会办公室:《冀中人民抗日斗争资料》第14期,内部发行,1985年,第52—53页。

并改造'破鞋'。"①冀中妇救会在巩固与整理组织后,克服了紊乱现象,其工作也逐渐深入,逐步正规,那些未好转的妇女也随之被洗刷出去。② 其中,冀中九分区的妇救会经过改选,推选出作风正派、抗日积极的劳动妇女,使得工作也逐渐得以开展。③ 随着妇救会的改组与人员调整,朴实、正派的农村妇女也多被吸收进妇女干部的队伍之中。

2. 县区级干部

华北根据地中共控制区内县区级妇救会干部以知识分子为主。如冀东县区妇女干部大多数是中小城市和广大农村的知识分子,一般是上过高小或乡村师范的女学生。④ 冀中,热心于抗日救国的女青年知识分子、女学生、女教师等,在共产党的动员影响下,积极参加抗日救亡工作,在实际斗争中逐渐锻炼成长起来,成了区、县和分区妇救会的主要成员。⑤ 安国县的区、县级妇救会干部多是县委培训的女学生和乡村女教师。抗日初期,广大女教师在各村是妇救会的左膀右臂。她们课上教学生抗日救国道理,课下义务教妇女识字,还致力于上街宣传抗日、挨门挨户募捐等工作,全力以赴为抗日奔波,是抗日的积极分子,也是该县妇救会的主力

---

① 谢忠厚:《冀鲁豫边区群众运动资料选编》(上),河北人民出版社1991年版,第319—320页。
② 《冀中妇救会一年来工作总结》,河北省妇女联合会:《河北省妇女运动史资料》第2辑,内部发行,1983年,第196页。
③ 《冀中九分区在抗日战争中各级妇女组织的建设情况》,河北省妇女联合会:《河北省妇女运动史资料》第2辑,内部发行,1983年,第234页。
④ 高田、孟毅然、陈大光:《冀东妇运简史》,河北省妇女联合会:《河北省妇女运动史资料》第2辑,内部发行,1983年,第207页。
⑤ 王瑛璞:《抗日战争时期冀中九分区妇女抗日救国会的工作》,冀中人民抗日斗争史资料研究会办公室:《冀中人民抗日斗争资料》第14期,内部发行,1985年,第21页。

军。如李雪琴,当时在三区奉伯村是女教师的骨干力量,后被请到县妇救会当主任。① 1939年7月,在饶县县委的直接领导和具体帮助下,严镜波、刘涛和吴悌三人筹建了饶阳县妇女抗日救国会,她们又联合了原女高同学杨继芳、赵可心、李纳、李轩等进步女知识青年,积极开展抗日工作。② 定县在"七七"事变后就有许多先进知识妇女参加了县动委会的宣传工作,到1938年2月,在动委会的领导下,以这些妇女干部为骨干,建立了县妇救会。③

县区级妇救会妇女干部的第二个来源是通过妇女干部训练班培训、选拔妇女干部。妇女干部训练班学员的来源,有的是村妇救会推荐的;有的是村政权送来的;而有党支部的村庄,一般还要经过党支部批准。学员的年龄大部分在17—30岁之间。华北各地训练班的训练时间都不长,从半个月到一个月不等。一般采用上大课分小组讨论的方法。训练的内容,主要是统一战线、政治常识、妇女解放的意义、三民主义、军事常识、论新阶段、妇女工作的方针和任务等,以提高妇女干部的理论水平和业务能力为主要目标。训练结束后学员的去向大体有以下几个:第一,发现优秀分子配备到县、区妇救会;第二,抽调一部分,分配到新区,去开辟新区工作,或到其他需要妇女干部的县份。如1940年春,蠡县组织妇女干部训练班约100人,九分区田慧中主任写信要20名;第三,仍

---

① 王又新:《安国县抗日时期妇女工作回忆》,冀中人民抗日斗争史资料研究会办公室:《冀中人民抗日斗争资料》第14期,内部发行,1985年,第83页。
② 《饶阳县妇女抗日斗争纪实》,冀中人民抗日斗争史资料研究会办公室:《冀中人民抗日斗争资料》第14期,内部发行,1985年,第92—93页。
③ 《定县的妇女运动》(1939年8月17日),晋察冀北岳区妇女抗日斗争史料编辑组:《晋察冀北岳区妇女抗日斗争史料》,中国老年历史研究会1985年版,第358页。

回村里,作为骨干武装村妇救会组织。① 各根据地都通过开办训练班的方式选拔各级妇救会干部。如冀中九分区通过个别动员,开办短期训练班、农村识字班等选拔了大批村妇救和区、县干部。② 晋西北开展妇女工作,首先从训练班着手,从训练班中提拔一部分干部,令她们还乡成立编村小组或区妇救会。晋西南各县为开辟工作,也普遍地开办训练班;晋东南每县平均举办过一两次训练班,仅第五行政区一地便开办了30多个,训练了1400多名区乡级妇救会干部。③

县区级妇救会妇女干部的第三个来源是按妇救会组织系统,逐级上调。因村级妇救会从无到有,并逐年进行健全整顿工作,该级别妇救会干部的政治思想水平和业务工作能力都有较大提高。所以可按正常渠道,自下而上提拔到区、县任职。

由于组织动员方式的改变,华北各根据地内的妇救会有了一定的发展。自第一次扫荡后到1940年,山东妇女工作突飞猛进,会员从几万发展到几十万,"并且有三分之一的组织是比较巩固的"。④ 同年,"晋察冀边区的妇救总会,拥有会员十余万人,这些人都是自觉地报名参加妇救会的,她们在参战、慰劳、生产各项工作之中,曾发挥了极大的作用";"晋东南妇救总会,则拥有二十余万的会员,虽然这个数目字中,有少数的名字是被用行政方式登记在名册上

---

① 《冀中九分区在抗日战争中各级妇女组织的建设情况》,河北省妇女联合会:《河北妇女运动史资料选辑》第2辑,内部发行,1983年,第236页。
② 王瑛璞:《抗日战争时期冀中九分区妇女抗日救国会的工作》,冀中人民抗日斗争史资料研究会办公室:《冀中人民抗日斗争资料》第14期,内部发行,1985年,第41页。
③ 吴平:《抗战两年来的华北妇女工作》,晋察冀北岳区妇女抗日斗争史料编辑组:《晋察冀北岳区妇女抗日斗争史料》,中国老年历史研究会1985年版,第369页。
④ 山东省妇联宣传部:《山东妇运资料选》,内部发行,1983年,第52—53页。

的,然而她们各种参战和生产工作中,确实也曾起了伟大的作用"。①根据 1941 年陕甘宁、晋察冀、晋冀鲁豫、晋西北等 7 个抗日根据地的不完全统计,"当地妇联或妇救的会员,平均占了妇女总人口的百分十二"。② 在近一年的时间内,晋冀豫区妇救会会员总数增长了 15%,发展会员最多的一个区新发展的会员数量是原有会员数量的 1.5 倍(见表 7.2)。1944 年,晋察冀边区冀晋二专区妇救会会员总数增长了 62%(见表 7.3)。1941—1942 年,晋冀豫区新建立的区级妇救会是原来的 1.8 倍(见表 7.4)。1944 年,晋察冀边区冀晋二专区拥有妇救会的村庄占到行政村总数量的 68%(见表 7.3)。

表 7.2　晋冀豫区 1941—1942.4 妇救会会员发展统计表

	原有	新发展	合计
1	18463	2526	20989
2	1836	49	1885
3	10552	190	10742
4	2480	230	2710
5	4001	6024	10025
6	14189		14189
辽县	7216	216	7432
黎城	3070		3070
总计	61807	9235	71042

资料来源:晋冀豫区妇总会:《一年来妇女工作总结报告——1941 年 8 月—1942 年 5 月》(1942 年 7 月 15 日),山西省档案馆,档案号 A1-7-4-13。

---

① 《康克清文集》,中国妇女出版社 1997 年版,第 9 页。
② 蔡畅:《如何使抗日根据地的妇女团体成为更广泛的群众组织》,河北省妇女联合会:《河北妇女运动史资料选辑》第 4 辑,内部发行,1983 年,第 9 页。

表 7.3　1944 年晋察冀边区冀晋二专区妇救会相关信息统计表

	行政村	妇救村	原有会员	新发展	现有
盂平	269	261	12972	1476	14448
五台	316	219	12062	5701	17763
忻定	231	69	1682	1688	3770
盂阳	161	136	6215	2458	8673
崞代	287	200	6352	6400	12752
盂寿	183	106		(6684)	6684
总计	1447	991	39283	24407	63690

资料来源:《晋察冀边区冀晋二专区一九四四年妇女工作总结》,晋察冀北岳区妇女抗日斗争史料编辑组:《晋察冀北岳区妇女抗日斗争史料》,中国老年历史研究会 1985 年版,第 447 页。

表 7.4　晋冀豫区 1941.8—1942.4 整理组织统计表

地区类别	县区妇救会				村妇救会		
	县妇救	区妇救会			原有	整理过的	合计
		原有	新建立	合计			
1 分区	6	3	12	15	140	28	168
2	6				60	12	72
3	4		8	8	145	54	199
4	3	5		5	69		69
5	4		7	7			
6	3	15	6	21	153	49	202
辽	1		5	5			
黎	1		3	3			
总计	28	23	41	64	567	143	710

资料来源:冀豫区妇总会:《一年来妇女工作总结报告——1941 年 8 月—1942 年 5 月》(1942 年 7 月 15 日),山西省档案馆藏,档案号 A1-7-4-13。

二、妇女参选

(一)中共的考量与实践

在共产党控制区内,妇女具有参政权。无论是在抗战还是在国共内战期间,她们都被鼓励作为投票人和候选人全面参政。① 中共推行妇女参政运动的原因主要是由于根据地乡村妇女长期处于野蛮与落后的状态,再加之封建传统势力的压榨,她们总是远离政治生活,以至于根据地初期妇女工作无法开展,各项革命活动难以进行。因此,中共迫切需要几占农村人口半数的妇女参加到根据地政治活动之中。为此,培养妇女干部是中共进行有组织、有计划引导普通妇女民众参政的第一步。

自中共拉开妇女参政运动的序幕后,各根据地政权都积极参与其间,并颁布了一系列的法规条例,对妇女选举与被选举权做了明确规定。这些条例从制度层面对妇女参政的权利予以保护,为妇女参选和参政提供了坚实的法律保障。②

(二)妇女行政干部的产生

在中共行政命令的推动和妇女工作者的带领下,华北乡村农妇大量涌入行政干部队伍,参与到各级组织行政工作中。她们有的被选为村长、副村长和村民代表;有的被选为区长;还有的被选为县长。如蠡县三区刘家营村妇救会主任刘秀芳被选为村长;肃宁县白洁被选为区长;高阳县苏联被选为区长;蠡县妇救会主任张

---

① [澳]李木兰著,方小平译:《性别、政治与民主:近代中国的妇女参政》,江苏人民出版社2014年版,第266页。
② 韩延龙、常光儒:《中国新民主主义革命时期根据地法制文献选编》第1卷,中国社会科学出版社1981年版,第194、258、272、273、292、296、316、320、330、333页;河北省妇女联合会:《河北妇女运动史资料选辑》第2辑,内部发行,1983年,第134页。

化四被选为县副议长;安新县卜云被选为区长等等。① 唐县1938年,妇女当选为村长、副村长及村代表约700人,其中28人为村长和副村长。1940年完县当选县区代表的妇女有135人。平山县妇女当选代表的共344人、村长1人。灵寿县妇女当选村长1人、副村长2人、村政委员31人、村代表138人。涞源当选妇女代表308名,当选村长或副村长的18名。正定县选出女村长和副村长8人。新乐有31个妇女当选村民代表。② 在1940年的晋察冀边区村区政权改选运动中,参加选举的女公民约占妇女总数的70%,共有1926个妇女被选到村区级政权里,参与了重要工作。③ 在此次运动中,平山县的陈啸当选黄泥区区长,孙秀运当选两河区人民代表大会副主席,李述英当选为平山县县议员,还有的妇女当选了区政府助理员。④ 在1941年民主选举中,献县六、七两区都有妇女当选。有的妇女当选调解委员和副村长,也有个别的妇女当选村长。该县七区的8个村中,有很多行政干部都是妇女。如尹岗村的粮食副主任、副村长以及调解主任,刘宝村的调解委员,大章、东三角两村的调解主任,还有石町村的副村长。⑤ 另外几个村的妇女干部

---

① 王瑛璞:《抗日战争时期冀中九分区妇女抗日救国会的工作》,冀中人民抗日斗争史资料研究会办公室:《冀中人民抗日斗争资料》第14期,内部发行,1985年,第51页。
② 慕今:《晋察冀边区的妇女怎样参加村选运动》,晋察冀北岳区妇女抗日斗争史料编辑组:《晋察冀北岳区妇女抗日斗争史料》,中国老年历史研究会1985年版,第685、686页。
③ 明秋:《晋察冀边区一九四〇年区村政权改选运动汇总的妇女》,晋察冀北岳区妇女抗日斗争史料编辑组:《晋察冀北岳区妇女抗日斗争史料》,中国老年历史研究会1985年版,第688—689页。
④《抗日战争时期平山县妇女工作点滴》,河北省妇女联合会:《河北妇女运动史资料选辑》第2辑,内部发行1983年版,第271页。
⑤ 中共中央妇联会:《献县妇女工作简史》(1948年9月),河北省档案馆,档案号:572-1-180-11。

情况见表 7.5。冀中 1942 年,妇女在村政权中参政的情况很普遍,特别是担任副村长与调解委员的最多,在区县等上级部门任职的妇女也较常见,该地区有 14 个妇女任区长。① 在区村级民选运动中,妇女参加选举的人数虽不及男性普遍,但在有的县份也占了相当大的比重。如平山县参选的妇女占到了总人数的 61%;新乐县占到了 57%。②

在国共内战时期,也有很多妇女通过选举进入村区政权。冀鲁豫边区张秋一区李堤口村在 1947 年 5 月 20 日的翻身群众选举村干部会上,3 个妇女当选为村长、农会长和口口口长;范县四区下台楼村妇女白玉莲、冯秀英被选为村长和民兵队长;观城口区口粮口村青妇王玉芝被选为村长;口楼的妇女选举了女副村长和女财经委员;③1948 年,偏关三区妇女积极参加生产、支前和整党,百余妇女当选村代表。④ 到 1949 年,诚如邓颖超所指出的:"参加各级农民代表会的妇女代表,其百分比在村级约占百分之三十,区级约占百分之二十,县级约占百分之十。"⑤

---

① 《在尖锐斗争中的冀中妇女》,《新华日报》1942 年 10 月 14 日,第 2 版。
② 《妇女与宪政》,《新华日报》1940 年 3 月 7 日,第 4 版。
③ 《冀鲁豫不少妇女被选参加村政权》,《冀鲁豫日报》1947 年 6 月 10 日,第 2 版。
④ 《偏关三区妇女积极参加生产支前整党 百余妇女当选村代表》,《晋绥日报》1948 年 12 月 26 日,第 1 版。
⑤ 《中国妇女运动当前的方针与任务》(1949 年 3 月 26 日),《邓颖超文集》,人民出版社 1994 年版,第 67 页。

表 7.5　献县另外四个村情况统计表

村名	姓名	年龄	职别	成分	结果
石峞	王瑞兰	20	村副	贫农	到区工作时间不长,后生病回家
林河	尹思文	25	村副	贫农	后到区工作
尹店	宋兰脆	20	村副	贫农	因工作积极病倒
圈寺	齐秀英	20	村副	贫农	

资料来源:中共中央妇联会:《献县妇女工作简史》(1948年9月),河北省档案馆,档案号:572-1-180-11。

第二节　自我性别的困境

无论是区级妇女干部还是村级妇女干部,她们都作为根据地社会中一新的妇女群体出现在革命视域中。她们走出家门,参加到原本属于男性才能进入的政权体系中,打破了"妇女做不了男子们做的事,妇女只能管家务"的桎梏。但这意味着她们获得了解放吗？意味着她们变成了"自由人"与"社会人"吗？意味着她们脱离了家庭的樊笼了吗？意味着她们彻底摆脱了对传统妇女角色的认同吗？她们工作的表现如何？遭遇了哪些困境？如何认知自己的这个新身份？传统女性的一些特质在工作中如何展现？

一、传统"浇灌"出的妇女特性

这些服务社会的妇女干部群体,始终未逃出自我性别所设置的困境——自我对女性身份角色的认定。她们很多人虽已身处革命大潮之中,心却仍受传统女性角色的规范。在她们身上,传统妇女性格的特征被体现得淋漓尽致,她们很多人依旧身陷从传统性别角色向新女性过渡的泥潭。

家庭对于女性来说是不可或缺的,尤其是对那些尚未获得经济独立的乡村妇女,更是至关重要。若非迫不得已,她们绝不会离开那个压迫、束缚她们的家。因此在工作中,很多妇女干部尚未脱离传统的认知,仍将家庭、孩子和丈夫放在第一位。虽然这些妇女走出家庭参与到伟大的事业中去,但仍逃避不了自我限定的作为一个女人的命运,这也就造成了她们家庭生活与革命工作的冲突与矛盾。因夫因子,妇女干部不能正常完成革命任务;因夫因子,妇女干部不能集中全部精力进行光荣的革命;因夫因子,很多妇女干部最终选择成为回家的"娜拉"。

(一)因婚姻家庭不能正常工作

首先是孩子的问题,很多妇女干部无法处理好孕育新生命、养育孩子与工作之间的关系。有的因无法妥善安置年幼的孩子而不能安心工作。如一妇女干部说:"我不知道我那四个孩子该怎么办,两个大的老打架,两个小的也不安静。我离家一会儿就得出事,不知他们现在怎么样。"①虽然,妇女干部自己要为工作失责负主要责任,但战乱中,妇女的生育是极其不易的。女干部和其他女性一样生孩子困难而又危险,尤其在敌人"扫荡"的危险时刻。晋冀豫区一妇女干部在敌人搜山时临产,不得已她被安排在山坡上待产,接产人员无法,只能用用小刀和石头把脐带弄断。② 而且,养育孩子给妇女干部造成的压力更大。虽然,各地政权都规定要给以妇女干部育婴保健费用,但因战乱多存在经费不足和不到位的

---

① [加]伊莎白·柯鲁克、[英]大卫·柯鲁克著,安强、高建译,燕凌校:《十里店——中国一个村庄的群众运动》,上海出版社2007年版,第215页。
② 晋冀豫区妇总会:《一年来妇女工作总结报告——1941年8月—1942年5月》(1942年7月15日),山西省档案馆,档案号:A1-7-4-13。

情况。①

其次,妇女干部因婚姻问题不能适当解决而情绪低落,不能安心工作。一些年岁较大仍未婚的妇女,因条件多、要求高找不到合适对象而惆怅不已。恋爱中的妇女因对"恋爱问题掌握不好,今天给这个交朋友,明天又拒绝,后天再和另一个谈起来弄的双方工作不安,精神不振,整天把谈恋爱事占了大部时间。如XX同志开了三天会议尚未听进耳一句"。新结婚的夫妻虽是自由婚,但双方了解不够,婚后夫妻关系不睦,女方为此深感懊悔。已婚的妇女对婚姻不满,坚决要求离婚。有的妇女是嫌丈夫年龄大、政治觉悟不高,但因条件不充足,政府不予以解决。于是她们便形成思想负担,身体健康状况亦受影响。如XX同志为此一直病了3个月,耽误了工作。还有一些为了离婚而出外参加工作的家庭妇女,一旦感到自己问题不是那么简单或不能较快和彻底时就苦闷、抱怨。部分妇女将这种情绪发泄到工作上。当时各县都有这种干部。还有的干部因离婚、再嫁困难而苦恼。邢西7个干部中,两个已经离了婚,但找不到再嫁对象,为此深感郁闷。有的因丈夫去世、外出无音信或长期夫妻两地分居而情绪低落。②

虽然妇女干部因婚姻生活的某些问题而对工作有所懈怠,但这毕竟都是人之常情,而且她们所面对的这些问题,多是革命过程中政权对该群体的照顾不周所致,并非她们本性使然。因此我们

---

① 晋中区妇委:《晋中区妇女工作总结报告》,山西省档案馆,档案号:A47-1-113-2。
② 冀晋二专抗妇会:《关于目前妇女干部的思想检查及今后的意见》,山西省档案馆,档案号:A44-7-2-9;冀南一地委妇委会:《上半年发动妇女参加生产运动的总结及下半年工作计划》(7月23日),河北省档案馆,档案号:28-1-36-13;晋冀豫区妇总会:《一年来妇女工作总结报告——1941年8月—1942年5月》(1942年7月15日),山西省档案馆,档案号:A1-7-4-13。

对这个群体的困难与不易应多予以理解。

(二)因婚姻家庭而"堕落"

如果说上述妇女干部因婚姻家庭问题不能参与到正常工作之中,影响了工作的话,那么一些妇女干部却因此而堕落,彻底放松了学习与工作上的努力进取。

有的干部怀孕不到两个月且身体状况良好,却借口有病,不参加会议。有的妇女干部产后不但因孩子的牵绊耽误工作,还让他人长期伺候,浪费了人力物力。[1] 有的妇女干部自从有孩子后,便不工作、不求进步,对孩子还极其溺爱,且心甘情愿当"太太"。[2] 如束鹿一女干部生完孩子后,以天气太热、担心孩子中暑为由,长期脱离工作岗位。[3] 有的在生孩子后便以"老大自居",生活散漫、工作疲沓、政治热情低且没朝气,始终深陷"孩子、妈子、丈夫的圈子",影响了进步。[4] 还有的干部在生育后悲观失望,认为自己革命事业在孩子出生之刻就已戛然而止。一个妇女干部在检讨时说:"我生孩子后,思想上就糊涂起来,信心大大降低,错认这辈子完了,等孩子长大了革命去吧,所以工作会议也不愿参加,表也不填,完全把自己陷于琐碎事务中而不能自拔。"[5]

有的女干部一结婚就认为革命成功、百事大吉,不再积极上进,又回归了"嫁汉嫁汉,穿衣吃饭"的传统生活模式。如有的妇女

---

[1] 《一九四三年领导生产的几个主要经验教训》,晋察冀北岳区妇女抗日斗争史料编辑组:《晋察冀北岳区妇女抗日斗争史料》,中国老年历史研究会1985年版,第162页。
[2] 冀晋一专区:《各县农会妇联主席联席会议大会结论及各部门工作的报告》(1947年5月),山西省档案馆,档案号:A43-7-6-4。
[3] 冀中十一分区妇委会:《十一分区妇女扩干会上的报告及今后工作意见》,(1948年8月30日),河北省档案馆,档案号:20-1-84-3。
[4] 北岳区党委:《妇女工作总结》(1948年),河北省档案馆,档案号:69-1-28-1。
[5] 《研讨妇女工作任务》,《晋绥日报》1949年3月21日,第2版。

干部,婚后认为随便做些工作即可,将男人的职位当成自己炫耀的资本,满足现状、不求进步。对她们来说,"家庭是夫妻生活的共同体,她们从内心期望丈夫的工作能有更好的发展。当丈夫有机会获得更多的新知识或有更多的时间用于工作时",她们心甘情愿放弃自己的工作与前途。"男主外,女主内"的性别分工强化了妇女对家庭自愿式的牺牲与奉献。① 如玉田县七区纪淑贤是1947年的脱产干部,其夫常年在外,后返回家中,她就不愿再工作。宁河县李贵英出来工作时间不长,当她丈夫回家后,她也随夫归家,不愿再走出家门半步。② 有的妇女为追随长期在外工作的丈夫而外出工作,当目的达成后便不再求进步。有的在精兵简政时虽感压力与危机倍增,但仍不努力。反而说:"娶起媳妇管起饭,买起马来备起鞍。XX娶了我回去也得叫我吃饭。"③妇女解放的大旗在华北大地上已飘扬数年,但传统观念与思维模式依旧普遍存在。在妇女经济地位尚未发生根本性变革的社会中,即便是革命的先行者也身陷其中,无法自拔。

　　身体上的出走,并不意味着心灵上的解脱。部分妇女在工作中,因过度心系孩子、婚姻与家庭而影响工作。她们曾经是一群最先走出家门的"女同志""女战士"与"女革命者",也曾在工作中演绎过惊天动地的篇章,但在这耀眼光环的背后,留下的却是家庭及家庭义务和责任挤压妇女独立空间的情形。对于这些女干部,各级政权更加强调女性要树立正确的"爱情观"和"家庭观"。"革命战士的爱情,只有在共同进步的基础上才能巩固,"夫妻二人"要在

---

① 佟新:《异化与抗争:中国女工工作史研究》,中国社会科学出版社2003年版,第177页。
② 《十五地委妇委工作总结报告》,河北省妇女联合会:《河北妇女运动史资料选辑》第3辑,内部发行,1983年,第257页。
③ 北岳区党委:《妇女工作总结》(1948年),河北省档案馆,档案号:69-1-28-1。

政治上、思想上、工作能力与志趣相差不远,情投志和,互勉互进,互助互爱,这样才能有完满幸福的生活。"同时要求女干部,"控制私欲,克服不良意识"。"要在言论上、思想上、行动上严格地约束自己、坚定自己。"①

二、妇女干部之于工作

妇女干部在具体参政实践中,主要从事妇女工作和党政工作。在她们切实参与其中时,也因自我性别的特性出现了不少问题,遭遇了不少困境。

(一) 妇女工作

如上所述,很多妇女干部轻视妇女工作,对妇女工作没经验,也没兴趣。从表面来看,貌似每个妇女干部都将做妇女工作看作是自己的天职,都认为妇女不解放,民族解放也无从谈起。但实际而言,她们很多人都轻视妇女工作,甚至憎恨妇女工作,尤其知识干部表现得较严重,也较为普遍。如深县、束鹿、建国、安国、河间等县的一些县区级妇女干部,虽被指定负责妇女工作,但她们常将上级的指示抛之脑后。② 通州县张家湾的3个妇女干部,经多次说服教育才接受了做妇女工作的任务,但只做了两三天就不愿再干,对发动妇女丧失信心。后来经领导亲自带领,才勉强做下去。农民出身的女干部,她们也只习惯于过去"教纺织"的那一套,由于缺乏对她们的教育培养,导致其在工作方法与方式上不会运用群众路线,有强迫命令、包办代替的工作作风。同时她们因得不到男性

---

① 北岳区党委:《妇女工作总结》(1948年),河北省档案馆,69-1-28-1。
② 冀中区党委妇联会:《冀中平分中妇女工作的领导问题》,河北省档案馆,档案号:3-1-364-1。

干部的帮助与支持,做妇女工作时也常苦闷不堪,工作情绪也不高。① 妇女干部不会或不愿做妇女工作,看似不可思议,却普遍存在。

一些妇女干部对妇女工作的性质与内容认识也不明确,有的因没有认真学习研究妇运指示,以为妇女工作内容是单纯的纺织和处理婚姻问题。② 特别是一些新提拔的妇女干部,因缺乏思想领导与教育培训,"只是单纯地认为妇联会是离婚的机关,到村后召开个会解决一个离婚问题就算完成任务";"发动妇女,解放妇女,只是单纯地从离婚不受气这方面去进行教育,只要解决了婚姻问题就算翻了身"。这个问题普遍地存在着,引起群众对妇女干部的不满。③ 部分干部甚至以自己是女性为耻,有的因经期不能带领民兵打游击而羞愧不已。④ 有的轻视妇女的力量与能力。在土改中,她们不注意发动妇女。⑤ 她们对妇女解放的认知与态度也有所偏差。有些女干部认为做女性的工作地位不高,也无前途,她们以此就无端判定妇女根本无解放的可能。⑥ 还有的甚至持"妇女解放是长期渺茫的,不可忍耐的"、"只有老年死了,青妇才能解放",或"劳动妇女就根本解放不了"等悲观想法。⑦ 女性解放被部分妇女干部当成了"镜中月""水中花",虽然美好却遥不可及。

由上可知,女性的多样性在妇女干部群体中也表现得尤为明

---

① 《土改以后林县妇女工作猛烈发展》,《晋绥日报》1949年2月20日,第2版。
② 《静乐领导上不重视妇女工作》,《晋绥日报》1948年11月23日,第2版。
③ 冀晋一专区:《各县农会妇联主席联席会议大会结论及各部门工作的报告》(1947年5月),山西省档案馆,档案号:A43-7-6-4。
④ 《两个月妇女工作报告》(1949年1月7日),山西省档案馆,档案号:A1-7-13-2。
⑤ 《垣上村的妇女怎样解放的?》,《太岳日报》1949年3月7日,第4版。
⑥ 冀晋区党委:《关于妇女工作与妇女干部的几个问题》(1946年3月),河北省档案馆,档案号:108-1-11-4。
⑦ 《贯彻整风加强妇运》,《晋察冀日报》1944年7月22日,第2版。

显。她们中不仅有为女权振臂高呼的勇士,也有轻视女性认为古来"女子不如男"的自卑者,甚至有丧失女性解放信心的悲观者。千百年来形成的女性对男性的依附地位,并未因身份的改变而有所变化。中共华北根据地各级政权及时关注到了这一问题,并着力从以下几方面入手加强妇女干部对妇女工作的重视。其一,加强女干部的理论学习,帮助她们认识到妇女工作的性质、内涵以及重要性;其二,帮助妇女干部深入研究政策法令,总结工作经验,将具体实践经验提升到理论层面。

(二)政权工作

在参与政权工作过程中,妇女的表现也不够积极踊跃,承担不起政权工作的具体任务。如在许多男干部中只有一个是女性,该妇女便不习惯、怕羞、不敢讲话;家里有孩子的脱不了身从事下乡工作;夜里到外村开会,女干部不能按时出席。① 在处理具体工作时,若有男干部在场,女干部就羞于发言。② 有的妇女干部能力弱,自己胆子又小,开不了会,只能以痛哭收场。③ 还有个别的女村长,专门的任务和工作就是给他人做饭吃,男干部这样给她分配工作,女干部也无异议就这样接受。④ 有些村对女代表教育不到位,使她们不是不到会,就是到会光埋头做活不发言。⑤ 更有些妇女以各种借口推卸被赋予的政权工作,如十里店寨上一个 22 岁的妇女被选

---

① 《河曲 X 家寨妇女参选经过》,《抗战日报》1941 年 8 月 3 日,第 4 版。
② 北岳区党委妇联会:《三分区村级妇女参政及参加各部门工作情况》(1948 年 8 月 24 日),河北省档案馆,档案号:69-1-125-6。
③ 《晋城妇女工作的几点材料》,山西省档案馆,档案号:A12-8-5-3。
④ 《对一九四一年妇女工作的期待》,《新华日报》1941 年 1 月 17 日,第 4 版。
⑤ 《检查纠正封建传统思想 涉县妇女工作渐形活跃 许多妇女积极生产参政》,《新华日报》1949 年 3 月 8 日,第 1 版。

为委员后,她推辞道:"我太年轻。我们年轻人对村里的事不大了解。我担心自己会做错事。"另一妇女也说:"我的困难是在众人面前不会说话,一见十来个人,我的脸就红了。"①

深究妇女在政权工作中此种表现的原因,从她们自身来看,主要是由于她们中一些人对于妇女参选与直接参与政权领导的认识不高,对自我能力也较为质疑,并因传统之束缚将女性角色与公共事务的参与清晰区别开来,因此部分在参政的中表现还不够积极,也不够自信。有的甚至将选举"看成是人数的比赛,女人当选与否无关紧要"。② 一些地区妇女的此种认知,严重影响了自愿参选的人数。如左权县芹泉村参加选举的妇女314名,只有个别是自愿参加的,大多都是强迫的。③ 还有的妇女认为当代表还在可接受的范围,但要当村长那就绝对是痴人说梦。尤其是老年妇女,在选举时除个别较开明的外,都不愿将票投给妇女,让她们当选。④ 甚至在选举现场曾发生个别女性当选人因不愿参政,强烈要求退选,与选民吵架的事件。⑤ 革命中,因传统与认知等诸多因素的限制,妇女将自己排斥在男性权力占主导的社会公共事务之外。

对于女性参与到政权工作中所出现的男性干部的否定以及女

---

① [加]伊莎白·柯鲁克、[英]大卫·柯鲁克著,安强、高建译 燕凌校:《十里店——中国一个村庄的群众运动》,上海出版社2007年版,第215页。
② 明秋:《晋察冀边区一九四零年区村政权改选运动中的妇女》,晋察冀北岳区妇女抗日斗争史料编辑组:《晋察冀北岳区妇女抗日斗争史料》,中国老年历史研究会1985年版,第694页。
③《芹泉村妇女工作调查》,山西省档案馆,档案号:A166-1-13。
④《河曲X家寨妇女参选经过》,《抗战日报》1941年8月3日,第4版。
⑤ 明秋:《晋察冀边区一九四零年区村政权改选运动中的妇女》,晋察冀北岳区妇女抗日斗争史料编辑组:《晋察冀北岳区妇女抗日斗争史料》,中国老年历史研究会1985年版,第694页。

性干部的自我认可度较低的局面,各级政权一方面向男干部宣传女性参政的重要性,强调参政领域的男女平等;另一方面,对女干部的工作适当调整,调动其积极性。

三、原因分析

本书通过史料的爬梳,展示出了一些历史的悖反面,其主要意图并非为了单纯呈现历史画面或对彼时的女性群体给予批判,而最终目的是为了回答以下几个问题:妇女干部为什么在工作中仍受制于自我性别的困扰?为什么在工作中的表现与我们以往的认知有着完全不一样的景象?要回答上述这些问题,应该从妇女干部工作动机、文化程度与学习情况中探究原因。

(一)参加工作动机

当时很多妇女外出参加工作、当干部的主要动机是为"找出路",试图通过走出家门参与公共事务来解决自己的婚姻、家庭与吃穿等问题。如在晋绥边区的一个党员培训班中讨论时,参加培训的妇女都将出外工作的原因与动机和盘托出。郭凤娥说:"人家(她丈夫)是财主,他是个哑巴,从前改嫁没自由,新社会离婚还没自由呀。"雷子青说:"我自嫁过,就受翁婆的刻薄,生活上不一样看待。"云荀说:"人家是地主咱是穷人,从婚姻的那一天就不想去他家,斗争时我又向群众坦白了他家的事情,不离婚还不是要死在人家手中。"该培训班中的乐书元说:"结婚后,我俩感情不和,他又当顽(军),因几年了也没有音信,想离婚没法下手。我只有学习进步。"崔萍说:"我已经和那当顽固的男人离了婚,别的牵连没有就怕父母主婚,我学习的会工作了,找个好对象,他就卖不成我了。"[①]

---

① 晋绥九地委:《分区党校第二期妇女工作的总结材料》(1949年5月7日),山西省档案馆,档案号:A34-3-2-2。

上述妇女的诉说多是将外出工作、学习和担任领导工作看成是解决婚姻家庭问题的重要途径。其他区域此种情况也普遍存在。如晋冀豫区的村干部中出于解除婚姻痛苦目的而积极出来参加工作的妇女,占到了总数的80%。① 还有些妇女干部为挽救婚姻危机而参加工作。如晋绥九地委的郭玉英说:"他是地委书记,咱要不很好的进步,还有好下场呀!"田秀说:"人家会工作常看不上咱,这一次非下决心学会工作不行。"②对于这些以家庭为核心的女性来说,革命与否并不重要,她们仅以参与其中当成是改变命运、改善家庭地位、维系婚姻的凭借与机会。

由上可知,在缺乏改善生活之途径渔改变命运之机会的现实中,很多妇女干部外出学习工作的动机都是基于自身问题的考量。正是由于一些妇女干部所持的较为"功利化"的动机,使得很多人革命信仰并不坚定,工作意志也不强烈,在生活问题解决后便不再想投入任何时间与精力于其中。如有的干部因家庭问题脱产参加工作后,婆媳和夫妻关系逐渐改善,她们认为再无其他问题需要"在革命中"解决,"不如在家好",随即退出革命回归家庭。特别是一些从农村提拔出来的妇女干部把"妇女解放"狭义理解为"男女平等"和"婚姻自由",并认为"现在我自己革命成功了,想回家去守着男人孩子多好"。当然,其中也不乏因自己问题未得都到及时解决而消极应付的妇女干部群体。③

---

① 晋冀豫区妇总会:《一年来妇女工作总结报告——1941年8月—1942年5月》(1942年7月15日),山西省档案馆,档案号:A1-7-4-13。
② 晋绥九地委:《分区党校第二期妇女工作的总结材料》(1949年5月7日),山西省档案馆,档案号:A34-3-2-2。
③《两个月妇女工作报告》(1949年1月7日),山西省档案馆,档案号:A1-7-13-2;《十五地委妇委工作总结报告》,河北省妇女联合会:《河北妇女运动史资料选辑》第3辑,内部发行,1983年,第256—257页。

还有的妇女干部在未受到任何正规训练与严峻考验的情形下,即被"强行"提拔,她们无奈地被"拖进"了革命之洪流。由于她们并没有较为纯正的工作动机,再加之上级部门教育的缺失,终使她们工作不积极、信念不坚定。如晋绥离石县白家坞村支部提拔了两个妇女干部,终都被男人"拉跨"。其中一个,上级部门只和她谈过一次话就被提拔起来,该妇女干部连做工作的具体要求都不甚明了。另一个被提拔出来的妇女干部也无奈地说:"我原来就不愿来,他们硬叫我来,我心慌得甚(什么)事也不能办。"①在赤西县有9个这样的妇女干部,她们被迫参与到公共事务之中,不愿脚踏实地工作。② 上级部门在妇女工作者尚不够提拔标准的情况下,用强硬地方式对其提拔任用的主要原因有二。其一是为了达到条文规定的妇女干部数目在总干部人数中的比重,因此她们很多人的提拔有"凑数"之嫌;③其二是出于为男性干部寻找结婚对象的考虑。④ 由于一些妇女干部参加工作动机不纯,在具体实践工作中逐渐产生个人利益高于一切、完全为个人利益问题打算而将工作完全置之脑后等现象。为此,有些妇女干部被洗刷出革命队伍。

战争革命时期,中国共产党一直在强调提高妇女干部群体修养。希冀她们"从理论学习与实际斗争来确定自己为人类解放、为妇女解放奋斗到底的人生观"。从"丈夫孩子的圈子解放出来,重视自己的业务,加强对社会服务,为妇女服务的责任心"。⑤

---

① 《离石八区 妇女工作差》,《晋绥日报》1949年1月19日,第2版。
② 《赤西县妇女工作的报告》(1948年8月20日),河北省档案馆,档案号:520-1-833-7。
③ 冀南一地委妇委会:《上半年发动妇女参加生产运动的总结及下半年工作计划》(7月23日),河北省档案馆,档案号:28-1-36-13。
④ 冀热察妇委会:《关于妇女工作问题》,河北省档案馆,档案号:208-1-46-2。
⑤ 北岳区党委:《妇女工作总结》(1948年),河北省档案馆,档案号:69-1-28-1。

(二) 文化程度

当时妇女干部的文化程度都不高,这也在一定程度上影响了她们在工作中的表现。晋察冀边区县级、区级妇女干部总数为384人,其中知识分子占到了干部总数的70%。但其中,小学文化程度的妇女干部有173名(45%),初中文化程度的有57名(15%),高中以上文化程度的仅有30多名,仅占总数的10%,而不识字的劳动妇女有90名,占到了30%。① 北岳区县级以上的妇女干部,64%是高小和初小的文化程度。② 涞水县一区25五个村的78个村级妇女干部中42%都只粗通文字;6%是初小毕业,无人是小毕业。虽然在统计中没有显示其余妇女干部的受教育水平,但可以想像她们的文化程度应不会太高。③ 平山县区级干部的文化程度大致如下:知识分子占35%,一般的每区仅有一个知识分子,有的全区都是劳动妇女。(见表7.6)该县村级妇女干部文化程度都比较低,知识分子占少数。④ 由此可见,晋察冀边区的妇女干部文化水平大多是文盲或粗通文字。晋冀豫区县级妇救会、妇救总会和妇救分会妇女干部共208名,在这208名妇女干部中,15个是文盲,46个文化程度是"粗通",高小毕业的有64名,初中毕业的有32名,高中毕业的有30名,仅识"大字"的有3名。(见表7.7、表7.8、表7.9、表7.10)而这些文盲和粗通文字的妇女干部,绝大多数都是地方的

---

① 《晋察冀边区妇救会第三次代表大会》,晋察冀北岳区妇女抗日斗争史料编辑组:《晋察冀北岳区妇女抗日斗争史料》,中国老年历史研究会1985年版,第243页。
② 北岳区党委:《妇女工作总结》(1948年),河北省档案馆,档案号:69-1-28-1。
③ 北岳区党委妇联会:《三分区村级妇女参政及参加各部门工作情况》(1948年8月24日),河北省档案馆,档案号:69-1-125-6。
④ 平山县政府:《平山妇女工作考察材料》(1940年3月20日),河北省平山县档案馆,档案号:4-1-76。

农村妇女。① 晋中妇女干部文化程度最高的是高小程度,占总数的46%,粗通文字的占22%,文盲占29%,中学程度只占10%,大学只有一个。② 晋绥十一分区区级以上干部,学生出身的外来干部较多,区以下农村妇女或粗通文字者多。③ 晋绥九地委分区党校第二期妇女干部共95名,其中文化程度为文盲和粗通文字的占到了总人数的86%。(见表7.11)

表7.6 平山县区级干部文化程度统计表

中学	高小	初小	简师	文盲
4	14	8	2	52
5%	17.5%	10%	2.5%	65%

资料来源:《平山妇女工作考察材料》(1940年3月20日),河北省平山县档案馆,档案号:4-1-76。

表7.7 晋冀豫区县级干部统计表

年龄	19—24	80	24—27	9	27—30	3		
文化水平	粗通	16	高小	35	初中	30	高中	11
地方外来	地方	35			外来	58		
受过训否	受过	50			未	29		
婚否	婚	53			未	32		
工作历史	1年—2年	35			2年至4年	57		

资料来源:晋冀豫区妇总会:《一年来妇女工作总结报告——1941年8月—1942年5月》(1942年7月15日),山西省档案馆,档案号:A1-7-4-13。

---

① 晋冀豫区妇总会:《一年来妇女工作总结报告——1941年8月—1942年5月》(1942年7月15日),山西省档案馆,档案号:A1-7-4-13。
② 晋中区妇委:《晋中妇女工作总结报告》,山西省档案馆,档案号:A47-1-113-2。
③《有关晋绥11分区妇女工作材料》(1949年),山西省档案馆,档案号:A36-1-8-2。

表7.8 晋冀豫区区级区干部统计表

年龄	19—24	48	24—27	13	27—30		30以上		
文化水平	文盲	15	粗通	30	高小	16	大字	2	高中
地方外来	地方	50					外来	13	
受过训否	受	20					未	43	
婚否	婚	40					未	23	
工作历史	一年至二年	43					二年至四年	20	

资料来源:晋冀豫区妇总会:《一年来妇女工作总结报告——1941年8月—1942年5月》(1942年7月15日),山西省档案馆,档案号:A1-7-4-13。

表7.9 晋冀豫区总会干部统计表

年龄	19—24	5	24—27	2	27—30	1	30以上	
家庭出身	地主	4	城市XX	1	中农	1	贫农	2
地方外来	地方						外来	8
受过训否	受	4					未	4
文化水平	高小	1	初中	1	高中	5	大字	1
婚否	婚	5					未	3
工作历史	2年	5					四年	3

资料来源:晋冀豫区妇总会:《一年来妇女工作总结报告——1941年8月—1942年5月》(1942年7月15日),山西省档案馆,档案号:A1-7-4-13。

表 7.10　晋冀豫区分会干部统计表

年龄		19—24	14	24—27	1	27—30				
家庭出身	小地主	7	富农	2	中农	2	贫农	3	自XX	2	经商	1
文化水平	高小	2	初中	1	高中	14					
地方外来	地方	4					外来	13			
婚否	婚	14					未	5			
受过训否	受过	13					未	4			

资料来源:晋冀豫区妇总会:《一年来妇女工作总结报告——1941年8月—1942年5月》(1942年7月15日),山西省档案馆,档案号:A1-7-4-13。

表 7.11　晋绥九地委分区党校第二期妇女工作的总结材料

文化程度 \ 县份	洪洞	赵城	汾西	蒲县	隰县	永和	大宁
文盲	18	27	10	3	7	2	1
粗通	10	8	1	1	2		
高小	4	6		1	1		

资料来源:晋绥九地委:《分区党校第二期妇女工作的总结材料》(1949年5月7日),山西省档案馆,档案号:A34-3-2-2。

由于这些妇女干部文化理论水平低,既不能很好地开展工作,亦不能克服自我的缺点。如北岳区妇女干部工作中,由于"文化理论水平没有跟随着工作经验及政治水平并进,使得工作经验不能很好地总结,不能发现新的问题,常在狭隘琐碎的经验圈子里打旋,形成了工作上的老一套,皮皮踏踏不能迅速地开展,对个人思想意识的缺点的认识也不尖锐"。① 中共华北根据地控制区内其他地区的妇女干部因文化水平的限制也普遍发生北岳区同样的问题。

---

① 北岳区党委:《妇女工作总结》(1948年),河北省档案馆,档案号:69-1-28-1。

由于妇女干部在加工作动机、文化程度及工作后接受教育都存在着先天的缺陷或是后天的不足,致使自我性别的特性始终存在,不但影响了她们在工作中的表现,还限制了她们对政治参与的程度,以至于很多妇女干部始终被安排在党政工作之外。但与此同时,我们仍需意识到女性以有限的知识和能力从传统家庭走出来实属不易,且她们在参政过程中心理也不具备任何优势。因此,作为一个"初学者",这样一个问题重重的参政之路亦可看作是新的开始。

第三节 在夹缝中的艰难

一、传统父权的束缚

千百年来,男尊女卑是传统妇女观的核心。这种观念在斗转星移的历史长河中,早已渗透和溶化到社会生活与习俗的各个方面,"规范着人们的生活行为、心理情操、是非善恶观念,积淀在社会文化心理结构之中"。① 对于一个"牝鸡不司晨"的社会,妇女参政作为最富传奇性的革命对原有乡土社会性别制度的冲击注定是前所未有的。由此,来自传统、男性以及家庭的阻拦也是可想而知的。

农村中阻碍妇女参加政治活动的旧思想随处可见。在村选时,有的老汉听得女人的名字,摇摇头说:"女人的名字也要唤,真是!"在选代表和村长时,除了一两个较开明的男性农民,男人们总不愿选女人。② 即便妇女拥有选举与被选举权,"部分妇女在公民小组自由

---

① 郑永福、吕美颐:《近代中国妇女与社会》,大象出版社 2013 年版,第 66 页。
②《河曲 X 家寨妇女参选经过》,《抗战日报》1941 年 8 月 3 日,第 4 版。

组合时,仍被家长包办,不能尽量发挥民主选举作用"。①

当选的妇女,家庭普遍不予以支持,她们外出工作、开会更是难上加难。在邢西,一个妇女当选了村代表,她的丈夫不分青红皂白,大肆痛骂污辱,坚决不准妻子走出家门。② 晋绥临县高崄梁村妇女尤爱英,被选为行政村委员后,男人不让她外出开会;该村阎林桂被选为代表后,男人骂她说:"你灰的一天价往回拦事,参加这呀,那呀,不知你要干啥";同村王桂兰的父亲不愿她当干部,区公所助理员派人给她送调令时,她连忙剪了头发跟着到区公所任职,她父亲对此气愤不已:"个人家的子弟不能依个人,这是什么世事?好婆姨也要混坏。"此外,为了桂兰能早日被"辞退",他还命令桂兰工作要消极些。③ 保德一区铁匠铺村的女党员王亮梅,整党中被选为支部妇委,同时又兼任行政村副主席的职务。但她男人思想落后,不愿叫她参加工作,令她备感苦闷。④ 晋绥九地委妇女干部培训班上,一妇女谈到1948年派军鞋时叫她当组长,她婆婆因不愿让她抛头露面,便以身体不适需人照顾为借口进行阻拦。另一受训妇女的丈夫也以剥夺她的生命权相威胁。⑤ 晋绥某村的刘大女担任党小组长时,丈夫怀疑她在外有男女之事,常对其进行言语和

---

① 明秋:《晋察冀边区一九四零年区村政权改选运动中的妇女》,晋察冀北岳区妇女抗日斗争史料编辑组:《晋察冀北岳区妇女抗日斗争史料》,中国老年历史研究会1985年版,第694页。
②《村选浪潮中的冀西妇女》,《新华日报》1941年10月21日,第4版。
③ 中共中央妇联会:《晋绥临县五区白文镇抗战时期妇运概况简史》(1948年9月),河北省档案馆,档案号:572-1-180-9。
④《保德一区铁匠铺村有计划的培养女干部》,《晋绥大众报》1948年11月24日第3版。
⑤《晋绥九地委分区党校第二期妇女工作的总结材料》(1949年5月7日),山西省档案馆,档案号:A34-3-2-2。

身体上的攻击。① 柯鲁克夫妇所著《十里店》中也有类似事件的记载。一个妇女在批评合作社经理傅培玉时说:"虽然他老婆是妇女代表,可是他不准她参加区里的会议。他说只有婊子才去开会,还说如果她去开会的话,就不必回来了。"②其中一些妇女身心俱疲,无力还击家庭与社会的种种不公,终选择无声的反抗——死亡。如晋城李家垛的副村长樊玉花,在外工作很积极,在家里劳动也很努力,但家里人始终对她外出开会不满意。某日,她因外出开会被大伯辱骂,玉花因气愤不过遂跳河自杀,未遂。③

由此可见,妇女参政与否主要还是为夫权何父权所掌控。他们囿于惯习,将妇女习惯性地排除在社会活动参与之外,"家里人"的标签始终牢牢贴在妇女身上。列宁曾指出:"千百万人的习惯势力是最可怕的势力。"④妇女参政所面临的就是这些"习惯的势力",她们对政治参与阻碍正是因"牝鸡司晨"习惯看法的顽固存在。

二、其他方面的阻碍

虽然在战争与革命中都时刻将"男女平等"和"妇女解放"的大旗高高举起,但一些基层干部却总将其抛之脑后,甚至因传统、惯习和利益的束缚而将其破坏。他们在组织、领导、培养、提拔与使用妇女干部时存在"重男轻女""大男子主义""夫权为主导"的现象,尽管这些妇女干部相对于普通农妇来讲已经可算作是走出家门的"新式"妇女群体,但男性干部仍将她们定位于传统性别角色,

---

① 《模范女共产党员刘大女》,《晋绥日报》1949年1月26日,第2版。
② [加]伊莎白·柯鲁克、[英]大卫·柯鲁克著,安强、高建译 燕凌校:《十里店——中国一个村庄的群众运动》,上海出版社2007年版,第33页。
③ 《晋城妇代会对几个妇女问题的讨论》,《太岳日报》1949年1月25日,第4版。
④ 列宁:《共产主义运动中的"左派"幼稚病》,解放社1949年版,第37页。

仍将她们视为"第二性",在培养与提拔时表现得尤为明显。更意想不到的是当妇女干部面临家庭、生育、工作等多重压力与负担时,持上述观念的男性干部又将她们看作是全能的,认为她们做的工作应是全方位的。对于存在的这些问题,中国共产党各级政权在妇女工作中以及对妇女干部的培养中不仅调整相关政策还对具体工作方式、手段等问题进行了改进,到抗战时期,中国共产党开展妇女工作已有20多年,但因抗战大业、政权工作等问题的影响,妇女工作的组织和妇女干部的培养,在一些地区、一些部门以及一些男性干部中并没有得到足够的重视。

(一)重视程度不够

1. 组织与领导

在组织与领导妇女工作时,一些男性工作者与男性干部持不屑的态度。领导村选的干部中,就有人认为:"妇女参加行政工作,就应是二三年以后的事,她们现在什么也不懂得";①"烂婆娘,她们有什么用处";②"女人不能当权,不顶用,讨厌女同志"。③ 如在山东海阳县正寨村有11位妇女当选闾长,许多男子表示质疑,多认为"女人是不会办好事的"。④ 离石八区康家垣、东□、龙花垣等村的妇女干部,区委连她们的名字都不知道。⑤ 一些部门对女干部常另眼相看,分配工作时认为妇女可以不被考虑其中,"甚至有些地

---

① 《河曲X家寨妇女参选经过》,《抗战日报》1941年8月3日,第4版。
② 《忽视发动妇女 干部轻视妇女观点应纠正》,《新华日报》1948年12月10日,第1版。
③ 冀晋区党委:《关于妇女工作与妇女干部的几个问题》(1947年3月8日),山西省档案馆,档案号:A42-7-1-4。
④ 重庆市妇女联合会妇女运动史研究组:《新华日报副刊:妇女之路》(下),内部发行,第483页。
⑤ 《离石八区 妇女工作差》,《晋绥日报》1949年1月19日,第2版。

区内组织部没有女干部等级表"。① 一般的工作会议,也照例不通知她们。一民政科长更是偏激:"如在各部门配个女干部,我就不干了!"阜平县委的个别同志和政府财政科,更经常讽刺女同志:"叫女干部算算账,生小孩一个为中农;两个即为富农;三个即成为地主了。"②灵丘八区史家田村妇女代表工作积极,男干部却想方设法进行阻挠。该村村长的老婆被选为代表,他坚决限制其外出开会。三区南梁谢秀英工作认真,但男干部开会时常将其忽略不计,不通知也不下达工作指示。③ 冀南三分区有些党政部门拒收妇女干部,以至于有的妇女干部分配不出去,无工作可做。④

以男性干部为主的领导集体还将把妇女干部当作突击队员。尤其在基层乡村社会中,他们也不给予妇女干部过多实权,召开会议也不知会她们,只有下达支前任务时才想起这个群体。此外,男干部在妇女执行任务过程中遇到的具体问题与困难却较少问津,并在出现问题后将责任推卸得一干二净。⑤ 待搜集材料时,"就叫妇女干部抵一把",材料搜集任务完成后,她们就又成了"没娘的孩子",这令这些女性干部惆怅不堪。若妇女干部工作能力不强,任务完成不佳,男性干部也认为本该如此,不检查问题之所在,也不帮助解决实际困难,致使妇女干部多因觉苦闷而打退堂鼓。⑥

---

① 《张育英在晋绥党代会上关于中央妇女工作会议的传达指示》(1948 年 11 月 26 日),山西省档案馆,档案号:A36-1-8-5。
② 《克服"重男轻女"思想 加强对妇女工作的领导》,《北岳日报》1948 年 12 月 25 日,第 4 版。
③ 《灵丘半年来的妇女代表会工作》,《北岳日报》1948 年 8 月 29 日,第 4 版。
④ 冀南三地委:《三分区对妇女工作检查》(1948 年 12 月 30 日),河北省档案馆,档案号:33-1-7-2。
⑤ 《晋城妇女工作的几点材料》,山西省档案馆,档案号:A12-8-5-3。
⑥ 《妇女问题调查材料》(4 月 20 日),山西省档案馆,档案号:A1-7-14-16。

领导上有些对妇女工作重视不够,一般认为别的工作尚未做好,妇女工作根本无机会提不上议程。个别干部对妇女工作只是传达上级的指示,至于具体工作,多认为是妇女干部的责任。如方山县张家塔村农会主任车云廷说:"我们给妇女当通讯员,主要担子要她们来担哩!"还有的认为妇女工作有无皆可,结果使妇女工作不能开展。① 再如晋绥五分区地委发出的各种工作指示,"对妇女工作只是附带地提一下,从来没有具体的布置过"。以至于有的妇女干部说:"做了妇女工作就没人管了,不布置、不检查、不研究,更不总结,越做越没意思。"还有的说:"我们作妇女工作没有人管,连个领导都没有,不知该做个啥,做了也不知对不对。"②为此,一些女干部想另谋出路。当然其中不乏愿意做妇女工作的干部,但她们认为妇女问题多,无人领导,也无人帮助按期研究、总结与检查工作,因此提出若要做妇女工作,需上级加强对妇女工作的领导。③

2. 培养、提拔与任用

在对妇女干部的培养、提拔与任用上,一些男性干部对她们的思考与认知多只限于生理性别特征层面。

首先,对女干部的培养教育不够,缺乏耐心,女干部动辄得咎。在具体工作中,她们获得的来自上级帮助较少。上级领导对她们的缺点与错误缺少必要的理解及耐心的沟通。如冀南某县干部中有一个刚从地主家庭出来工作的妇女,她穿得较其他妇女干部漂亮、得体一些,领导干部便因穿衣问题对她强烈不满,在对她一顿

---

① 《离石八区 妇女工作差》,《晋绥日报》1949 年 1 月 19 日,第 2 版。
② 《对健全妇女组织等作出决定》,《晋绥日报》1949 年 1 月 23 日,第 2 版。
③ 冀中区党委妇联会:《冀中平分中妇女工作的领导问题》,河北省档案馆,档案号:3-1-364-1。

痛批后,将她开除公职。① 还有的妇女干部因一时私生活的不检点就被清除出干部队伍。② 妇女干部享受的政治待遇低,学习机会也少。许多会议没有吸收妇女干部参加,某些妇女干部应读的文件也没有传达,影响了妇女干部的进步。③

其次,对女干部的提拔不够。从数量而言,对男干部的提拔远远大于对妇女干部的提拔。如冀南1948年7个县一共提拔了273个干部,妇女干部仅有31名,占提拔总数的11%。(见表7.12)该地区地委和专署提拔的妇女干部更少,仅占总数的7.5%。④ 从提拔速度而言,有很多妇女干部在同一个地区工作多年,始终难获提拔的机会。有的男干部已提了好几级,女干部仍原地踏步。⑤ 长期停滞在一个工作岗位上,使她们能力的提高受限。有的妇女干部甚至对工作失掉信心,认为:"有小米吃就行啦,十来年就这个样子。"

表7.12 冀南七个县提拔干部比例表

各县	涞水	涞涿	宛平	房山	昌宛	怀来	良乡
女数	24	2	1	3		1	
男数	82	13	23	64	34	9	17
百分比	29.2%	15.3%	4.3%	4.69%	0		0

资料来源:冀南三地委:《三分区对妇女工作检查》(1948年12月30日),河北省档案馆,档案号:33-1-7-2。

---

① 北岳区党委:《妇女工作总结》(1948年),河北省档案馆,档案号:69-1-28-1。
② 冀南一地委:《对妇女工作会议的总结意见》(1947年4月20日),河北省档案馆,档案号:28-1-36-1。
③ 《对健全妇女组织等作出决定》,《晋绥日报》1949年1月23日,第2版。
④ 冀南三地委:《三分区对妇女工作检查》(1948年12月30日),河北省档案馆,档案号:33-1-7-2。
⑤ 《张育英在晋绥党代会上关于中央妇女工作会议的传达指示》(1948年11月26日),山西省档案馆,档案号:A36-1-8-5。

从提拔的具体情形来看,第一,对妇女干部了解不够深入,只将她们一时的表现纳入考察范围,若表现良好就即刻提拔。工作一段时期后,若表现不佳就即刻调离原工作岗位,连其原有的优点与成绩一并抹杀。此种"不认真""不负责任"的提拔方式并未使得人尽其用。第二,不大胆放手提拔任用妇女干部,只因看到了她们身上诸如"没有能力""啰唆""小气""狭隘"之类的缺点,就不敢给她们下达任务,不敢大胆地把她们放在重要的工作岗位上。这样也就影响到她们的进步,也造成一些地区做政权工作的"一把手"中都没有女性。第三,片面强调妇女干部的文化水平,有些地区对妇女干部的要求是:"写不来报告即不要",一些原本符合提拔标准的妇女干部因该要求难以受到重用。

从干部流动的方向来看,县区村三级有一部分妇女干部存着不愿把工作能力强的妇女干部送到其他部门去的思想,认为若把妇女干部送到政权部门会减弱妇联的战斗力。她们并没有认识到妇联重新培养出强有力的妇女干部,更能体现妇联的工作成绩。有些地方强调妇女干部调动与否要依据其夫的情况进行,有的女干部便因此在调动中被降级任用,这让女干部的前途受到严重影响。而且,在精简机关过程中,多把妇女干部看成调整对象,各部门都不愿接收妇女干部,给她们以巨大的精神压力。在安置妇女干部的过程中,除了对她们不重视外,也没照顾到她们生理的特殊性,也影响了妇女干部工作的积极性。

3. 对待妇女干部切身问题

在解决妇女干部切身问题时,一些干部却忽视了女性生理与心理的特殊性。有的干部认为"女干部一结了婚,生下小孩就没有前途啦",遂对女干部要求和男干部一样,并不关心其特殊情况。[①] 某些

[①]《磁县不少村庄妇女 严重受虐待杀害 磁县政府应彻底检查迅作处理》,《新华日报》1949年3月8日,第2版。

男干部因不了解女性月经与生育等生理情况,当他们看到女干部孕期妊娠反应时,即认为是娇气、不能吃苦、"太太思想""享乐思想"等。① 如崞县一妇女干部因带孩子工作,为男性干部所厌烦,为此她自己也深感苦恼,并认为上级对女干部生活照顾不周。该县一名叫高凤兰的妇女干部工作时生病无人管,写信向政府领些白面吃,政府同意了她的请求但叫她自己背回去,当时她颇感无奈。② 井陉县政府对上级下达的优待妇女干部增加45斤保姆费的决定,坚决不执行,后多次争论仍为无效。③ 由于部分以男性为主体的上级对妇女干部关心不够,也不能对她们的困难及时予以解决,更不注意研究妇女干部的特点,多采用千篇一律的工作方式。这严重影响了她们的情绪,一些妇女甚至因感到革命工作太冷酷而身心俱疲,思家心切。

正是由于上级在培养、提拔与任用妇女干部中所出现的上述问题,再加上妇女自身性别困境的影响,致使妇女干部数目与男性干部相比相差甚远。北岳区全区男干部共2558人,女干部277人,仅占男干部数的10.8%。④ 据1948年11月统计,全晋中共有干部5929人,妇女干部不及300人,占干部总数的5%。⑤ 冀鲁豫区有6个专署,3个市,71个县,500多个区,其中妇女干部可谓凤毛麟角。⑥ 冀东玉田全县妇女干部192名,男干部345名,女干部数目仅有男干部的一半。遵化全县女支委124名,男支委2000名,女支

---

① 冀晋区党委:《关于妇女工作与妇女干部的几个问题》(1947年3月8日),河北省档案馆,档案号:42-7-1-4。
② 《崞县区书会议记录 培养妇女干部开展工作》,《晋绥日报》1948年11月22日,第2版。
③ 北岳区党委妇联:《加强全党作妇女工作的报告》,河北省档案馆,档案号:69-1-125-2。
④ 同上。
⑤ 晋中区妇委:《晋中区妇女工作总结报告》,山西省档案馆,档案号:A47-1-113-2。
⑥ 《关于妇女参政问题的指示》,《冀鲁豫日报》1946年7月14日,第1版。

委占支委总数的5.8%。该县5个区不完全统计,女治安员27名,男治安员204名,女治安员占治安员总数的12.2%。①

除了人数少外,妇女干部所在的部门及所从事的工作还多是以妇女组织及妇女工作为主,参与到党政工作的妇女干部为数不多。阳曲县全县共脱离生产妇女干部共15个,做妇女工作的11个,做其他工作的4个。② 晋中全区妇女干部共494名,分配在其他岗位的不多,做妇女工作的有322名,占总数的65%,在政权部门的109名,在财经贸易岗位的占8%,而且有些地方在党政机关担负全面领导工作的妇女干部几乎没有。晋中全区只有1个女干部担任县委副书记。③ 冀鲁豫区妇女干部数量原本就不多,且多做会计出纳等工作等带有技术性的工作,担任比较负责工作者则从来未有。④ 晋绥9个区内妇女干部有5000多人,其中在县以上的妇女干部只有200多人,仅占总数的5%。能独立负责工作的只有170人,仅占3%,由此可知,该地区大批女干部在县以下部门工作,负责全面性工作的女干部亦很少。⑤ 中国共产党华北根据地各级政权方在不断处理妇女参政过程中所出现的这一系列"问题"。对于传统父权的阻碍,主要借助"和睦家庭"的建设,消除乡村社会对女性参政的疑虑;对于其他方面造成的困境,主要通过会议学习班等媒介向广大党员宣传女性参政的必要性以及妇女干部的重要作用。

---

① 《十五地委妇委工作总结报告》,河北省妇女联合会:《河北妇女运动史资料选辑》第3辑,内部发行,1983年,第259页。
② 阳曲县妇联:《阳曲县妇联工作报告》(1948年12月),山西省档案馆,档案号:A47-1-119-5。
③ 晋中区妇委:《晋中区妇女工作总结报告》,山西省档案馆,档案号:A47-1-113-2。
④ 《关于妇女参政问题的指示》,《冀鲁豫日报》1946年7月14日,第1版。
⑤ 《张育英在晋绥党代会上关于中央妇女工作会议的传达指示》(1948年11月26日),河北省档案馆,档案号:A36-1-8-5。

第四节　对妇女干部的期待

汤尼·白露认为：自20世纪初期，中国共产党承担起组织妇女运动的职责后，在其话语体系中，"妇女"最终取代了"女性"。而且这里的"妇女"突破了"男主外、女主内"的旧习，是"一个国族女性"，"她们直接参与到社会革命和社会主义现代化的国家进程中，由于她们作为国族主体的成就而促成家庭现代化"。① 女干部更是作为政治主体"妇女"的核心构成，革命战争时期各地政权，希望她们在工作和家庭两个方面都必须同样杰出、同样先进。于是，各地提出了革命式的"贤妻良母"的口号。对其精确的解释可以引用张文秀在一次座谈会上的发言，她说："好样的妇女干部首先要有独立的品格，不断地进步，在恋爱结婚生孩子这一个阶段要处理好自己的问题，做革命的贤妻良母。"② 刘澜涛还曾详尽阐述了关于革命夫妇的生活问题、婚姻问题、建立革命家庭和革命家务问题，并"以警钟般的话告诉大家：革命妇女干部有光明伟大的前途"。③

一、婚姻：革命高于爱情

在婚姻层面上，革命的目标是第一位，爱情、婚姻和性都必须

---

① [美]汤尼·白露著，沈齐齐译，李小江审校：《中国女性主义思想史中的妇女问题》，上海人民出版社2012年版，第64页。
② 张文秀：《北岳区妇女工作的检讨与意见——在妇女干部座谈会上的发言》，晋察冀北岳区妇女抗日斗争史料编辑组：《晋察冀北岳区妇女抗日斗争史料》，中国老年历史研究会1985年版，第414页。
③ 《晋察冀边区抗联会召开模范妇女和妇女干部座谈会畅谈工作生产经验》，晋察冀北岳区妇女抗日斗争史料编辑组：《晋察冀北岳区妇女抗日斗争史料》，中国老年历史研究会1985年版，第419页。

为革命的最终目的服务,除此以外的任何形式的爱和性都将被视为是对革命的破坏。① 对妇女干部来说,她们是革命的战士。革命战士的爱情,只有在共同进步的基础上才能得以巩固。因此,首先要求她们必须有正确的革命式的恋爱观。男女双方"要在政治上、思想上、工作能力与志趣相差不远,情投志合,互勉互进,互助互爱,这样才能有完满幸福的生活,才能称得起革命的模范夫妇,对个人对工作才会有更大的帮助与贡献"。其次,必须要有高度的道德观。妇女干部需"掌握住爱情服从工作的最高原则,在统一的立场思想观点个性爱好的基础上……互相尊重,互相学习,以达到感情的高度的发挥,工作上政治上突飞猛进,筑成优秀的干部模范的夫妇生活"。再次,恋爱结婚要冷静慎重,而且感情只有构筑在政治的基础上才能巩固。第四,在婚前,妇女干部要以高度的理智来控制感情,"因为在这种紧张兴奋的情况下,当局者最易心怀不安松弛工作"。婚后一定要保持独立工作、生活、战斗的能力以及独立的人格,不应让工作迁就生活。② 洛甫(张闻天)明确表示:"我希望妇女干部真正能够具备革命利益高于一切,一切服从革命利益的牺牲精神。这里特别重要的是要打破家庭至上、恋爱婚姻至上、感情至上的倾向,使这一切都服从于革命的要求,至少不违反于革命的要求。"③中共的一份妇女工作报告中也提出:"直对思想提出问题,教育她确定人生观,怎样革命,碰对困难如何克服,夫妇关系上怎样使爱情能服从工作,感情与政治结合,夫妇关系会更好,锻

---

① 葛红兵、宋耕:《身体政治》,上海三联书店2005年版,第137页。
② 北岳区党委:《妇女工作总结》(1948年),河北省档案馆,档案号:69-1-28-1。
③ 洛甫:《对于妇女干部的几点希望》(1939年5月15日),中华全国妇女联合会妇女运动历史资料室:《中国妇女运动历史资料》(1937—1945),中国妇女出版社1991年版,第253页。

炼了自己独立工作能力是自己的光荣,减少了男子负担才是双方的幸福!"①

从上述对妇女干部婚姻要求可以清晰看出,革命需要的是最终能服务革命的婚姻家庭。婚姻中的男方和女方应将私人的感情抽离,把自我对婚姻以及另一半的期待建构在革命需要的基础上,将"政治"作为缔结婚姻关系的较为主要的因素。妇女干部更应该将自己看成是一个纯正的革命斗士,脱离婚姻、家庭、丈夫的束缚及其对他们的依赖,全身心地投入到革命工作中去。再加上土改时期,"阶级"已逐渐被纳入婚姻考量的范围,中国的婚姻自此开启了一个政治化进程的模式,即由隐私变成公开、由家族变成国族、由感情变政治,直至"文革"时期被推到了极点。

二、生育:革命工作之一

战争与革命时期,妇女干部的生育与养育之苦是未亲身经历过的人无法真切体会的。的确当时很多妇女干部因为人妻、为人母、日常琐事与柴米油盐而工作消极或干脆"堕落不前",也有很多妇女干部以孩子与丈夫为借口,从此消失在革命的视域之中。于是就形成了一种发生在她们身上特有的现象:"不少女同志,生了孩子就变成了家属,工作受到损失,自己也很苦恼。"②她们是无奈与苦闷的,在繁重琐碎的事务中过生活,一直未找到家庭与革命间的契合点。

女性在与男性一起分享着全身心投入民族解放事业的伟大与

---

① 《赤西县妇女工作的报告》(1948年8月20日),河北省档案馆,档案号:520-1-833-7。
② 《边区一级机关女同志座谈会号召深入艰苦的去工作 提高农村妇女的觉悟》,《晋绥日报》1948年3月21日,第1版。

自豪的同时,也在独自承受着女性生存的苦难。一些妇女无法面对生育之苦及生育与工作之间难以协调的矛盾,最终她们选择放弃"母性",来做一个坚定的革命者。一个常见的现象是:"某些机关或部队中工作的女同志,因战争关系,为减轻自己累赘,要求医院施行打胎。"①但在根据地人口因战争、灾荒而日渐不足时,妇女的堕胎是不被允许的。如1941年公布的《晋冀鲁豫边区产妇婴儿保健办法》中明确规定:"严禁打胎溺婴,如有打胎,必要时须经医生证明及县级以上政府之批准,私自打胎者,以犯罪论。"②妇女干部的恶性示范作用亟需通过一定的措施予以解决。

各地政权对于妇女干部的生育和养育问题,多从制度和动员两个层面着手,来改善妇女干部生活与工作的矛盾,让她们在工作与劳动力生产中都能奉献一份力量,使她们既成为在革命中展现血染风姿的女革命者,又要成为无私生育、养育革命后代的伟大母亲。

从制度层面上,各根据地都颁布了对妇女干部及其幼儿保健的规定与条例。如《晋冀鲁豫边区产妇婴儿保健办法》(1941年)、《山东省战时工作推行委员会关于妇女干部保健及婴儿保育规定的通知》(1941年3月25日)、《山东省战时工作推行委员会关于妇女干部保健及育婴问题的通知》(1942年2月10日)、《关于优待妇女干部及儿童保育工作的通知》(1942年11月)、《冀南政权机关民众团体干部保健暂行办法》(1943年1月1日)、《冀南区产妇儿童待遇暂行办法》(1943年1月1日)、《修正产妇保健婴儿保育暂行办法》(1943年3月)、《冀鲁豫区各级政权干部保健暂行办法》(1943年9月9日)、《冀鲁豫区产妇婴儿保健办法》(1943年12月

---

① 《野政通令各部 禁止打胎》,《新华日报》1943年2月11日,第4版。
② 《晋冀鲁豫边区产妇婴儿保健办法》,《新华日报》1941年2月5日,第4版。

20日)、《中共山东分局关于干部保健、干属救济、干部疾病治疗、医药费开支、产妇婴儿待遇、干部婚姻等问题的决定》(1944年11月)、《山东省战时行政委员会关于产妇保健和婴儿保育的决定》(1944年12月)、《晋察冀边区行政委员会关于优待妇女干部及其幼儿之规定》(1945年4月15日)、《关于优待妇女干部及其幼儿办法》(1946年1月24日)等都对女性的特殊生理需求,即经期、孕期、哺乳期的保健进行了规定。

从动员层面上,各根据地都在宣传孩子到底是谁的;生育、养育孩子是女性的本职与义务;生育、养育孩子与妇女干部的工作是可同时进行的;生育子女对妇女干部身体的益处;妇女干部应正视"男女平等";男干部应该身体力行辅助妇女干部的工作等问题。如《晋绥日报》的文章认为:"我们的孩子是他们自己父母生的,因而是这些父母的孩子。但这只是狭隘的看法,实质上我们的孩子是革命父母事业的继承者,因而他们一生下来即是社会的孩子,不是'养子防老'的个人主义、宗法主义的子孙。孩子既不能看作某人私有,但又不得不承认归某人所有,这样矛盾遂生,需要解决。生孩子的父母,特别是母亲,首先有责任把自己为社会生育的孩子——新血液培植起来。这是人类社会的一件天然之物,培植革命后代,更是光荣的革命事业之一部分。因而这是党的工作,不是枷锁。没有小孩的人应把这些母亲与小孩看成和自己事业有密切关系的部分,要重视他们,不应当把他们看成是对社会无益的负担而厌恶他们。相反,革命者都不生儿女,才是严重问题。"[1]某晋绥边区军区政治部的干部认为:"不要把带孩子与工作绝对对立起来,应当主动地组织起来,以实事求是的精神尽个人之所能去工

---

[1]《向母亲们说几句话》,《晋绥日报》1948年3月7日,第4版。

作。她还批评某些机关强调从精简出发,把女同志放在编制之外。为此,她提议:应该把女同志组织在工作里,即使她只能完成一个干部所能完成的三分之一,甚至五分之一的工作也是好的。"①冀晋区党委在一份工作总结中也写道:"女同志生孩子是必然的,不能认作是特殊问题,带孩子是革命工作之一。生了孩子应该自带,对孩子负责,孩子奶出去死亡率是很大的,有些身体过弱或孩子过多者可奶出去。有些女同志抱怨自己不该结婚,不该生孩子,这完全不是实事求是的观点,不生孩子正是生理上有毛病的表现,如违背生理使之不生孩子(刮子宫等)身体一定要受损失,对健康是不利的,没健康的身体,做工作是很困难的,因此女同志一切应该从实际出发,不要处处与男同志相比,能做的工作尽量去做,不能做的不要勉强,也不要给英雄地位出发闹情绪,另方面男同志均应给女同志以帮助与照顾。"②

母亲是传统女性的专职,革命开始后,那些冲出了封建家庭"幽灵塔"、背叛了传统父之家与夫之家的"娜拉"们,虽然"献身于革命的政党之父与国家之父,但革命的政党的之父与家国之父在性别关系与性别结构上与传统的父之家与夫之家却并没有斩断干系"。革命在要求她参与生产及战争的同时,依然要她们服从自然属性的性别角色分工,照顾她们的丈夫与生养革命的接班人,做革命的贤妻良母。③

---

① 《边区一级机关女同志座谈会号召深入艰苦的去工作 提高农村妇女的觉悟》,《晋绥日报》1948年3月21日,第1版。
② 冀晋区党委:《关于妇女工作与妇女干部的几个问题》(1947年3月8日),山西省档案馆,档案号:A42-7-1-4。
③ 白蔚:《女性的阶级角色与性别角色》,《2009年中国社会学年会"中国社会变迁与女性发展"论坛论文集》,第12页。

小　结

　　游鉴明教授在讨论台湾妇女时曾认为：台湾妇女受惠于战争，在职场有了"出头天"。① "出头天"即是指妇女权利的拥有、地位的提高以及妇女角色由家庭向社会的转变。若以此来看，根据地妇女参政权利的拥有也意味着获得了"出头天"。但此时根据地传统性别分工的观念一直存在，妇女的"出头天"一方面要忍受传统夫权的束缚，另一方面又要受到其他因素的影响，她们在政治生活中仍被看作是"第二性"。中国共产党通过多种方式和手段努力将女性拉入政治参与中。由此，笔者认为根据地妇女参政的"出头天"是一种政党积极引导和推动的"出头天"，中国共产党对这些女性提出了新的要求。即便是一些已经担任革命重担的妇女干部，也尚未脱离传统、家庭、婚姻与生育对自己内心及对身体的管制，她们对于自己的身份、工作以及前途都没有很明确的认知，生儿育女和操持家务已经内化为一种天职存在于她们的机体。

---

① 王政、陈雁：《百年中国女权思潮研究》，复旦大学出版社2005年版，第213页。

结　语

首先,战时根据地所推行的妇女解放是近代以来女性解放和女权主义思潮在中国传播的产物,当怀有这些先进理念与精神的工作者到乡村具体践行时,不可避免地遭遇了传统社会性别观念——"男尊女卑"、"夫为妻纲"等顽强抵抗。面对此种情形,尤其是可能带来的对革命大业的影响,建构新社会性别制度的理想不得不暂时搁置。战争之初,革命与传统强势对抗之情形逐渐发生改变。事实上,战时中共根据地的妇女解放运动不是一帆风顺、直线进行的,也不是"政策—效果"范式即可概括的。

其次,抗战伊始,秉承"五四"妇女解放精神的工作者将根据地妇女脱离传统家庭看成是女性解放的重要表现形式,并试图通过赋予婚姻、家庭等各项权利以及社会活动的组织和参与,将她们动员出庭院,成为革命视域下的乡村"娜拉"。但在受挫后,各地政权都调整妇女工作政策及妇女运动方向,随后,中国共产党转向了家庭本身的改造、民主家庭的建设,"通过民主的修辞方式",将"妇女"置于经过改造的家庭中。此种妇女再定位的政策,一方面为农村妇女提供了稳定基础,另一方面"通过社会生产实现了革命改造"。① 国家与家庭关系的互通互联,一直延续到建国后。

在当时政治、经济、社会等环境相对不利的条件下,战争与革命在某种程度上给传统性别制度以强烈的冲击。千百年来,被传统束缚的乡村妇女也获得了前所未有的"出头天",如一定程度的婚姻自由、对公共事务的参与和家庭经济的贡献等。女人不再是历史的无声承受者,她们也开始进入了宏大的视域展现其特有风姿。这些虽然是在民族与阶级解放背景下实现的有限"解放",但也是值得肯定与赞赏的。

第三,妇女群体的同性与差异性的问题。由战争与革命期间中共控制区域内妇女的众相可知,该群体绝非铁板一块。她们根据自己和家庭的不同利益诉求或人情伦理体系②做出了截然不同的选择。因此,我们不能用当今的思维,将她们刻意地与民族、阶级、国家等政治词汇相联系,她们在当时做出的决定可能和这些宏大的政治语言无必然的联系。

通过对战争与革命中妇女众相的考察,"五四"时期所建构的妇女受害者形象可以被解构。不可否认,这个群体中确有"祥林嫂"式的人物存在,她们听天由命、无奈忍受生存的折磨。但也有部分妇女面对解放的思潮,大胆追求属于自己的自由。她们敢于走出家门,在革命中振臂高呼、摇旗呐喊,展现给我们以往从未在历史描述中见过的形象。当然,囿于传统和生存环境,更多的妇女还在观望,"被动"地接受着革命与战争的洗礼。这里的"被动"并

---

① [美]汤尼·白露著,沈齐齐译,李小江审校:《中国女性主义思想史的妇女问题》,上海人民出版社2012年版,第85、86页。
② 阎云翔认为人情伦理体系有三个结构性维度:理性计算、道德义务和情感联系。阎云翔著,李芳春、刘瑜译:《礼物的流动:一个中国村庄中的互惠原则与社会网络》,上海人民出版社2017年版,第158页。

非能力上欠缺所导致的能动性不足,而是在对利益衡量后的精密选择。因此,将妇女定位为受害者和被动无能者的判断是片面的。

第四,在传统革命史研究中,往往遮蔽女性在战争与革命中的表现,忽视她们的生命体验与情感经历,漠视该利益群体的差异。究其原因,有三。其一是:在中国传统史学研究中,宏大的历史场景与重要的政治事件是其研究的主要对象。然而,其中的"人"却往往被视而不见,更何况是被剥夺社会角色的女性,她们更不会被拉入历史写作之中。其二是:传统革命史研究主要为执政党及其意识形态的宣传服务。为此,女性获利、解放以及正面的女性形象的描摹与书写是其内容的主要组成部分,女性群体在此种政治意图下被同一化。其三是:以往历史书写中所使用的资料,由于社会、政治、经济等条件的限制,较为单一,由此挖掘出的妇女形象也不够立体和多样。

综上,在根据地所推动的妇女解放运动不是单线直进式展开的,其间时刻上演着革命与传统激烈博弈的场景。为了动员战争所需的一切有生力量,革命的激进之势渐缓,逐步走上了将"政理"与"伦理"相统一的妇女解放之路。面对战争、革命、解放与自由,妇女群体表现多样,有人得过且过,有人能动地利用政策、话语、身体等多种方式和手段探求自己的利益诉求。她们不是铁板一块,也不是完全被动承受命运的不公。因此,在今日的历史书写中,应尽可能使用多元化的资料勾勒出她们的多样形象和不同生活感触。

参考文献(按字母排序)

(一) 档案资料

河北省档案馆馆藏革命历史档案

河北省平山县档案馆馆藏革命历史档案

河北省顺平县档案馆馆藏革命历史档案

河北省邢台县档案馆馆藏革命历史档案

山西省档案馆馆藏革命历史档案

台北国民党党史馆馆藏档案

台北"国史馆"馆藏档案

(二) 报纸杂志

《北岳日报》

《河南统计月报》

《妇女共鸣》

《和平日报》

《冀鲁豫日报》

《冀中导报》

《冀中群众报》

《解放日报》

《晋察冀日报》

《晋绥日报》

《晋绥大众报》

《晋西大众报》

《妇女共鸣》

《抗战日报》

《群众》

《人民日报》

《社会学界》

《太岳日报》

《新华日报》(华北版)

《新华日报》(太行版)

《乡村建设》

《文化月刊》

《政经学报》

《中国妇女》(延安)

(三) 资料汇编

白潮:《乡村法案——1940年代太行地区政府断案63例》,郑州:大象出版社,2011年。

北京军区后勤部党史资料征集办公室:《晋察冀军区抗战时期后勤工作史料选编》,北京:军事学院出版社,1985年。

丁世良、赵放主编:《中国地方志民俗资料汇编》(华北卷),北京:书目文献出版社,1989年。

韩延龙、常光儒:《中国新民主主义革命时期根据地法制文献选编》第1卷,北京:中国社会科学出版社,1981年。

韩延龙、常光儒:《中国新民主主义革命时期根据地法制文献选编》第4

卷,北京:中国社会科学出版社,1981年。

河北省地方志编纂委员会:《河北省志·妇女运动志》,北京:中国档案出版社,1997年。

河北省妇女联合会:《河北妇女运动史资料选辑》第1辑,内部发行,1982年。

河北省妇女联合会:《河北妇女运动史资料选辑》第2辑,内部发行,1983年。

河北省妇女联合会:《河北妇女运动史资料选辑》第3辑,内部发行,1983年。

河北省妇女联合会:《河北妇女运动史资料选辑》第4辑,内部发行,1986年。

河北省社会科学院历史研究所、河北省档案馆:《晋察冀抗日根据地史料选编》,石家庄:河北人民出版社,1983年。

河南省地方史志编纂委员会:《河南省志》(第24卷 青年运动志、妇女运动志),郑州:河南人民出版社,1993年。

冀中人民抗日斗争史资料研究会办公室:《冀中人民抗日斗争资料》,内部发行,1985年。

晋察冀边区妇女抗日斗争史料编辑组:《烽火巾帼》,北京:中国妇女出版社,1990年。

晋察冀北岳区妇女抗日斗争史料编辑组:《晋察冀北岳区妇女抗日斗争史料》,北京:中国老年历史研究会,1985年。

晋察冀抗日根据地史料丛书编审委员会、中央档案馆编:《晋察冀抗日根据地》(回忆录选编),北京:中共党史出版社,1991年。

李景汉:《定县社会概况调查》,上海:上海书店,1933年。

李志亮、李东光:《太行烽火铸女杰》,太原:山西人民出版社,1995年。

平西抗日斗争编写组、中法大学校友编委会:《平西儿女》,北京:光明日报出版社,1986年。

祁县妇女联合会:《祁县妇运史资料(1937—1949)》,内部发行,1987年。

沁源县妇女联合会:《沁源县妇运史资料选》,内部发行,1987年。

山东省妇联宣传部:《山东妇女运动文献》1,内部发行,1982年。

山东省妇联宣传部:《山东妇女运动文献》2,内部发行,1984年。

山东省妇联宣传部:《山东妇运资料选》,内部发行,1983年。

山西大学晋冀鲁豫边区史研究组:《晋冀鲁豫边区史料选编》第2辑,内部发行,1980年。

山西档案局编:《太行党史资料汇编》第4卷,太原:山西人民出版社,1989年。

山西档案局编:《太行党史资料汇编》第5卷,太原:山西人民出版社,1989年。

山西档案局编:《太行党史资料汇编》第6卷,太原:山西人民出版社,1989年。

山西省妇女联合会:《晋绥妇女战斗历程》,北京:中共党史出版社,1992年。

师德清:《烽火太行半边天》,北京:中央文献出版社,2005年。

寿阳县妇女联合会:《寿阳县妇运史资料》(1937—1949),内部发行,1985年。

太行革命根据地史总编委会编:《太行革命根据地史料丛书:群众运动》,太原:山西人民出版社,1989年。

魏宏运、三谷 孝:《二十世纪华北农村调查记录》第2卷,北京:社会科学文献出版社,2012年。

魏宏运、三谷 孝:《二十世纪华北农村调查记录》第3卷,北京:社会科学文献出版社,2012年。

魏宏运:《二十世纪三四十年代冀东农村社会调查与研究》,天津,天津人民出版社,1996年。

魏宏运:《二十世纪三四十年代太行山区社会调查与研究》,北京:人民出版社,2003年。

魏宏运:《抗日战争时期晋察冀边区财政经济史资料选编》(总论篇),天津:南开大学出版社,1984年。

魏宏运:《抗日战争时期晋察冀边区财政经济史资料选编》(农业篇),天津:南开大学出版社,1984年。

武乡县妇运史办公室:《武乡妇女运动简史》,内部发行,1985年。

武乡县妇运史办公室:《武乡妇运史料汇编》(上),内部发行,1985年。

武乡县妇运史办公室:《武乡妇女运动史料选编》第1集,内部发行,1982年。

武乡县妇运史办公室:《武乡妇女运动史料选编》第2集,内部发行,1985年。

谢忠厚:《冀鲁豫边区群众运动资料选编》(上),石家庄:河北人民出版社,1991年。

榆次市妇女联合会:《妇女运动史(1937—1987)》,内部发行,1990年。

张成德、孙丽萍:《山西抗战口述史》第1—3部,太原:山西人民出版社,2005年。

张敬民、罗庆东:《人证:日军侵华期间盂县性暴力受害者口述实录》,太原:山西教育出版社,2006年。

张双兵:《炮楼里的女人——山西日军性奴隶调查实录》,南京:江苏人民出版社,2011年。

赵紫生:《冀鲁豫老区教育史》,济南:山东教育出版社,1990年。

中共中央文献研究室:《邓颖超文集》,北京:人民出版社,1994年。

中共中央文献研究室、中央档案馆:《建党以来重要文献选编》(1921—1949),北京:中央文献出版社,2011年。

中国的土地改革编辑部、中国社会科学院及经济研究所现代经济史组:《中国土地改革史料选编》,北京:国防大学出版社,1988年。

中国社科院近代史所中华民国研究室、中山大学历史系孙中山研究室、广东省社会科学院历史研究室:《孙中山全集》(1924.1—1924.3),北京:中华书局,2011年。

中华妇女联合会:《毛泽东、周恩来、刘少奇、朱德论妇女解放》,北京:人民出版社，1988年。

中华全国妇女联合会妇女运动历史资料室:《中国妇女运动历史资料》(1937—1945)，北京:中国妇女出版社，1991年。

中华全国妇女联合会妇女运动历史资料室:《中国妇女运动历史资料》(1945—1949)，北京:中国妇女出版社，1991年。

中国妇女管理干部学院:《中国妇女运动文献资料汇编》(1918—1949)，北京:中国妇女出版社，1987年。

中华全国妇女联合会:《中国妇女运动重要文献》，北京:人民出版社，1979年。

中央档案馆:《中共中央文件选集》(1921—1925)，北京:中共中央党校出版社，1989年。

中央教育科学研究所:《老解放区教育资料选编》(抗日战争时期 上册)，北京:教育科学出版社，1986年。

中央教育科学研究所:《老解放区教育资料选编》(抗日战争时期 下册)，北京:教育科学出版社，1986年。

中央教育科学研究所:《老解放区教育资料选编》(解放战争时期)，北京:教育科学出版社，1991年。

(四) 地方史志

地方志

《昌黎县志》卷12，民国二十二年(1933)铅印本。

《浮山县志》卷42，民国二十四年(1935)刻本。

《藁城县乡土地理》(上)，民国二十年(1931)石印本。

《光山县志》卷32，清光绪15年补修本。

《滦县志》卷28，民国二十六年(1937)铅印本。

《平山县志》卷8，清咸丰四年刻本。

《莘县志》卷1，民国二十六年(1937)年重修铅印本。

《通许县新志》卷14，民国二十三年(1934)铅印本。

《武安县志》卷18,民国二十九年(1940)铅印本。

《新安县志》卷15,民国二十八年(1939)石印本。

《新城县志》,1935年铅印本,台北:台湾成文出版社,1968年影印本。

《新乐县志》卷6,民国二十八年(1939)铅印本。

《虞乡县新志》卷3,民国九年(1920)石印本。

《沂水县志》,齐鲁书社1997年版。

地方文史资料

河南省郸城县委员会:《郸城文史资料》第5辑,内部发行,1990年。

山东省沂水县委员会文史资料工作委员会:《沂水县文史资料》,内部发行,1990年。

运城市委员会文史资料研究委员:《运城文史资料》第10辑,内部发行,1990年。

(五) 文集、回忆录、游记

[美]安娜·路易斯·斯特朗著,王厚康、吴韵纯译:《斯特朗文集3——中国人征服中国人》,北京:新华出版社,1998年。

[英]班威廉著,斐然译:《新西行漫记》,北京:新华出版社,1998年。

丁玲:《丁玲文集》第1卷,长沙:湖南人民出版社,1982年。

丁玲:《丁玲文集》第3卷,长沙:湖南人民出版社,1982年。

姜淑梅:《苦菜花,甘蔗芽》,杭州:浙江人民出版社,2014年。

姜淑梅:《乱时候,穷时候》,杭州:浙江人民出版社,2013年。

康克清:《康克清回忆录》,北京:解放军出版社,1993年。

苗长水:《犁越芳塚》,北京:作家出版社,1991年。

孙犁:《荷花淀》,北京:人民文学出版社,1985年。

孙犁:《孙犁文集》,百花出版社2002年版。

铁凝:《棉花垛》,北京:人民文学出版社,2006年。

王林:《王林文集》第1卷,北京:解放军出版社,2009年。

赵树理:《赵树理文集》,北京:人民文学出版社,2005年。

赵树理:《赵树理作品新编》,北京:人民文学出版社,2011年。

中共中央文献研究室:《邓颖超文集》,北京:人民出版社,1994年。

中华全国妇女联合会:《康克清文集》,北京:中国妇女出版社,1997年。

（六）专著

国内专著

蔡一平、王政、杜芳琴:《赋历史研究以社会性别:妇女史学科建设首届读书研讨班专辑》1999年。

陈学昭:《延安访问记》,广州:广东人民出版社,2011年。

陈雁:《性别与战争:上海 1932—1945》,北京:社会科学文献出版社,2014年。

戴锦华、陈顺馨:《妇女、民族与女性主义》,北京:中央编译出版社,2004年。

丁卫平:《中国妇女抗战史研究(1937—1945)》,长春:吉林大学出版社,2000年。

杜芳琴:《大山的女儿:经验、心声与需求——山区妇女口述》(华北卷),贵阳:贵州民族出版社,1998年。

杜芳琴:《发现妇女的历史——中国妇女史论集》,天津:天津社会科学院出版社,1996年。

杜芳琴:《妇女学与妇女史的本土探索——社会性别视角与跨学科视野》,天津:天津社会科学院出版社,2003年。

杜芳琴、王政:《中国历史中的妇女与性别》,天津:天津人民出版社,2004年。

杜芳琴:《中国社会性别的历史文化寻踪》,天津:天津社会科学院出版社,1998年。

杜芳琴、王向贤:《妇女与社会性别研究(1987—2003)》,天津:天津人民出版社,2003年。

费孝通:《乡土中国》,北京:三联书店,1985年。

傅建成:《社会的缩影——民国时期华北农村家庭研究》,兰州:西北大学出版社,1994年。

高洪兴:《缠足史》,上海:上海文艺出版社,1995年。

葛红兵、宋耕:《身体政治》,上海:上海三联书店,2005年。

冯尔康、常建华:《清人社会生活》,天津:天津人民出版社,1990年。

黄琨:《革命与乡村——从暴动到乡村割据:1927—1929》,上海:上海社会科学院出版社,2006年。

黄正林:《陕甘宁边区乡村的经济与社会》,北京:人民出版社,2006年。

翦伯赞:《史学理念》,重庆:重庆出版社,2001年。

蒋美化:《20世纪中国女性角色变迁》,天津:天津人民出版社,2008年。

江沛:《近代华北区域社会史研究》,天津:古籍出版社,2005年。

揭爱花:《国家、组织与妇女:中国妇女解放实践的运作机制研究》,上海:学林出版社,2012年。

孔寒冰、许宝友:《国际妇女节考》,北京:北京大学出版社,2004年。

李金铮:《近代中国乡村社会经济探微》,北京:人民出版社,2004年。

李军全:《过年:华北根据地的民俗改造》(1937—1949),北京:中国社会科学出版社,2018。

李柯丹:《女性,战争与回忆——三十五位重庆妇女的抗战讲述》,香港:香港中文大学出版社,2013年。

李默:《百年家庭变迁:1900—2000》,南京:江苏美术出版社,2000年。

李小江:《让女人自己说话:独立的历程》,北京:三联书店,2003年。

李小江:《让女人自己说话:民族叙事》,北京:三联书店,2003年。

李小江:《让女人自己说话:亲历战争》,北京:三联书店,2003年。

李小江:《让女人自己说话:文化寻踪》,北京:三联书店,2003年。

李小江:《性别与中国》,北京:三联书店,1994年。

李银河:《妇女:最漫长的革命》,北京:三联书店,1997年。

李银河:《性学入门》,上海:上海社会科学院出版社,2014年。

李银河:《新中国性话语研究》,上海:上海社会科学院出版社,2014年。

李泽厚、刘再复:《告别革命》,香港:天地图书有限公司,2004年。

李中清、郭松义、定宜庄:《婚姻家庭与人口行为》,北京:北京大学出版社,2000年。

梁景和:《近代中国陋俗文化嬗变研究》,北京:首都师范大学出版社,1998年。

梁景和:《现代中国社会文化嬗变研究(1919—1949)——以婚姻、家庭、妇女、性伦娱乐为中心》,北京:社会科学文献出版社,2013年。

刘长林:《自由的限度与解放的底线——民国初期关于"妇女解放"的社会舆论》,上海:上海大学出版社,2014年。

刘晶辉:《民族、性别与阶层——伪满时期的"王道政治"》,上海:社会科学文献出版社,2004年。

刘霓、黄育馥:《国外中国女性研究:文献与数据分析》,北京:中国社会科学出版社,2009年。

刘燕舞:《农民自杀研究》,北京:社会科学文献出版社,2014年。

罗苏文:《女性与近代中国社会》,上海:上海人民出版社,1996年。

吕美颐、郑永福:《中国妇女运动(1840—1921)》,郑州:河南人民出版社,1990年。

马起:《中国革命与婚姻家庭》,沈阳:辽宁人民出版社,1959年。

齐小林:《当兵:华北根据地农民如何走向战场》,成都:四川人民出版社,2015年。

乔素玲:《教育与女性——近代中国女子教育与知识女性觉醒(1840—1921)》,天津:天津古籍出版社,2005年。

乔志强、行龙:《近代华北农村社会变迁》,北京:人民出版社,1998年。

秦燕、岳珑:《走出封闭——陕北妇女的婚姻与生育(1900—1949)》,太原:山西人民出版社,1997年。

瞿同祖:《中国法律与中国社会》,北京:中华书局,1981年。

苏智良:《侵华日军"慰安妇"问题研究》,北京:中共党史出版社,2011年。

沈奕斐:《被建构的女性——当代社会性别理论》,上海:上海人民出版社,

2005年。

谈杜英:《中国妇女运动通史》,上海:上海书店,1990年。

唐力行:《国家、地方、民众的互动与社会变迁》,北京:商务印书馆,2004年。

唐小兵:《再解读:大众文艺与意识形态》(增订版),北京:北京大学出版社,2007年版。

佟新:《社会性别研究导论——两性不平等的社会机制分析》,北京:北京大学出版社,2005年。

佟新:《异化与抗争:中国女工工作史研究》,北京:中国社会科学出版社,2003年。

王凤华、贺江平:《社会性别文化的历史与未来》,北京:中国社会科学出版社,2006年。

汪民安、金惠敏:《身体的文化政治学》,开封:河南大学出版社,2004年。

王铭铭、王斯福:《乡土社会的秩序、公正与权威》,北京:中国政法大学出版社,1997年。

王晓丹:《历史镜像——社会变迁与近代中国女性生活》,昆明:云南大学出版社2011年。

王跃生:《社会变革与婚姻家庭变动》,北京:三联书店,2005年。

王跃生:《十八世纪中国婚姻家庭研究:建立在1781—1791年个案基础上的分析》,北京:法律出版社,2000年。

王政:《越界:跨文化女权实践》,天津:天津人民出版社,2004年。

王政、陈雁:《百年中国女权思潮研究》,上海:复旦大学出版社,2005年。

王政、杜芳琴:《社会性别研究选择》,北京:三联书店,1998年。

魏宏运、左志远:《华北抗日根据地史》,北京:档案出版社,1990年。

吴飞:《自杀作为中国问题》,北京:三联书店,2007年。

吴飞:《浮生取义:对华北某县自杀现象的文化解读》,北京:中国人民大学出版社2009年。

夏明方:《民国时期自然灾害与乡村社会》,北京:中华书局,2000年。

夏晓虹:《晚清女性与近代中国》,北京:北京大学出版社,2004年。

行龙:《近代山西社会研究——走向田野与社会》,北京:中国社会科学出版社,2002年。

许烺光:《美国人与中国人:两种生活方式比较》,北京:华夏出版社,1989年。

薛君度、刘志琴:《近代中国社会生活与观念变迁》,北京:中国社会科学院出版社,2001年。

姚霏:《空间、角色与权力:女性与上海城市空间研究(1843—1911)》,上海:上海人民出版社,2011年。

姚平:《当代西方韩雪研究集萃》(妇女史卷),上海:上海古籍出版社,2012年。

杨懋春著,张雄、沈纬、秦美珠译:《一个中国村庄:山东台头》,南京:江苏人民出版社,2001年。

杨天石、黄道炫编:《战时中国的社会与文化》,北京:社会科学文献出版社,2009年。

张国刚:《家庭史研究的新视野》,北京:三联书店,2004年。

张鸣:《乡村社会权力和文化结构的变迁》,南宁:广西人民出版社,2001年。

张鸣:《乡土新路八十年:中国近代化过程中农民意识的变迁》,上海:上海三联书店,1997年。

张念:《性别政治与国家:论中国妇女解放》,北京:商务印书馆,2014年。

张同乐:《华北沦陷区日伪政权研究》,北京:生活·读书·新知三联书店,2012年。

张文灿:《解放的限界——中国共产党的妇女运动(1921—1949)》,北京:中国政法大学出版社,2013年。

张素玲:《革命与限制——中国共产党早期妇女领袖(1921—1927)》,开封:河南大学出版社,2011年。

张志永:《婚姻制度从传统到现代的过渡》,北京:中国社会科学出版社,

2006年。

郑永福、吕美颐:《近代中国妇女与社会》,郑州:大象出版社,2013年。

郑永福、吕美颐:《中国妇女通史》(民国卷),杭州:杭州出版社,2010年。

郑全红:《中国家庭史》第5卷,广州:广东人民出版社,2007年。

中华全国妇女联合会:《蔡畅、邓颖超、康克清妇女解放问题文选》,北京:人民出版社,1988年。

中华全国妇女联合会:《毛泽东、周恩来、刘少奇、朱德论妇女解放》,北京:人民出版社,1988年。

周新国:《中国口述史的理论与研究》,北京:中国社会科学出版社,2005年。

庄孔绍:《银翅:中国地方社会与文化变迁(1920—1990)》,北京:三联书店,2000年。

港台及国外专著

[法]爱弥尔·涂尔干著,渠东、汲哲译:《宗教生活的基本形式》,上海:上海人民出版社,1999年。

[美]艾志瑞著,曹曦译:《铁泪图》,南京:江苏人民出版社,2011年。

[美]白凯:《中国的妇女与财产:960—1949》,上海:上海书店出版社,2007年。

[美]宝森著,胡玉坤译:《中国妇女与农村发展:云南禄村六十年的变迁》,南京:江苏人民出版社,2004年。

[台]陈三井主编,张玉法总校订,鲍家麟、吕芳上、梁惠锦、游鉴明、李继锋:《近代中国妇女运动史》,台北:近代中国出版社,2004年。

[瑞典]达格芬·嘉图著,杨建立、朱永红、赵景峰译:《走向革命——华北的战争、社会变革和中国共产党(1937—1945)》,北京:中共党史资料出版社,1987年。

[澳]大卫·古德曼著,田酉如译:《中国革命中的太行抗日根据地社会变迁》,北京:中央文献出版社,2003年。

[美]戴维·波普诺著,李强等译:《社会学》,北京:中国人民大学出版社,

2010年。

［美］杜赞奇著,王宪明译:《从民族国家拯救历史:民族主义话语与中国现代史研究》,南京:江苏人民出版社,2008年。

［美］杜赞奇著,王福明译:《文化、权力与国家——1900—1942年的华北农村》,南京:江苏人民出版社,1996年。

［德］恩格斯:《家庭、私有制和国家的起源》,北京:人民出版社,1972年。

［英］恩特维斯特尔著,郜元宝译:《时髦的身体:时尚、衣着和现代社会理论》,桂林:广西师范大学出版社,2005年。

［美］费侠莉著,甄橙等译:《繁盛之阴——中国医学史中的性(960—1665)》,南京:江苏人民出版社,2006年。

［美］弗里曼、毕克伟著,陶鹤山等译:《中国乡村,社会主义国家》,北京:社会科学文献出版社,2002年。

［美］高彦颐著,苗延威译:《缠足:"金莲崇拜"盛极而衰的演变》,南京:江苏人民出版社,2009年。

［美］高彦颐著,李志生译:《闺塾师:明末清初江南的才女文化》,南京:江苏人民出版社,2005年。

［法］古斯塔夫·勒庞著,佟德志、刘训练译:《革命心理学》,长春:吉林人民出版社,2004年。

［美］海伦·福斯特·斯诺著,康敬贻、姜桂英译:《中国新女性》,北京:中国新闻出版社,1985年。

［美］韩丁著,韩倞译:《翻身——中国一个村庄的革命纪实》,北京:北京出版社,1980年。

何春蕤:《性政治入门》,台北:中央大学性别研究室,2005年。

［美］贺萧著,韩敏中、盛宁译:《危险的愉悦:20世纪上海的娼妓问题与现代性》,南京:江苏人民出版社,2003年。

［美］贺萧著,张赟译:《记忆的性别:农村妇女和中国集体化历史》,北京:人民出版社2017年版。

黄金麟:《历史、身体、国家——近代中国的身体形成(1895—1937)》,北京:新星出版社,2006年。

黄金麟:《政体与身体:苏维埃的革命与身体,1928—1937》,台北:联经出版事业公司,2005年。

[美]黄宗智:《法典、习俗与司法实践:清代与民国的比较》,上海:上海书店出版社,2003年。

[美]黄宗智:《华北的小农经济与社会变迁》,北京:中华书局,2000年。

[美]黄宗智:《清代的法律、社会与文化:民法的表达与实践》,上海:上海书店出版社,2001年。

[美]季家珍著,杨可译:《历史宝筏:过去、西方与中国妇女问题》,南京:江苏人民出版社,2011年。

[日]江原由美子著,丁莉译:《性别支配是一种装置》,北京:商务印书馆2005年。

[美]杰克·贝尔登著,邱应觉译:《中国震撼世界》,北京:北京出版社1980年。

[美]凯·安·约翰逊(Key Ann Johnson):*Women, Family and Peasant Revolution in China, Chicago*:University of Chicago Press,1983.

[澳]李木兰著,方小平译:《性别、政治与民主:近代中国的妇女参政》,南京:江苏人民出版社,2014年。

柯惠铃:《近代中国革命运动中的妇女(1900—1920)》,太原:山西教育出版社2012年版。

柯小菁:《塑造新母亲:近代中国育儿知识的建构与实践(1900—1937)》,太原:山西教育出版社,2012年。

[美]李怀印:《重构近代中国:中国历史写作中的想象与真实》,北京:中华书局2013年。

李清瑞:《乾隆年间四川拐卖妇人案件的社会分析——以巴县档案为中心的研究(1752—1795)》,太原:山西教育出版社,2012年。

李贞德、梁其姿:《妇女与社会》,北京:中国大百科全书出版社,2005年。

刘人鹏:《近代中国女权论述——国族、翻译与性别政治》,台北:台湾学生书局,2000年。

吕芳上:《近代中国的妇女与国家》,台北:"中央研究院"近代史研究所,2003年。

[美]马克·赛尔登著,魏晓明、冯崇义译:《革命中的中国:延安道路》,北京:社会科学文献出版社,2002年。

[美]曼素恩著,定宜庄、颜宜葳译:《缀珍录:十八世纪及其前后的中国妇女》,南京:江苏人民出版社,2005年。

[美]米利特著,钟良明译:《性的政治》,北京:社会科学文献出版社,1999年。

[法]米歇尔·福柯著,刘北城、杨远婴译:《规训与惩罚——监狱的诞生》,北京:三联书店,1995年。

[美]塞缪尔·亨廷顿著,王冠华等译:《变化社会中的政治秩序》,北京:三联书店,1989年。

[日]山川丽著,高达伦、范勇译:《中国女性史》,西安:三秦出版社,1987年。

[日]石岛纪之著,李秉奎等译:《抗日战争时期的中国民众:饥饿、社会改革和民族主义》,北京:中国社会科学出版社,2016年。

[以]S. N. 艾森斯塔德著,张旅平、沈原、陈育国、迟刚毅译:《现代化:抗拒与变迁》,北京:中国人民大学出版社,1988年。

[美]孙隆基:《中国文化的深层结构》,北京:中信出版社,2015年。

[法]西蒙娜·德·波伏娃著,陶铁柱译:《第二性》,北京:中国书籍出版社,1998年。

[日]须藤瑞代著,姚毅译:《中国"女权"概念的变迁:清末民初的女权和社会性别》,北京:社会科学文献出版社,2010年。

[美]汤尼·白露著,沈齐齐译,李小江审校:《中国女性主义思想史中的妇女问题》,上海:上海人民出版社,2012年。

巫仁恕:《奢侈的女人——明清时期江南妇女的消费文化》,台北:三民书局股份有限公司,2010年。

［美］杨懋春著,张雄、沈炜、秦美珠译:《一个中国村庄——山东台头》,南京:江苏人民出版社,2001年。

［美］阎云翔著,龚小夏译:《私人生活的变革:一个中国村庄里的爱情、家庭与亲密关系(1949—1999)》,上海:上海书店出版社,2006年。

［美］阎云翔著,李放春、刘瑜译:《礼物的流动:一个中国村庄中的互惠原则瑜社会网络》,上海:上海人民出版社,2017年。

［美］伊沛霞著,胡志宏译:《内闱:宋代的婚姻和妇女生活》,南京:江苏人民出版社,2004年。

［加］伊莎白·柯鲁克著,龚厚军译、［英］大卫·柯鲁克:《十里店——中国一个村庄的革命》,上海:上海人民出版社,2007年。

［加］伊莎白·柯鲁克著,安强、高建译、燕凌校、［英］大卫·柯鲁克:《十里店——中国一个村庄的群众运动》,上海:上海人民出版社,2007年。

游鉴明:《超越性别身体——近代华东地区的女子教育(1895—1937)》,北京:北京大学出版社,2012年。

游鉴明:《倾听她们的声音:女性口述历史的方法与口述史了的运用》,台北:台北左岸文化事业公司,2002年。

游鉴明、胡缨、季家珍:《重读中国女性生命故事》,南京:江苏人民出版社,2012年。

游鉴明、罗梅君、史明:《共和国时代的中国妇女》,台北:台北左岸文化事业公司,2007年。

［美］詹姆斯·C.斯科特著,郑广槐、张敏、何江穗译:《弱者的武器》,凤凰出版传媒集团 译林出版社2007年版。

［美］周蕾著,蔡青松译:《妇女与中国现代性——西方与东方之间的阅读政治》,上海:上海三联书店,2008年。

［美］朱迪斯·巴特勒著,李钧鹏译:《身体之重——论"性别"的话语界限》,上海:上海三联书店,2011年。

［法］朱莉亚·克里斯蒂娃著,赵靓译:《中国妇女》,上海:同济大学出版社,2010年。

（七）论文

白蔚:《女性的阶级角色与性别角色》,《2009年中国社会学年会"中国社会变迁与女性发展"论坛论文集》。

卞修跃:《抗日战争时期中国妇女伤亡及日军对中国妇女的残害——二战期间日本国家军人在华反人道暴行系列研究之一》,《中国社会科学院近代史研究所青年学术论坛》2003年卷。

陈顺馨:《强暴、战争与民族主义》,《读书》1999年第3期。

陈永祥、罗素敏:《20世纪90年代中国妇女史研究综述》,《中华女子学院山东分院学报》2003年第2期。

丛小平:《左润诉王银锁:20世纪40年代陕甘宁边区的妇女、婚姻与国家建设》,《开放时代》2009年第10期。

崔兰平:《根据地反家庭暴力的历史考察及启示》,《妇女研究论丛》2008年第1期。

崔兰萍:《陕甘宁边区妇女地位变化简述》,《唐都学刊》1994年第1期。

[澳]大卫·古德曼:《革命中的妇女和妇女在革命中——抗日战争中的妇女和中国共产党(1937—1945)》,张国刚:《中国社会历史评论》第3卷,中华书局2001年版。

邓红:《论晋察冀边区的社会教育》,《抗日战争研究》1999年第2期。

丁卫平:《国统区妇女救国会和妇女抗日救亡运动》,《吉林大学社会科学报》1993年第6期。

杜春斌:《延安时期妇女体育活动的特征及社会影响》,《延安大学学报》(自然科学版)2012年第2期。

杜芳琴、商昭印、刘文明、李银河、郑永福、吕美颐:《妇女史与社会性别的启示》,《史学理论研究》2004年第3期。

杜芳琴:《历史研究的性别维度与视角兼谈妇女史、社会性别史与经济社会史的关系》,《山西大学学报》2003年第4期。

董丽敏:《组织起来:"新妇女"与"新社会"的构建——以延安时期的妇女

纺织生产运动为中心的考察》,《妇女研究论丛》2017 年第 6 期。

董丽敏:《延安经验:从"妇女主义"到"家庭统一战线"——兼伦"革命中国"妇女解放理论的生成问题》,《妇女研究论丛》2016 年第 6 期。

傅建成:《华北抗日根据地对传统婚姻制度的改造》,《抗日战争研究》1996 年第 1 期。

高世瑜:《关于妇女史研究的几点思考》,《历史研究》2002 年第 2 期。

郭磊:《中共山西抗日根据地的妇女婚姻状况研究》,《首都师范大学学报》2009 年 S1 期。

郭卫民:《对山西根据地妇女社会地位问题的再思考》,《山西区域社会史研讨会论文集》2003 年。

郭于华:《心灵的集体化:陕北骥村农业合作化的女性记忆》,《中国社会科学》2003 年第 4 期。

韩晓莉:《战争话语下的草根文化——论抗战时期山西革命根据地的民间小戏》,《近代史研究》2006 年第 6 期。

韩晓莉:《女性形象的再塑造——太行根据地的妇女解放运动》,《山西大学学报》2005 年第 5 期。

贺桂梅:《"延安道路"中的性别问题——阶级与性别议题的历史思考》,《南开学报》2006 年第 6 期。

贺桂梅:《指示分子、女性与革命——从丁玲个案看延安另类实践中的身份政治》,《当代作家评论》2004 年第 3 期。

黄道炫:《改革开放以来的中国革命史研究及其趋向》,《史学月刊》2012 年第 3 期。

黄晓瑜:《抗日救亡中的妇女组织》,《历史教学》1986 年第 9 期。

黄正林:《抗战时期陕甘宁边区的乡村妇女》,《抗日战争研究》2004 年第 2 期。

江沛、迟晓静:《国内抗战时期社会史研究的回顾与展望:1995—2006》,《抗日战争研究》2008 年第 2 期。

江沛:《华北抗日根据地的社会变迁评析》,《抗日战争研究》2000 年第

2期。

江沛:《民国时期华北农村社会结构的变迁》,《南开学报》1998年第4期。

江沛:《全面抗战与中国社会变迁特征述论》,《历史教学》2005年第9期。

江沛、王微:《传统、革命与性别:华北根据地"妻休夫"现象评析(1941—1949)》,《四川大学学报》2014年第5期。

鞠忠美:《战争动员与农村女性角色转变——以山东根据地为例》,《山东理工大学学报》2011年第1期。

李红英、汪远忠:《论华北抗日根据地应对灾荒法律实践中的女性角色》,《中国农史》2013年第1期。

李金龙、张娟:《关于抗战时期陕甘宁边区两性和谐建设的历史研究》,《延安大学学报》2008年第2期。

李金铮:《革命策略与传统制约:中共民间借贷政策新解》,《历史研究》2006年第3期。

李金铮:《抗日根据地社会史研究的构想》,《抗日战争研究》1996年第1期。

李金铮:《土地改革中的农民心态:以1937—1949年的华北乡村为中心》,《近代史研究》2006年第4期。

李金铮:《新革命史:中共革命史研究的省思》,《博览群书》2011年第9期。

李金铮:《向"新革命史"转型:中国革命史研究方法的反思与突破》,《中共党史研究》2010年第1期。

李军全、薛云:《浅析晋察冀抗日根据地优待抗属政策》,《淮北煤炭师范学院学报》2008年第6期。

李勤:《中国共产党与革命根据地的社会变迁》,《政党与近代中国社会研究——"中国政党与近现代社会的变迁"学术研讨会》2006年。

李晓晨、李鲁玲:《抗日战争时期华北地区抗日根据地的妇女运动》,《枣庄师专学报》1998年第1期。

李晓晨:《试论华北抗日根据地的婚姻风俗改革》,《"20世纪中国社会史与社会变迁"学术讨论会论文选集》1997年。

连玲玲:《妇女运动与运动妇女:评介〈近代中国妇女运动史〉》,台湾"中央研究院":《近代中国妇女史研究》,第9期第272页。

梁家贵:《抗日战争时期中共领导的山东妇女工作》,《理论学刊》2005年第4期。

刘传霞:《1931—1945:性别事业中的抗战叙事》,《贵州大学学报》2004年第5期。

刘传霞:《女性、身体、政治——从三部小说文本看建构女性自主身体叙事的艰难历程》,《贵州社会科学》2003年第6期。

刘传霞:《〈灾难的明天〉与抗日根据地农村妇女解放道路》,《济南大学学报》2008年第3期。

刘慧英:《20世纪初中国女权启蒙中的救国女子形象》,《中国现代文学研究丛刊》2002年第2期。

刘萍:《对华北抗日根据地妇女纺织运动的考察》,《抗日战争研究》1998年第2期。

刘萍:《激进与现实的矛盾——抗战前期根据地妇女运动发展中的曲折》,《中国社会科学院近代史研究所青年学术论坛》2000年卷。

刘荣臻:《中共话语视阈中的乡村妇女解放——以1937—1948年晋察冀、晋冀鲁豫边区为例》,《首都师范大学学报》2011年第1期。

马璞、赵传海:《抗日根据地妇女运动述论》,《河南大学学报》1989年第1期。

秦燕:《从社会性视角对延安时期新女性的研究》,《妇女研究论丛》2006年第5期。

秦燕:《抗日战争时期陕甘宁边区的婚姻家庭变革》,《抗日战争研究》2004年第3期。

邱松庆:《中国妇女在抗战中的重大历史功绩》,《党史研究与教学》1995年第5期。

邵通、曲晓鹏:《抗战时期华北乡村妇女政治意识的嬗变》,《光明日报》

2016 年 7 月 30 日。

田苏苏:《抗战时期晋察冀边区女性婚姻问题的考察》,《抗日战争研究》2012 年第 3 期。

王国红:《抗战时期妇女动员的历史考察》,《广西社会科学》2006 年第 12 期。

王建华:《革命视域下的乡村妇女解放——以抗战时期陕甘宁边区为例》,《天府新论》2010 年第 1 期。

王锦辉:《1947—1949 年土改中农民政治参与的透视》,《中国延安干部学院学报》,2009 年第 9 期。

王克霞:《"革命化"与"社会化"的交互显现与抑制——以战争年代的"沂蒙妇女"为个案分析》,《前沿》2011 年第 18 期。

王克霞:《翻身与翻心:土改中女性的双重体验——以沂蒙地区为例》,《兰州学刊》2012 年第 4 期。

王克霞:《解放身体与革命意识——20 世纪三四十年代沂蒙妇女身体变动》,《兰州学刊》2010 年第 9 期。

王莉莉、岳谦厚:《从"解放妇女"到"妇女解放"——1949 年前后晋西北农村妇女分工变化之考察》,《安徽史学》2020 年第 5 期。

王荣花:《〈孟祥英翻身〉与太行山抗日根据地乡村妇女的解放》,《名作欣赏》2010 年第 6 期。

王士忠:《土改时期沂水县妇女社会心理与行为变化》,《中华女子学院山东分院学报》2007 年第 2 期。

王微:《华北抗日根据地乡村妇女形象的变迁》,《河北大学学报》2014 年第 2 期。

王向贤:《抗属的贞节》,《思想战线》2004 年第 1 期。

魏宏运:《抗战第一年的华北农民》,《抗日战争研究》1993 年第 1 期。

吴天威:《日军史无前例的强暴中华妇女——被强奸者远多于慰安妇》,《抗日战争研究》1999 年第 2 期。

吴小卫、杨双双:《中央苏区婚姻制度改革与妇女解放》,《南昌大学学报》

1998年第1期。

吴玉珍:《战争·女性·性》,《兰州交通大学学报》2011年第5期。

吴云峰:《冲突与调适——华中根据地婚姻习俗变革中的国家与乡村社会》,《华中农业大学学报(社会科学版)》2017年第5期。

谢重光:《土地革命时期闽粤赣苏区的客家妇女生活》,《党史研究与教学》2005年第1期。

谢娟:《让女性的"口述"重现历史——访"20世纪(中国)妇女口述史丛书"主编李小江》,《文汇报》2003年2月14日第15版。

徐峰:《性别视域下川陕妇女的解放与革命——以红四方面军妇女独立团为中心》,《党史研究与教学》2014年第5期。

徐国利、陈永霞:《中国现代史家伦文学作品的史料价值及其史学实践》,《史学研究》2007年第1期。

徐进:《革命与性:晋察冀根据地干部"男女关系"问题的由来》,《史学月刊》2011年第10期。

薛云:《华北根据地婚姻自由障碍因素论析》,《安庆师范学院学报》2011年第10期。

杨豪:《"另类"之相:华北根据地"非婚关系"问题新探》,《史学集刊》2019年第3期,

杨豪、马良玉:《抗日根据地乡村女性的社会流动——以冀中抗日根据地为中心的考察》,《妇女研究论丛》2013年第2期。

杨会清:《苏区妇女解放视域下的男女关系演变》,《山东理工大学学报》2010年第6期。

杨会清、吴晓敏:《土地革命时期江西苏区妇女生活变革研究》,《求实》2004年第2期。

杨兴梅:《中共根据地反缠足依据的演变(1928—1949)》,《社会科学研究》2014年第1期。

叶芳:《对革命根据地妇女集体主义精神的思考》,《西南交通大学学报》2005年第3期。

岳谦厚、罗佳:《抗日根据地时期的女性离婚问题——以晋西北(晋绥)高等法院25宗离婚案为中心的考察》,《安徽史学》2010年第1期。

张静、曾晓丽:《"四三决定"与中国共产党妇女政策调整研究》,《南开学报(哲学社会科学版)》2018年第1期,第21页。

张佩国:《20世纪中国乡村革命研究中的叙事困境——以"土改"研究文本为中心》,《中国农史》2003年第2期。

张文灿:《从"解放妇女"到"让女人自己说话"——对民主革命时期中共妇女运动的研究视角及方法之梳理》,《中国政法大学学报》2013年第4期。

张志永:《从边缘到主流:抗战时期华北农村妇女特殊亚群体的演化》,《史林》2010年第1期。

张志永:《华北根据地妇女运动与婚外性关系》,《抗日战争研究》2009年第1期。

张志永、延凤宇:《政治与伦理的统一:华北抗日根据地和睦家庭的建设》,《河北师范大学学报》2009年第3期。

郑立柱:《从夫妻关系看华北抗日根据地乡村妇女家庭地位的变化》,《保定学院学报》2013年第2期。

郑立柱:《华北抗日根据地反家庭暴力问题研究》,《中华女子学院学报》2012年第2期。

郑立柱:《抗战时期晋察冀边区的妇幼健康状况及其应对》,《保定学院学报》2012年第2期。

周锦涛:《抗战时期陕甘宁边区农村的女性解放》,《河北大学学报》2011年第6期。

周蕾:《冲突与融合——抗战时期中国共产党家庭政策的变革》,《妇女研究论丛》2017年第3期。

周艳丽:《从社会性别视角审视延安时期的妇女解放》,《郑州大学学报》2009年第5期。

学位论文

白艳:《中国共产党妇女干部培养教育研究》,博士学位论文,吉林大学,2012年。

蔡雅祺:《制造战争阴影:论满洲国的妇女动员(1932—1945)》,硕士学位论文,国立中正大学,2008年。

丁迎果:《20世纪40年代中共豫北地区离婚政策与实践研究》,硕士学位论文,兰州大学2019年。

高阿妮:《抗战时期陕西妇慰会研究》,硕士学位论文,四川师范大学,2012年。

高正晓:《太岳革命根据地妇女生产劳动研究》,硕士学位论文,山西师范大学,2014年。

郭磊:《中共山西抗日根据地的妇女状况研究》,硕士学位论文,首都师范大学,2011年。

郭璐:《论中央苏区妇女地位的演变》,硕士学位论文,上海师范大学,2007年。

郭晓磊:《晋察冀边区妇女抗日救国会研究》,硕士学位论文,河北师范大学 ,2012年。

孔林林:《抗战时期山东妇女运动和妇女生活研究》,硕士学位论文,山东师范大学,2011年。

李媛:《从对立到互助——山西根据地婆媳关系的转变》,硕士学位论文,山西大学,2007年。

李思雨:《陕甘宁边区中国共产党妇女工作研究》,硕士学位论文,浙江财经大学2019年。

林书琦:《延安新女性》,硕士学位论文,台湾师范大学,2010年。

刘洁:《"走向解放":集体化时期太行山区妇女的农业劳动》,博士学位论文,南开大学,2012年。

罗衍军:《革命与秩序:以山东省郓城县乡村社会为中心(1939—1956)》,博士学位论文,浙江大学,2006年。

单炜鸿:《解放战争时期东北根据地妇女运动研究》,博士学位论文,东北师范大学,2017年。

王慧芳:《抗日根据地时期晋西北妇女的日常生活》,硕士学位论文,山西师范大学,2013年。

王克霞:《革命与变迁——20世纪三四十年代沂蒙妇女生活状况研究》,博士学位论文,山东大学,2007年。

王荣花:《中共革命与太行山区社会文化的变迁(1937—1949)》,博士学位论文,河北大学,2011年。

王团:《山东解放区"识字班"运动研究》,硕士学位论文,福建师范大学,2008年。

王燕萍:《山西革命根据地妇婴卫生工作研究》,硕士学位论文,山西大学,2011年。

吴云峰:《华中根据地婚姻习俗变革研究》,博士学位论文,南京师范大学,2016年

许慧琦:《娜拉在中国:新女性形象的塑造及其演变(1900s—1930s)》,硕士学位论文,台湾政治大学,2003年。

许莎莎:《苏中抗日根据地党的妇女工作研究》,硕士学位论文,华东师范大学2019年。

杨颖:《晋察冀抗日根据地妇女生产运动探析》,硕士学位论文,河北师范大学,2007年。

岳培红:《抗战歌曲视阈下的妇女生活变迁研究》,硕士学位论文,河南师范大学,2013年。

张慧玲:《女性主义视角下的婚姻变革——以晋冀鲁豫根据地为例》,硕士学位论文,山西大学,2006年。

张阳:《山东解放区"冬学"运动研究》,硕士学位论文,山东师范大学,2014年。

钟宜玲:《妇女节纪念与中国现代妇女的塑造及转变(1900s—1937)》,硕士学位论文,国立中正大学,2012年。